书山有路勤为径,优质资源伴你行
注册世纪波学院会员,享精品图书增值服务

汪博士解读《PMBOK®指南》第7版、第6版
和《PMP®考试大纲》现行版

整合式
解读PMP®考试

汪小金 著

An Integrated
Guide to PMP® Exam

電子工業出版社
Publishing House of Electronics Industry
北京·BEIJING

未经许可，不得以任何方式复制或抄袭本书之部分或全部内容。
版权所有，侵权必究。

图书在版编目（CIP）数据

整合式解读PMP考试／汪小金著. —北京：电子工业出版社，2023.5
ISBN 978-7-121-45473-8

Ⅰ.①整… Ⅱ.①汪… Ⅲ.①项目管理－资格考试－自学参考资料 Ⅳ.①F224.5

中国国家版本馆CIP数据核字（2023）第069315号

责任编辑：刘淑丽　　　文字编辑：刘淑敏
印　　　刷：三河市双峰印刷装订有限公司
装　　　订：三河市双峰印刷装订有限公司
出版发行：电子工业出版社
　　　　　北京市海淀区万寿路173信箱　邮编：100036
开　　本：787×1092　1/16　印张：21.25　字数：517千字
版　　次：2023年5月第1版
印　　次：2023年5月第1次印刷
定　　价：98.00元

凡所购买电子工业出版社图书有缺损问题，请向购买书店调换。若书店售缺，请与本社发行部联系，联系及邮购电话：（010）88254888，88258888。
质量投诉请发邮件至zlts@phei.com.cn，盗版侵权举报请发邮件至dbqq@phei.com.cn。
本书咨询联系方式：（010）88254199，sjb@phei.com.cn。

提 示

- 只阅读本书不能保证通过 PMP® 考试。
- 本书不能取代《项目管理知识体系指南》（PMBOK® 指南）第 7 版和第 6 版。
- 《PMBOK® 指南》第 7 版和第 6 版是备考 PMP® 认证的必读书之二。
- PMP® 考试不仅考你对项目管理知识的掌握程度，而且考你对项目管理工作的胜任力。
- 项目管理工作胜任力是项目管理知识、项目管理实践能力和个人素质的综合。
- 别死记硬背项目管理知识，而要切实理解并思考该如何把项目管理知识应用于实践。

掌握项目管理的底层逻辑

——代前言

在《项目管理知识体系指南》(PMBOK® 指南)第 7 版发布之后,项目管理专业人士(Project Management Professional,PMP®)认证考试也相应改版,逐渐包含《PMBOK® 指南》第 7 版的相关内容以及项目管理界的其他新兴良好做法。

《PMBOK® 指南》第 7 版采用了"基于原则"的编写方法,不同于以往版本"基于过程"的编写方法。这种"基于原则"的方法能够极大地提升项目管理的高度,把项目管理从操作层面提升到智慧层面;能够极大地扩展项目管理的空间,把项目管理从预测型方法扩展到兼容各种方法。

《PMBOK® 指南》第 7 版在阐述项目管理原则的基础上,阐述项目绩效域,即必须取得项目绩效的关键领域。对项目绩效域的阐述,能够极大地强化项目管理的成果导向和价值导向,让人们更好地认识到任何活动或过程都必须服务于成果的形成和价值的实现,防止为做活动而做活动。

《PMBOK® 指南》第 7 版虽然没有直接写项目管理过程,但是这并不意味着《PMBOK® 指南》第 6 版所写的项目管理过程已经过时。不使用合适的项目管理过程,就无法实现期望的项目绩效,也就谈不上遵守项目管理原则。从这一点来讲,《PMBOK® 指南》第 7 版并不是对第 6 版的取代,而是对第 6 版的拔高和扩展。

结合《PMBOK® 指南》第 7 版和第 6 版,可以总结出这样的项目管理底层逻辑:在遵守项目管理原则的前提下,为实现期望的项目绩效而去灵活应用项目管理过程。切实理解和掌握这个底层逻辑,不仅对准备和通过 PMP® 认证考试是必需的,而且对做好项目管理实践也是必需的。本书就是按照这个底层逻辑撰写的,试图有效融合《PMBOK® 指南》第 7 版、《PMBOK® 指南》第 6 版和《PMP® 考试大纲》现行版的内容。

《PMBOK® 指南》第 7 版是首次提炼项目管理原则和项目绩效域。虽然提炼得并不完美,但确实提升了项目管理的理论高度,扩展了项目管理的应用范围。在写作本书时,我在确保遵守《PMBOK® 指南》第 7 版的精神的前提下,尝试用我认为更好的方式来表述项目管理原则和项目绩效域,例如,精简对项目管理原则的表述,一律用形容词加名词来表述所要取得的项目绩效。希望这种方式既有助于项目管理工作者更好地掌握

《PMBOK® 指南》第 7 版的内容，也有助于项目管理界继续完善对项目管理原则和项目绩效域的提炼。

为了引导项目管理工作者在实践中灵活应用项目管理过程，PMP® 考试中直接考《PMBOK® 指南》第 6 版的项目管理过程及其"输入"、"工具与技术"和"输出"的题目也许会有所减少。即便如此，学习和掌握《PMBOK® 指南》第 6 版的这些内容仍然很有必要。如果不掌握这些基本的项目管理工作流程，那就根本谈不上"灵活"应用项目管理过程，而只能是"乱用"项目管理过程。对这些项目管理过程，首先要掌握，然后要灵活应用。

无论是为了准备 PMP® 考试还是改进项目管理实践，读者都应该尽力掌握项目管理知识，并认真思考该如何把项目管理知识应用于实践，以便不断提高自己的项目管理综合素质和胜任力。千万不要只是为应试而学习。否则，不仅学得很累，而且效果也不好。

其实，学习和备考 PMP® 也是一个典型的项目，也必须按项目管理的底层逻辑来开展，做到：原则必须遵守，绩效应该追求，过程可以灵活。

特别感谢易洪芳老师（PMP®）在我向出版社交稿之前认真通读书稿并提出宝贵的修改意见！

汪小金

哲学博士（项目管理方向），PMP®

电子邮箱：353647697@qq.com

微博 / 公众号：drwangpm

目　录

第1篇　项目管理的基本概念　/1

第1章　项目及其管理　/2

1.1　项目和运营　/2
1.2　项目的上下层概念　/5
1.3　战略管理、项目管理和运营管理　/7
1.4　项目的目标和目的　/9
1.5　项目管理的基本内容　/12
1.6　项目经理的责任和权力　/15
1.7　项目经理作为整合者　/19

第2章　项目所处的商业环境　/21

2.1　概述　/21
2.2　项目执行组织　/21
2.3　事业环境因素和组织过程资产　/26
2.4　项目合规性管理　/30
2.5　项目对商业环境的影响　/31

第3章　项目的运行周期　/33

3.1　概述　/33
3.2　项目生命周期　/33
3.3　项目管理过程组　/38
3.4　项目管理过程的主要输入和输出　/44
3.5　项目生命周期与项目管理过程组的关系　/46

第2篇　项目管理的高层架构　/47

第4章　项目管理原则　/48

4.1　什么是项目管理原则　/48

4.2 项目目标类 / 50
4.3 项目人员类 / 54
4.4 项目方法类 / 57

第 5 章 开展项目所需主要职能 / 60

5.1 概述 / 60
5.2 项目需求类职能 / 61
5.3 项目执行类职能 / 63
5.4 项目支持类职能 / 65

第 6 章 项目绩效域概览 / 67

6.1 概述 / 67
6.2 八大绩效域的基本关系 / 67
6.3 人力资源支持线 / 68
6.4 项目主线 / 70
6.5 监控支持线 / 75

第 3 篇 项目绩效域 / 77

第 7 章 相关方绩效域 / 78

7.1 项目相关方及其管理 / 78
7.2 沟通作为重要手段 / 80
7.3 项目相关方管理的实现过程 / 81
7.4 项目沟通管理的实现过程 / 85

第 8 章 团队绩效域 / 88

8.1 项目团队及其发展 / 88
8.2 团队中的领导与管理 / 90
8.3 冲突管理 / 92
8.4 项目资源管理的实现过程 / 95

第 9 章 开发方法和生命周期绩效域 / 100

9.1 基本概念 / 100
9.2 选择开发方法的考虑因素 / 102
9.3 制定项目章程过程 / 103
9.4 制订项目管理计划过程 / 106

第 10 章　规划绩效域　/ 111

10.1　规划概述　/ 111
10.2　编制程序性计划　/ 113
10.3　项目进度规划　/ 118
10.4　项目成本规划　/ 123
10.5　采购规划　/ 129

第 11 章　项目工作绩效域　/ 134

11.1　项目工作概述　/ 134
11.2　实施采购过程　/ 136
11.3　指导与管理项目工作过程　/ 138
11.4　管理项目知识过程　/ 139

第 12 章　交付绩效域　/ 141

12.1　交付概述　/ 141
12.2　项目范围管理　/ 144
12.3　项目质量管理　/ 150

第 13 章　测量绩效域　/ 156

13.1　测量概述　/ 156
13.2　测量指标和内容　/ 158
13.3　测量信息发布和利用　/ 161
13.4　项目监控过程　/ 162
13.5　项目变更管理　/ 169

第 14 章　不确定性绩效域　/ 175

14.1　基本概念　/ 175
14.2　管理风险　/ 177
14.3　项目风险管理过程　/ 180

第 4 篇　模型、方法和工件　/ 187

第 15 章　通用模型　/ 188

15.1　概述　/ 188
15.2　人际关系类模型　/ 189
15.3　工作流程类模型　/ 196
15.4　复杂程度类模型　/ 196

15.5　组织变革类模型　/197

第16章　常用方法　/200

16.1　概述　/200
16.2　数据收集和分析方法　/200
16.3　估算方法　/205
16.4　会议和事件　/209
16.5　其他方法　/213

第17章　常用工件　/215

17.1　概述　/215
17.2　项目启动工件　/215
17.3　项目规划工件　/216
17.4　项目执行和监控工件　/217
17.5　图形工件　/217

第18章　第6版的工具与技术　/222

18.1　概述　/222
18.2　工具组　/222
18.3　常用工具　/235
18.4　专用工具　/239

第5篇　考纲解读　/247

第19章　人员　/248

19.1　概述　/248
19.2　组建团队　/248
19.3　赋能团队　/251
19.4　建设团队　/253
19.5　管理冲突　/256
19.6　提高绩效　/257
19.7　广义团队　/259

第20章　过程　/262

20.1　概述　/262
20.2　确定方法　/262
20.3　整合管理　/264
20.4　目标管理　/267

20.5 风险管理 /270
20.6 相关方管理 /271
20.7 采购管理 /273

第 21 章 商业环境 /274

21.1 概述 /274
21.2 规划和管理项目合规 /275
21.3 评估和交付项目效益及价值 /276
21.4 评估和处理外部商业环境变化对项目范围的影响 /277
21.5 支持组织变革 /278

第 6 篇 应试篇 /279

第 22 章 敏捷型方法精要 /280

22.1 基本概念 /280
22.2 敏捷宣言和敏捷原则 /282
22.3 敏捷型方法下的人员管理 /284
22.4 敏捷型方法下的五大过程组 /286
22.5 敏捷型方法下的项目目标管理 /287
22.6 敏捷型方法下的项目采购管理 /290

第 23 章 PMP® 考试的难易点 /292

23.1 PMP® 认证简介 /292
23.2 PMP® 考试的难点 /293
23.3 PMP® 考试的易点 /295
23.4 应试技巧 /297
23.5 其他 /300
23.6 项目进度管理和成本管理计算练习题 /301
23.7 项目进度管理和成本管理计算题解答 /303

第 24 章 模拟题和参考解答 /307

24.1 注意事项 /307
24.2 90 道模拟题 /307
24.3 参考解答 /324

结束语 /329

致谢 /330

第1篇
项目管理的基本概念

项目管理的基本概念是项目管理之所以能够成为一门学科和一个职业的基石。它们旨在回答项目管理及其组成部分是什么，以便人们把项目管理及其组成部分与其他学科或职业明确地区分开来。基本概念必须反映项目管理及其组成部分的本质，必须既有足够的包容性，又有充分的排他性。

虽然在PMP[1]考试中也许不会直接考基本概念，但是掌握这些基本概念是学好项目管理和做好项目管理的基础，也是顺利通过PMP®考试的基础。就像高楼大厦，虽然人们并不直接使用地基，但是地基对人们直接使用的房间起着不可或缺的支撑作用。

本篇由以下三章构成：

第1章：项目及其管理。

第2章：项目所处的商业环境。

第3章：项目的运行周期。

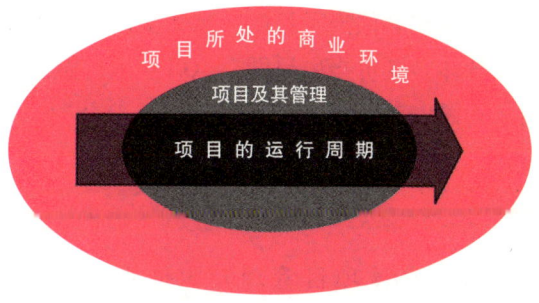

1　"PMP"是项目管理协会（Project Management Institute，PMI）的注册商标。

第1章 项目及其管理

1.1 项目和运营

1.1.1 两类工作

任何组织所做的工作都可大致分成"独特性的工作"和"相似性的工作"这两大类。虽然这两类工作存在一定程度的交叉,但是仍有必要对它们进行区别,以便针对它们各自的特点分别加以管理。

独特性的工作,是指每次开展都有很大的不同,被称为"项目"。例如,企业研发新产品,任何两次研发都有很大不同。相似性的工作,是指每次开展都基本相同,被称为"运营"。例如,企业用标准化的生产线不断生产新近研发出来的同一种产品,每一次生产都是对上一次的重复。

因为独特性和相似性并非绝对,而只是相对的,所以"项目"和"运营"就会存在一定程度的交叉。虽然有些工作必须当项目做,有些工作必须当运营做,但是还有些工作是属于项目和运营的混合体,既可当项目做,也可当运营做。如果当项目做,就要更关注其独特性;如果当运营做,就要更关注其相似性。

1.1.2 项目的定义

根据项目管理协会发布的《项目管理知识体系指南》(A Guide to the Project Management Body of Knowledge)(简称《PMBOK® 指南》)[1],项目是为创造独特的产品、服务或成果而进行的临时性工作。这是一个既包容又排他的定义,不仅包括了各种类型的项目,而且排除了非项目型工作。它明示了项目具有普遍性、临时性、独特性和成果导向性。

---

1 在本书中,用"《PMBOK®指南》"统指各种版本的《PMBOK®指南》,用"第6版"专指《PMBOK®指南》第6版,用"第7版"专指《PMBOK®指南》第7版。"PMBOK"是项目管理协会的注册商标。

项目的普遍性是指项目几乎无处不在。今天，"项目"早已超出传统的工程项目的范畴，成了组织实现目标和创造价值的常见手段。例如，组织机构改革、政府出台政策、清理旧法规、举办婚礼、举办体育赛事等都是项目。一项工作是不是项目，不取决于该工作本身，而取决于做该工作的人是否把它当项目做。人们对哪些工作是项目或应当项目做，已经达成许多共识。可以说，任何一个需要在特定时间内解决的问题都是项目。

组织中会存在不同层级的项目，其规模、复杂程度可能相差很大。小项目可能仅需一个或几个人，仅涉及一个部门，仅用几天或几周就能完成；而大项目可能需要成千上万人的参与，会涉及许多单位，需要用几年甚至十几年才能完成。《PMBOK® 指南》所描述的项目管理知识，从本质上讲，是用来管理中等以上规模且跨部门跨专业的项目的。PMP® 考试中的项目，通常也是这种类型的项目，而不是小型的单专业项目。

项目的临时性是指项目有明确的开始时间和明确的结束时间，不会无限期地延续下去。临时性与项目工期长短没有任何关系。历时一个月的项目是临时的，历时一年甚至十年的项目也是临时的。

项目可因多种原因结束。例如，项目的目标已经达到，且已被批准终止；对项目的需求不再存在，且已被批准提前终止；项目的目标不能达到，且已被批准提前终止；项目无法达到既定商业或其他目的，且已被批准提前终止。

临时性的项目所创造的产品、服务或成果，往往具有可持续的长期生命力，也会对相应的自然或社会环境产生长期影响。例如，水电站建设项目，所建成的电站可以长期使用，会对所在地的环境与社会产生持续影响；奥运会开幕式服务对社会的影响会持续很长时间；科研项目所发现的新知识可供长期使用。项目无论何因何时结束，都必须经过既定的批准程序，绝不能不了了之。

项目的独特性，也叫"一次性"，只做一次的事肯定是独特的。如同没有两个完全一样的人，世界上也没有两个完全一样的项目。只要是项目，多多少少会在某些方面与以前的项目有所区别。项目的独特性导致了项目的许多风险，也在很大程度上决定了项目工作的挑战性和项目成果的竞争力。

与临时性相比，独特性更易引起误解。一项工作是不是独特，是相对而言的。一个项目与以前的项目相比，多多少少会有一些相似性，例如，两个公路建设项目肯定有不少相似之处。如果各个项目都是完全独特的，就不可能存在通用的项目管理知识，《PMBOK® 指南》也就无法存在。正是这种相对意义上的独特性，使项目管理的应用领域得以广泛扩展。许多工作都具有相对意义上的独特性，也就都具备当项目做的可能性。

把工作当项目做，就必须看重这件工作有别于以往或其他工作的独特性，包括工作过程的独特性和工作成果的独特性。在项目管理中，特别强调项目的独特性。各项目之间的相似或重复元素，并不能改变项目的独特性本质。因为独特性是项目的风险所在，是最容易出问题的地方，因此必须加以特别注意。对项目的相似性，人们已经积累了一些经验，处理起来相对可以"循规蹈矩"，风险较低。如果特别强调项目的相似性，那就不需要项目管理学科了。

项目的成果导向性是指必须做出所需的可交付成果。项目所要创造的产品、服务或成果，可统称为"可交付成果"。换言之，可交付成果可以是：

- 有形的产品。既可以是最终形态的物品，例如，最终出版的图书；也可以是中间形态的物品，例如，供校对用的图书清样。
- 无形的服务。既可以是一次特别的服务，例如，奥运会开幕式；也可以是一种新的服务能力，例如，银行开发的新服务职能。
- 其他成果。不能被归为产品或服务的各种成果，例如，科研项目所开发出来的知识，培训项目所形成的员工知识水平的提高。

在项目管理中，特别强调以可交付成果为导向。做项目，就是要做出符合要求的可交付成果，来满足项目发起人和其他相关方的需求。

项目的独特性造成了要实现的目标和要开展的工作往往无法一开始就全部明确，而只能逐步明确。这就引出了项目的渐进明细性，即随着时间的推移和情况的明朗用滚动式规划的方法来逐步细化项目目标和项目工作。滚动式规划是指对远期工作编制粗略计划，然后随时间推移对已成为近期工作的工作编制详细计划，如此按特定时间段（如星期或月度）不断滚动下去。

1.1.3 运营的定义

运营是根据现有的程序在标准化的生产线上，或者根据既定的规范按规定好的服务流程进行的重复性工作。运营和项目都由人来做，都受制于有限的资源，都要被规划、执行与监控，都要为组织的经营和战略目标服务。

项目与运营的主要区别在于：

- 项目是临时的，而运营是持续不断的。做项目就是要实现其目标，并结束项目；而做运营是为了持续经营下去。
- 项目是要创造独特的可交付成果，而运营是要产出同样的结果。项目追求独特性，运营追求相似性。
- 项目可交付成果的开发过程是渐进明细的，而运营是在标准化的生产线上或根据标准化的服务流程开展的。项目的开发过程充满风险，而运营的生产或服务过程基本没有风险。

在组织中，有些工作必须当项目做，例如，规模大、复杂程度高、跨专业（部门）、需要在特定时间完成的工作；有些工作通常不当项目做，例如，生产汽车零配件等追求相似性的工作。还有更多工作既可当项目做也可不当项目做，是否把它们当项目做取决于人们的需要。

任何一项工作，你更看重它的临时性、独特性和渐进明细性，那就是项目；你更看重它的永久性、相似性和细节明确性，那就是运营。

在实际工作中，持续性的运营可被划分为许多临时性的项目。例如，出版社的运营可以分解为每本书的出版项目，杂志社的运营可以分解为每期杂志的出版项目。这种把日常运营分解为项目的做法，也就是把"工作项目化"，以便推行"项目化管理"。

随着人工智能的发展，越来越多的运营会由机器去做，人则要越来越多地做项目。能否做项目，正在日益成为人与机器的根本区别。人能够做项目，而机器不能，机器只能做重复性运营。

1.2 项目的上下层概念

1.2.1 项目集和项目组合

绝大多数项目都应作为项目集的组成部分以及项目组合的组成部分而被立项和实施。也存在一些不隶属于任何项目集但隶属于项目组合的项目。这种项目往往无须其他项目配合就能发挥很好的作用。也有极个别的项目，既不隶属于任何项目集，也不隶属于任何项目组合。这种项目旨在调整或重建组织的战略目标，而不是实现已有的战略目标。

项目集是相互关联并被协调管理的一组项目，也就是通常所说的一系列配套项目。之所以要把它们合起来当项目集对待，是为了利用项目之间的横向联系，来获得假如把各项目分别管理所不能获得的更大效益。例如，只有协调开展医院设施建设项目、通向医院的道路扩建项目、通向医院的公交线路新增项目，以及医院人员招聘培训项目，才能实现"提高当地医疗服务水平"这个更高的项目集目标。项目集中的项目，相互之间的联系如此紧密，以至于任何一个项目的失败都会导致整个项目集无法实现预期目标。

项目组合是为实现既定战略目标而被集中管理的一些项目。项目组合通常并非一成不变的。应该定期（至少一年一次）审查其组成项目的合理性，剔除旧项目，补充新项目。项目组合中的项目不一定互相依赖或直接相关，可能仅因都要竞争组织的有限资源而被放在一起。项目组合中的项目有优先顺序，以便据此按顺序分配资源。

项目组合与项目集的区别，如表 1-1 所示。

表 1-1 项目组合与项目集的区别

比较项	项目组合	项目集
主要内容	由项目、项目集或子项目组合构成，且组成部分须定期调整	由项目或子项目集构成；其组成部分基本稳定，可做必要调整
项目间关系	项目间不一定有内在联系，只是都要使用组织有限的资源；各项目有优先级排序	项目间肯定有内在联系；各项完全平等，无优先级排序
管理的目的	排列项目优先顺序，以便确定资源分配的优先顺序	抓住各项目的内在联系，通过各项目的配合获得更大效益

5

续表

比较项	项目组合	项目集
与战略目标的关系	直接服务于组织的战略目标	作为项目组合的组成部分服务于组织的战略目标
结束时间	通常没有明确的结束时间（因为战略目标并非一成不变的）	可能有或没有明确的结束时间

1.2.2 子项目和可交付成果

为便于管理，项目经常被划分成一些子项目。不仅项目中的某一部分内容可以看成一个子项目，例如，房建项目中的基础工程，而且项目生命周期中的某一个阶段也可以看成一个子项目，例如，房建项目的设计阶段。

当然，项目与子项目的概念是相对的。单个的子项目也可以被看成项目，并按项目进行管理。可以把子项目外包给外部企业或交给项目执行组织内的某一个部门去执行。

在项目或子项目内部，又有可交付成果、工作包、进度活动等概念。可交付成果是在项目过程、项目阶段或整个项目结束时必须完成的可核实且可验证的有形或无形成果。"可核实"是指可以用一定的方法来确认其真实存在，"可验证"是指可以用一定的方法来测量其是否符合具体要求。项目要完成的最终产品、服务或其他成果就是项目的最终可交付成果。为了获得最终可交付成果，就需要完成一些作为组成部分的较小的可交付成果。工作包是项目中最小的可交付成果。进度活动则是为完成工作包必须开展且列入详细进度计划的各种具体活动。

图 1-1 展示了从高到低的一系列概念的层次结构。

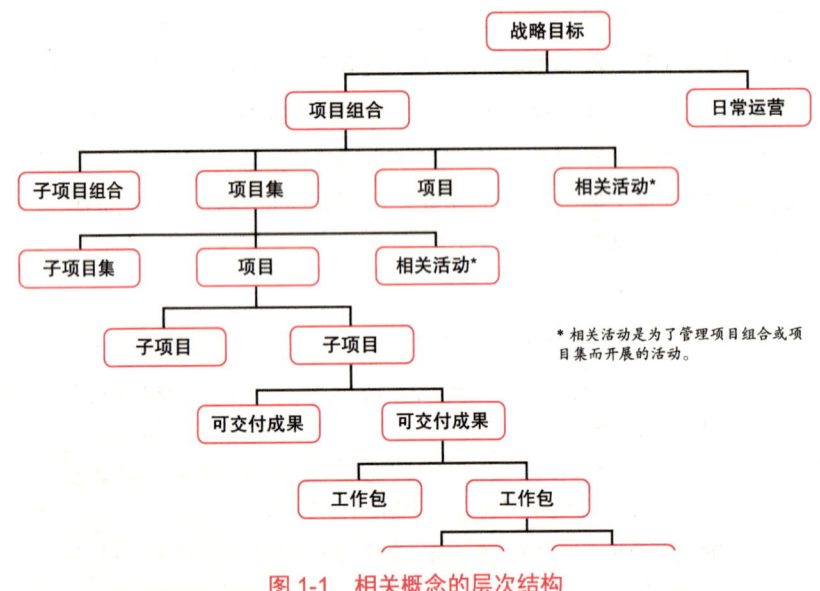

图 1-1　相关概念的层次结构

1.3 战略管理、项目管理和运营管理

组织必须开展战略管理来确定长远的战略目标，开展项目管理来为实现战略目标创造条件，开展运营管理来使用这些条件去实现战略目标。

1.3.1 战略管理与项目组合管理

战略管理旨在确定组织的长远发展方向和战略目标，要回答：组织在 5 年、10 年甚至更长时间以后将要成为一个什么样的组织？这相当于用一副望远镜寻找未来的目的地。确定了发展方向和战略目标之后，就需要寻找有利于朝方向前进和实现战略目标的各种机会。组织面前的机会通常是非常多的，且各种机会对组织有不同的价值。通常，机会的数量会多到远远超出组织的资源所能支持的程度。这样一来，组织就必须在众多的机会中做出选择，决定利用或放弃某些机会。因为一个机会可对应于一个或几个项目，所以这个选择的过程就是项目组合管理，即决定做或不做某些项目。

项目组合管理是要排列所有备选项目的优先顺序，选择一系列排序靠前、最有利于实现战略目标的"正确"项目来做。项目组合管理的出发点是组织的战略目标和资源限制。它所关注的是，在既定的资源限制之下，做哪些项目才能最有效地实现既定的战略目标。组织用项目组合管理来确保每个项目都有助于战略目标的实现，确保有限的资源被优先分配给最有利于战略目标实现的项目。项目组合管理其实是进行投资决策。项目组合经理往往由组织中的高级管理人员（如副总裁）兼任。

面对变化迅速的商业环境，组织的发展方向和战略目标都不能是静态的，而必须动态调整。组织至少每年要对战略方向和战略目标做一次审查，进行必要调整。这也就造成了项目组合管理的动态性。

1.3.2 项目集管理

项目集管理是要正确地完成一系列相互关联的项目。它通过管理项目之间的内在联系，来取得假如把每个项目单独管理所不能取得的效益。它平等地看待同一个项目集中的每一个项目，重点管理项目之间的相互联系，通过各项目的有效配合来取得更大效益。

项目集管理旨在把各项目串成一个横向的项目串。项目组合管理旨在把各项目串成一个纵向的项目串。项目集中的项目可能因与其他项目的配合不够而被剔除。项目组合中的项目可能因排序靠后而被剔除。也可以向现有项目集或项目组合添加新项目。

1.3.3 项目管理与运营管理

项目管理是指对单个项目的管理，旨在正确地完成单个项目。它把每个项目单独拿

出来管理，以便最有效地实现项目目标。同时，它需要为项目组合管理和项目集管理提供必要的协助。

运营管理是确保持续且有效地应用项目或项目集所产出的生产能力或服务能力。例如，生产企业用建成的生产线持续不断地生产同一种产品，服务企业用新开发的服务流程重复地开展同一种服务。生产能力或服务能力，只有交付运营，才能为组织创造价值，促进战略目标的实现。

1.3.4 项目管理与产品管理

产品管理是指在整个产品生命周期中协调各种资源和系统来创意、开发、维护和淘汰特定产品。这里的"产品"也可以包括服务。产品生命周期是从提出产品创意到产品退出市场的整个时期，通常可划分为一系列产品阶段，例如，导入期、成长期、成熟期、衰退期和退出期。可以指定产品经理来负责某一特定产品从摇篮到坟墓的一条龙管理。

产品管理的初期必定与项目管理基本重合，因为必须通过做项目来导入产品。在产品进入运营之后，产品管理会继续关注产品的成长、成熟和衰退，并在适当时候启动项目来修改或增强产品功能。在产品进入退出期之后，产品管理可以启动项目来使产品平稳退出市场。

战略管理、项目组合管理、项目集管理、项目管理、运营管理与产品管理的主要区别如表1-2所示。

表1-2 各种管理的主要区别

比较项	战略管理	项目组合管理	项目集管理	项目管理	运营管理	产品管理
主要内容	明确组织的战略目标	选择最有利于实现战略目标的一系列项目	分析并利用各项目之间的有机联系	规范有序地开展单个项目	持续且有效使用项目或项目集所形成的生产或服务能力	针对某一特定产品或服务进行从摇篮到坟墓的一条龙管理
目的	确保组织的方向正确	确保做一系列正确的项目	确保获得比单个项目效益之和更大的效益	确保做出符合范围、进度、成本和质量要求的成果	确保实现商业价值和战略目标	确保某一特定产品或服务从摇篮到坟墓的有序推进
负责人	公司董事长	公司总经理	项目集经理	项目经理	职能经理	产品经理
变更	主动追求变更，调整战略方向和目标	主动追求变更，调整项目组合的组成部分	必要时对项目集内容做变更，以扩大项目集效益	必要时为配合项目集而变更，或者为实现项目目标而变更	按标准化流程开展生产或服务，无须变更	对产品运营无须变更，对产品导入或更新类项目可以进行变更

1.3.5 组织级项目管理

组织级项目管理是组织中的项目、项目集和项目组合管理做法，以及有利于这些做法的推行的各种因素的总和。它通过协调组织驱动因素（如组织结构、组织文化、人力资源政策等）与项目、项目集、项目组合管理做法，来提高组织实现战略目标的能力。一方面，要适当调整项目、项目集和项目组合管理做法，来适应组织结构、组织文化和人力资源政策等。另一方面，要不断优化组织结构、组织文化和人力资源政策等，来支持采用最佳的项目、项目集和项目组合管理做法。在组织中推行项目、项目集和项目组合管理，需要各种组织驱动因素的支持。

组织必须不断提升项目、项目集和项目组合管理的水平，不断改进各种组织驱动因素，并不断改进项目、项目集和项目组合管理做法与组织驱动因素之间的匹配性，从而不断提升组织级项目管理的水平。

PMP®考试针对单个项目的管理，不针对产品管理、运营管理、项目集管理、项目组合管理或组织级项目管理。对后面这些内容，考生只需了解基本概念以及它们与项目管理的关系，无须深入学习。

1.4 项目的目标和目的

1.4.1 项目目标

从狭义上讲，做项目就是要在规定的范围、进度、成本和质量要求之下做出项目可交付成果。项目范围、进度、成本和质量，是用于规定项目目标的四个必不可少的维度。这四个维度又可被归纳为"效率"和"效果"两个维度。进度和成本是关于项目的效率的，即以正确的方式用尽可能低的代价做事；而范围和质量则保证项目成果能够发挥既定的功能，是关于项目的效果的，即做正确的事，获得想要的结果。

从广义上讲，做项目就是要满足项目相关方在项目上的利益追求，包括已表达出来的需要和想要，以及尚未表达出来的期望。当然，要实现这个广义上的目标，通常是很困难甚至不可能的。对是否应该满足相关方尚未表达出来的期望，《PMBOK®指南》并未给出定论。在PMP®考试中，如果题目考的是"项目相关方"，那么他们的期望是需要考虑甚至满足的；如果考的是"项目范围"，那么是不可以"镀金"的，即不能做额外工作。

为了项目成功,项目经理必须用自己的专业技能把项目相关方对项目的利益追求（需要、想要和期望）细化成可测量可操作的具体项目要求，即项目的范围、进度、成本和质量要求。项目相关方的需要、想要和期望可以是很笼统的，但项目要求必须是具体的、可测量的。

具体的项目要求通常用"三重制约"来表示。狭义的三重制约是项目的"范围""进度""成本"要求，以及夹在中间的"质量"要求,广义的三重制约还包括"相关方需求"

和"风险"（见图1-2）。项目管理就是要在充分考虑风险的前提下，为满足相关方需求，而确定并实现项目的范围、进度、成本和质量要求。

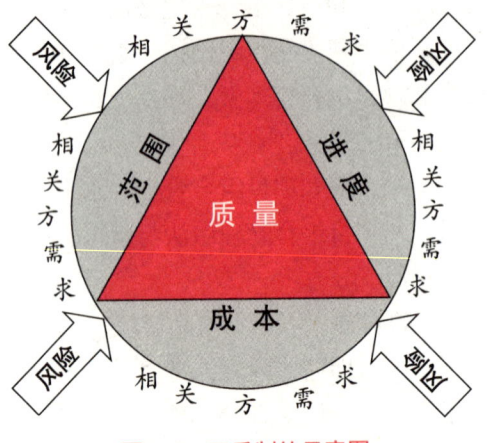

图1-2 三重制约示意图

1.4.2 项目目标各维度的优先顺序

项目的范围、进度、成本和质量这四个维度紧密相连，既相互依存又相互竞争。改变某个维度会引起至少一个其他维度的变化。要优化某个维度，通常只能以损害另一个维度为代价。

关于各维度的优先顺序（哪个更重要），需要注意：

- 笼统地讲，各维度没有优先顺序。
- 在具体项目上，必须排列各维度的优先顺序，以便必要时以牺牲排序靠后的维度来保全排序靠前的维度。
- 在具体项目上，它们的优先顺序通常由高级管理层而不是项目经理决定。项目经理要在项目规划和执行过程中贯彻高级管理层决定的优先顺序。
- 不同的项目相关方可能对哪个维度更重要有不同意见，从而增加管理项目的难度。
- 如果项目产品是为某个外在事件（如奥运会开幕）服务的，且该外在事件的开始时间无法更改，那么"进度"往往是最重要的维度。

1.4.3 项目目的

项目目标是指要做出怎样的项目可交付成果（符合范围、进度、成本和质量要求），而项目目的是指为什么要做出这样的项目可交付成果（这个成果能够带来什么效益）。例如，报考PMP®认证的目标是在规定的范围、进度、成本和质量要求之下获取PMP®证书，目的是用PMP®证书去提升个人就业或晋级竞争力。

项目是独特性的工作，应该能够把组织从不太理想的当前状态转变到某种所需的未来状态。例如，制造工厂的生产线已经过时（当前状态），组织就实施一个新生产线建设项目，以便获得崭新的生产能力（未来状态）。做项目，是组织为适应甚至引领变化而主动求变。

项目经理应该从组织变革管理的高度来做项目，把项目看成变革型项目，即实现组织变革的手段。组织文化可能促进或妨碍组织变革的开展，因此项目经理应该评估组织文化对变革的影响。项目经理应该评估项目与组织的相互影响，采取合适行动使项目对组织变革发挥应有的作用。应该注意，其他项目所引发的组织变革（如组织结构变化、规章制度变化）也可能对本项目产生影响，导致有必要对本项目进行变更。

做项目，最终是为了实现有形或无形的商业价值。如果是为外部客户做项目，例如，承包商为业主建设办公楼，所获取的收入和利润就是有形商业价值，所积累的经验、能力和声誉就是无形商业价值；如果是组织内部的项目，项目直接创造的只是积累的经验和能力等无形商业价值，收入和利润等有形商业价值，则只能通过后续对项目成果的运营来创造。对隶属于同一项目集的各个项目，应该把这些项目的成果联合起来运营，以创造更大的商业价值。

项目应该驱动组织变革，应该为组织创造商业价值。这两条其实就是项目目的，即组织做项目的根本原因。

为了明确项目目的，在正式启动项目之前的前期准备阶段，就要对项目进行商业论证，编制出商业论证报告和相应的效益管理计划。在效益管理计划中，必须明确项目拟实现的商业价值，包括实现时间、效益实现责任人、具体测量指标、效益实现方法，以及对效益实现进展情况的追踪方法。对隶属于项目集的项目，往往要在项目集管理的层面编制这两份文件。在后续的项目启动、规划、执行、监控和收尾过程中，必须遵守这两份文件。

考虑到项目相关方（如客户）可能等不及项目完成后才从中受益，项目经理就要设法在整个项目生命周期中以分阶段或分模块方式逐渐实现价值。对只有通过与其他项目的配合才能实现的价值，项目经理就要协助项目集经理或项目组合经理去实现价值；对只有通过后续的项目成果运营才能实现的价值，项目经理就要在项目收尾阶段向运营经理做好成果移交和知识转移，为成果运营的顺利开展提供协助。

为了更好地理解"项目创造商业价值"，还需要了解这些术语的联系和区别：输出（output）、可交付成果（deliverable）、结果（outcome）、效益（benefit）、价值（value）。"输出"和"可交付成果"通常等同，是项目过程、项目阶段或整个项目完成时必须交付出来的有形或无形成果。"结果"是可交付成果所带来的能力或能发挥的作用。"效益"是使用"结果"所获得的好处。"价值"则是"效益"减去为获得效益所付出的代价（成本）。例如，你参加培训班，所学到的知识就是"可交付成果"，这些知识让你具备的工作能力就是"结果"，你实实在在做工作获得的收入就是"效益"，收入减去工作成本就是"价值"。当然，可交付成果、结果、效益和价值，可能存在交叉，需要结合上下文来判断其含义。

1.5 项目管理的基本内容

1.5.1 项目管理的实现过程

项目管理是通过一系列项目管理过程来实现的。每个过程尽管可在一定时候单独使用，但在大多数时候都是与其他相关过程整合在一起使用的。第 6 版列出了 49 个项目管理过程，并指出应该通过整合使用这 49 个过程来管理项目。这 49 个过程又被归纳成启动、规划、执行、监控与收尾五大过程组。管理一个项目，就需要应用合适的项目管理过程，做好以下工作：

- 与项目相关方沟通，识别他们的项目需求。
- 分析相关方的项目需求，了解项目需求的一致性、协调性和矛盾性。
- 权衡相互竞争（矛盾）的项目需求，寻找最佳平衡点。
- 建立具体、明确且现实可行的项目目标。
- 把项目目标转化为具体的实施计划，组建项目团队加以实施。
- 对项目进展进行动态监督与控制，及时纠正偏差，保证项目顺利实施。
- 对项目阶段或整个项目进行正式收尾，结束阶段或整个项目。

因为项目需要在整个生命周期中渐进明细，所以许多项目管理过程都需要不断反复开展，而不是只开展一次。在项目早期阶段，项目管理团队在较粗略的高层次上开展这些过程，然后，随着对项目了解的增加，可能需要在更详细的低层次上开展这些过程。

1.5.2 项目管理的知识体系

项目管理的知识体系是指项目管理领域的全部知识。PMI 发布的《PMBOK® 指南》则概述了项目管理知识体系中通用且成熟的那一小部分知识，是人们为管理项目所必须掌握的原理性知识。根据第 6 版，项目管理是把各种知识、技能、工具和技术应用于项目活动，来实现项目要求。这主要是从技术方面来说的。其实，在项目管理的技术面的背后，还有理念面。学习项目管理，除了学习技术，还要注意理解和掌握项目管理的工作理念，例如，整合管理的理念，以可交付成果为导向的理念，依靠团队合作完成任务的理念。只有同时掌握了技术和理念，才能真正用好项目管理方法。

在第 6 版，把管理大多数项目所需要的共同知识整理成了"十大知识领域"，即项目整合管理、项目范围管理、项目进度管理、项目成本管理、项目质量管理、项目资源管理、项目沟通管理、项目风险管理、项目采购管理和项目相关方管理。

项目整合管理是项目管理的指导思想，必须在整合管理的指导下开展后九大知识领域的管理。项目整合管理要求把项目中的全部要素整合在一起，实现项目范围、进度、成本和质量的综合最优。

因为项目目标是用范围、进度、成本和质量来测量的,而风险又是万一发生会对项目目标有影响的不确定事件,所以,项目范围管理、项目进度管理、项目成本管理、项目质量管理和项目风险管理都是与项目目标直接相关的知识领域。其他四大知识领域,即项目资源管理、项目沟通管理、项目采购管理和项目相关方管理,则都是与项目所需的资源(特别是人力资源)直接相关的。

应该在整合管理的指导之下:

(1)规划该做什么(范围管理)。

(2)规划该在什么时候做(进度管理)。

(3)规划该用多大成本做(成本管理)。

(4)规划该做到什么质量要求(质量管理)。

(5)把上述得到的范围、进度、成本和质量计划整合成初步的项目目标计划。

(6)针对初步的项目目标计划,识别和分析项目风险(风险管理)。

(7)根据风险分析结果,调整初步的目标计划,得到正式的项目目标计划。

(8)安排所需资源(特别是人力资源)去执行正式的项目目标计划。先使用组织内部已有的资源(资源管理),再通过采购获取组织缺少的资源(采购管理)。

(9)始终保持与组织内外部项目工作人员的密切沟通(沟通管理)。

(10)通过积极与各种相关方打交道,来提升相关方对项目的支持,削弱相关方对项目的抵制,促进项目成功(相关方管理)。

项目管理十大知识领域的关系,如图 1-3 所示。

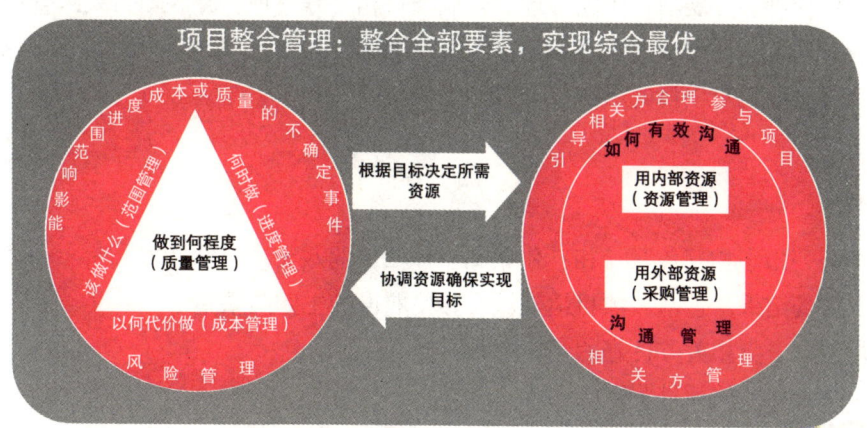

图 1-3 项目管理十大知识领域的关系

虽然管理项目所需的许多知识都是项目管理特有的,但是仅仅理解和应用这些知识还远远不够。要有效地管理项目,还要掌握:

- 应用领域的知识、标准与法规。某个应用领域是具有某类共性的那些项目的集合。这些共性是其他应用领域的项目所不具备的,足以把该应用领域的项目与其他应用领域的项目区分开来。每个应用领域都有一些专有的知识、标准与法规。通常,每个行业都是一个应用领域。应用领域也可按其他标准来划分。

- 项目环境的情况。政治、经济、文化甚至自然环境，都会对项目有一定的影响，项目的实施及其所形成的项目成果也会对相关环境产生影响。项目团队应该把项目置于其文化、社会、国际、政治及自然环境中加以考虑。
- 通用的管理知识。项目管理是管理学的一个分支，所以掌握通用的管理知识，对项目经理也很重要。在管理具体项目时，也要运用通用管理学中的各种知识。
- 人际关系技能。项目往往需要许多人协同工作，所以人际关系技能，对成功管理项目非常重要。人际关系技能包括有效沟通、施加影响、领导、激励、谈判、冲突管理、解决问题等。

1.5.3　项目管理的基本任务

《PMP®考试大纲》（简称"考纲"）按人员、过程和商业环境三个部分列出了项目经理在管理项目时通常应开展的35项任务和133项子任务。项目经理在管理项目时，必须组织人员（项目团队成员）在考虑商业环境与项目的相互影响的基础上，应用合适的项目管理过程去开展项目活动，实现项目目标。

人员部分，要开展的主要任务包括组建团队、赋能团队、建设团队、解决冲突、提高团队绩效，外加广义的项目团队建设（把主要项目相关方也看作项目团队的成员，以及适当采用虚拟团队）。

过程部分，要开展的主要任务包括确定做项目的总体方法、开展项目整合管理、开展项目目标管理、开展项目风险管理、开展项目相关方管理、开展项目采购管理。

商业环境部分，要开展的主要任务包括开展项目合规性管理、开展项目效益管理、管理商业环境变化对项目的影响、支持组织变革。

1.5.4　项目绩效域

第7版列出了相互关联、相互作用和相互依赖的八大项目绩效域。每一个绩效域都有应该取得的结果。这八大项目绩效域及其要取得的主要结果是：

- 相关方：与相关方良好的合作关系。
- 团队：高效的项目团队。
- 开发方法和生命周期：合适的开发方法和合适的项目阶段划分。
- 规划：足以使项目有效推进的项目计划。
- 项目工作：理想的项目工作绩效。
- 交付：令人满意的项目可交付成果和项目商业价值。
- 测量：相关方对项目进展情况的充分了解，以及有效的项目纠正措施。
- 不确定性：良好的不确定性意识，合理的应急储备和风险应对。

在每一个项目绩效域，都需要应用第6版中的相关知识，开展考纲中的相应任务，来取得所需的项目绩效。

1.6 项目经理的责任和权力

1.6.1 项目经理的定义

项目经理是受项目执行组织委派，领导项目团队去实现项目目标的个人。一个项目可能有多个执行组织，而每个执行组织都有一个对本组织负责的项目经理。

《PMBOK® 指南》之所以不用"业主""承包商"等词，而用"项目执行组织"，是因为这个词不仅在各行各业通用，而且能够包容参与项目的各类组织，例如，业主、监理公司、承包商及其他相关组织。在项目执行组织中，高级管理层授权项目经理组建并领导项目团队去实现项目目标。高级管理层是项目执行组织中高于项目经理的、具有项目高级决策权的人员的集合。

由于不同项目在组织中具有不同的重要性，项目经理在组织中的地位也就高低不等。大型项目的项目经理具有很高的地位，而小型项目的项目经理具有较低的地位。无论地位高低，所有项目经理都要负责在规定的范围、进度、成本和质量要求之下完成项目任务。

1.6.2 项目经理的责任

项目经理对特定项目、项目执行组织、项目管理职业，以及相关行业和学科，都负有程度不等的责任。

项目经理是所管理的项目的唯一责任人，必须确保在规定的范围、进度、成本和质量要求之下完成可交付成果，并满足项目相关方在项目上的利益追求。为了做到这一点，项目经理必须协调相互竞争的范围、进度、成本和质量要求，协调不同相关方的利益矛盾，以及开展项目团队建设。

对项目执行组织，项目经理有责任在组织中宣传项目的重要性，有责任协助项目集经理实现项目集目标，有责任协助项目组合经理实现项目组合对组织战略目标的贡献，有责任与其他项目经理开展有效互动，有责任通过与高级管理层和运营经理的合作来促进项目为组织创造价值，有责任促进项目管理办公室（Project Management Office, PMO）的发展和组织级项目管理水平的提高。

对项目管理职业，项目经理有责任严格遵守职业道德和行为规范，有责任不断学习和持续改进，有责任在项目管理社群中分享知识和经验，有责任促进项目管理职业和学科的发展。

对其他相关行业和学科，项目经理有责任学习必要的专业知识，有责任了解和利用它们的发展趋势，有责任了解它们对项目管理职业和学科的可能影响，有责任分析项目管理职业和学科能够对它们产生的影响，有责任向相关人员宣传项目管理方法的价值。

1.6.3 项目经理的胜任力

与一般意义上的"能力"不同,"胜任力"是指为了胜任某个特定岗位而必须具备的知识、技能和态度,以及相应的行为。项目经理必须知道项目管理是什么(知识),必须具备把项目管理知识应用于实践的技能,必须以积极的态度待人处事,必须采取合理行为确保项目成功。

根据通用的胜任力开发模型,胜任力开发需要通过以下五个阶段:

- 不知自己无能。完全不知道自己无能,不知道需要学习。
- 知道自己无能。已经知道自己无能,从而主动学习。
- 知道自己有能。通过学习,获得了所需的知识、技能和态度,从而能够胜任岗位工作。
- 不知道自己有能。应用相关知识、技能和态度已经成为习惯和潜意识。
- 故意保持自己有能。通过学习新知识、新技能和新态度来持续改进。

PMI发布的"人才三角"[1],是高层级的项目经理胜任力框架,其中包含"项目管理技术""领导力""战略和商务管理"三个维度。它要求项目经理掌握和应用项目管理知识和技术,例如,编制进度计划的知识和技术;具备强大的领导力,能够指导和激励团队成员去实现目标,例如,运用人际关系技能;掌握和应用一定的战略和商务管理知识,去取得高级管理人员和职能部门人员的支持,例如,了解组织的战略目标和运营目标。

项目经理掌握了项目管理技术,就能够亲自做事;具备了领导力,就能够组织别人做事;具备战略和商务管理知识,就能够明确项目管理与战略管理和商务管理的关系,就能够通过与高级管理人员和运营管理人员的有效合作来为组织创造价值。

1.6.4 项目经理的权力

权力(power)是指一个人影响他人、使他人按自己的意愿去行动或不行动的能力。在英文中,power与authority(职权)是有区别的,前者的外延更广,后者只是前者的来源之一。在项目管理中,项目经理往往要在职权不足的情况下组织人们完成任务,所以他必须取得人们的合作。

广义的权力,有许多来源,包括人身、职位和人际交往。第6版列出了14种权力,供项目经理权衡使用。这些权力的来源和解释,如表1-3所示。

---

[1] PMI在2022年发布了新版人才三角,把"项目管理技术"改成了"工作方式"(灵活选用合适的工作方式),"领导力"改成了"强力技能"(包括但不限于领导力),"战略和商务管理"改成了"商业敏锐度"(表达更简洁有力)。

表 1-3　各种权力的来源和解释

来　源	权　力	含　义	举　例
人身	参照权力	别人欣赏你，以你为榜样（参照物）	明星对追星族的权力
	专家权力	拥有相关专业知识和经验	医生要病人服用某种药物
	魅力权力	拥有个人魅力，能够吸引别人，可归并到参照权力	漂亮的外貌
职位	正式权力	处于某职位的人有权做出相关决定	财务部主任审批费用报销
	奖励权力	处于某职位的人有权奖励下属	财务部主任给下属发奖金
	处罚权力	处于某职位的人有权处罚下属	财务部主任扣发下属的工资
	加压权力	处于某职位的人有权限制下属的活动自由	财务部主任要求下属周末加班
人际交往	关系权力	所处的人际圈，特别是能直接联系权威人士	一个孩子炫耀他爸爸的身份或成就
	迎合权力	相互奉承，或者寻找共同背景	我们都是云南大学的校友
	愧疚权力	用特殊言行促使对方产生某种愧疚感	带头捐款，让别人跟着捐款
	说服权力	正面说服别人做或不做某事	告诉别人捐款是行善积德
	回避权力	通过拒绝参与某事，促使别人改变行动	如果某人参会，我就不参会
人身、职位和人际交往	信息权力	通过获取、掌握和分发信息来影响他人	如果你这么做，我就告诉你相关情况
	情景权力	在特别紧急的情况下，先站出来的人很容易影响他人	在事故发生时，某人站出来号召大家不要乱

其中，来自人身的权力是长久有效的，是每个人都应尽力追求的。正式权力不足的项目经理，就更应该加强自己的参照权力、专家权力和魅力权力。

1.6.5　领导风格

项目经理既是领导者，又是管理者。作为领导者，他应该通过启发和激励团队成员来领导项目团队去实现项目目标；作为管理者，他应该通过约束和控制团队成员来确保规章制度得到遵守，以便实现项目目标。在不同的项目上，针对不同的人员，项目经理作为领导者和管理者的比重应该有所不同。在采用敏捷型方法的项目上，项目经理更应该是领导者而非管理者；而在采用预测型方法的项目上，项目经理更应该是管理者而非领导者。因为变化越来越快，敏捷型方法用得越来越多，所以考纲弱化了项目经理的管理者角色，强化了其领导者角色。

领导，主要是对人；管理，主要是对事。领导是指创建愿景，使员工看到愿景，并通过启发和激励带领员工朝愿景前进。管理则是指通过规划、组织和协调，把困难的事情做成功。虽然"领导"与"管理"存在紧密联系，这两个词甚至可替换使用，但是优秀的领导者不一定就是优秀的管理者，反之亦然。例如，一位将军虽然用激情演讲和个人魅力，使士兵很愿意跟随他；但是他糟糕的战术安排使士兵伤亡惨重。他是优秀的领导者，但并不是优秀的管理者。再如，足球比赛中的优秀裁判员是优秀的管理者，但不必是优秀的领导者。项目经理应该用源自职位的权力做好管理，用源自人身的权力做好领导。

项目经理应该根据自身、项目团队和项目工作的特点，采用合适的领导风格或管理风格。虽然"领导风格"与"管理风格"这两个词并不完全对等，但又常可替换使用。第6版列出了六种常用的领导风格：

- 放任型。充分信任团队成员，允许他们自由设定目标和采取行动。
- 交易型。通过给予团队成员适当的回报或奖励来激励他们。例如，采用"异常管理"，对好的异常情况给予奖励，对坏的异常情况进行处罚。
- 仆人型：通过为团队成员提供服务来使他们愿意跟随自己。考纲强调项目经理要采用仆人型领导风格，并引导成员习惯在此种领导风格之下工作。
- 变革型。用项目成功将给个人、团队和组织带来的价值，来激励大家为项目成功而努力。
- 魅力型。用个人的专家和性格魅力来激励团队成员。
- 交互型。这是交易型、变革型和魅力型的混合体。

领导风格还有其他多种划分方法。例如，可以根据给予工作指导的多少和考虑下属感受的程度，把领导风格划分成：

- 命令式。指导多，不考虑下属感受。
- 推销式。指导多，考虑下属感受。
- 参与式。指导少，考虑下属感受。
- 授权式。指导少，不考虑下属感受。

领导风格甚至可以粗略地分为：

- 独裁式。老板严格控制和独自决断，易出错，适用于小型低风险项目。
- 民主式。这是一种参与式管理，是项目上用得最多的一种领导风格。团队成员参与决策，有利于调动成员的积极性，提高他们的责任心。
- 放任式。对员工放任自流，进行松散式管理，适用于高度创新型项目以及高度自觉并能力很强的人。

上述三种领导风格各有优缺点，适用于不同的项目或个人（见表1-4）。

表1-4 三种领导风格的比较

比较项	优点	缺点	适用项目	适用人员
独裁式	决策快	容易出错	低风险、范围清楚	能力差但愿意服从
民主式	集体参与	决策慢	大多数项目	能力强且有参与愿望
放任式	发挥员工创造力	易失去控制	高度创新型项目	能力强且自觉性高

在项目生命周期的不同阶段，项目经理的领导风格或管理风格也应该有所不同。虽然没有一个确定的说法，但是许多人都同意：在项目规划（特别是规划阶段的早期）与收尾阶段，项目经理需要更多地运用"命令或独裁"风格，而在项目执行阶段更需要"参

与或民主"风格,即一头一尾要集中,中间要民主。

1.7 项目经理作为整合者

1.7.1 亲自做整合

项目经理需要懂技术,具备一定的技术能力,但不必是技术专家。特别是,项目经理不能是纯粹的单一技术领域的专家。否则,他很可能过分专注于自己所擅长的这个技术领域,而有意无意地忽视对项目的管理工作。

作为跨专业的项目的管理者,项目经理必须是一个整合者。对于相互竞争或矛盾的要素,他必须设法寻找最佳平衡点;对于不相矛盾的要素,他必须设法找出相互之间的有效联系,并加以利用。项目经理就像交响乐队的指挥。指挥虽然不亲自演奏任何一种乐器,但是他以自己的指挥行为把所有乐手的行为协调在一起。他是指挥整个乐队的人,是组织所有技术专家协调做事的人。项目经理绝对不能把整合管理授权给别人去做,而必须自己亲自做。

要做好整合管理,项目经理必须基于项目的复杂性,从两个角度着眼,从三个层面入手,运用四大技能,处理好项目内外的五大关系。

1.7.2 项目的复杂性

越是复杂的项目,界面就越多,也就越需要且越难以整合。项目的复杂性主要来自三个方面。一是系统行为。项目是一个开放且动态的系统,其组件之间以及组件与整个系统之间的关系会不断变化。二是人类行为。个人或群体的行为是不断变化的,他们之间的关系也是不断变化的。三是事物的模糊性。对事物缺乏认知,未来充满了不确定性,例如,可能发生突发事件。

1.7.3 两个角度

项目经理必须从两个角度着眼。

一是项目外部角度,使项目符合所在组织的需要。项目经理必须与项目发起人、高级管理层、项目集经理、项目组合经理、PMO 经理及职能经理合作,保持项目与战略目标、项目与运营目标的一致性,保证项目成果能顺利融入日常运营,保证项目能为组织创造商业价值。

二是项目内部角度,使项目团队每个人都朝同一个方向努力。作为领导项目团队去实现项目目标的个人,项目经理必须带领全部成员朝项目目标前进。

1.7.4 三个层面

项目经理必须做好三个层面的整合。

一是过程层面。必须把项目管理的各个过程整合起来开展。不仅要协调开展同一过程组内或同一知识领域中的过程，而且要协调开展不同过程组或不同知识领域的过程。例如，在监控过程中提出并审批变更请求之后，就需要重新开展规划过程，根据批准的变更请求去修改项目管理计划或项目文件。

二是认知层面。必须提高自己在每个知识领域的知识水平，深入了解项目的各种特点；然后，综合利用这些知识，考虑这些特点，选择最适合项目的管理方法。

三是背景层面。必须动态了解与项目有关的大背景，例如，新技术的出现、社交网络的发展、虚拟团队的普及和新型价值观的涌现，并加以综合利用。

1.7.5 四大技能

为了实现有效整合，项目经理必须运用四大技能（基于PMI人才三角）。一是掌握项目管理的主要技术，能够自己亲自做事。二是具备强大的领导力，能够激励和领导别人做事。三是掌握一些商务管理知识，能够取得职能经理的支持，并使项目更好地服务于组织经营。四是掌握一些战略管理知识，能够有效地与高层管理人员对话，并使项目更好地服务于组织的战略目标。

1.7.6 五大关系

为了实现有效整合，项目经理必须处理好五大关系。

一是项目内部的关系。项目经理必须平衡项目中相互竞争的要素，必须引导项目内部的相关方就项目事宜达成一致，或者在保留意见的前提下全力支持项目决定。

二是项目与所在组织的关系。包括与其他项目、职能部门、PMO等的关系。

三是项目与所在行业的关系。项目经理必须了解所在行业（如IT开发）的发展现状和趋势，并在本项目中加以体现，例如，采用最新的行业标准。

四是项目与项目管理职业的关系。项目经理必须活跃于项目管理职业，既要从中吸取知识用于项目，又要从项目中提炼知识，贡献给项目管理职业。

五是项目与其他职业的关系。项目经理必须适当向其他职业工作者（如工程师）宣传项目管理，并且适当学习其他职业的知识。

第2章 项目所处的商业环境

2.1 概述

在20世纪，项目经理只需按客户的既定要求闭门造车式做项目，无须关注商业环境。在21世纪，项目经理再也不能如此闭门造车，必须关注项目所处的商业环境。关注商业环境，也就很自然地成了 PMP® 考试的内容之一。

项目是在一个或几个组织中开展的。这个或这些组织被称为"项目执行组织"，也就是平常所说的"项目所在单位"。任何一个组织，只要有员工直接参与某个项目，它就是该项目的执行组织。一个项目也许有多个执行组织。例如，对建筑施工项目，业主单位、施工单位、设计单位等都是项目执行组织。

项目所处的商业环境包括项目执行组织内部的环境（如组织结构、组织文化、规章制度）以及项目执行组织外部的环境（如项目所在地的政治氛围、经济形势、文化氛围）。商业环境会对项目产生直接或间接的影响，例如，对项目提出各种合规性要求，促使项目必须进行合规性管理，确保项目合规。

项目的实施过程和成果也会对商业环境产生直接或间接的影响。项目经理要尽力用项目来促进项目执行组织的组织变革，要尽力为项目执行组织和其他项目相关方实现应有的效益和价值。这就是要让项目对项目执行组织内部和外部的环境产生直接或间接的积极影响。同时，项目经理也要尽力减轻项目可能对项目执行组织内部和外部的环境产生的消极影响。

2.2 项目执行组织

2.2.1 组织作为价值交付系统

系统是由一系列相互关联的组件所构成的复杂整体。一个有效的系统，系统整体的功能要远大于各组件的功能之和。系统可以是自然或人造系统，静态或动态系统，封闭或开放系统。组织当然是开放且动态的人造系统。

组织的开放性是指组织会与环境互动，既要从环境获取各种输入，又会向环境输出所生成的各种成果。组织的动态性是指各组件的状态、组件之间的关系以及整个组织的状态都会不断变化。第6版第42页所述的系统的五大原则，都与系统的动态性有关。其中，"系统及其组件不能同时优化"，是指对某个或某些组件的过分优化会损害系统整体的功能。

组织中的高级管理层负责组织的系统建设，以便主要用系统而不是靠个人去管人管事。系统由三个要素构成：组件、组件属性以及组件关系。在一个组织中，组件就是各管理层级、部门、项目组合、项目集、项目、运营等；组件属性就是它们的工作权责、工作规范和组件构成等；组件关系就是它们之间的信息流动关系和相互影响关系。第7版所述的"与项目有关的职能"，就是针对"项目"组件的基本工作规范。第7版还说明了高级管理层、项目组合、项目集（项目）和运营这四个组件之间的信息流动关系。

第7版把组织系统称为"价值交付系统"，旨在强调组织中的所有组件、组件属性和组件关系都必须服务于"为相关方创造价值"这一根本目的。

结合第6版和第7版，可以看出决定"组织"这个价值交付系统的三大因素是：组织治理框架、主要管理原则和基本组织结构。

2.2.2 组织治理框架

"治理"是指统治、引导与控制，最先用于政治领域，例如，国家治理、地方治理，后又用于组织领域，例如，组织治理、公司治理。通俗地讲，任何比你职位高的人对你的工作的指导、支持、监督和控制，就是治理。

组织治理关注的是组织的最高层领导者想要如何管理整个组织。以公司为例，公司建立董事会来开展公司治理。董事会制定公司治理框架来体现自己的管理意图。这个治理框架就是组织中的重要决策的制定框架，规定在整个组织中，谁有权在什么时候用什么方法做出并推行什么重要决策，例如，董事长、总经理、财务总监、PMO经理分别有权做出什么决策。公司治理旨在为公司经营管理提供宏观指导和管控，公司总经理必须按公司治理的规定来开展公司管理工作。在公司中，董事会做公司治理，总经理做公司管理。

传统的组织治理偏向于对运营的指导、支持、监督与控制，对项目关注不够。随着项目管理的推广，组织越来越关注项目，项目治理也就日显重要。

项目治理是组织为项目建立的高级别的指导、支持、监督与控制框架。项目治理由项目治理委员会（或称"项目指导委员会""项目领导小组"）开展。作为项目的最高决策机构，项目治理委员会在项目中的地位相当于公司中的董事会，由项目执行组织的高级管理者的代表组成。在大型项目上，委员会通常要有一名独立成员，他在项目上没有直接的经济利益，只作为社会公众的代表。项目治理委员会所做出的决策，通常无须再经部门轮签和层层报批。这有利于加快决策速度，提高决策质量，落实对决策的终责。

项目治理是联系组织治理与项目管理的桥梁，如图2-1所示。一方面，项目治理必须符合组织治理的基本要求。另一方面，项目经理及其项目管理团队必须在项目治理的指导下开展项目管理工作。越是大型复杂的项目，就越需要项目治理。项目治理旨在把项目经理无法有效处理的项目政治问题（如协调相关方的重大利益矛盾）剥离出去，交给项目治理委员会处理，以便项目经理能专注于对项目本身的管理。在项目治理规则中，必须规定项目经理向项目治理委员会上交问题的门槛和路径，即严重到什么程度的问题才能以什么方式提交给治理委员会来解决。

图2-1　项目治理与组织治理、项目管理的关系

对项目经理来说，项目治理既是紧箍咒，又是保护伞。作为紧箍咒，它会规定项目经理在管理项目时能够做出什么决策，不能够做出什么决策。作为保护伞，它会给项目经理提供方向保障（保证项目的大方向和大目标是正确的）、环境保障（为项目提供良好的组织内部和外部环境）、资源保障（保证项目获取所需资源）和权力保障（保证项目经理有权力管理项目）。如果项目治理不规范、不到位，那么项目管理就不可能做好，项目也就很难取得成功。项目经理在接手某个项目之前，必须了解有关的项目治理框架，争取更好的保障。

2.2.3　主要管理原则

通用管理理论中的主要管理原则，既可以为最高管理层开展组织治理提供指导，又可以在经细化后用于落实组织治理的要求。第6版列出了组织中的16个基本管理要素（或称"关键管理职能"）。它们是为做好管理工作而必须关注的基本内容。这16条其实是改编自古典管理理论的代表人物之一亨利·法约尔（Henri Fayol）1916年提出的14条通用管理原则。这14条通用管理原则与第6版16个管理要素的对应关系，如表2-1所示。

表 2-1　法约尔管理原则与第 6 版管理要素的对应关系

	法约尔	第 6 版	说　明
1	劳动分工	工作分工	合理的分工能够提高工作效率和效果
2	职权	工作职权	法约尔认为"职责"随"职权"而来，故未单列"职责"。项目管理中，职权和职责不一定完全对等，故分开罗列
		工作职责	
3	纪律	行动纪律	遵守共同的纪律，这是合作的基础
4	统一命令	统一命令	对某个活动，员工只能从一位上级处接受指令
5	统一方向	统一方向	只能用一份计划或由一个人去指导服务于同一个目标的各种活动
6	个人目标服从组织目标	组织目标优先于个人目标	个人或小组目标不能凌驾于组织目标之上
7	合理的薪酬	合理的薪酬	员工应该获得合理的薪酬
8	集权或分权	资源的优化使用	项目管理强调项目经理作为整合者及其向团队成员授权，以便有效使用资源；而不是传统管理中的集权或分权
9	层级链	畅通的沟通渠道	法约尔认为，要严格按管理层级开展上下级沟通，只有特殊情况才允许绕开直接上级。项目管理鼓励横向沟通，第 6 版改动较大
10	良好的秩序	在正确的时间让正确的人用正确的材料做正确的事	第 6 版对法约尔的"秩序"做了具体的解读
11	公平	公正平等地对待所有员工	第 6 版对法约尔的"公平"做了具体的解读
12	人员岗位的稳定	工作职位保障	同一个岗位，不要经常换人；第 6 版增加了"工作场所安全"
		工作场所安全	
13	工作主动性	每个人都可参与计划和实施	第 6 版对法约尔的"主动性"做了具体的解读
14	团队精神	提升员工士气	这两个说法实质一致

2.2.4　基本组织结构

组织应该在有关理论的指导下，根据具体需要设立自己的组织结构，用于落实组织治理要求和主要管理原则。第 6 版列出了八种单一的组织结构类型和两种混合的组织结构类型，以及在这些组织结构之下的项目管理的特点。它们都是项目执行组织的组织结构。在不同的组织结构之下，项目的地位和项目管理的做法会有较大不同。

下面用更通俗的语言对这些组织结构进行解释：

- 有机型或简约型。一位老板带领一小群员工。没有其他层级划分，没有职能部门划分，没有固定的分工。书面规章制度很少，大家商量着办。在简约型组织中，决策权高度集中于老板。在有机型组织中，老板把决策权授予全体员工。
- 职能型。按职能划分部门，例如，生产部、销售部、财务部。有严格的层级划分，有较多的规章制度。决策权按层级和部门集中于相应的层级和部门领导。

- 事业部型。按地区、业务线、客户类型等设立不同的事业部。每个事业部内部又可采用所需的组织结构（如职能型）。各事业部可能重复设置同一个职能部门。公司总部对各事业部的集中管控程度很低，各事业部有很大的自主权。
- 矩阵型（包括弱矩阵型、平衡矩阵型和强矩阵型）。既按职能划分出各种永久部门，又根据需要组建临时的项目部（从永久部门抽调成员）。它是职能型和项目型的结合。如果已把项目管理专门作为一种职能工作并设立了PMO,那就是强矩阵型；如果未设立PMO，但设立了专职的项目经理岗位，那就是平衡矩阵型；如果既无PMO，又无专职项目经理，那就是弱矩阵型。
- 项目型。除了PMO，基本没有其他职能部门。整个组织实行项目化管理，根据需要设立众多临时项目部。例如，咨询公司可采取这种组织结构。
- 虚拟型。绝大多数成员都通过互联网远程而非面对面办公。
- 混合型。在不同的时间针对不同的工作灵活采用上述某种或某几种最适用的组织结构，即组织结构并非一成不变。
- PMO型。在这种组织中，PMO的作用巨大，是最核心的职能部门，其他部门甚至老板都要围着PMO转。有PMO的组织，不一定就是PMO型组织。

2.2.5 项目管理办公室

随着项目管理的发展，组织的项目化程度越来越高，也就越来越需要建立PMO。PMO是组织中指导、协调和支持项目管理工作的一个常设职能部门，也就是管理项目管理的常设职能部门。PMO不同于专为某个项目组建的临时的项目部、项目团队或项目组织。

PMO负责制定和贯彻标准化的项目管理方法论（包括工作流程与规章制度等），协调所辖各项目对资源、工具、技术和方法的共享，为所辖各项目提供必要的支持。PMO的职能可以多种多样，例如，制定项目管理的政策、方法、指南等，为各部门和员工应用项目管理方法提供指导、培训和支持，从整个组织的高度来管理所辖的全部项目，为重要项目选派项目经理，直接管理一些很重要的项目。简单的PMO功能很少，例如，只提供项目管理培训或项目管理软件维护；而复杂的PMO功能很多，例如，具有前文提及的大多数甚至全部功能。

除了简约型和有机型组织结构，在其他任何一种组织结构中都可加设PMO。组织的项目化程度越高，越需要设立PMO,PMO的地位就越高，功能就越多，作用也就越大。通常，在强矩阵型或项目型组织结构中，PMO经理可以直接向组织CEO汇报。组织设立了PMO，则PMO经理通常就是项目经理的直接上级。

作为项目管理的成熟标志之一，组织中需要有较完整的项目管理系统，其中包括用来管理项目的一系列工具、技术、方法、资源与程序。建立、维护与管理该项目管理系统是PMO的重要职责之一，以确保该系统在各项目上得到基本一致的应用。为了不断完善项目管理系统，PMO必须关注有关项目管理的组织过程资产的积累。PMO必须把项目的经验教训、工作流程、工作模板和工作数据收集起来，整理成以后项目可以利用的组织过程资产。

按PMO对项目的控制程度，可以把PMO分成以下三种：

- 支持型。PMO仅为项目提供行政支持服务，例如，提供工作模板、工作流程、过去项目的经验教训、项目管理培训和咨询。它对项目没有控制权力，例如，PMO无权要求项目必须采用某种模板或流程。
- 控制型。PMO在提供支持的基础上，有权对项目施加一定程度的控制，有权要求项目遵守PMO的相关规定，例如，项目必须采用PMO提供的工作模板和工作流程。
- 指令型。PMO直接管理一些很重要的项目，对项目目标的实现负责。这些项目完全在PMO的控制之下。组织应该规定达到多大规模和何种复杂程度的项目才归PMO直接管理。

PMO在组织中的地位可以从最低级的项目行政办公室到最高级的战略级PMO。行政办公室仅对项目提供行政支持，即前文所述的支持型PMO。战略级PMO则直接承担项目组合管理的任务。第6版没有直接提及战略级PMO。战略级PMO的经理通常由组织中的高级管理人员兼任。在大型集团公司，往往同时存在不同级别的PMO。例如，公司总部的PMO是战略级的，而基层分公司的PMO是支持型的，中间的地区公司的PMO则介于这两者之间。

2.3 事业环境因素和组织过程资产

项目执行组织会从"事业环境因素"和"组织过程资产"这两个方向对项目施加影响。前文所讨论的组织治理和组织结构，都是事业环境因素的重要组成部分。虽然第7版把组织中的"过程资产""数据资产""知识资产"等都归类到了组织的"内部环境"之下，但仍有必要区分"事业环境因素"和"组织过程资产"。

2.3.1 事业环境因素

事业环境因素是能影响项目但项目团队无法控制的任何内外部环境因素。内部环境因素来自项目执行组织内部，外部环境因素来自项目执行组织外部。项目团队无法控制、无法回避，又不能忽视的任何因素，都是环境因素。如果忽视环境因素，项目就不能顺利开展。来自项目执行组织外部的任何因素都是项目不能直接影响的，都被归为"事业环境因素"。

事业环境因素可能提高或限制项目管理的灵活性，可能对项目有积极或消极的影响。

第2章 项目所处的商业环境

项目管理中的几乎每一项工作都要受事业环境因素的影响。

事业环境因素的细分种类繁多，只有加以适当概括才便于掌握。图 2-2 和图 2-3 分别展示了项目执行组织内部和外部的事业环境因素。

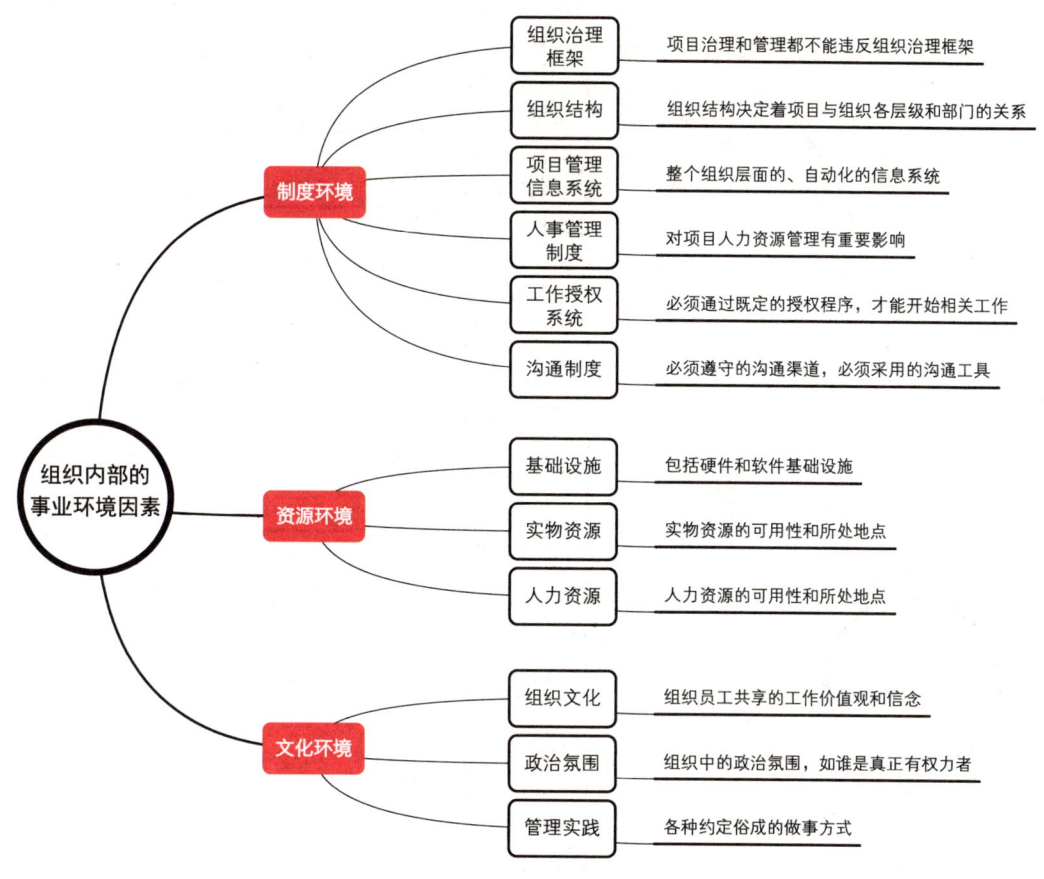

```
组织内部的事业环境因素
├── 制度环境
│   ├── 组织治理框架 —— 项目治理和管理都不能违反组织治理框架
│   ├── 组织结构 —— 组织结构决定着项目与组织各层级和部门的关系
│   ├── 项目管理信息系统 —— 整个组织层面的、自动化的信息系统
│   ├── 人事管理制度 —— 对项目人力资源管理有重要影响
│   ├── 工作授权系统 —— 必须通过既定的授权程序，才能开始相关工作
│   └── 沟通制度 —— 必须遵守的沟通渠道，必须采用的沟通工具
├── 资源环境
│   ├── 基础设施 —— 包括硬件和软件基础设施
│   ├── 实物资源 —— 实物资源的可用性和所处地点
│   └── 人力资源 —— 人力资源的可用性和所处地点
└── 文化环境
    ├── 组织文化 —— 组织员工共享的工作价值观和信念
    ├── 政治氛围 —— 组织中的政治氛围，如谁是真正有权力者
    └── 管理实践 —— 各种约定俗成的做事方式
```

图 2-2　组织内部的事业环境因素

项目执行组织的组织结构，作为组织内部的事业环境因素，会对项目产生直接影响。在不同的组织结构下做项目，项目经理的权力和可用资源等都会有很大不同。常见的情况有以下三种：

- 把某个项目放到现有的某个职能部门内部去做。这种情况最容易出现在职能型组织结构中。项目经理和全部项目成员都是兼职做项目。项目经理其实算不上是"经理"，而只是没有实权的协调员。
- 为某个项目组建专门的项目部，其中部分员工全职做项目，部分员工兼职做项目（仍兼做各职能部门的工作）。这种情况最容易出现在矩阵型组织结构中。项目经理全职管项目，但并没有管理项目的全权。项目经理需要向各职能部门"借人"。
- 为某个项目组建专门的项目部，其全部员工都全职做项目。这种情况最容易出现在项目型组织结构或 PMO 型组织结构中，也可以出现在其他类型组织结构中。项目经理拥有管理项目的全权，所有项目成员都是全职做项目。

27

组织外部的事业环境因素

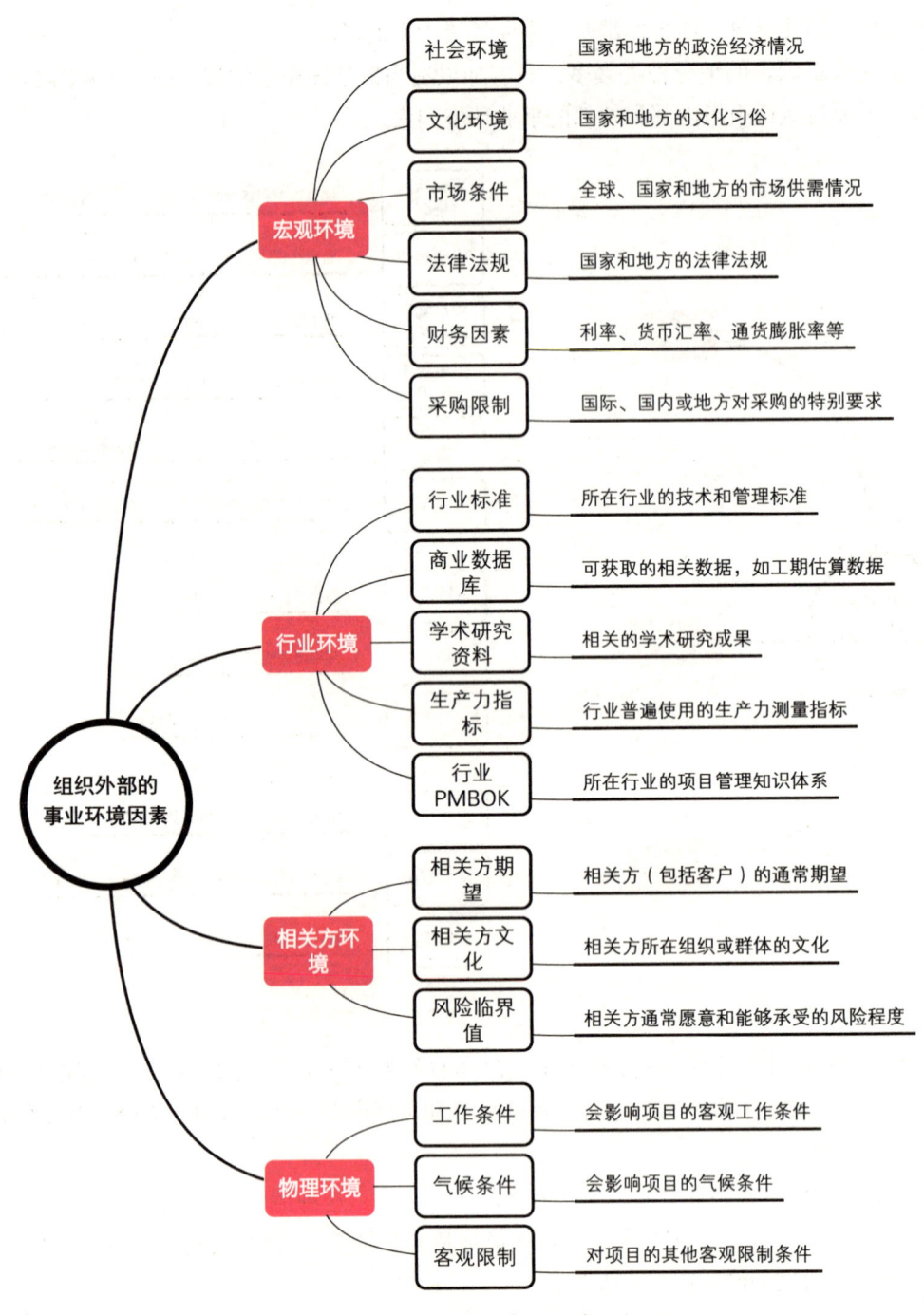

宏观环境
- 社会环境 —— 国家和地方的政治经济情况
- 文化环境 —— 国家和地方的文化习俗
- 市场条件 —— 全球、国家和地方的市场供需情况
- 法律法规 —— 国家和地方的法律法规
- 财务因素 —— 利率、货币汇率、通货膨胀率等
- 采购限制 —— 国际、国内或地方对采购的特别要求

行业环境
- 行业标准 —— 所在行业的技术和管理标准
- 商业数据库 —— 可获取的相关数据，如工期估算数据
- 学术研究资料 —— 相关的学术研究成果
- 生产力指标 —— 行业普遍使用的生产力测量指标
- 行业PMBOK —— 所在行业的项目管理知识体系

相关方环境
- 相关方期望 —— 相关方（包括客户）的通常期望
- 相关方文化 —— 相关方所在组织或群体的文化
- 风险临界值 —— 相关方通常愿意和能够承受的风险程度

物理环境
- 工作条件 —— 会影响项目的客观工作条件
- 气候条件 —— 会影响项目的气候条件
- 客观限制 —— 对项目的其他客观限制条件

图 2-3 组织外部的事业环境因素

2.3.2 组织过程资产

组织过程资产是项目执行组织的正式或非正式的政策、流程、程序、模板、工作指南和知识库，用于帮助项目成功。资产是能够在未来带来效益的任何东西。组织过程资

产是组织中最重要的无形资产。项目管理中的几乎每一项工作都要利用组织过程资产，以便从较高起点出发来不断改进。

在实际工作中，组织过程资产与事业环境因素肯定有所交叉。例如，组织中的人力资源政策和项目生命周期标准，既可以是组织过程资产，也可以是事业环境因素。一项政策或标准，究竟是资产还是环境，取决于项目经理的态度。如果你想主动利用，它就是资产；如果你不想利用，但又不得不遵守，它就是环境。

类似于事业环境因素，组织过程资产的细分种类也繁多，需要加以概括（见图2-4）。

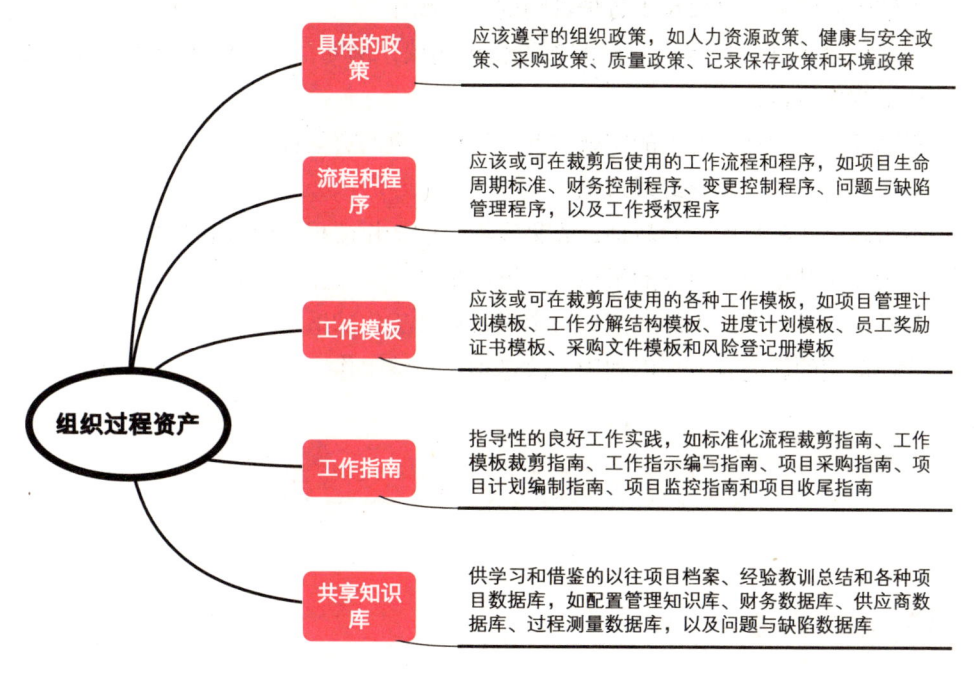

```
组织过程资产
├─ 具体的政策：应该遵守的组织政策，如人力资源政策、健康与安全政策、采购政策、质量政策、记录保存政策和环境政策
├─ 流程和程序：应该或可在裁剪后使用的工作流程和程序，如项目生命周期标准、财务控制程序、变更控制程序、问题与缺陷管理程序，以及工作授权程序
├─ 工作模板：应该或可在裁剪后使用的各种工作模板，如项目管理计划模板、工作分解结构模板、进度计划模板、员工奖励证书模板、采购文件模板和风险登记册模板
├─ 工作指南：指导性的良好工作实践，如标准化流程裁剪指南、工作模板裁剪指南、工作指示编写指南、项目采购指南、项目计划编制指南、项目监控指南和项目收尾指南
└─ 共享知识库：供学习和借鉴的以往项目档案、经验教训总结和各种项目数据库，如配置管理知识库、财务数据库、供应商数据库、过程测量数据库，以及问题与缺陷数据库
```

图2-4 组织过程资产的主要内容

简单地说，组织过程资产是从过去项目上积累起来的、系统化的经验教训、工作流程、工作模板和工作数据。PMI强调建立并不断维护和更新全面且系统的组织过程资产，而不能像许多单位实际所做的那样——只有零散的项目资料。在PMP®考试中，通常要假设项目执行组织有很好的组织过程资产积累。

在管理任何具体项目时，一方面，必须利用组织过程资产，给项目管理工作提供高起点，防止一切从零开始；另一方面，必须不断总结经验教训，收集工作流程、模板和数据，以便本项目持续改进，并供其他项目借鉴。在项目收尾阶段，如果经验教训尚未总结，工作流程、模板和数据尚未收集，就不能宣布项目关闭。

在整个项目生命周期中，要经常更新组织过程资产；在项目阶段结束及整个项目结束时，必须更新组织过程资产。组织过程资产中的经验教训和工作数据，应该随项目进展由项目管理团队动态更新。例如，项目的成本和付款数据产生后，就要相应更新财务数据库。组织过程资产中的工作政策、流程和模板，项目管理团队通常无权直接更新，而要由PMO来更新。

2.3.3 事业环境因素和组织过程资产的动态性

项目经理要在整个项目期间关注商业环境（包括事业环境因素和组织过程资产）的动态变化。对事业环境因素，项目经理应该：

- 持续关注和定期调查商业环境的变化，例如，法律法规、技术、地域政治或市场的变化。平时要持续关注，特定时候要深入调查。
- 评估环境变化对项目的影响，例如，对项目范围、进度、成本或质量目标的影响。评估既要综合，又要排出各种影响的大小顺序。
- 为适应环境变化而提出必要的项目变更建议，例如，建议修改项目范围、进度、成本或质量目标。
- 跟踪经批准的项目变更的实施情况，评价变更的有效性。

对组织过程资产，项目经理应该：

- 不断总结本项目的经验教训，收集本项目的工作流程、模板和数据。
- 持续关注其他项目引发的组织过程资产更新。
- 分析组织过程资产中的新内容对本项目后续工作的适用性。
- 选择适用的新内容，加以利用，改进项目后续工作。

2.4 项目合规性管理

2.4.1 项目合规的定义

随着国际项目越来越多，以及项目环境日益复杂多变，项目合规性管理也就日益重要。项目合规是指项目必须符合相关的法律、规则、标准或要求，包括内部合规和外部合规。内部合规是指符合项目内部以及组织内部的规则或要求。外部合规是指符合项目执行组织外部的法律、规则或标准。通常，要通过内部监控来确保内部合规，再以内部合规来确保外部合规。在大型项目上，甚至有必要设立专门的合规管理部门或合规管理专员。

2.4.2 合规要求

项目的合规要求来自许多方面，例如，国际组织、政府机构、行业协会和项目执行组织。各种合规要求对项目的影响也有所不同。有些合规要求是强制性的，可归类于事业环境因素。有些合规要求是指导性的，可归类于组织过程资产。它们是项目执行组织内部的合规要求，有利于项目取得成功，从而也是项目要主动利用的。无论是作为事业环境因素还是组织过程资产的合规要求，都会从项目外部对本项目施加影响。还有些合规要求则必须列入本项目的工作分解结构和项目计划加以实施。

2.4.3 项目合规性管理的做法

对项目合规性管理，公司董事会和高级管理层要承担最高层责任，PMO 和项目治理委员会要承担中层责任，项目经理和项目团队则要承担基层责任。也就是说，项目合规性管理是与项目有关的每一个层级的工作人员的事情。他们每一个人都有责任确保项目合规。

项目合规性管理应该贯穿整个项目期间。在项目启动、规划、执行和收尾阶段，都要开展相应的项目合规性管理工作。在每个项目阶段结束时，都要进行项目合规评估或审计。还有，在项目启动之前的前期准备阶段就要对项目合规有所考虑，确保将要启动的项目是合规的。

项目合规性管理的基本步骤概括如下：

- 调查和确认项目合规要求。例如，政治合规要求、文化合规要求、健康合规要求和环境合规要求。
- 分析不合规的后果。例如，环境不合规会导致何种处罚。
- 分析可能导致不合规的主要威胁。例如，认知偏差、短期利益考虑、自我利益考虑，以及合规要求的改变，都可能导致不合规。
- 为方便管理，对合规要求进行归类。例如，按责任部门来归类。
- 采取必要的方法和措施来响应合规要求。例如，把相关工作列入项目进度计划。
- 采取措施支持对合规要求的响应。例如，保持工作记录，开展日常检查，开展定期评估，开展奖惩。
- 内部评估项目合规程度。例如，用完全合规、个别不合规、有些不合规、基本不合规和完全不合规的五点量表，对合规程度进行评级。
- 外部审计项目合规程度。例如，由项目执行组织或政府机构进行审计。

2.5 项目对商业环境的影响

项目对商业环境的影响主要有四种方式。

一是，项目使用了项目执行组织的资源，引起资源可用性的变化。例如，全职为本项目工作的员工就无法再为其他项目或原来的职能部门工作。对于实物资源，也有类似情况。

二是，项目所引发的组织过程资产更新。这是属于广义上的项目环境（而非狭义上的事业环境因素）的变化。

三是，项目所引发的组织变革。在实现组织变革的过程之中和之后，组织内部的商业环境都会发生相应变化。应该评估组织文化，了解组织文化对组织变革的支持或阻碍；评估项目对组织的影响，并确定所需的行动；评估组织变革对项目的影响，并确定所需的行动。

　　四是，项目向项目执行组织内外部交付效益和价值。应该主动识别项目应该交付的效益和价值，落实交付效益和价值的责任人，确保用合适的测量系统来跟踪效益和价值的交付情况，确保项目实施方案能够按期交付效益和价值，定期评估效益和价值的交付情况。

第3章 项目的运行周期

3.1 概述

项目的运行周期是指从产生项目概念到交付项目价值的整个时期。由于项目概念的产生时间不一定十分明确，通常可以用项目发起人发布《项目工作说明书》（也可以是类似性质的文件，如《项目简介》《项目建议书》）的时间作为项目运行周期的起始点。由于项目价值的交付可能持续很长时间，不一定有明确的结束时间，通常可以用项目可交付成果完成之后的某种近期价值的交付作为项目运行周期的结束点。如果不做出这样的规定，那就无法体现项目的"临时性"，使项目的起点和终点不明确。

在项目的运行周期之内，既要做技术工作，也要做管理工作，这两类工作相互影响且并行开展。针对技术工作的运行周期，称为"项目生命周期"。针对管理工作的运行周期，称为"项目管理生命周期"或"项目管理过程组"。因为每个项目阶段所做的技术工作不同，所以项目生命周期是通常按先后顺序进行有时会交叉的各个技术工作阶段的集合。因为在每个技术工作阶段所做的管理工作都是类似的，而且对整个项目（把整个项目看作只有一个阶段）也需要开展这些管理工作，所以把这些管理工作归类为统一的项目管理过程组，即启动过程组、规划过程组、执行过程组、监控过程组、收尾过程组。需要注意的是，项目的前期准备工作并未包含在这五大过程组之中。

3.2 项目生命周期

3.2.1 基本概念

项目生命周期是项目从开始到结束所经历的一系列技术工作阶段。为了便于管理和控制（如针对每个阶段编制计划、进行监控和开展收尾），而把项目生命周期划分成若干个阶段。每个阶段都有阶段准入标准、应完成的工作和应提交的可交付成果，都需要有阶段验收标准与阶段放行口。阶段划分数量的多少取决于所需的管理和控制程度。所需的管理和控制程度越高，阶段的数量就要越多。阶段的多少与项目工期的长短没有必然联系，而主要取决于所需的管理和控制严格程度。

通常，组织会制定适用于某类项目的项目生命周期标准，作为组织过程资产的一部分，供具体项目裁剪使用。该标准通常只是大框架，仅规定项目必须经历的几个大阶段。

在具体项目启动（立项）之时，项目治理委员会应根据项目生命周期标准以及对本项目开展治理的需要，进一步规定项目阶段划分以及各阶段所需的控制，特别是阶段结束时的项目评审（由治理委员会主持开展）。这些阶段结束点都是重要的决策时点，可在此时决定项目是否需要重大变更甚至提前终止。

在编制具体项目的计划之时，项目经理应根据项目生命周期标准和项目治理委员会的要求，对项目生命周期进行更详细的设计。例如，把已确定的一个大阶段划分成两个较小阶段，并决定采用预测型、迭代型、敏捷型或混合型开发方法。详细设计的结果，应该写入项目管理计划。

项目管理虽然是以目标为导向的，但是也强调对过程的控制。在项目进行的全过程中，每个阶段结束时，都要进行阶段评审，考察应该完成的工作有没有完成，应该提交的可交付成果有没有提交，从而决定能否正式关闭本阶段。阶段评审有利于及时且经济有效地纠正错误。

笼统地讲，任何项目都需要经历启动、组织与准备、执行项目工作和关闭项目这四个阶段。随着项目生命周期的演进，项目对资源的需求逐渐增加，并在执行期间达到最高峰，然后在关闭阶段急剧下降。在项目关闭阶段，对资源的需求必须急剧下降，因为收尾要快，不能拖拖拉拉。

通常，在项目的早期，不确定性大，项目风险多，能为项目增加价值的机会也大，进行项目变更所要付出的代价较小。随着项目的进行，不确定性降低，项目风险减少，增加价值的机会变小，项目变更的代价增大。

3.2.2 项目生命周期的特点

项目生命周期是按技术工作来划分项目阶段的，每个阶段都要完成不同的技术任务。例如，可以把建筑施工项目的全过程划分为可行性研究、初步设计、详细设计、施工和移交五个阶段，可以把软件开发项目的全过程划分为需求分析、框架设计、详细设计、编程、调试、安装和移交七个阶段。

对项目生命周期，需要注意以下几点：

- 不同类型的项目有不同的阶段划分。例如，建筑施工项目与软件开发项目的阶段划分就完全不同，因为它们所需完成的技术工作完全不同。
- 每个阶段都可看作一个单独的项目或子项目。是否应该把它看成一个单独的项目或子项目，取决于客观情况及主观需要。
- 通常，一个阶段结束后，才开始另一个阶段，阶段按先后顺序演进。如果所涉及的风险不大，也可在这个阶段结束前就开始下一个阶段，让两个阶段部分交叠。
- 阶段之间也可以是迭代关系，即各阶段的技术工作的种类相似，但越来越精细。
- 如果一个项目包括几个相对独立的部分，各阶段既可能在各个组成部分同步演进，也可能不同步演进。例如，在某个时点，一个组成部分处于这个阶段，而另一个组成部分处于上一个或下一个阶段。
- 一个阶段的结束并不一定意味着下个阶段的开始。严格地讲，批准这个阶段的结束与批准下个阶段的开始，是两件事情，即便这两件事可同时完成。任何一个阶段的结束点，都可能成为项目的结束点（项目不再继续）。

3.2.3 开发生命周期及其类型

项目生命周期是针对项目的整个运行周期而言的，而开发生命周期只针对项目中的可交付成果的纯技术开发而言。如果项目只开发一个可交付成果，那么项目生命周期和开发生命周期就基本一样，只是项目生命周期在前端和后端都会有一段用来做项目准备和项目收尾的行政工作的时间。如果项目要开发几个可交付成果，那么在一个项目生命周期内就有几个开发生命周期。只有这些开发生命周期都完结，项目生命周期才能完结。

开发生命周期的类型是从预测型到适应型的连续变化区间。采用不同类型的开发方法就会导致采用不同类型的开发生命周期。有以下五种典型的开发生命周期类型：
- 预测型生命周期，也叫计划驱动型生命周期，是先编制好项目计划，详细定义项目产品及所需开展的工作，再严格按计划开展工作并完成已定义好的产品。
- 迭代型生命周期，是通过越来越精细地重复开展同种类的技术工作来不断优化产品功能。例如，磨刀，每轮（每次迭代）都要把刀磨得更锋利。
- 增量型生命周期，是经过一个又一个固定时间段（称为"时间盒"）来逐渐增加产品功能。例如，开发万用刀，先在第一阶段开发出一个功能（价值最大的），再在第二阶段开发出第二个功能（价值第二大的）……
- 混合型生命周期，是预测型和其他类型的混合。例如，在同时包含硬件可交付成果和软件可交付成果的开发项目中，对硬件部分用预测型，对软件部分用适应型。
- 适应型生命周期，也叫敏捷型或变更驱动型生命周期，是迭代型和增量型的混合。在许多项目中，既不能只是迭代开发，也不能只是增量开发，而必须两者结合。开展迭代，是因为不可能一次就做好某个功能；进行增量开发，是因为不可能一次就做全所有功能。

开发生命周期的类型决定了项目生命周期的类型，即如果开发生命周期是适应型的，那么项目生命周期也是适应型的。引入"开发生命周期"这个概念的好处是：防止人们滥用敏捷型方法。通常，敏捷型方法只能用于产品功能开发（针对开发生命周期），而不能用于整个项目的实施。如果对整个项目采用敏捷型方法，就会出现不应有的混乱。

为简便起见，下文统一使用"项目生命周期"术语。除非特别需要，不再使用"开发生命周期"术语。

应该尽早考虑该采用何种项目生命周期。预测型生命周期是编好计划再去做，适应型生命周期是一边做一边变。简单地说，可以根据项目的需求和技术的易变程度来选择合适的项目生命周期类型（见图3-1）。

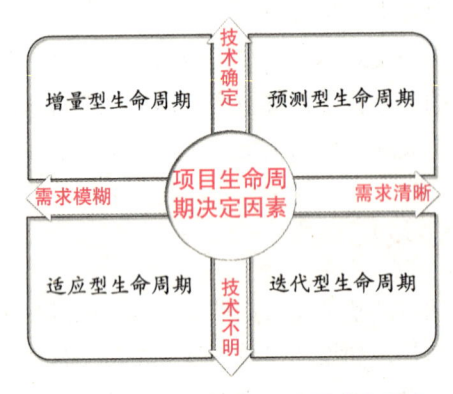

图 3-1 项目生命周期的主要决定因素

- 需求清晰且所需技术确定，就用预测型生命周期。
- 需求清晰但所需技术不明，就用迭代型生命周期。
- 需求模糊但所需技术确定，就用增量型生命周期。
- 需求模糊且所需技术不明，就用适应型生命周期。

以新产品研发为例。如果一开始就知道产品须具备三个特定功能，以及这些功能须采用什么技术去实现，那就用预测型生命周期（见图3-2）；如果一开始只知道须具备三个特定功能，但不知道须采用的实现技术，那就用迭代型生命周期去摸索技术（见图3-3）；如果一开始只知道其中的一个功能及其实现技术，那就用增量型生命周期来逐步明确后续的两个功能（见图3-4）。

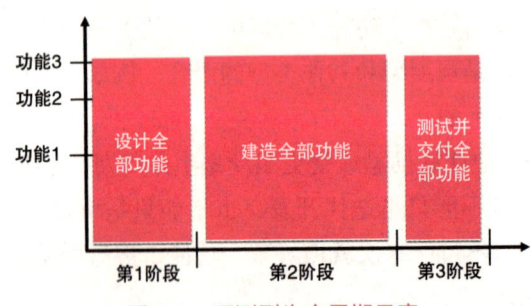

图 3-2 预测型生命周期示意

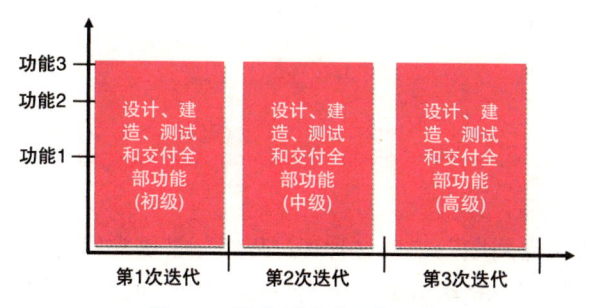

图 3-3 迭代型生命周期示意

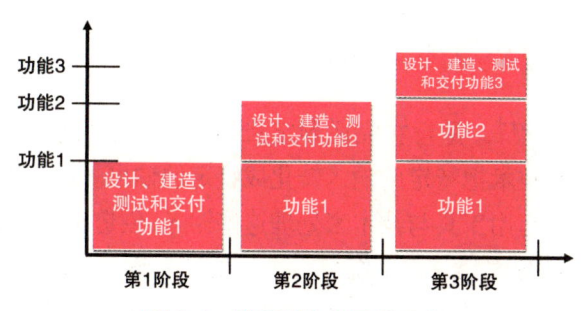

图 3-4 增量型生命周期示意

表 3-1 概括了预测型生命周期和适应型生命周期的主要区别。

表 3-1 预测型生命周期和适应型生命周期比较

比较条目	预测型生命周期	适应型生命周期
适用条件	需求明确、产品清晰、无须变更、风险较低	需求不清、产品模糊、频繁变更、风险较大
开发流程	依次进行设计、建造和测试，最终一次性交付完整产品	每个迭代期都须设计、建造和测试，并交付产品原型；经若干迭代期后，交付最终产品
相关方参与	只参与项目的开始与结束阶段，即整个产品的设计和交付	频繁参与，即参与每个迭代期的原型设计和交付
项目范围	一开始就明确整个项目的范围，且通常不变	依次明确各迭代期的项目范围；范围在一个迭代期内不变，在迭代期之间通常要变

秘书（项目经理）为领导（客户）写稿子，就必须采用适应型生命周期。秘书先根据领导的最初需求写出第一份草稿（原型），交给领导审阅。领导审阅后提出修改意见（新的需求）。秘书再根据修改意见写出第二份草稿（新一代原型），交领导审阅；如此多次迭代，直到写出让领导满意的稿子。

项目生命周期是产品生命周期的组成部分，是其中的一个产品阶段。因为在一个产品生命周期中可以做多个项目，所以也就可以有多个项目生命周期。项目经理必须考虑项目生命周期对产品生命周期的影响，例如，要考虑项目决策可能对产品的运营和退市的影响，防止为节约项目成本而导致生命周期成本的不合理增加。通常，"生命周期成本"是指在整个产品生命周期发生的全部成本，包括项目建设成本、项目建成后的运营成本、以及产品退市的处理成本。

3.3 项目管理过程组

比起"项目管理生命周期","项目管理过程组"是更常用的术语。这两个术语的意思相同,都是指从项目开始到结束要经历的管理工作周期。后文统一使用"项目管理过程组"术语。

3.3.1 什么是"过程"和"过程组"

"过程",也叫"流程",是旨在完成预定目标的、一系列相互关联的活动的集合,以便运用一系列工具与技术把特定的输入转化成特定的输出。项目管理工作需要接收各种相关输入(原材料),运用工具与技术来处理这些输入,创造出所需的输出(成果)(见图3-5)。第6版的大部分内容,都围绕"输入—处理—输出"的逻辑结构编写。当然,其中各过程所列的"输入"、"工具与技术"和"输出",都是指导性而非强制性的。在现实工作中,实施各过程所需的输入、工具与技术或所得的输出,可以有所不同。

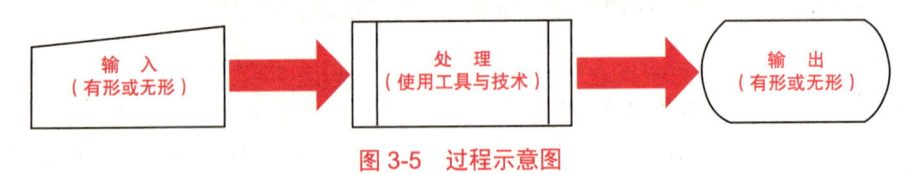

输入(有形或无形) → 处理(使用工具与技术) → 输出(有形或无形)

图3-5 过程示意图

借助各种过程来描述项目管理工作,就把本来较模糊、非结构化、不便于言传的项目管理,转变成了较清晰、结构化、便于言传的项目管理。结构化是指把做事的程序、内容和目标规定得很具体、很明确,以保证结果的可控性和可重复性。例如,为了确保生产安全,就必须制定并遵守具体的操作规程。应该把可以结构化的方面尽量结构化,以便腾出更多的时间和精力,去应对那些实在不能结构化的方面。这是提高工作效率与效果的有效途径。

第6版列出了49个项目管理过程,并把它们归纳进五大项目管理过程组。其中,启动过程组有2个过程,规划过程组有24个过程,执行过程组有10个过程,监控过程组有12个过程,收尾过程组有1个过程。虽然只有1个收尾过程,但是项目经理可根据实际需要添加其他收尾过程,所以仍然叫"收尾过程组"。

五大过程组的理论基础是著名的"计划—实施—检查—行动"循环(PDCA循环)。这个循环又常简称为"戴明环",因为它是经美国质量管理大师威廉·爱德华兹·戴明(William Edwards Deming)改进之后才广为流传的。"规划过程组"相当于戴明环中的"计划","执行过程组"相当于戴明环中的"实施","监控过程组"相当于戴明环中的"检查"与"行动"。因为项目有明确的开始与结束时间,所以项目管理过程组是两头开口的循环,比戴明环多了一个入口和一个出口，即启动过程组与收尾过程组。

3.3.2 过程之间的逻辑关系

为了讨论方便，项目管理各过程以相互独立、界限分明、首尾相连的形式出现在第6版中。实际上，项目管理各过程之间的关系并非如此简单，各过程会以无法书面详述的方式相互交叠、相互作用，甚至反复循环。

理解项目管理各过程之间的逻辑关系，需要注意以下几点：

- 在实际工作中，各过程之间的界面不一定明确，而是可能有很大程度的相互交叠，即并行开展。不仅同一个过程组内的各过程可以并行开展，而且不同过程组的过程也可以并行开展。例如，执行过程组中的指导与管理项目工作过程和管理质量过程通常会并行开展，执行过程组的过程与监控过程组的过程也通常会并行开展。
- 每个过程在一个项目上可能需要反复进行几次甚至许多次。有两种情况：一种是每次都在更加详细的程度上进行，这是由项目的渐进明细性决定的。另一种是在开展一个过程时，发现有必要重新开展前一个甚至前几个过程。例如，根据执行过程的情况来调整项目计划安排，这就意味着重新开展一次规划过程。
- 监控过程实际上会针对所有其他过程，而不只是针对执行过程，因为任何工作都要被监控。
- 除了专门开展的事后监控，更多的监控工作会随被监控工作同时开展，而不能在时间段上独立存在。例如，对执行过程的监控往往是与执行过程同时进行的，即一边执行一边监控。
- 一个项目或子项目或某个阶段，在正式启动之后、正式结束之前，往往需要反复开展规划、执行与监控过程。

有些过程开展的频率较低，有些过程开展的频率较高。第6版列出了通常只需开展一次或只需在预定义时点（项目阶段开始时、项目阶段结束时或项目重大变更时）开展的14个过程、在整个项目期间须定期开展的8个过程，以及在整个项目期间须持续开展的27个过程。

总结一下，项目管理过程的开展频率有以下特点：

- "制定项目章程"过程、"结束项目或阶段"过程、制订各种管理计划（包括确定项目基准或目标）的过程，以及制订项目范围计划的过程（针对采用预测型生命周期的项目），只需开展一次或只需在预定义时点开展。
- "识别相关方"过程、编制各种具体的实体计划的过程、"实施采购"过程和"确认范围"过程，需要定期开展。
- 绝大多数执行过程和监控过程都要在整个项目期间持续开展。

总体而言，项目管理各过程之间并非纯直线型关系，而是同时存在顺序、交叠和循环关系。过程间的循环关系就会导致一个过程不止开展一次。

3.3.3 过程组之间的逻辑关系

项目管理各过程之间的交叠和循环关系，造成了五大过程组之间的交叠和循环关系。尽管五大过程组之间有一定的先后顺序关系，但是绝对不能以简单的直线型思维去理解五大过程组之间的关系。它们之间存在相当程度的交叠和循环关系。这种交叠和循环关系无法以书面方式详细描述。特别是，监控过程组与其他四大过程组都是交叠的，因为任何工作都需要监控。

在第 6 版中特别强调"项目阶段不同于项目管理过程组"。项目阶段关注的是项目的技术工作，即每个阶段开展不同的技术工作。项目管理过程组关注的是项目的管理工作，即各过程组开展不同的管理工作。例如，严格地讲，规划过程组不等同于规划阶段。规划过程组的过程，不仅可以在规划阶段开展，而且可以在执行阶段开展。之所以把某个过程归入规划过程组，是因为其主要是在规划阶段开展的。实际上，任何一个项目管理过程都可以在任何一个项目阶段开展。甚至在项目的起始阶段也可以开展结束项目或阶段过程，考虑将来的项目收尾该怎么做。

不考虑五大过程组之间的交叠和循环关系，它们之间的基本关系可概括为如图 3-6 所示。

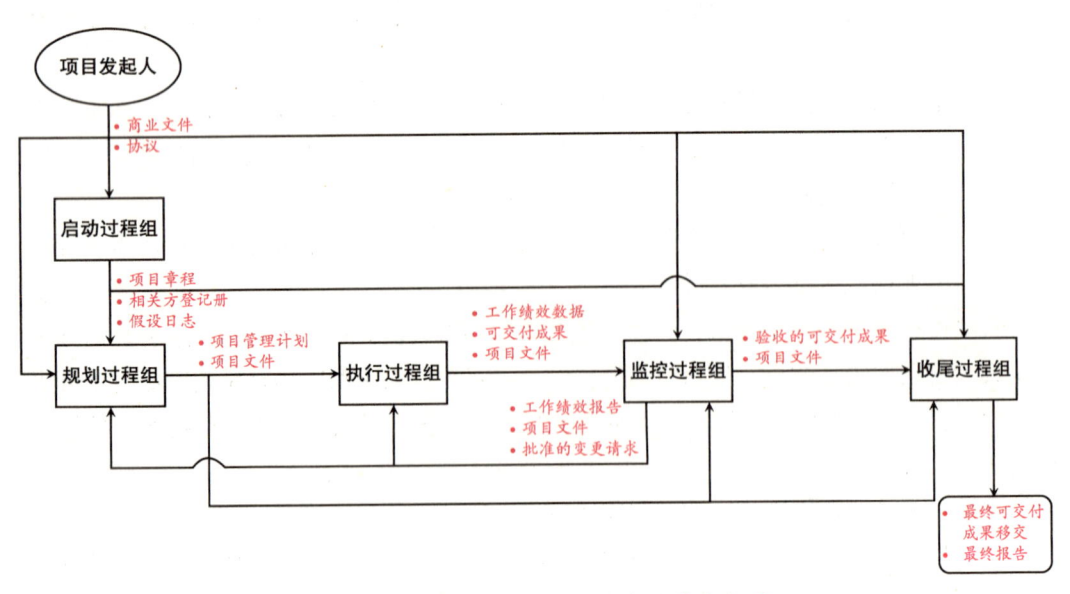

图 3-6 项目管理五大过程组之间的基本关系

3.3.4 启动和收尾过程组的主要工作

项目管理强调按正确的程序做事。虽然在具体项目上，由项目经理和项目管理团队自行决定具体的做事程序，但是项目管理业界还是已经形成一些基本的程序。考试中可能有这样的题目：给出一个情景，要你选择下一步该做什么。所以，考生需要弄清楚项目管理工作的基本程序。

启动过程组旨在确定项目的总体目标，宣布项目正式立项。启动过程组其实是办理项目的立项手续。在正式进入启动过程组之前，项目发起人需要组织专家完成项目的前期准备工作，编写出相应的商业文件（如商业论证报告），签妥发起项目的合作协议。在启动过程组，用项目章程宣布项目正式立项。为了尽早与项目相关方打交道，还应该在启动过程组编制相关方登记册。相关方登记册将不断调整和完善。通常，项目经理参与但并不领导项目启动工作。启动工作由项目发起人或高级管理层领导。

收尾过程组旨在正式关闭项目，更新组织过程资产。第6版对收尾过程组写得比较简单，因为收尾过程组不是用来解决问题的，而只是用来收集资料、开展项目后评价（总结经验教训）、更新组织过程资产和宣布项目关闭。这些工作都属于行政收尾工作。项目的所有问题都必须通过监控过程组和其他三大过程组加以解决。对收尾过程组，需要注意：

- 如果项目是通过合同来做的，对每个合同都要进行合同收尾。在控制采购过程，要对每个合同进行收尾。在结束项目或阶段过程，要审阅全部采购资料（通常会涉及一系列合同），全面总结采购管理的经验教训。
- 项目的产品范围或技术工作全部完成了，并不代表项目结束。项目必须经过正式的结束项目或阶段过程，完成行政收尾工作，才能正式关闭。
- 收尾工作不仅针对整个项目，也要在每个阶段结束时进行。
- 要做好向后续阶段或成果运营的知识转移，支持后续阶段或成果运营的开展。

3.3.5 规划过程组的工作流程

规划过程组旨在细化项目目标，并为实现项目目标编制项目计划（包括项目管理计划和各种项目文件）。规划过程组的总体思路是：首先编制各分项管理计划（程序性计划），然后根据各分项管理计划编制项目范围计划、进度计划、成本计划、质量计划、风险计划和采购计划（实体性计划），最后把所有分项管理计划以及高层次的范围计划（范围基准）、进度计划（进度基准）和成本计划（成本基准）汇编成项目管理计划。其他低层次实体性计划则作为项目文件或采购文档而存在。

规划过程组的工作内容比较多。为便于掌握，可以把预测型方法下的编制项目计划的步骤总结为如表3-2所示。

表3-2 项目计划编制的步骤

工作步骤	具体工作	说　明
第1步 编制各种分项管理计划	编制需求管理计划、范围管理计划、进度管理计划、成本管理计划、质量管理计划、风险管理计划、资源管理计划、采购管理计划、沟通管理计划、相关方参与计划	确定编制后续实体性计划的程序和方法，以及开展项目执行、监控和收尾的程序与方法

续表

工作步骤	具体工作	说明
第2步 确定项目范围	收集需求	了解项目相关方对项目的需求
	定义范围	编制项目范围说明书，划定项目范围边界
	编制工作分解结构（Work Breakdown Structure，WBS）和 WBS 词典	确定项目范围边界内的具体可交付成果，并加以解释
第3步 确定项目工期	定义活动	在弄清楚要做的各项活动及其相互关系、所需资源的基础上，进行工期估算，编制项目进度计划
	排列活动顺序	
	估算活动所需资源	
	估算活动工期	
	编制进度计划	
第4步 确定项目成本	估算各活动的成本	根据项目范围和进度计划，考虑所需资源情况，编制项目成本预算
	制定项目成本预算	
第5步 确定项目质量标准	编制具体的质量测量指标	确定项目的具体质量标准和如何达到
	规定达到质量测量指标的方法	
	规定如何检查项目质量	
第6步 规划风险应对	识别风险	搞清楚有哪些风险，了解风险的严重性，确定该如何应对
	开展定性分析	
	开展定量分析	
	制订应对计划	
第7步 规划项目采购	编制项目采购计划	确定哪些工作或货物需要采购，编制招标采购文件和其他配套文件
第8步 形成综合计划	整合上述所有工作的成果	把所有分项管理计划以及高层次范围、进度和成本计划汇编成项目管理计划；同时，协调其他所有低层次计划，作为项目文件或采购文档

规划过程组的总体工作流程，如图 3-7 所示。

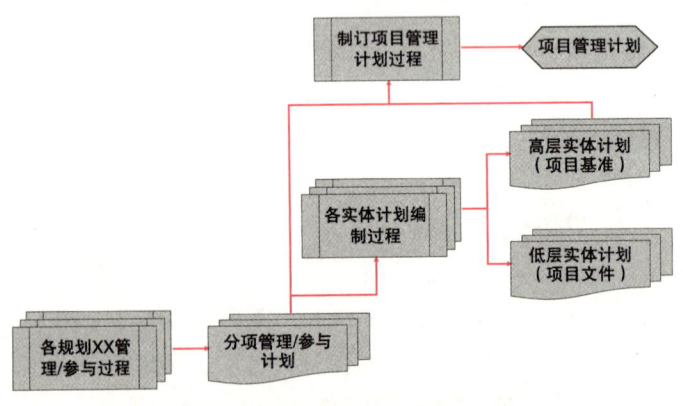

图 3-7 规划过程组的总体工作流程

3.3.6 执行过程组的工作流程

执行过程组旨在获取资源，按项目计划开展项目工作，实现项目目标。其主要成果是工作绩效数据和可交付成果。因为《PMBOK® 指南》是关于项目"管理"工作的指南，所以第 6 版只列出了 10 个与管理工作密切相关的执行过程，而没有列出开展纯技术执行的过程，例如，没有列出"执行进度计划过程"。

执行过程组内部的工作流程，可概括为如下 10 个步骤：

第 1 步：获取项目资源，包括人力和实物资源（获取资源过程）。
第 2 步：开展项目团队建设（建设团队过程）。
第 3 步：管理项目团队（管理团队过程）。
第 4 步：管理相关方参与（管理相关方参与过程）。
第 5 步：对外购部分进行采购，选择卖方，签订采购合同（实施采购过程）。
第 6 步：按项目计划开展项目实施（指导与管理项目工作过程）。
第 7 步：管理项目知识（管理项目知识过程）。
第 8 步：开展质量管理，包括质量保证（管理质量过程）。
第 9 步：实施风险应对策略和措施（实施风险应对过程）。
第 10 步：发布项目信息（管理沟通过程）。

上述步骤的顺序只是为了方便理解，在实际工作中这些步骤往往是纠缠在一起的，没有明显的先后顺序。例如，指导与管理项目工作过程，其实无法与其他 9 个执行过程截然分开。

3.3.7 监控过程组内的工作流程

监控过程组旨在监督项目进展情况，发现并分析实际与计划的偏差，提出并审批变更请求，以保证项目目标的实现。第 6 版每个知识领域都有监控过程（共 12 个）。监控过程组的总体工作流程如下：

- 第 1 步：开展基层局部监控。开展控制范围、确认范围、控制进度、控制成本、控制质量、控制资源、监督风险、控制采购、监督沟通和监督相关方参与过程，形成工作绩效信息，提出必要的变更请求。
- 第 2 步：开展高层全局监控，监控整个项目的绩效。开展监控项目工作过程，编制工作绩效报告，提出必要的变更请求。
- 第 3 步：审批变更请求。开展实施整体变更控制过程，填写变更日志，批准、否决或悬置变更请求。无论是哪个过程提出的变更请求，都必须提交实施整体变更控制过程审批。

监控过程组的总体工作流程，如图 3-8 所示。

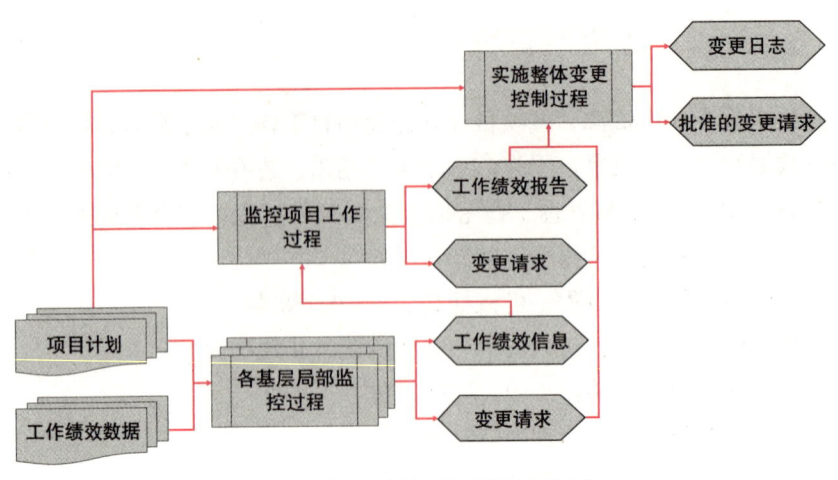

图 3-8　监控过程组的总体工作流程

3.4　项目管理过程的主要输入和输出

3.4.1　概述

第 6 版列出了 20 个输入。其中，4 个来自项目外部，即事业环境因素、组织过程资产、商业文件和卖方建议书；1 个（协议）既可以来自项目外部，也可以来自项目内部；其他 15 个都是本项目内部产生的，即相应项目管理过程的输出。来自项目外部的协议，又有两种情况：一种是项目发起人之间关于发起项目的合作协议，另一种是从承包商角度来看的与业主之间的合同，该合同是承包商启动承包项目的依据。

第 6 版列出了 73 个输出。其中，2 个是项目的最终成果，即最终产品、服务或成果移交，最终报告；4 个先成为本项目其他项目管理过程的输入，待最后更新后再成为项目的最终成果，即事业环境因素更新、组织过程资产更新、采购文档更新、项目文件更新；其他 67 个都会成为本项目其他项目管理过程的输入，即仅在项目内部使用。

总结一下，项目管理过程的大多数输入都来自项目内部的前序过程，大多数输出都供项目内部的后续过程使用。

3.4.2　主要输入

在实际工作中，几乎每项工作和每个过程都在不同程度上受围绕项目的事业环境因素的影响，并需要不同程度地利用来自项目执行组织的组织过程资产。因此，事业环境因素和组织过程资产是项目管理各过程的常用输入。

因为项目的前期准备工作是在项目进入启动过程组之前完成的，所以来自前期准备工作的成果"商业文件"和"合作协议"就是启动项目所需要的输入。商业文件中含有商业论证报告和效益管理计划，合作协议则是两个或多个项目发起人之间签署的联合出资协议。

项目进入启动过程，就要编制项目章程，用项目章程来明确项目的高层级目标，规定项目发起人对项目的原则性要求，宣布项目正式立项。随后，项目章程要成为许多过程的输入，即必须根据项目章程开展许多过程。

项目立项（启动）之后，就要编制项目管理计划。随后，项目管理计划要成为几乎所有规划过程、执行过程、监控过程和收尾过程的输入，即必须根据项目管理计划开展这些规划、执行、监控和收尾过程。

规划过程编制的各种具体的项目计划，可以统称为"项目文件"。这些项目文件都要成为后续的执行、监控和收尾过程的输入，即必须根据这些项目文件开展各种执行、监控和收尾过程。

执行过程产出的工作绩效数据和可交付成果，要成为监控过程的输入。在监控过程，对工作绩效数据进行分析整理，对可交付成果进行质量检查和正式验收。

监控过程的各种输出，根据需要，要成为执行过程、后续监控过程和收尾过程的输入。收尾过程要使用启动、规划、执行和监控过程的各种输出作为输入。

无论是在哪个过程中提出的何种变更请求，都要提交给监控过程"实施整体变更控制"进行审批，即成为该过程的输入。

3.4.3 主要输出

第6版中，项目管理过程的大多数输出都是文件类输出，只有4个非文件类输出。文件类输出包括项目管理计划及其组成部分、各种项目文件、各种采购文档、结束的采购（宣布采购关闭的文件），以及相应的事业环境因素更新和组织过程资产更新。第6版的"事业环境因素更新"很狭义，故也属文件类输出。

非文件类输出包括可交付成果，核实的可交付成果，验收的可交付成果，最终产品、服务或成果移交（可理解为"移交的可交付成果"）。当然，即便非文件类输出，也需要有相关文件的配合。例如，需要用质量检查合格文件来配合"核实的可交付成果"。

开展启动过程，编制和审批"项目章程"，同时编制"相关方登记册"。开展规划过程，编制项目管理计划和各种实体性项目计划（如项目进度计划）。

开展执行过程和监控过程，往往会提出"变更请求"，即得到"变更请求"这个输出。在重复开展启动过程和规划过程时，也可能提出"变更请求"。只有收尾过程不会提出变更请求，因为收尾过程不是用来解决问题的，而只是办理项目或阶段关闭的行政手续。

开展收尾过程，移交可交付成果，更新项目文件，更新组织过程资产。

项目中的各种具体的实体性计划和其他各种项目文件，大多需要随项目进展适时更新，所以"项目文件更新"是许多项目管理过程的输出。在最后的"结束项目或阶段"

过程中，再把所有的项目文件都标识为最终版。

在开展各种项目管理过程时，都要及时总结经验教训，收集工作流程、模板和数据，并把它们归入组织过程资产，得到"组织过程资产更新"这个输出。

3.5 项目生命周期与项目管理过程组的关系

做项目，必须同时做技术工作和管理工作。技术工作是基础，管理工作则能提高效率和改进效果。项目生命周期关注的是每个阶段要做什么技术工作，而项目管理过程组关注的是每个过程组要做什么管理工作。因为项目生命周期的每个阶段都可看作一个子项目，所以每个阶段都可用五大过程组进行管理。也就是说，每个阶段都要经过启动、规划、执行、监控和收尾过程组。如果项目生命周期有五个阶段，那么在这个项目上，每个过程组都至少要做六次。不仅要对整个项目做一次，而且要对每个阶段做一次。

严格地说，一个项目，只有在做完前期准备工作并且被确认为"可行"之后，才能进入启动过程组办理立项手续。所以，项目的前期准备工作并没有包括在五大过程组之中。不过，"前期准备工作"本身可以被当作一个项目或子项目，从而可以用五大过程组进行管理。也就是说，前期准备工作应该按照启动、规划、执行、监控和收尾过程组来推进。

每个项目管理过程或每个过程组都可在项目生命周期的任何阶段开展。各项目管理过程都被归入与其大多数活动所在的项目阶段基本对应的那个过程组（注意：只是"基本对应"）。例如，识别风险过程之所以被归入规划过程组，是因为识别风险的工作主要是在规划阶段开展的，而与规划阶段基本对应的就是规划过程组。在项目启动阶段开展的识别大风险，在执行阶段开展的识别新风险，也都被归入规划过程组的识别风险过程。

项目生命周期与项目管理过程组之间的关系可概括为：用项目管理过程组来管理项目生命周期的每一个阶段以及阶段之间的衔接，推动项目生命周期各阶段依次向前，直至项目结束（见图3-9）。

图3-9 项目生命周期与项目管理过程组的关系

第2篇
项目管理的高层架构

项目管理的高层架构为项目管理的具体工作提供指导、要求和支持。在掌握基本概念的基础上，了解和掌握项目管理的高层架构，就可以为开展项目管理的具体工作奠定坚实基础。与以往版本相比，第 7 版采用了全新的编排结构，极大地提升了项目管理的高度和价值。其主要意义在于：

- 引导项目管理从实操层面向智慧层面发展。只有向智慧层面发展，才能尽可能地扩大项目管理的应用范围，提升项目管理的应用层次，提高项目管理的应用价值。
- 引导项目管理从关注成果转向既关注成果，更关注结果和价值。项目成果必须服务于所需结果和价值的实现。
- 引导人们为取得期望的成果、结果和价值而灵活地采用各种各样的方法和过程。只要能取得理想的结果，你可以采用任何适用的方法和过程。

本篇根据第 7 版整理出这个项目管理高层架构：在项目管理原则的指导下执行跟项目实施有关的主要职能，去实现项目绩效域所要求的项目绩效。该架构的具体内容就是本篇的以下三章：

第 4 章：项目管理原则。

第 5 章：开展项目所需主要职能。

第 6 章：项目绩效域概览。

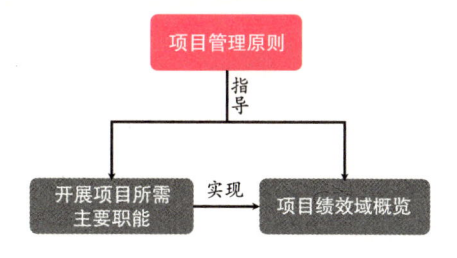

第4章 项目管理原则

4.1 什么是项目管理原则

4.1.1 基于原则的标准

与"基于过程"的《PMBOK® 指南》以往版本不同,第 7 版是"基于原则"的标准。十二大项目管理原则是第 7 版标准部分的主体内容。这些原则是制定项目管理决策和开展项目管理工作的通用指导准则,具有普遍适用性。

提炼项目管理原则,这是项目管理职业和学科发展的必然要求。"原则"是哲学层面的、较为抽象且很有高度的智慧。只有基于原则的标准才能全面覆盖各种各样的项目管理方法(如预测型、适应型、混合型)和做法。在统一的项目管理原则的指导之下,人们可以根据具体情况采用各种各样的具体方法和做法。任何方法和做法,只要符合项目管理原则且有利于取得期望的结果即可。

因为第 7 版是"基于原则"而非"基于过程"的,所以其指导意义大于实操意义。这也让第 7 版无法替代"基于过程"的第 6 版。第 6 版的五大项目管理过程组、十大项目管理知识领域和 49 个项目管理过程具有较强的实操性。因此,在学习第 7 版的同时,还应学习第 6 版。此外,PMI 还在其官网开设了在线资源库 PMIstandards+,提供不断更新的实操性项目管理过程和模板。

4.1.2 十二大项目管理原则

第 7 版列出的十二大项目管理原则:

- 成为勤勉、敬重和关照的管家。
- 营造协作式项目团队环境。
- 有效引导相关方参与。
- 聚焦于价值。

- 识别、评估和响应系统交互。
- 展现领导行为。
- 根据环境进行裁剪。
- 将质量融入过程和可交付成果。
- 驾驭复杂性。
- 优化风险应对。
- 拥抱适应性和韧性。
- 为实现预期的未来状态而驱动变革。

PMI 指出，这些原则既没有重要性之分，也没有任何顺序。这种安排，有利于资深项目管理者灵活理解和应用，但不利于初学者理解和掌握。PMI 还指出，这些原则相互联系和相互支持，也存在相互交叉。

这些原则值得我们认真学习和研究，也值得我们提出改进建议。我自己对这些原则有如下改进建议：

- 从形式上讲，文字的精炼不够，应进一步精炼，使之更加符合"原则"的写法。
- 从形式上讲，完全无序的排列不利于推广，应该有基本的指导性排序。
- 从内容上讲，过于通用，不足以与通用管理原则区分开来，应该加强这些原则的"项目管理"痕迹，让人一眼就可认出它们是"项目管理"原则。
- 从内容上讲，忽略了项目的三重制约，应该补充与之相关的内容，即在规定的范围、进度和成本要求之下交付项目成果。

本章后文在讨论十二大项目管理原则时，会根据上述建议，在不违反第 7 版的精神的前提下，融入我自己所做的改进调整。

4.1.3 对原则的整理

我根据自己的理解，对第 7 版的十二大项目管理原则进行适当整理，包括精炼文字、补充内容、进行归类和合理排序，以便大家更容易理解和掌握。通过分析，十二大原则可归纳为三大类：项目目标类、项目人员类和项目方法类。其中，项目目标类是主类，项目人员类和项目方法类是辅类，对主类起支持作用。

项目管理原则的原文和精炼后的表述，如表 4-1 所示。

表 4-1 对项目管理原则的整理

原　文	精炼后的表述	归　类	说　明
成为勤勉、敬重和关照的管家	做勤勉的管家	项目人员类	
营造协作式项目团队环境	建设项目团队	项目人员类	
有效引导相关方参与	引导各相关方	项目人员类	
聚焦于价值	聚焦项目价值	项目目标类	
识别、评估和响应系统交互	整合项目系统	项目目标类	关注项目内外的系统交互，其本质就是要整合相关的系统

续表

原　文	精炼后的表述	归　类	说　明
展现领导行为	展现领导行为	项目人员类	
根据环境进行裁剪	裁剪项目方法	项目方法类	
将质量融入过程和可交付成果	交付项目成果	项目目标类	除了质量，还应包含范围、进度和成本
驾驭复杂性	驾驭好复杂性	项目方法类	
优化风险应对	应对项目风险	项目方法类	
拥抱适应性和韧性	开展项目变更	项目方法类	无论是适应性还是韧性，都涉及及时开展合理的项目变更
为实现预期的未来状态而驱动变革	实现拟定变革	项目目标类	

这三大类原则之间的基本关系，可以简述为：用项目目标类的四大原则去实现项目目标，用项目人员类的四大原则和项目方法类的四大原则去支持项目目标的实现（见图4-1）。

图4-1　项目管理原则归类

本章后文将按这三大类分别阐述每一大类项目管理原则。

4.2　项目目标类

项目目标类包括聚焦项目价值、整合项目系统、交付项目成果和实现拟定变革这四大原则。它们之间的关系可以简述为：在聚焦项目价值的指导下，通过整合项目系统去交付项目成果和实现拟定变革。

这里的"项目目标"既包括微观的项目三重制约，即在规定的范围、进度、成本和质量要求下交付项目成果，也包括宏观的变革实现和价值实现。整合项目内部的各种子系统，以及整合项目系统和各种外部系统，则是实现项目目标的途径。在第7版中，把"项目成果"归属于项目直接形成的"输出"（output），把项目带来的"变革"和"价值"归属于"结果"（outcome）。一方面，只有能够带来所需"结果"的"输出"才是有效的；另一方面，"结果"的实现离不开"输出"的形成，即"输出"是"结果"的重要载体（但不一定是唯一载体）。

进行项目策划时，通常先考虑想要实现什么价值，再考虑为实现价值而必须交付什么项目成果，再用系统整合的方法去交付项目成果。在交付项目成果期间和期后，都要注意推动相应变革的实现。只有实现了这样的变革，才能实现想要的价值。

虽然聚焦项目价值、整合项目系统、交付项目成果和实现拟定变革之间存在逻辑上的循环关系（见图4-1），但它们并不在时间上严格按先后顺序进行，而是在整个项目生命周期中并行推进。

举个简单的例子：
- 想要实现的价值：某公司想要提高办公效率。
- 必须交付的成果：自动化办公软件。
- 必须开展的整合：各种软件开发工作的整合，办公软件各模块的整合，办公软件与外部系统（如法律法规要求、公司规则制度）的整合。
- 必须开展的变革：让公司员工改变传统的工作方式，认可和采用基于办公软件的工作方式。为了实现这个变革，就需要随同项目进行而开展相应宣传和培训。只有实现了这个变革，才能提高办公效率。

4.2.1 聚焦项目价值原则

价值是某种事物的实用性、重要性或可用性。换一个说法，价值是特定客体对特定主体的用途或积极作用。特定客体就是各种特定的事物，例如，一个杯子、一张桌子、一个项目。特定主体就是特定的个人、群体或组织。这个杯子对我有用，能给我提供喝水的便利，它就有价值。这个项目能够提高公司的市场竞争力，它就有价值。

聚焦于价值，就是要关注做某个项目的真正意义，回答"为什么要做这个项目？"，并努力实现其意义。从项目设想和前期准备，到项目规划和执行，再到项目收尾，一直都要聚焦于价值。开展任何项目活动，交付任何项目成果，都要考虑服务于价值的实现，防止在没有价值的活动或成果上浪费资源。

项目发起人在产生某个特定的项目设想之时，就需要大致考虑拟实现的价值，写出简单的项目工作说明书（项目建议书）。其主要内容包括：
- 项目成果描述：想要做一个什么项目？该项目要形成什么成果？
- 项目的经营意义：项目对实现短期的经营目标有什么好处（价值）？
- 项目的战略意义：项目对实现长期的战略目标有什么好处（价值）？

接着，项目发起人要组建商业论证专家团队，由专家团队根据项目工作说明书来开展详细的商业论证，完成商业论证报告。在该报告中，要详细描述项目的商业可行性和预期价值。在有些情况下，还可专门编制效益管理计划，更详细地描述效益（价值）的测量指标、实现方法、实现时间和实现责任人。

商业论证报告和效益管理计划是启动、规划、执行、监控和收尾项目的重要依据。

在整个项目期间，既要致力于拟定价值的实现，又要定期或不定期地评估拟定价值的合理性以及项目与拟定价值的匹配度，做出必要调整，以确保项目始终符合确定且合理的商业目标。

聚焦于价值，从理念上讲，没有任何问题。我们必须时刻牢记项目拟实现的价值并为之努力。从实操上讲，会存在诸多困难。实操困难主要在于：

- 价值的主观性。甚至可以说，价值是人们的主观感知。同一个项目，对不同的项目相关方很可能有不同的价值。即便对同一个项目相关方，也可能在不同的时间或不同的场景有不同的价值。
- 价值的复杂性。有些价值可以定量表述，有些价值只能定性表述，有些价值则需要同时定量和定性表述。定量表述不一定准确，定性表述更是不可能准确。
- 价值的层次性。有些价值在单个项目的层面上即可实现，有些价值需要多个项目的配合才能在项目集或项目组合的层面上实现。
- 价值的长期性。有些价值在项目进行期间、完成时或完成后短期内即可实现，但更多价值需要通过项目完成后对项目成果的长期运营才能实现。

面对上述困难，在实操层面的"聚焦于价值"往往只能是：针对主要项目相关方的通常价值感知，对价值做尽可能的定量表述，明确不同层面的价值实现责任，并规定特定的价值考核截止时间。

4.2.2 整合项目系统原则

系统是由一系列相互依赖且相互作用的要素所组成的复杂整体，其整体的功能要远大于各要素的功能之和。系统思维强调关注联系、关注变化和关注整体。项目管理其实是系统思维在项目领域的具体应用。项目管理与传统管理的根本区别在于，项目管理强调要素整合，传统管理强调分工负责。

任何系统都有多个子系统，子系统又有一系列要素。任何系统也是更大的系统中的子系统。例如，项目是一个系统，其中有"子项目"或"项目阶段"这类子系统，子项目中的"组件"或项目阶段中的"具体工作"都是子系统中的要素。项目团队也是项目系统中的子系统，每个成员则是其中的要素。必须关注和协调各要素之间的联系，以及各子系统之间的联系，确保整个项目系统的整体性和活跃性。

项目系统又是更大的项目集系统或项目组合系统的子系统。项目系统也要与外界的各种系统发生作用，例如，需要从外界系统获取"输入"，又会向外界系统提供"输出"。所以，必须关注和协调本项目系统与其他项目系统的联系，以及本项目系统与外界各种系统的联系。

项目系统和外部系统都会不断变化，因此必须关注它们的变化。关注变化需要注意以下几个方面：

- 有些变化可以提前预测并主动促成。例如，在预测到会出现工期延误时主动修改项目进度计划，预防延误的发生。
- 有些变化只有在发生时才能知晓。例如，遇到突发事件。在项目计划中应该预留一定的余地来消化这些变化中的一部分。
- 特定变化所造成的影响也许是可预知的。可预知的影响往往是对特定局部的直接影响。
- 特定变化所造成的影响也许是不可预知的。不可预知的影响往往是对其他关联局部的间接影响，以及对整个系统全局的综合影响。

项目系统是一个整体，因此必须关注整体，确保项目系统在整体上的优化，防止因局部利益而损害全局利益，防止因短期利益而损害长期利益。关注整体需要注意以下几个方面：
- 关注项目系统内部各子系统或各要素之间的联系，以它们的有效互动确保系统整体的最优。
- 关注项目系统内部可能发生的各种变化，最小化变化对系统整体的负面影响，最大化变化对系统整体的正面影响。
- 关注外部变化对项目系统的可能影响，最小化负面影响，最大化正面影响。

4.2.3 交付项目成果原则

整合项目系统的目的在于交付出符合要求的项目可交付成果。第7版在阐述"交付项目成果"这一原则时，明确提到了项目过程和成果都要符合质量要求，没有明确提到要符合范围、进度和成本要求。不过，还是可以理解为：在这条原则中隐含着范围、进度和成本要求。第7版指出的"产出符合项目目标并符合相关方提出的需要、用途和验收要求的可交付成果"以及"确保项目过程尽可能适当而有效"，其中应该含有范围、进度和成本要求。

交付项目成果，需要注意以下几点：
- 基于项目相关方的需求设置对项目成果的测量指标。不仅质量测量指标要根据项目相关方的需求来制定，范围、进度和成本测量指标也是如此。
- 项目三重制约是对项目成果的基本要求。传统的三重制约，作为考核项目成功的标准，并没有过时，将来也不会过时，因为它是便于操作的"硬"标准。没有这样的硬标准，就无法客观评价项目成功。
- 以项目过程符合要求确保项目成果符合要求。没有符合要求的项目过程，就不可能有符合要求的项目成果。

4.2.4 实现拟定变革原则

做项目，旨在交付独特的可交付成果，为项目相关方创造出应有的价值。要让独特的可交付成果为项目相关方带来应有的价值，就需要有关个人、群体或组织做出适当改变，采用不同于以往的新的工作行为和工作方式。例如，实施自动化办公软件开发项目，在交付软件的同时必须引导人们改变工作方式，采用基于该软件的新的工作方式，以便该项目创造出"办公效率提高"的价值。

用项目驱动变革，需要注意以下几点：

- 必须是主动而非被动的。变革，是指主动采取措施从不理想的当前状态走向较理想的未来状态。
- 必须采用结构化的方法。也就是说，变革必须一步一步推进。即便还不能看清后面的步骤，至少也要认清紧接着的下一步。
- 必须引导相关方参与。相关方参与，不仅有利于变革方案的优化，而且有利于让他们对变革有强烈的主人翁感，把"要我变"转变成"我要变"。可以通过沟通和激励来引导相关方参与。
- 必须考虑相关方吸收变革的能力。变革太快或太多，就会引发相关方对变革的反感甚至抵制。
- 必须在整个项目生命周期一直致力于驱动变革。即便所需的变革只需要在项目接近完成时才实现，也要尽早识别变革需要，尽早规划和推动变革。
- 越是大的变革就越会遇到大的抵制。最小的变革是要求人们在局部采用新的工作程序。较大的变革是要求人们采用某种全新的工作方法。最大的变革是改变组织的主流价值观。

4.3 项目人员类

项目人员类包括做勤勉的管家、建设项目团队、展现领导行为和引导各相关方这四大原则。它们之间的关系可以简述为：项目经理要做勤勉尽责的项目管家，要致力于项目团队建设；在优秀的项目团队中，每位成员都要展现应有的领导力，都要积极引导各种相关方合理参与项目。当然，对应这四大原则的工作并不是严格按顺序进行的，而往往是缠绕在一起开展的。

这四大原则不仅适用于项目经理，而且适用于其他项目管理人员。也可以说，项目经理岗位的职责不再完全集中于拥有"项目经理"头衔的某一个人，而是在相当程度上分散到了项目团队的每一位成员那里。特别是，在采用敏捷型方法的项目团队中，更是每一位成员都要承担起一定的项目经理岗位的职责。

4.3.1 做勤勉的管家原则

这个原则其实是要求项目经理严格遵守职业道德。第 7 版对该原则的阐述与 PMI 的《道德规范与专业操守》高度相似。在《道德规范与专业操守》中，阐述了项目管理者必须具备的四大价值观：责任、尊重、公正、诚实。这四大价值观当然是一个好的管家必须具备的。

PMI一贯强调职业道德。1981年，在首次进行项目管理知识体系研究时，PMI就把课题命名为"道德、标准和认证研究"，把职业道德放在首位。在第7版，"做勤勉的管家"这条原则也位列十二大原则之首。

项目管理者受项目发起人、项目执行组织和其他相关方的委托来管理项目，承担"管家"的职责。这类职责：

- 既包括明示的也包括暗示的。在履行明示的职责同时，也必须履行暗示的职责。
- 既包括项目本身的也包括项目对外界影响的。项目管理者必须考虑项目对项目发起人、项目执行组织和更广泛外界的财务、社会、技术和环境影响。

第7版阐述了管家的四大主要职责：

- 正直。项目管理者不仅自己要严格按照职业道德和组织原则正直行事，而且要影响团队成员和其他相关方正直行事。这一条跟《道德规范与专业操守》中的"责任""公正"密切相关。
- 关照。项目管理者要尽力关照项目相关方以及自己受托照管的各种事务。这一条跟《道德规范与专业操守》中的"尊重"密切相关。
- 诚信。项目管理者要诚信行事，要让相关方理解自己的权力范围，要主动识别和管理可能出现的利益冲突。这一条跟《道德规范与专业操守》中的"诚信""公正"密切相关。
- 合规。项目管理者要确保项目在项目执行组织内部和外部都合规。这一条跟《道德规范与专业操守》中的"责任"密切相关。

4.3.2 建设项目团队原则

项目管理是基于团队的工作方式。项目经理不是依靠自己的个人力量去实现项目目标，而是要领导项目团队去实现项目目标。项目团队通常是具有高度多样性的团队，即团队成员拥有不同的知识、技能、经验等，甚至来自不同的组织。团队成员通过互补式合作来提高团队活力，实现项目目标。

建设项目团队，需要注意以下几点：

- 第一，决定一群人成为团队的最重要的因素是大家的团队共识，包括共同的项目目标、共同的基本价值观、共同的行为规范等。
- 第二，这一群人要按一定的组织结构被组织在一起，以便把团队共识落实下去。在组织结构中，有对工作角色和职责的规定，有如何与外部相关方打交道的规定，还可能有特设的专门委员会或专门会议制度。
- 第三，项目团队要有一定的工作流程。依靠这样的流程，团队成员之间才能顺畅合作，工作效率和效果才有基本保证。工作流程可以是项目团队特别制定的，也可以采用业界的相关标准或指南。

- 第四，在项目团队中，一定要处理好职权、职责和终责的关系。职权是指处于特定岗位的成员可以做出相关决定的权力。职责是指处于特定岗位的成员有义务开展和完成特定工作。终责是指处于特定岗位的成员要对工作结果承担最终责任。虽然可以把部分职权授权给别人，也可以把部分职责委托给别人，但是终责无法让别人来分担，而是必须由某个人独自承担。

通过项目团队建设来形成项目团队自身的文化，这是打造成熟项目团队的最好方法。拥有强大且有效的团队文化，项目团队就能高效地开展工作。团队文化有三大主要来源：

- 成员带来的职业文化。每个职业都有独特的文化，例如，工程师文化。
- 成员带来的组织文化。不同的组织有不同的文化。
- 成员个人的价值观。每个人都或多或少地有自己独特的价值观。

4.3.3 展现领导行为原则

严格地说，领导与管理是不同的，领导与职权也是不同的。领导的重点是启发和激励别人，管理的重点是约束和控制别人，职权则是与特定岗位相连的权力。职权往往是管理的基础，即有某种职权的人才能对别人做出某种约束和控制。职权与领导没有必然联系。虽然有职权的人也许更有条件启发和激励别人，但是没有职权的人也可以启发和激励别人。

展现领导行为，不只是项目经理或其他特定管理人员的事情，也是每一位项目团队成员的事情。团队成员之间越是相互展现领导行为，项目团队的活力就越大，项目绩效也就越好。

任何能启发和激励别人的行为都是领导行为，例如，宣传项目愿景和目标，展现自己的创造力，展现自己的工作热情，鼓励别人，对别人有同理心，协调矛盾，解决冲突，遵守职业道德。虽然有些人天生更善于启发和激励别人，但是每个人都可以通过学习和实践来提高自己启发和激励别人的能力。

展现领导行为，也需要根据不同的人和事采取不同的领导风格，如专制型、民主型、放任型、指令型、参与型、自信型、支持型。在某种危机中，指令型领导风格可能更能激励别人。对能力强且自觉的人，参与型领导风格可能更能激励他们。

4.3.4 引导各相关方原则

与项目有直接或间接关系的任何个人、群体或组织，都是项目的相关方。项目会有众多相关方，他们对项目有相似或不同的利益诉求，有相似或不同的影响。随同项目进行，项目相关方会发生变化。有的相关方会退出，有的相关方会加入，他们对项目的利益诉求和影响也可能发生变化。所以，在整个项目生命周期中，都要识别和分析相关方，并以合理方式引导他们参与项目。

引导相关方参与项目，还需要注意以下几点：

- 沟通是用于引导相关方的重要但非唯一方式。除了沟通，还需要运用各种人际关系技能，例如，同理心、尊重他人。
- 既要获取相关方对项目的支持，也要为相关方提供服务。让相关方参与项目，才能让他们与项目有密切关系。有了密切关系，就便于获取支持和提供服务。
- 注意提高相关方对项目的积极影响，减轻相关方对项目的消极影响。对于因各种原因而反对项目的相关方，更是应该基于同理心，采取合适的人际关系技能去减轻他们的反对，甚至设法取得他们的支持。
- 相关方参与项目，这是提高项目绩效、交付项目成果和实现项目价值的关键因素。没有相关方的合理参与，任何项目都不可能取得成功。

4.4 项目方法类

项目方法类的四大原则是裁剪项目方法、驾驭好复杂性、开展项目变更、应对项目风险。它们之间的关系可以简述为：用最合适的项目方法去驾驭项目复杂性，其中包含为确保项目的适应性和韧性而开展项目变更管理，以及为提高项目成功机会而应对项目风险。当然，与这四大原则相对应的工作并不是严格按顺序开展的，而往往缠绕在一起开展。这四大原则都涉及根据项目的具体情况来灵活有效地管理和推进项目。

4.4.1 裁剪项目方法原则

任何项目都是独特的。项目的独特性决定了必须通过对现有项目方法的裁剪来定制适合特定项目的方法。现有项目方法，相当于现成的布料，可以来自相关的项目管理标准、指南、教科书、行业协会或项目执行组织。裁剪，相当于量体裁衣，是根据项目的具体情况对现有方法进行或大或小的调整。

为了更好地指导项目方法裁剪，第 7 版除了在项目管理原则中阐述了裁剪，还专列了一章"裁剪"。这一章是对裁剪项目方法原则的展开。这一章的内容不难理解，也没必要逐一记住。在实际做项目时，可以对照这一章的内容进行裁剪实操。

裁剪项目方法，应该考虑项目环境和项目本身的独特性，例如，项目所在地的政治、经济、文化和地理环境，项目执行组织的政策，项目相关方的需求，项目目标，项目复杂性，项目风险程度，项目团队的规模和构成。

裁剪项目方法，不只是项目经理的事情，也是项目团队成员的事情。必要时，还需征求外部相关方对裁剪的意见。项目团队成员参与方法裁剪，有利于把裁剪做得更好，更有利于提高他们对项目方法的理解程度和承诺程度。

通常，可以裁剪的内容包括：

- 项目开发方法和生命周期类型。根据项目的性质和复杂性定制适用的开发方法和生命周期类型。

- 项目管理过程。例如，可以对第 6 版的 49 个项目管理过程进行裁剪。
- 相关方参与项目的方式。包括参与的时间和程度、相关方之间的合作方式，以及该授予相关方的权力。
- 项目管理方法、工具和工件。选用和裁剪一些具体的方法、工具和工件，例如，项目变更管理方法、变更管理软件和变更管理模板。

通常，裁剪可以按以下基本流程进行：

- 选择一种基本的项目方法。
- 根据项目执行组织的需要进行裁剪。
- 根据项目的具体需要进行裁剪。
- 在项目进行过程中不断微调。裁剪，无法一劳永逸，而要随项目进展不断做局部改进。

4.4.2 驾驭好复杂性原则

项目的复杂性决定着对项目管理的难度。越是复杂的项目，就越是难以管理，就要求越高的管理水平。无论是裁剪高层级的项目方法还是编制具体的项目计划，都必须考虑项目的复杂性，使项目方法和计划足以支持项目团队有效推进项目。

第 7 版指出，项目复杂性的主要来源包括"人类行为""系统交互""不确定性和模糊性""技术创新"。其实，人类行为、不确定性和模糊性、技术创新，这三条也都与系统交互有关。人类是一个复杂系统，会对项目施加各种各样且动态易变的影响。无论是模糊性还是不确定性，都会导致人类不清楚该如何与其他系统进行有效交互。技术创新当然是人类系统与其他系统交互的结果。

因此，可以简言之，项目的复杂性取决于项目系统内部的要素交互，以及项目系统与外部系统之间的交互。要素的数量越多，系统的数量越多，各种交互就越多，项目的复杂性也就越高。例如，项目团队中的沟通的复杂性就取决于团队成员的数量。在 3 人团队中，总共有 3 条潜在沟通渠道；成员增加到 4 人，潜在沟通渠道就会增加到 6 条。

驾驭项目复杂性，需要重点关注以下几点：

- 根据系统思维的要求，从全局、联系和变化的视角看待项目系统。
- 在整个项目生命周期中持续留意项目复杂性的变化，并据此调整项目方法和项目计划。
- 根据项目整合管理的要求，注重要素之间或系统之间的界面管理，必要时可设法减少界面数量。
- 在项目计划中留出一定的余地，用于"消化"可能出现的复杂性提高。

4.4.3 开展项目变更原则

开展项目变更的目的是提高项目的适应性和韧性。项目的适应性是指根据不断变化的情况进行调整，以适应新情况。项目的韧性是指项目承受冲击并从中恢复的能力。项目的韧性其实是项目的适应性的一种特定表现形式。韧性大的项目能够适应哪怕是很大的不利情况变化。

提高项目的适应性和韧性，需要重点关注以下几点：

- 项目的适应性和韧性在很大程度上取决于项目工作者的适应性和韧性。项目工作者应该具备与项目的复杂性相匹配的适应性和韧性。项目工作者应该通过不断学习、经常总结和持续改进，来提高自己的适应性和韧性。
- 在项目方法和项目计划中留出变更的余地。越是易变的项目，就越是需要采用敏捷型方法，就越是需要迭代编制项目计划。
- 建设多样性项目团队，并且促进项目团队与其他相关方的开放式沟通。
- 在可能的情况下采用小规模原型开发和测试方法，来尝试新想法，快速发现和解决问题。
- 不要急于做决策，而要等待情况明朗，延迟到允许的最晚责任时点再做决策。
- 采用结构化项目变更控制过程，使项目变更始终可控，防止无序乱变。
- 从项目全局的高度关注项目适应性和韧性，防止以局部的适应性和韧性来损害整体的适应性和韧性。
- 从关注项目结果和价值的视角来综合评价项目变更的必要性，防止过于死板或随意。

4.4.4 应对项目风险原则

无论是裁剪项目方法、驾驭项目复杂性还是开展项目变更，都与应对项目风险直接相关。这四大原则都是要采用灵活适用的方法，来管理项目风险，提高项目成功的可能性。

项目风险既包括单个风险，也包括整体风险；既包括机会，也包括威胁。单个风险是万一发生会对项目目标的至少一个方面有积极或消极影响的不确定性事件。整体风险是不确定性的全部来源联合导致的项目目标的正向或负向变异的可能性。有积极影响的不确定性事件是单个机会，有消极影响的不确定性事件是单个威胁。会导致整体项目目标正向变异的是整体机会，会导致整体项目目标负向变异的是整体威胁。

应对项目风险，需要重点关注以下几点：

- 兼顾单个风险和整体风险。
- 兼顾机会和威胁。
- 风险管理要贯穿整个项目生命周期。
- 引导有关相关方参与项目风险管理，达成对风险应对策略的共识。
- 根据各种风险的严重性，以及有关相关方的风险态度、偏好和临界值，制定应对策略和措施，并分配所需的时间、资金和责任人。

第5章 开展项目所需主要职能

5.1 概述

第 7 版第 2.3 节简述了开展项目所需的八大主要职能。虽然它们并不一定就是开展项目所需的全部职能,但确实是主要职能。第 7 版对这些职能的阐述虽极简单,却隐含着丰富的内涵,值得用单独一章来解读。

一方面,这些职能都是开展项目必不可少的,即都是必要职能。另一方面,这些职能能够基本保证项目的顺利开展(即便还需其他辅助职能),即属于基本充分职能。所以,必须注意从这些职能入手来开展项目。

每个职能都可以由扮演特定项目角色的一个人或一组人来履行,都可能与其他职能存在一定的交叉。虽然这些职能划分可以对实际工作提供指导,但不应在实际工作中生硬照搬。

这些职能是相互联系的,包括相互支持和相互补充。任何一项职能都不可能孤立存在。离开其他职能的支持和补充,某一职能就会毫无价值。根据这些职能之间的基本联系,可以把它们归为三大类:

- 项目需求类。这是发起项目、提供项目需求和方向的职能,包括"提出目标和反馈""提供业务方向和洞察"。履行这类职能的是项目发起人或客户。
- 项目执行类。这是开展项目治理、项目管理和一线执行的职能,包括"维持治理""提供照管和协调""引导和支持""开展工作并贡献洞察"。履行这类职能的是高级管理层、项目管理团队和一线操作团队。
- 项目支持类。这是对项目执行提供支持的职能,包括"运用专长""提供资源和方向"。履行这类职能的是相关主题专家和职能部门。

这三类职能之间的基本关系是:

- 项目发起人或客户提出符合自己业务方向的项目目标。
- 项目发起人或客户把项目任务委托给项目执行组织去执行。
- 项目执行组织的高管人员负责开展项目治理，项目管理团队负责项目执行中的监管、协调、引导和支持，一线操作团队实际开展执行并向项目管理团队反馈一线执行情况。
- 项目执行组织及时向项目发起人或客户报告项目情况。
- 项目发起人或客户根据项目执行组织的报告给出相应的反馈，提供相应的洞察。
- 项目发起人或客户，以及项目执行组织中的高管人员、项目管理团队和一线操作团队，都需要相关主题专家的专业支持，都需要相应职能部门提供资源和方向。

各种职能的归类及各类别之间的关系，如图 5-1 所示。

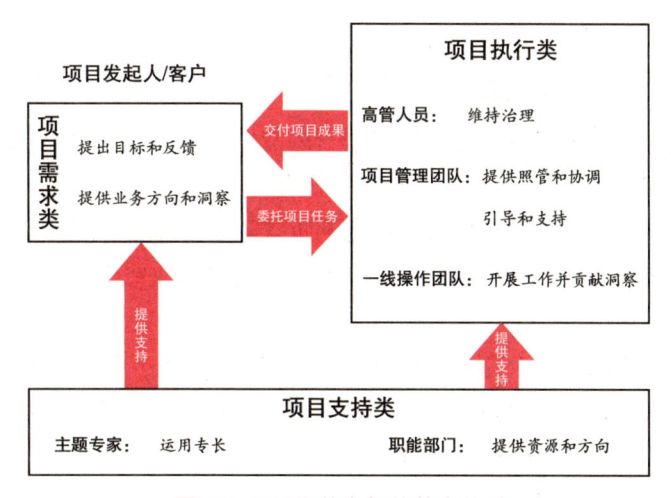

图 5-1 项目职能之间的基本关系

5.2 项目需求类职能

项目需求类职能包括"提出目标和反馈""提供业务方向和洞察"。

5.2.1 需求类职能的履行者

由项目发起人、客户、用户和客户代表履行这类职能。项目发起人是要求做项目并提供项目资金者。客户是购买项目成果者。用户是项目成果的直接使用者。客户代表则兼指项目发起人、客户或用户的代表。客户代表直接与项目团队对接，甚至直接加入项目团队。在需要客户频繁参与的敏捷型项目中，客户代表是项目团队的成员之一。

在有些情况下，项目发起人、客户和用户是同一群体，即三体合一。在有些情况下，他们是完全不同的群体，即三体三位。其他不完全分离的情况是：

- 发起人和客户一体，用户独立。例如，父母亲（发起人兼客户）出资建一栋房子，给儿子（用户）结婚用。
- 发起人独立，客户和用户一体。例如，父母亲（发起人）出资建房，建好后以优惠价格卖给儿子（客户兼用户）结婚用。
- 发起人和用户一体，客户独立。例如，父母亲（发起人兼用户）自己出资建养老房并自己使用，建好后由儿子（客户）每月出钱给父母亲"回购"该房。

三体三位的情况，也可以举类似的例子。例如，父母亲（发起人）出资建房，建好后由儿子（客户）以优惠价购买给孙子（用户）结婚用。

为了简便起见，下文统一用"客户"兼指发起人和用户。

5.2.2 提出目标和反馈

这项职能主要包括以下内容：

- 在项目启动之前和之时由客户提出项目的总体目标。总体目标可以包括项目需求、期望得到的成果、期望获得的效益和价值。
- 在项目启动之后，客户随项目进展定期审查项目目标的合理性和实现情况。
- 客户定期或不定期地向项目团队反馈对目标的坚持或修正，以及对目标实现情况的意见。

在应用敏捷型方法或混合型方法的项目中，客户需要在持续时间很短（如一周）的每一个迭代期结束后，及时对目标和项目进展进行审查，并及时向项目团队反馈相关情况，以便项目团队据此开始下一个迭代期。为了保证及时且有效地进行审查和反馈，通常由项目团队中的"客户代表"代表客户进行审查和反馈。

5.2.3 提供业务方向和洞察

这项职能与前述"提出目标和反馈"职能密不可分。其中的"业务方向"是指为实现期望的商业价值的项目工作方向，即项目该何去何从。

第 7 版单列这项职能的理由可能是：

- 强调项目目标与组织商业目标的挂钩。也就是说，项目目标必须服务于组织的战略层面和战术层面的商业目标。
- 强调基于"洞察"更具体地为下一个项目阶段或迭代期确定需求或待办项的优先级排序，以便修正项目方向。项目阶段和需求，是针对预测型项目的。迭代期和待办项是针对敏捷型项目的。
- 强调为了获取"洞察"，客户代表必须与项目团队以及各种相关方密切互动。"洞察"，不可能仅靠自己单独观察和思考就能得到。
- 指出这项职能可能需要"提供资金和资源"职能的支持。也就是说，特定的项目工作方向离不开相应的资金和资源支持。

5.3 项目执行类职能

项目执行类职能包括"维持治理""提供照管和协调""引导和支持""开展工作并贡献洞察"。这些职能都是为了实现客户提出的项目目标和项目方向。

5.3.1 执行类职能的履行者

这类职能的履行者是项目执行组织。对自己发起并执行的项目，项目发起人也就是项目执行组织。不过，项目发起人也可以只负责出资，而把项目执行委托给其他组织。在这种情况下，项目发起人和项目执行组织就分离了。更为常见的情况是，一个项目有不止一个项目执行组织。例如，对建筑工程项目来说，业主、设计公司和施工企业等都是项目执行组织。

项目执行组织内部的高级管理层履行"维持治理"职能，项目管理团队（包括项目经理）履行"提供照管和协调"职能以及"引导和支持"职能，一线操作团队履行"开展工作并贡献洞察"职能。

5.3.2 维持治理

这项职能是指由项目执行组织的高级管理层开展项目治理。如果同一个项目有多个项目执行组织，那么就要由这些组织的高级管理层的代表联合组成项目治理委员会来开展项目治理。例如，由业主、设计方和施工方等的代表联合组成建筑工程的项目治理委员会。

对"维持治理"职能，第7版只写了短短的两句话。不过，其内涵还是比较丰富的。对这两句话的解读如下：

- 项目治理委员会要确保项目始终符合组织的战略目标和经营目标。特别是当战略目标或经营目标发生变化时，项目治理委员会要指导项目做出相应变更。
- 项目治理委员会要站在整个组织的高度来持续监督项目成果、结果、效益和价值的实现情况。除了平时的持续监督，还要在项目阶段或迭代期结束时进行专门检查和评审。
- 项目治理委员会要审批项目团队按规定上报的建议。对项目团队无法或无权解决的问题，项目团队应把问题连同解决建议上报给治理委员会决策。
- 项目治理委员会要始终充当项目和项目团队的支持者，包括影响其他人支持项目和项目团队。

5.3.3 提供照管和协调

项目执行组织的项目管理团队（包括项目经理）要履行"提供照管和协调"职能。照管的主要含义包括：

- 精心安排项目工作，包括领导项目的规划、执行和监控活动。在这种精心安排下，项目团队就比较容易开展项目工作和实现项目目标。
- 精心关照项目团队成员，改善他们的健康状况、关注他们的安全问题、提升他们的生活幸福感。在这种精心关照下，项目团队成员才能够高效地为项目工作。
- 可能需要参与项目前期准备工作，例如参与项目商业论证。尽早参与项目，有利于更好地照管项目。
- 要在项目正式关闭之前跟踪和关照项目效益的实现情况。这可能包括协助运营部门使用项目成果，协助项目集团队和项目组合团队实现效益。

大量的协调工作会随同照管一同开展，即在照管中协调，在协调中照管。第7版提到，开展协调也包括协助进行商业分析、商业论证、招标采购和合同谈判。这是指，协助开展这些工作会有利于协调好这些工作与项目其他工作的关系。第7版还提到，开展协调也包括咨询管理层和业务部门的想法。这是指，要保证项目工作真正符合管理层和业务部门的想法，防止冲突。

5.3.4 引导和支持

项目执行组织的项目管理团队（包括项目经理）要履行"引导和支持"职能。这项职能与"提供照管和协调"职能密不可分。它们的主要区别在于："引导和支持"职能强调项目管理者要从平等的视角来引导和支持团队成员，而"提供照管和协调"职能强调要从实现目标的视角来照管和协调项目工作。

项目管理者作为"引导员"，应该引导项目团队成员：

- 积极参与项目。
- 积极开展合作。
- 对项目工作建立共同的成就感。
- 对冲突、解决方案或决策达成共识。
- 有效召开项目会议。

项目管理者作为"支持者"，应该：

- 根据项目团队成员的需求，做出必要的变更。例如，适当调整上下班时间。
- 为项目团队成员移除妨碍工作开展的障碍。例如，改善办公室的灯光照明。
- 及时评估项目团队成员的工作绩效，并及时向他们反馈评估情况。
- 支持项目团队成员不断学习和持续改进。

5.3.5 开展工作并贡献洞察

项目执行组织的一线操作团队要履行"开展工作并贡献洞察"职能。当然，并不局限于所谓的"一线操作团队"。项目管理团队也可以履行本项职能。不过，说成是"一线操作团队"履行本项职能，更容易理解。

因为项目从本质上讲是跨职能和跨专业的，所以一线操作团队也应该由来自不同职能部门和不同专业领域的人组成。他们可以带来各自部门和领域的知识、技能、经验和观点，应用于项目工作。他们可以帮助项目建立与各自部门和领域的联系，并推动各自部门和领域进行所需的变革。

一线操作团队成员可以在整个项目期间全职或兼职为项目工作，也可以仅在某个或某几个阶段全职或兼职为项目工作。在采用预测型方法的项目中，不同项目阶段所做的工作区别很大，所需的团队成员也会区别很大，从而造成很多成员仅在某个或某几个阶段为项目工作。在采用敏捷型方法的项目中，每个迭代期所做的工作性质相似，所需的团队成员也就基本相同，从而造成大多数成员都会在整个项目期间为项目工作。

一线操作团队成员可以在同一物理地点集中办公，也可以在不同物理地点以虚拟团队方式办公。随着电子网络、数字化和可视化技术的发展，虚拟团队方式正在日益增加。即便虚拟团队，也需要临时的集中办公。而且，虚拟团队更需要成员具有人际关系技能，因为计算机背后还是实实在在的人。

在一线操作团队中，有些成员仅需精通某一种专业，还有些成员则需精通多个专业，即属于"通用的专才"。越是采用敏捷型方法的项目，就越需要更多成员是"通用的专才"。

第 7 版中提到"贡献洞察"，这是很有意义的。团队成员必须有想法地开展工作，而不能机械式地开展工作。团队成员必须有一定的创造性，而不能死板地照葫芦画瓢。团队成员必须把工作情况反馈给其他成员和项目管理团队成员，而不能孤立地开展工作。

5.4 项目支持类职能

项目支持类职能包括"运用专长"以及"提供资源和方向"，用于支持项目需求类职能和项目执行类职能。

5.4.1 支持类职能的履行者

这类职能的履行者是能够为项目提供专业技术支持、资源支持或工作方向支持的任何个人或群体。他们可能来自项目团队内部或外部，可能来自项目执行组织内部或外部。他们可以持续为项目提供支持，也可以仅在特定时间为项目提供支持。他们可以以正式方式提供支持，也可以以非正式方式提供支持。

5.4.2 运用专长

无论是项目前期准备、项目启动还是后续的项目工作，都离不开相应的专业知识、专业技能和专业视角。没有任何人能够精通所有专业，所以任何人都需要在一定的时候借用别人的专业知识、专业技能或专业视角。当我需要借用别人的专业知识、专业技能或专业视角时，别人对我来说，就是该特定专业领域的"主题专家"。应该由主题专家履行"运用专长"职能，即为项目提供所需的专业知识、专业技术或专业视角支持。

主题专家可以来自项目团队内部或外部，可以来自项目执行组织内部或外部。主题专家可以全职或兼职为项目提供支持。主题专家可以在整个项目期间一直为项目提供支持，或者仅在某个阶段为项目提供支持。

聘请咨询专家，这是用于获取主题专家的专业支持服务的常用方式。

5.4.3 提供资源和方向

本项职能的履行者最为广泛。任何能够给项目提供资源和方向支持的个人或群体，都是本项职能的履行者。为了阐述简便，在此仅把本项职能的履行者界定为项目执行组织中的职能部门（或称"业务部门"）。

项目执行组织中的职能部门往往是项目所需资源的拥有者，掌握着相应的人力资源和物质资源。项目团队需要向职能部门借用或征用所需的资源。

项目执行组织中的职能部门通常是长久存在的，很了解组织的战略目标、经营目标和运行方式，因此有条件从自己的角度为项目提供工作方向支持。这种方向支持有利于确保项目始终符合组织的商业目标，有利于项目实现应有的价值。

项目执行组织中的职能部门，需要向项目团队和其他项目相关方宣传组织的愿景、目标和期望，需要始终充当项目的倡导者和项目团队的支持者。还需要在各自的职能领域：

- 为项目团队开展工作铺平道路，例如，帮助项目团队解决问题。
- 充当高级管理层和项目团队之间的联络员，例如，帮助项目团队上报相关问题。
- 授予项目团队相应的决策权，例如，人力资源部可以授权项目团队自行招聘成员，采购部可以授权项目经理签署采购合同。
- 寻找可能出现的新机会，并建议高级管理层或项目团队开展相应的创新。
- 有效使用项目成果，实现项目结果、效益和价值。这项工作通常要延续到项目关闭之后的较长时间。

第6章
项目绩效域概览

6.1 概述

"项目绩效域"是为了实现项目价值而必须开展活动、发挥作用、形成成果和交付结果的领域。更通俗地说,必须在这些领域开展活动,而且要让这些活动起到应有的作用;活动的作用则要直接体现在成果的形成和结果的交付上。第7版详细阐述了八大项目绩效域,即相关方绩效域、团队绩效域、开发方法和生命周期绩效域、规划绩效域、项目工作绩效域、交付绩效域、测量绩效域和不确定性绩效域。每一个绩效域都有应该开展的活动、形成的成果和交付的结果。本章仅概述每一个绩效域,并阐述每一个绩效域应该交付的结果。本书第3篇将进一步阐述每一个绩效域。

项目绩效域与项目管理原则、项目相关职能之间的关系可以简述为:在项目管理原则的指导下开展项目相关职能,来实现项目绩效域的项目绩效。因为项目管理原则是高层次的,所以它们与项目相关职能或项目绩效域不是简单的一一对应关系。这些项目管理原则应该作为一个统一体,联合指导项目相关职能和项目绩效域。

如第5章所述,项目相关职能的履行者包括客户、高级管理层、项目管理团队、一线操作团队、主题专家和职能部门。第7版所述的八大项目绩效域主要是针对项目管理团队的。也就是说,这八大项目绩效域主要对应于项目管理团队的"提供照管和协调"及"引导和支持"职能。项目管理团队履行这两项职能来实现八大绩效域的项目绩效。

6.2 八大绩效域的基本关系

在第7版,八大项目绩效域既没有特定的权重,也没有特定的顺序。这种安排有利于资深项目管理工作者灵活应用,但不利于初学者学习和理解。所以,这里还是要阐述一下它们之间的基本关系,方便读者学习和理解。需要提醒的是,这种基本关系既不是完整的,更不是绝对的。

按八大绩效域在第 7 版的形式上的顺序，可以分析出如下基本关系：

- 第一个"相关方"绩效域和第二个"团队"绩效域：项目是由项目团队为相关方而做的。
- 中间的四个绩效域：先是选择和裁剪"开发方法和生命周期"，接着开展项目"规划"（编制项目计划），然后按计划执行"项目工作"，最后"交付"成果和价值。
- 第七个"测量"绩效域和第八个"不确定性"绩效域：持续地监控项目情况和项目不确定性，进行必要变更。

可以看出，中间的四个绩效域是一条主线，与项目开展的启动、规划、执行和收尾这四个阶段基本对应；前两个绩效域是项目始终需要的人力资源支持线；后两个绩效域则是贯穿项目始终的监控支持线。项目自始至终都需要项目相关方的支持，都需要依靠项目团队。项目自始至终都需要测量绩效和监督不确定性并进行必要的变更。这三条线之间的关系，如图 6-1 所示。

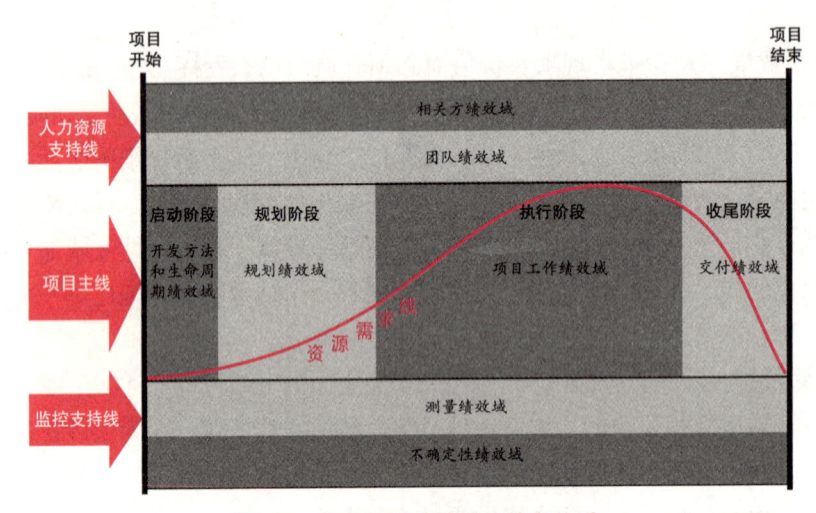

图 6-1 八大项目绩效域的基本关系

6.3 人力资源支持线

人力资源支持线包括相关方绩效域和团队绩效域。项目是由项目团队为项目相关方而做的，项目需要取得项目相关方的支持。

6.3.1 相关方绩效域

项目相关方是任何会影响项目或会受项目影响或自认为会受项目影响的个人、群体或组织。更通俗地说，项目相关方是与项目有直接或间接关系的任何个人、群体或组织。根据第 7 版，在相关方绩效域要取得的绩效（结果）是：

- 相关方对项目目标的赞成。
- 与相关方的良好工作关系。
- 项目受益者对项目的支持和满意。
- 项目反对者对项目没有负面影响。

上述绩效之间存在一定的关系。只有相关方目标一致，才能建立和保持良好工作关系。只有在良好的工作关系下，项目受益者才更容易支持和满意项目，项目反对者才更容易不对项目施加负面影响。

为了让相关方一致赞成项目目标，就必须让相关方参与项目目标的制定，例如，主动征求他们对项目目标的意见，而不能单方面地把项目目标强加给相关方。如果在项目进行过程中，相关方经常提出对项目的变更或修改意见，就很可能意味着他们参与制定目标的程度不够，从而他们并未真正赞成项目目标。当然，在采用敏捷型方法的项目中，允许甚至鼓励随一个个迭代期对项目需求和范围进行变更。这种变更不仅不代表相关方对目标的不赞成，反而是为了确保相关方一直保持对目标的赞成。

在整个项目生命周期中都要通过引导相关方合理参与项目，来保持与相关方的良好工作关系。如果相关方没有合理参与项目，项目团队就谈不上与他们保持良好工作关系。良好工作关系往往要体现在相关方对项目工作的参与中。评价与相关方是否有良好工作关系，就需要观察和考察他们参与项目的情况。

与相关方有良好的工作关系，就比较容易让项目受益者支持和满意项目，也比较容易让项目反对者尽量不对项目施加负面影响。例如，有些反对者，只要我们用同理心认真听取他们的意见，他们就不会实质性地反对项目。还有，项目受益者和反对者并不是绝对的，他们可能相互转化。如果与相关方有良好的工作关系，就可以防止受益者转变为反对者，就可以促进一些反对者变成中立者甚至支持者。可以通过观察相关方的行为，或者通过访谈、调查和焦点小组讨论等，来判断相关方对项目的支持、满意或中立情况。

6.3.2 团队绩效域

项目团队是实际执行项目工作以实现项目目标的一群人。项目管理团队是项目团队中直接从事管理工作的那些成员。项目经理则是受项目执行组织委派，领导项目团队去实现项目目标的个人。团队绩效域就是针对项目团队（其中包括项目经理和项目管理团队）的组建、建设和管理的。

根据第 7 版，在团队绩效域要取得的绩效（结果）是：
- 共同的主人翁感。
- 所有团队成员所展现的适用领导力和其他人际技能。
- 高绩效的团队。

只有每位团队成员都对项目工作有共同的主人翁感，都展现出适用领导力和其他人际技能，整个项目团队才能成为真正高绩效的团队。

主人翁感，对应的英文是ownership，是指每位团队成员都认可项目愿景和项目目标，都把项目工作看成"自己"的事，都对做出项目成果和交付项目结果有强烈的责任心。项目愿景通常是口号式的，用简洁的语言说明项目的意义。项目目标则是对项目愿景的展开，包括项目要取得的成果以及要交付的结果。项目工作则是用于实现项目目标和项目愿景的手段。

在项目团队中，每位成员都要展现适用的领导力和其他人际技能。当然，项目管理团队成员，特别是项目经理，要比其他成员更多地展现适用领导力和其他人际技能。启发和激励别人是展现领导力的重要方式。每位成员都要在考虑特定人员和特定工作的具体情况的基础上，采用最合适的领导风格去启发和激励别人。恰当的批判性思维有助于启发和激励别人。一个思想封闭、固守常规的人是没有能力去启发和激励别人的。

除了领导力这个人际技能，团队成员还需要展现其他各种适用的人际技能，以便相互之间有效合作。人际技能是与人打交道的技能，例如，情商、沟通能力、冲突解决。越是要依靠团队合作完成任务，就越需要每个人都具有人际技能。

开展团队建设和管理，最终是要打造一支高绩效的团队。在高绩效的团队中：
- 成员相互信任、相互合作。这是高绩效团队的态度基础。
- 成员有能力、有权力开展项目工作。这是高绩效团队的能力基础。这里也包括项目经理要向团队成员赋能，提高他们的工作能力，授予他们适当的工作权力。
- 成员的工作能力、工作业绩能得到合理认可。这是高绩效团队的考核基础。有效的业绩考核能够促进团队成为更好的团队。
- 成员能够适应情况变化、应对各种挑战。这是高绩效团队的应变基础，要求团队具有强大适应力和韧性。在适应变化和应对挑战的过程中，团队也会不断进步。

6.4 项目主线

项目主线包括以下四个绩效域：开发方法和生命周期绩效域、规划绩效域、项目工作绩效域和交付绩效域。它们与项目的启动阶段、规划阶段、执行阶段和收尾阶段有基本的对应关系。当然这种对应关系并非绝对的。

6.4.1 开发方法和生命周期绩效域

选择什么类型的开发方法，就有什么类型的开发生命周期，也就有什么类型的项目生命周期。开发方法是从预测型到适应型的一个连续区间，其间有各种各样的混合型方法。

通常，要在项目启动阶段，根据项目的性质，选定项目开发方法和生命周期类型。然后，要在项目规划阶段初期，对选定的开发方法和生命周期进行较详细设计，例如，确定迭代期的时间长度，确定项目阶段的数量，确定主要的阶段成果。所确定的开发方法和生命周期，就成为以后安排技术工作和管理工作的总体框架。

根据第 7 版，在开发方法和生命周期绩效域要取得的绩效（结果）是：
- 适合项目可交付成果的开发方法。
- 适合价值交付的项目生命周期阶段划分。
- 项目生命周期各阶段中的交付节奏。

首先，要根据项目的具体情况（如相关方愿意参与项目的程度）、项目拟形成的可交付成果的性质，以及项目所处的执行组织内外部环境，选择最合适的开发方法类型。为了选择最合适的开发方法，需要考虑需求的明确程度、技术的明确程度等诸多因素。

其次，在选定了开发方法类型之后，要根据交付价值的需要，设计项目生命周期的阶段划分。这需要考虑每个阶段应该开展的项目工作，每个阶段结束时的阶段关闭标准，以及每个阶段应该交付的价值。

再次，在对项目生命周期进行阶段划分之后，要根据成果形成和价值交付的需要，设计整个项目生命周期内或每个项目阶段内的可交付成果交付节奏，即可交付成果的完成时间和频率。这里的"交付节奏"用于对前文所述的"应该开展的项目工作"和"应该交付的价值"起连接作用。有四种基本的交付节奏：
- 单一交付：在整个项目或整个阶段结束时一次性完成并交付可交付成果。
- 多次交付：在整个项目或整个阶段期间，按一定的时间间隔多次完成并交付可交付成果。
- 周期交付：在整个项目或整个阶段期间，按相同的时间间隔多次完成并交付可交付成果。
- 持续交付：在整个项目或整个阶段期间，随数字产品的功能的形成即时向客户交付包含新功能的可交付成果。

项目的不同组成部分可采用不同的交付节奏。例如，建设养老院项目，对房屋建设采用单一交付，对服务内容开发采用多次交付（分批次开发服务内容）。

6.4.2 规划绩效域

规划绩效域就是要编制出全面、系统和综合的项目计划，用以指导项目工作。"全面"是指项目计划要覆盖项目的各个方面，包括范围、质量、进度、成本、团队、实物资源、沟通、采购、变更和绩效测量等。"系统"是指各种分项计划之间要有密切联系，例如，项目的范围和质量计划必须与进度计划、成本计划、实物资源计划等相互协调。"综合"是指这些相互联系的计划要形成一个新的系统，能起到有效指导项目工作的作用。

根据第 7 版，在规划绩效域要取得的绩效（结果）是：
- 用于编制计划的足够时间。
- 综合性的项目结果交付方法。

- 对计划进行逐渐细化的方法。
- 对计划的调整方法。
- 足以管理相关方期望的项目计划。
- 协调、周密和有条理的项目进展。

到底该用多少时间编制项目计划，不能一概而论。不仅不同的项目所需的时间不一样，而且同样的项目在不同的环境下也会需要不同的时间。不过，任何项目都必须用"足够"的时间来编制计划。之所以要列出这个绩效要求，是为了强调编制计划需要时间。

所编制的项目计划应该为开展项目工作、形成项目成果和交付项目结果规定综合性方法。项目计划必须是一个有效的系统，其中的各种子计划都是系统中的要素，必须无缝对接。子计划之间不能有隔阂、不一致或冲突。实现各种子计划的无缝对接往往比编制子计划本身更加困难。

项目计划的编制不能一蹴而就，而必须采用逐渐细化的方法。在最初编制的项目计划中必须规定将来如何随项目进展对项目计划进行逐渐细化。这种逐渐细化可能要持续很长时间，甚至要持续到项目收尾阶段。

项目计划不能是死板的，而必须允许根据情况变化对项目计划进行调整。在采用敏捷型方法的项目中，要规定如何随着迭代的进行而对项目计划进行适应性调整。在采用预测型方法的项目中，要编制变更管理计划，以便采用规定的变更日志和变更控制程序来调整项目计划。项目计划"调整"与项目计划"逐渐细化"是不同的。

项目计划中的团队计划、沟通计划和相关方参与计划等，都要足以引导项目相关方对项目抱有合理的期望，足以引导项目相关方合理地参与项目。

随同项目执行，要用项目的进展情况来反推项目计划的有效性。协调、周密和有条理的项目进展，能够映射出项目计划的有效性。反之，混乱的项目进展就说明项目计划的无效。

6.4.3 项目工作绩效域

项目工作绩效域是根据项目计划开展项目工作，交付项目成果和结果。本绩效域与项目的执行阶段有基本的对应关系。作为"项目管理"的标准，第7版在本绩效域只列出了"管理"类项目工作，而没有列出"纯技术"类项目工作。

根据第7版，在项目工作绩效域要取得的绩效（结果）是：

- 所建立的适用项目过程。
- 不断改进的团队能力。
- 与相关方的恰当沟通和相关方的合理参与。
- 对实物资源的有效管理。
- 对采购的有效管理。
- 对变更的有效处理。

- 高效的项目绩效。

项目过程，也就是项目的工作流程。基本的项目过程，应该在规划绩效域选定和设计。在项目工作绩效域，则要根据项目及其环境的情况，实际建立那些设计好的项目过程。在使用中，也要对项目过程进行更具体的裁剪，即适当细化和必要调整，因为事先的设计也许不完全符合当前的实际需要。可以用"质量保证活动"来保证项目过程的有效使用，可以用"过程审计"来分析过程使用是否足够有效。

开展团队建设，提高团队能力，这是项目工作的重要组成部分。一方面，要通过各种团队建设活动来促进团队持续学习。另一方面，要通过对项目过程的细化、调整和改进来提高团队能力。每一次对项目过程进行细化、调整和改进，都是一次极好的团队能力提高机会。不断总结经验教训，形成和分享新知识，特别有利于提高团队能力。随着团队能力的提高，团队的工作速度会加快，工作错误和返工会越来越少。

与相关方沟通，引导相关方合理参与项目，这是项目工作的重要组成部分。应该根据沟通管理计划开展沟通，根据相关方参与计划引导相关方参与项目。开展沟通，需要创建沟通工件（如项目绩效报告），开展沟通活动（如把项目绩效报告发送给相关方）。除了沟通，还需要用其他方法引导相关方参与项目，例如，满足相关方的利益诉求。如果沟通和参与都是有效的，那么相关方就不会时不时地提出对项目信息的特别需求，就不会误解项目情况，就不会干扰项目进行。

对实物资源的有效管理，包括按计划获取、分配和使用实物资源。如果对实物资源的管理是有效的，那么实物资源的使用量就会是合理的，项目工作返工的数量就会很少，废弃的实物资源就会很少。

对采购的有效管理，包括按计划发布采购广告，发布采购文件，获取卖方应答，选择合适卖方，签订合同，执行合同。可以通过采购审计来验证采购管理的有效性。

一边开展项目工作，一边要监督和执行项目变更。在采用敏捷型方法的项目中，要随着迭代的进行，监督和执行新添加到产品待办项中的工作。一方面，要确保新添加的工作都是必要的并得到有效执行。另一方面，要防止新添加的工作太多，防止项目无限期进行或超过资源承载力。在采用预测型方法的项目中，要确保只有经过批准的变更才能被执行，防止变更失去控制。

开展项目工作的最终目的，当然是取得高效的项目绩效。这里的"高效"，包括"有效率"和"有效果"两个方面。有效率是指所花时间少、成本低，项目绩效符合项目进度计划和成本计划。有效果是指交付的可交付成果是真正有价值的，不仅符合项目范围计划和质量计划，而且符合效益管理计划。

6.4.4 交付绩效域

虽然前文提及交付绩效域与项目收尾阶段基本对应，但是"交付"绝不仅仅是收尾阶段的事情，而是要贯穿项目始终。当然，收尾阶段的交付会更为集中。项目团队要按项目计划开展项目工作，以事先规定的交付节奏向项目相关方交付项目成果、结果、效益和价值。

根据第7版，交付绩效域要取得的绩效（结果）如下：
- 项目团队对需求的清晰理解。
- 相关方对项目可交付成果的验收并满意。
- 项目拟定结果的交付。
- 在规定时间内实现的项目效益。
- 项目对业务目标和战略目标的贡献。

上述五个绩效之间的逻辑关系可以表述为：项目团队在清晰理解项目需求的基础上，根据项目计划做出可交付成果（属于项目工作绩效域），再把可交付成果交付给相关方验收；之后，项目团队要配合相关方使用可交付成果实现项目结果和效益，推动组织业务目标和战略目标的实现。更简单地说，交付绩效域是一条从需求到价值的路线，即从需求到成果到结果到效益到价值。

清晰地理解需求，这是早在开发方法和生命周期绩效域以及规划绩效域就要做的，因为需求是选择开发方法和生命周期类型以及编制项目计划的基础。在交付绩效域写进这一条，是为了强调只有清晰理解了需求，才能交付出合格的可交付成果和项目结果，才能实现想要的项目效益。采用预测型方法的项目，应该在项目规划阶段就明确需求，而且随后对初始需求基本无须修改。采用敏捷型方法的项目，应该随着迭代的推进逐步明确需求，也许要在项目进行相当长时间后才能对需求有清晰的理解。

相关方对可交付成果进行验收，只需根据在规划绩效域制定的验收标准进行。要了解相关方对可交付成果的满意度，就更为困难。可以通过观察、访谈、调查等方法了解满意度，也可以根据投诉和退货等反向了解满意度。

项目结果是项目可交付成果发挥的作用。例如，开发出的"自动化办公系统"这个可交付成果能够带来"提高办公效率"这个项目结果。强调"项目结果"，是为了防止做出无用的"可交付成果"。可以把可交付成果实际或即将发挥的作用与商业论证报告或项目计划中的要求进行比较，确认是否已经或即将发挥应有的作用。

可交付成果发挥作用之后，当然要实现相应的效益。例如，自动化办公系统提高了办公效率，从而提升了公司的业务收入。业务收入的提升，就是所实现的效益。因为项目效益的实现会一直持续到项目可交付成果退出运营，所以必须以"在某个规定时间内"实现的效益来考察项目绩效。可以根据效益管理计划和商业论证报告等，使用有关财务指标和其他指标来考察效益实现情况。

做项目的最终目的是要推动组织实现业务目标和战略目标。可以根据组织的业务计划和战略计划，以及项目的项目章程或其他立项文件（如项目建议书），来评价项目对组织业务目标和战略目标的贡献度。

6.5 监控支持线

监控支持线包括测量绩效域和不确定性绩效域，旨在基于项目进展情况和项目环境变化，不断地发现问题和解决问题。这两个绩效域都要贯穿项目始终，用来支持由开发方法和生命周期绩效域、规划绩效域、项目工作绩效域和交付绩效域构成的项目主线。

6.5.1 测量绩效域

测量绩效域是根据在规划绩效域、项目工作绩效域和交付绩效域形成的项目数据来：
- 分析项目进展情况，包括工作进度、成本支出、资源使用、可交付成果形成、效益实现和价值实现等。"分析"，既包括回顾过去和诊断当前，也包括预测未来。
- 发布分析报告，其中包含各种测量指标的数值及其含义。
- 及时提出和审批行动建议（变更请求），以使项目绩效符合要求。

根据第 7 版，测量绩效域要取得的项目绩效（结果）包括：
- 能促进决策的可用数据。
- 对项目状态的可靠理解。
- 能确保项目绩效的及时行动。
- 朝项目目标和商业价值实现的项目进展。

上述四个绩效之间的逻辑关系可以表述为：计算出各种用于促进决策制定的项目绩效指标，再基于这些指标切实理解项目进展情况，再基于这种理解采取及时且合理的行动来确保项目绩效符合要求，确保项目朝预定的项目目标和商业价值前进。

能促进决策的可用数据，就是计算出的各种项目绩效测量指标，例如，进度偏差、成本偏差。它们能清晰地表明项目发生的绩效偏差有多大，以及是否超出了允许的区间。它们是决策制定的基础依据。

要对项目状态进行理解，除了依据前文提及的"可用数据"，还需要对数据进行认真分析。可用数据，只能说明"是什么"，不能说明"为什么"。只有分析出"为什么"，例如，项目进度为什么会落后的原因，才能真正理解项目状态。

理解项目状态之后，就要进一步决定"怎么办"。如果项目状态符合要求，就应该按部就班继续进行。如果项目状态不符合要求，或预计将不符合要求，那就要及时提出并审批行动建议（变更请求）。

最后，要从更高的项目目标和商业价值实现的层面来考察项目进展是否令人满意。这种考察也要基于对过去和当前项目状态的测量指标，以及对未来项目绩效的预测指标。通过考察，可以反思以前的预测是否准确，可以重新预测实现项目目标和商业价值的可能性。

6.5.2 不确定性绩效域

无论是项目环境还是项目本身，都存在各种各样的不确定性。项目的复杂性、情况的模糊性和事情的易变性，都是项目不确定性的来源。项目不确定性又是项目风险的来源。项目风险是对项目目标的实现有积极或消极影响的不确定性。因为不是所有的不确定性都会对项目目标的实现有影响，所以不是所有的不确定性都是项目风险。必须监督项目的不确定性，以最大化作为风险的不确定性对项目的积极影响，最小化消极影响。

根据第7版，不确定性绩效域要取得的项目绩效（结果）包括：

- 对项目所处环境的了解。
- 对项目各种要素间关系的了解。
- 对不确定性的积极探究和应对。
- 对项目风险及其后果的预测。
- 对成本储备和进度储备的合理使用。
- 对正面风险的有效利用。
- 对负面风险的有效管理。

上述七个绩效之间的逻辑关系可以表述为：第一，了解项目环境和项目本身；第二，探究项目不确定性及其总体应对方案；第三，从不确定性中预测出项目风险及其后果；第四，针对负面风险（威胁）预留应急资金和应急时间；第五，利用正面风险（机会），管理负面风险（威胁），提高项目成功的可能性。

因为项目所处环境存在很大的不确定性，所以必须认真了解环境，包括项目的技术环境、社会环境、政治环境、文化环境、经济环境和市场环境等。项目团队在编制项目计划、开展项目工作时，必须考虑环境对项目的可能影响。

项目作为一个复杂系统，其中有各种各样相互关联的要素（变量）。要对整个项目有很好的了解，就必须很好地了解各个要素以及它们之间的互动关系。不仅单个要素的变化会带来不确定性，要素间的互动更会带来不确定性。

在基本了解项目的总体不确定性的基础上，要重点关注那些会对项目目标的实现产生直接的积极或消极影响的不确定性，即正面或负面项目风险。也就是要及时预测作为正面风险的机会和作为负面风险的威胁，以及它们的可能后果。这种预测需要用结构化方法来有系统地开展，而不能随意开展。

基于对项目风险及其可能后果的预测，就要为应对威胁预留一定的应急资金和应急时间。随同项目进展，项目团队应该主动预防威胁的发生，以便尽量少使用应急资金和应急时间。

项目团队应该采用合理的机制来利用机会，以改进项目绩效，促进项目结果交付和效益实现。项目团队也应该采用合理的机制来管理威胁，以便项目绩效、结果交付和效益实现尽可能不受威胁发生的影响。

第3篇
项目绩效域

本书第 6 章概述了在每个项目绩效域要实现的项目绩效。要实现项目绩效，就必须掌握一定的项目管理知识，运用一定的项目管理过程。"知识"说明项目管理是什么，"过程"则是项目管理的工作流程。第 7 版对项目管理原则和项目绩效域的阐述，能有效指导人们掌握知识和运用过程。不过，第 7 版作为基于原则的非规定性标准（不是用来照着做的标准），可操作性较弱。相比而言，第 6 版是基于过程的规定性标准，可操作性较强。所以，第 7 版并非对第 6 版的替代。PMI 在宣布第 7 版成为 PMP® 考试的重要参考资料时，也说了第 6 版的关键知识仍然有效。

本篇根据第 6 版十大知识领域的内容，阐述在每一个项目绩效域如何运用项目管理过程去实现项目绩效。在阐述项目管理过程之前，会结合第 6 版和第 7 版的内容，介绍相关概念和知识。本篇按八大绩效域分为 8 章：

- 第 7 章：相关方绩效域。
- 第 8 章：团队绩效域。
- 第 9 章：开发方法和生命周期绩效域
- 第 10 章：规划绩效域
- 第 11 章：项目工作绩效域
- 第 12 章：交付绩效域
- 第 13 章：测量绩效域
- 第 14 章：不确定性绩效域

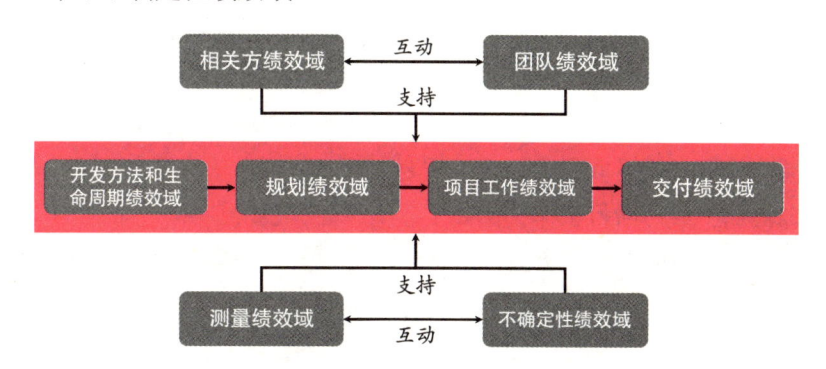

第7章 相关方绩效域

7.1 项目相关方及其管理

相关方绩效域与第6版的项目相关方管理知识领域、项目沟通管理知识领域基本对应。

7.1.1 项目相关方

项目相关方是其利益会受项目活动或成果的正面或负面影响的任何个人、群体或组织,以及能对项目活动或成果施加正面或负面影响的任何个人、群体或组织。项目相关方不只是项目经理、项目执行组织、项目团队,还包括许多其他的个人、群体或组织,例如,客户、项目发起人、项目团队成员家属、公共传媒、公民个人、相关利益群体等,甚至还包括那些自认为会受项目影响者(项目原本与他们没有关系)。通俗地讲,与项目有直接或间接关系的任何个人、群体或组织,都是项目相关方。应该把项目相关方的外延考虑得尽可能宽一些,因为遗漏重要相关方会给项目带来很大麻烦。

7.1.2 项目相关方管理

项目相关方管理包括识别、了解和分析相关方,对相关方进行优先级排序,以及引导相关方合理参与项目并监督相关方参与项目的情况。项目相关方管理的重要性不言而喻,必须贯穿项目始终。一方面,项目要取得成功,离不开项目相关方的支持与参与。另一方面,做项目最终是要满足项目相关方的利益追求,让相关方满意。

相关方合理参与项目,有利于他们了解项目并为项目做贡献,有利于提升他们对项目的主人翁感,从而对项目取得成功至关重要。项目经理应该以各种方式引导相关方在整个项目生命周期中参与项目工作,例如:

- 在项目开始之初就与相关方讨论或谈判项目愿景。这种讨论或谈判可能极具挑战性，因为有些相关方未必支持项目立项。如果各相关方对项目愿景有不同的意见，那就无法为项目开展合作。
- 认真评估和利用相关方的知识和技能。不同的相关方拥有不同的知识和技能，只要是有利于项目的，都应该加以利用。例如，他们所掌握的信息有利于项目计划的编制，或者他们能为项目提供各种专家判断。
- 在制订沟通管理计划时，切实弄清楚项目相关方对项目信息的需求，并在整个项目生命周期中向他们分发相应的项目信息，例如，关于项目进展或项目变更的报告，为他们参与项目创造条件。
- 鼓励项目相关方参与鉴别项目制约因素与假设条件，参与编制项目计划，参与项目大团队建设。
- 把某些风险分配给项目相关方，由他们担任风险责任人。

对项目相关方管理，考生应该注意：
- 需要识别出全部的项目相关方。
- 需要考虑全部的项目相关方的利益与影响。
- 需要充分发挥全部的项目相关方的作用来保证项目成功。
- 相关方管理做得不好，往往是造成项目失败的主要原因。
- 应该尽早积极面对负面相关方，如同面对正面相关方。
- 应该充分评价项目相关方的知识与技能，并加以充分利用。

7.1.3 主要的项目相关方

项目通常有众多相关方，他们在项目上有不同的利益，对项目有不同的影响，对项目成功起不同的作用。下面逐一介绍一些主要的项目相关方：项目发起人、高级管理层、客户、项目经理、项目管理团队、项目团队、职能部门、职能经理、卖方、合作伙伴。

项目发起人是为项目提供资金和其他重要资源的人。他是最先出场的。有人愿意并且有能力给项目出钱，项目才能启动。项目发起人在提出项目的初步设想之后，会组织一班专家开展项目商业论证，然后对可行的项目落实所需资金。项目发起人亲自领导项目启动工作。在项目正式启动之后，发起人应该授权项目经理管理项目，并充当项目最重要的高层支持者。

高级管理层是项目执行组织中高于项目经理的全体管理者的集合。如果某个项目由某个公司发起并执行，那么该公司的管理者既是项目的发起人，也是项目的高级管理层。也就是说，项目发起人与高级管理层合二为一。如果由一个组织发起，交给另一个组织去执行，那么发起人与高级管理层就是分开的。在这种情况下，项目发起组织与执行组织之间签署合作协议，在协议中授权执行组织的高级管理层签发项目章程和聘任项目经理。

客户是项目成果的使用者，包括直接使用者和间接使用者。项目可能有多种客户。

例如，新药研发项目的客户，就包括将来用药的病人、开处方的医生、为药付钱的保险公司等。"客户"与"用户"，有时是同义词，有时又有区别。在有区别的情况下，客户是指为项目及其成果付钱者，而用户是指直接使用项目成果者。同一个人或同一群人，既可以是发起人（提供资金），也可以是高级管理层（对项目进行高层监管），还可以是客户（接受或使用项目成果）。

项目经理是代表项目执行组织领导项目团队去实现项目目标的个人。高级管理层应该尽早指定项目经理。一般应在项目启动阶段指定，以便项目经理参与项目章程的编写，甚至在获得授权后，主持项目章程的编写。最迟要在项目规划阶段初期指定，绝对不能到规划阶段中后期或者执行阶段再指定。

项目管理团队是在项目经理领导下的项目团队中的管理人员的集合。项目团队则有狭义和广义之分。狭义的项目团队由项目管理团队和一线操作团队组成。广义的项目团队，则还要包括其他主要项目相关方。对"项目团队"一词的外延，应该根据上下文来合理判断。

职能部门通常是项目所需的专业技术和专业人才的蓄水池。例如，财务专业人员都集中在财务部门。职能经理自然就是相应专业人才和专业技术的掌控者。职能经理在项目上的具体作用取决于项目所采用的组织形式。在矩阵式组织中，职能经理和项目经理共同指挥项目成员工作；在项目式组织中，职能经理不参与指挥；而在职能式组织中，主要由职能经理来指挥。在采用矩阵式组织的项目中，职能经理对项目成败有重要影响。为了避免不必要的冲突，项目经理与职能经理必须充分合作。在矩阵式组织中，项目经理与职能经理的分工可以参照一个大的原则来进行，即项目经理负责"做什么、什么时候做、为什么要做、以多大代价来做"等问题，职能经理负责"具体技术工作由谁来做和怎么做"等问题。

卖方是通过合同为项目提供货物、服务或其他成果的人。对于需要开展采购的项目，卖方就是重要的项目相关方。

合作伙伴与项目执行组织之间通常也有协议（不一定是严格的合同），但不是卖方与买方的关系。合作伙伴关系可能是通过某种认证过程建立的。例如，PMI的注册教育机构与PMI之间就是项目管理教育的合作伙伴关系。某机构先向PMI申请，PMI评审后，发给该机构一个证书来建立这种合作伙伴关系。

7.2 沟通作为重要手段

第7版没有单独列出沟通绩效域，而是把沟通方面的内容写入了相关方绩效域。沟通虽然不是用来引导相关方合理参与项目的唯一手段，但肯定是很重要的一种手段。沟通不好，是导致很多问题的原因。

7.2.1 项目沟通及其管理

项目沟通是指与项目相关方交流信息，以相互了解、理解和支持。项目沟通是项目信息的产生、收集和利用的过程。项目经理的大多数时间（甚至高达90%）用于沟通，以便有效组织别人做事。他要通过沟通来协调，通过协调来整合。

项目沟通管理是要确保及时正确地产生、收集、发布、存储和最终利用项目信息。首先，基于相关方的信息需求、项目本身的需求、可用的组织过程资产，以及相关的事业环境因素，制定项目沟通策略（关于沟通的原则性规定）；其次，制订沟通管理计划，规定用于实现沟通策略的沟通工件和沟通活动；再次，生成所需的沟通工件，开展所需的沟通活动；最后，监控沟通工件和沟通活动的绩效。

沟通工件是由人工编制或机器生成的任何类型的信息载体，例如，绩效报告、电子邮件。沟通活动则是用于传递信息载体的任何活动，例如，发送绩效报告或发送电子邮件。

7.2.2 沟通的基本类型

按各种不同的分类标准，沟通可以分成许多不同的种类。例如：

- 正式沟通与非正式沟通。正式沟通是规章制度中明确规定的强制性沟通，是必须做的。非正式沟通则是规章制度中未明确规定的选择性沟通，是可做可不做的。
- 官方沟通与非官方沟通。官方沟通是作为组织的正式意见而发布的信息，非官方沟通则不是组织的正式意见。
- 内部沟通与外部沟通。内部沟通是项目团队内部的沟通。外部沟通是项目团队与外部相关方的沟通。内部或外部是针对项目而言的。
- 纵向沟通与横向沟通。纵向沟通是不同级别的人之间的沟通。横向沟通是同一级别的人之间的沟通。一般情况下，纵向沟通的信息损耗比横向沟通更加严重。在纵向沟通中，上级应尽量把自己放在与下级平等的位置，以减少信息损耗。
- 口头沟通与书面沟通。口头沟通是以口头语言进行的沟通。书面沟通是以书面形式进行的沟通。
- 口头语言沟通与非口头语言沟通。口头语言包括讲话的内容、语音语调、声音大小等。非口头语言则是形体语言或外在器物语言（如信号旗）。

7.3 项目相关方管理的实现过程

对项目相关方管理，第6版列出了以下四个实现过程：识别相关方，规划相关方参与，管理相关方参与，监督相关方参与。这些过程与第7版所列的识别、了解、分析、排序、引导参与和开展监督这六个步骤基本一致。其中的"识别"、"了解"和"分析"，与识别相关方过程基本对应;"排序"与规划相关方参与过程基本对应;"引导参与"与管理相关方参与过程基本对应;"开展监督"与监督相关方参与过程基本对应。

7.3.1 过程输入与输出关系总览

第 6 版项目相关方管理的四个过程的主要输入与输出的基本关系,如图 7-1 所示。

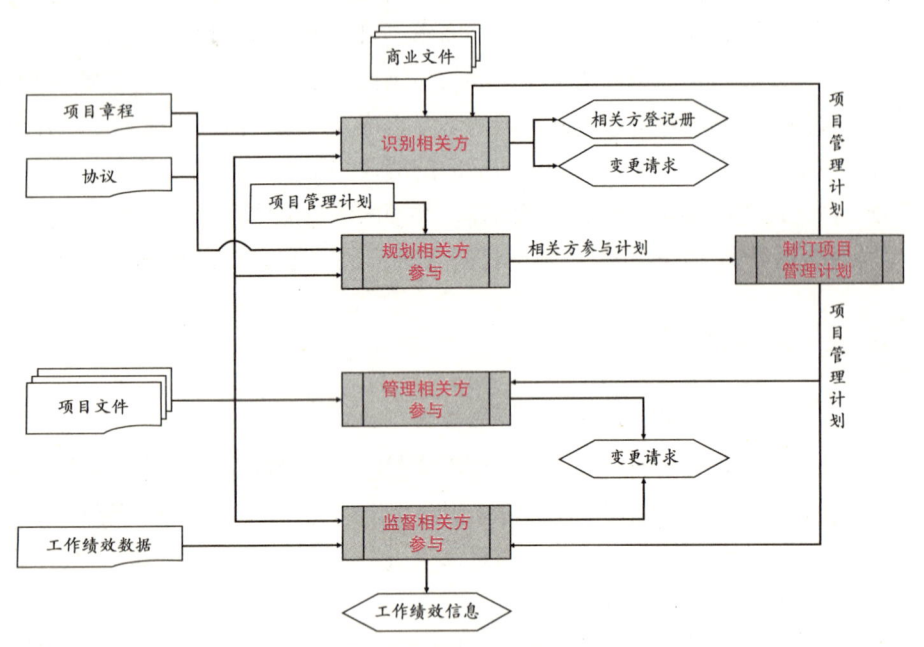

图 7-1 项目相关方管理各过程的输入与输出关系

7.3.2 识别相关方过程

识别相关方过程旨在全面识别、了解和分析相关方,编制出相关方登记册。在识别出相关方之后,需要了解相关方的情绪、感受、价值观和信念等,需要分析他们的利益、影响、权力、态度、期望、与项目的关系密切度等。

不仅要尽早尽全识别相关方,而且要在整个项目生命周期中定期重新识别相关方,以增加新出现的相关方,删去已退出的相关方。识别相关方,不只是项目管理团队的事情,也应该鼓励其他相关方合理参与。相关方登记册要记录相关方的基本信息(包括名称和联系方式等)、在项目上的利益、对项目的态度、可能对项目的影响、与哪个阶段或工作关系最密切等内容。相关方登记册需要随识别相关方过程的重新开展而更新。

首次开展识别相关方过程,只有商业文件、项目章程和协议这三个输入。商业文件中的商业论证报告会提及一些重要相关方,效益管理计划也会提及一些重要相关方(如受益人)。项目章程已经列出一些重要相关方。无论是联合发起项目的合作协议,还是作为承发包合同的协议,与协议有关的各方都是项目相关方。

重复开展识别相关方过程，还需要项目管理计划中的沟通管理计划、相关方参与计划，以及项目文件中的需求文件、问题日志和变更日志作为输入。沟通管理计划所列的信息发送者和接收者都是项目相关方，相关方参与计划则规定了应该在何时如何重复开展相关方识别。需求文件有助于识别与特定需求有关的相关方，问题日志中所记录的问题可能引出新的相关方，变更日志中的变更请求的提出和处理情况可能引出新的相关方。

识别出来的相关方及其信息，应写入相关方登记册。重复开展本过程，识别出新的相关方，就可能需要提出变更请求。

7.3.3 规划相关方参与过程

规划相关方参与过程旨在基于相关方识别和分析的结果，编制相关方参与计划，确定为取得项目成功所需的相关方参与项目的程度，以及为此而应采取的与相关方打交道的措施。更通俗地讲，就是要确定将如何与各种相关方打交道，如何引导他们合理参与项目。

本过程的输入有项目章程、项目管理计划、项目文件和协议。项目章程中关于项目目的、目标和成功标准的规定，有助于规划所需的相关方参与程度。相关方参与程度必须有利于项目成功。项目管理计划中的资源管理计划有助于规划该如何与项目团队成员打交道，沟通管理计划规定了与相关方沟通的方法，风险管理计划有助于确定相关方应该如何参与风险管理。

以下项目文件也是本过程的输入：

- 相关方登记册。提供了相关方的信息。
- 假设日志。有助于识别与特定假设条件或制约因素有关的相关方。例如，某个假设条件需要由某个相关方去落实。
- 项目进度计划。需要把某些相关方列作进度活动的负责人、执行人或支持者。
- 风险登记册。需要把某些相关方列作风险责任人，也需要考虑将受风险影响的相关方。
- 变更日志。重复开展本过程，需要考虑如何让与变更有关的相关方参与变更管理，例如，变更请求的提出者、将受变更影响者。
- 问题日志。重复开展本过程，需要根据问题日志考虑相关方应该如何参与问题识别、分析和解决。

协议有助于规划如何引导与采购有关的相关方参与项目。

本过程的输出是相关方参与计划，将成为项目管理计划的一部分。其主要内容包括：来自相关方登记册的内容，现有的相关方参与项目的程度，所需的相关方参与项目的程度，拟采取的与相关方打交道的策略和措施，相关方参与计划与沟通管理计划的关系，关于如何更新相关方登记册和相关方参与计划的规定。

7.3.4 管理相关方参与

管理相关方参与过程旨在根据沟通管理计划和相关方参与计划，通过沟通及其他方法（如启发需求、引导期望、解决问题），实实在在地与相关方打交道，引导相关方合理参与项目，并解决实际出现的相关方之间的问题，满足相关方的需要和期望。通过这个过程，把相关方实际参与项目的程度提高到项目经理期望的程度。

项目管理计划的以下组成部分是本过程的输入：

- 相关方参与计划。根据该计划实实在在地与相关方打交道。
- 沟通管理计划。沟通是与相关方打交道的一种重要手段。
- 风险管理计划。引导相关方合理参与风险管理。
- 变更管理计划。引导相关方合理参与变更管理。

以下项目文件是本过程的输入：

- 相关方登记册。可以从中了解该与哪些相关方打交道。
- 变更日志。变更请求的提出和处理情况，都需要及时通知相关方。处理变更请求，也需要邀请相关方参与。
- 问题日志。应该与相关方协作，有效解决问题日志中的问题。
- 经验教训登记册。重复开展本过程，需要参考以往的经验教训。

在本过程，需要把项目团队中的问题、项目团队与其他相关方之间的问题以及其他相关方之间的问题记录下来，形成问题日志更新。在本过程，需要提出变更请求。变更请求可能包括对相关方参与计划的修改建议，以及对项目及其成果的修改建议（也许原来误解了相关方的需求，或者相关方的需求发生了变化）。

7.3.5 监督相关方参与

监督相关方参与过程旨在把相关方实际的参与项目程度和计划所要求的参与程度进行比较，发现和分析偏差，提出必要的变更请求。在本过程，也要监督相关方的变化，例如，新相关方的出现，老相关方的退出，相关方的态度变化，相关方的满意度变化。

本过程的输入包括"实际情况"和"计划要求"两类。实际情况体现在工作绩效数据和作为项目文件的项目沟通记录中。计划要求体现在作为项目管理计划的组成部分的资源管理计划、沟通管理计划和相关方参与计划中。

以下项目文件也是本过程的输入：

- 相关方登记册。有助于监督相关方的变化，例如，哪些相关方已退出，哪些是新出现的。
- 问题日志。有助于评价相关方的参与程度是否有效促进了问题解决。
- 风险登记册。有助于评价相关方的参与程度是否有效促进了风险管理。
- 经验教训登记册。重复开展本过程，要参考以往的经验教训。

相关方参与项目的实际程度与计划要求的偏差及其原因,应记录在工作绩效信息中。如果情况不理想,就提出变更请求。变更请求可以是要求修改相关方参与计划,也可以是要求采取纠正措施或预防措施。

7.4 项目沟通管理的实现过程

第 6 版项目沟通管理知识领域的规划沟通管理、管理沟通和监督沟通这三个过程,对实现相关方绩效域的绩效具有重要作用。

7.4.1 过程输入与输出关系总览

项目沟通管理的三个过程的主要输入与输出的基本关系,如图 7-2 所示。

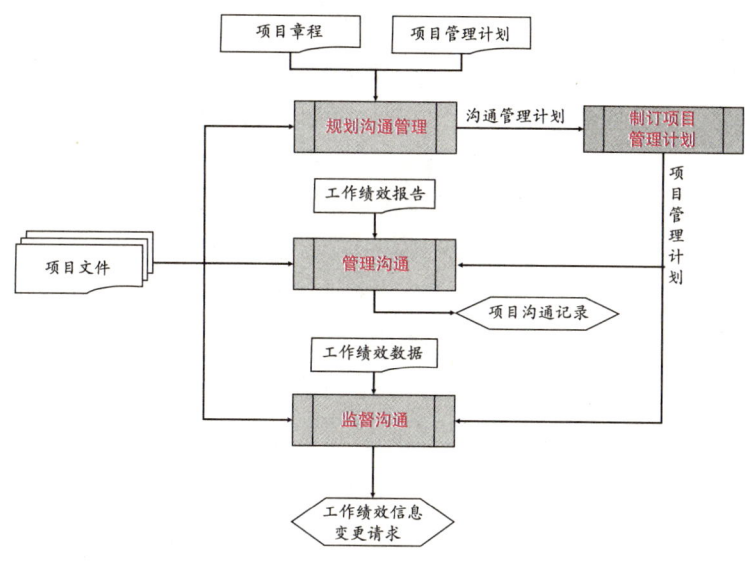

图 7-2 项目沟通管理各过程的输入与输出关系

7.4.2 规划沟通管理过程

规划沟通管理过程旨在了解项目相关方的信息需求、项目本身的需求,以及组织过程资产和事业环境因素,编制沟通管理计划。沟通管理计划也就是沟通计划,包括四大主体内容:

- 关于沟通管理的程序性规定。例如,何时以何种方式开展沟通需求分析,按什么流程编制沟通工件,如何更新沟通管理计划。
- 关于将要生成的沟通工件的规定。例如,将生成哪些沟通工件,其具体格式、内容要求、详细程度和版本控制等。

- 关于沟通活动的规定。例如，将要开展哪些具体的沟通活动，包括沟通的对象、内容、频率、方式等。
- 对重要术语的定义。避免不同的人对术语有不同的理解。

本过程的输入是项目章程、项目管理计划和项目文件。要在项目章程的指导下，根据项目管理计划中已有的相关内容，以及相关的项目文件，编制沟通管理计划。

通常，项目章程中会列出一些最重要的相关方及其角色和职责。这些信息有利于明确该如何与他们沟通。资源管理计划（项目管理计划的组成部分）中与人力资源有关的部分，有利于规划项目团队内部的沟通。相关方参与计划（项目管理计划的组成部分）则有利于规划该如何为引导相关方而与相关方沟通。需求文件（项目文件的一种）中可能包括相关方的重大沟通需求。相关方登记册（项目文件的一种）则是确定该与哪些相关方沟通的依据。

7.4.3 管理沟通过程

管理沟通过程旨在根据沟通管理计划，生成、收集、发布、存储、利用和最终处置（如存档）项目信息。本过程不局限于发布信息，还包括前端的生成和收集信息，以及后端的确认信息发布的有效性。为了便于理解，可以把管理沟通过程解释为实实在在地开展沟通。它得到的成果（输出）就是已经开展的、既有效率又有效果的项目沟通。在管理沟通过程中发布的一些重要信息，会成为组织过程资产的组成部分。

本过程的输入是项目管理计划、工作绩效报告和项目文件。要根据项目管理计划中的沟通管理计划实实在在地开展沟通，得到项目沟通记录。例如，在把绩效报告发给特定相关方的同时，需要加以记录；在开展了重要口头沟通之后，需要及时加以记录。项目管理计划中的资源管理计划，有利于为协调和管理资源（包括人力和实物资源）而开展有效的沟通；相关方参与计划则有利于为引导相关方合理参与项目而开展沟通。

应该在本过程把工作绩效报告和各种项目文件发送给项目相关方。需要发送的项目文件包括质量报告、风险报告。有些项目文件，例如，变更日志和问题日志，即便不需要或不应该完整地发给项目相关方，也应该以合理方式把其中的部分内容传递给项目相关方。作为一种项目文件，相关方登记册会显示团队成员应该与哪些相关方沟通。重复开展管理沟通过程，需要借鉴已记录在经验教训登记册（一种项目文件）中的与沟通有关的经验教训。

7.4.4 监督沟通过程

监督沟通过程旨在根据沟通管理计划，监督项目沟通情况，发现、记录和分析沟通工作中的偏差，提出变更请求。例如，不定期或定期检查一下，该做的沟通有没有做？项目相关方能否及时收到所需信息并正确理解？绩效报告的内容是否易于项目相关方理解？信息反馈渠道是否畅通且有效？沟通的效率和效果是否令人满意？沟通是否有利于项目目标的实现？

监督沟通过程经常导致重新开展规划沟通管理过程，修改沟通管理计划。几乎不可能一开始就把沟通管理计划编制得十分完善，更何况项目相关方的沟通需求经常发生变化。

本过程的输入是项目管理计划、工作绩效数据和项目文件。应该把体现在项目沟通记录和问题日志（都是项目文件），以及工作绩效数据中的沟通实际情况，与沟通管理计划、资源管理计划和相关方参与计划（都是项目管理计划的组成部分）中的沟通要求相比较，发现、记录并分析沟通绩效的偏差，形成工作绩效信息（输出）。如果偏差不可接受，就提出变更请求（输出）。

问题日志不仅会记录与相关方沟通中出现的问题，而且有利于从发生的问题去反思沟通的效率和效果。许多问题都是沟通不合理引起的。

资源管理计划有利于考察沟通是否符合有效管理资源的要求。相关方参与计划有利于考察沟通是否符合引导相关方合理参与项目的要求。

总结一下：规划沟通管理过程是为了开展有效率和有效果的沟通而编制计划，管理沟通过程是实实在在地开展有效率和有效果的沟通，监督沟通过程则是监控沟通的效率和效果是否达到了计划中的要求。

第8章 团队绩效域

8.1 项目团队及其发展

团队绩效域与第 6 版项目资源管理知识领域中的人力资源管理部分基本对应。项目资源管理知识领域虽然覆盖了人力资源管理和实物资源管理,但主要内容还是人力资源管理。

8.1.1 项目经理和项目团队

项目经理是受项目执行组织委派,领导项目团队去实现项目目标的个人。在团队绩效域和项目资源管理知识领域,"项目团队"这个词通常是指由项目经理、项目管理团队和一线操作团队所组成的团队。

如果项目团队是基于买卖合同或其他跨组织商业关系而形成的,那么就要特别关注如何让来自不同组织的成员(如业主方、监理方、设计方和施工方的成员)形成"一个团队"的思维模式,以防止各自为政。

通常,项目经理、项目管理团队和一线操作团队按如下顺序出场:
- 在项目启动阶段,项目高级管理层指定项目经理。
- 在规划阶段开始时,项目经理组建项目管理团队编制项目计划。
- 在执行阶段开始时,项目经理组建一线操作团队。

相对而言,项目管理团队的成员比较稳定,而一线操作团队的成员种类和数量往往随项目各阶段工作的不同而频繁变化。

与组织日常运营中的一般团队相比,项目团队具有以下几个重要特点:
- 临时性。团队从组建之日起,就有明确的解散时间。
- 目标性。团队的目标就是完成项目,非常具体、明确。
- 开放性。广义的项目团队是包括了全部主要相关方的大团队,边界并不清晰。即便狭义的项目团队,其成员也可能随项目进展而发生变化。

- 多样性。团队成员的背景、专业等差别较大，而且可能来自不同的部门或组织。多样性大的团队，如果管理得好，成员之间的互补可以产生更大的团队活力。在全球性项目中，团队还有语言和文化方面的多样性。项目经理必须引导大家了解和尊重多样性，并利用多样性来提高团队绩效，例如，包容不同的思维方式和行为模式。在项目管理中，一般都认为多样性是好事，会有利于团队建设。

8.1.2 工作责任分配

在项目团队中，项目经理应该通过授权来分配工作责任，并用责任分配矩阵记录责任分配情况。

作为组织专家做事的人，项目经理必须善于把各种工作授权给团队成员去开展。关于授权，需要注意：

- 按团队成员的能力优势决定授权种类和级别，进行实际授权。也就是说，要把工作授权给具有相应能力的成员。
- 按结果而非过程进行授权，即明确要求必须取得的成果，而把工作过程留给被授权者掌控。
- 授权不能消除或减轻自己对被授权工作的终责。把工作授权给下级去做，只是向下级转移了执行的责任，而无法转移对工作的终责。
- 不能把项目整合管理的工作授权出去。项目经理必须亲自做整合管理。
- 不能把自己不想做的事授权给下级去做，即不能用授权来推诿工作。
- 不能把颁发奖励或实施惩戒的工作授权给助手去做。只有亲自颁发奖励或实施惩戒，才能起到应有的作用。

在责任分配矩阵中，把工作任务列为第一列，把各小组或个人列为第一行，在行列共同指向的方格中填写小组或个人对工作的不同责任。采用责任分配矩阵，既能确保把每件工作都落实到相应的小组或个人头上，又有利于人们掌握工作任务分配的全局。从行，可以看到与某项工作有关的所有小组或个人；从列，可以看到与某个小组或个人有关的所有工作。

可以用多种不同的方法来划分责任分配矩阵中的"责任"种类。一种常用的方法是，把"责任"划分成职责（Responsible）、终责（Accountable）、咨询（Consulting）和知情（Informing）四类，从而编制出 RACI 矩阵。

8.1.3 团队的发展阶段

按照塔克曼的团队建设五阶段理论，项目团队要经过形成、震荡、规范、成熟和解散五个阶段。在团队建设的不同阶段，项目经理应采取有所不同的领导风格。

- 在形成阶段，成员抱着个人目的加入团队，需要相互认识。成员之间还不熟悉，不适合采用参与式领导风格，只能采用命令式或指挥式领导风格。
- 在震荡阶段，成员尝试合作，出现了大量矛盾，就需要磨合。项目经理应该像教练一样指导团队成员完成磨合。教练型领导风格是介于命令式与参与式之间的。
- 在规范阶段，团队建立了一系列规章制度，成员都按规章制度行事。项目经理应该采用支持型领导风格，支持团队成员遵守规章制度。支持型领导风格是一种弱参与式领导风格。
- 在成熟阶段，规章制度已经在成员的心里内在化，即便不存在，也无所谓了。项目经理应该用授权型领导风格，把大量工作授权给成员去完成。授权型领导风格是一种强参与式领导风格。
- 在解散阶段，不少成员都在找以后的出路，可能不安心本项目的工作。项目经理又要重新采用命令式或指挥式领导风格。

项目团队，应该尽快经过形成阶段、震荡阶段和规范阶段，进入成熟阶段。在成熟阶段，项目团队有强有力的团队文化，整个团队主要是靠团队文化管着的。

团队文化是一群人长期的共同价值观、信念和行为模式。打造团队文化是项目经理的重要任务。一方面，项目经理应该向团队成员传递团队应有的价值观、信念和行为模式。另一方面，项目经理应该分析团队成员从以往项目、所在组织和所在职业带来的价值观、信念和行为模式，引导团队成员进行必要的调整。

高绩效的项目团队一定是拥有强有力的团队文化的。在这样的团队中，团队成员诚信正直，相互信任；相互尊重，相互支持；透明沟通，积极讨论；灵活适应，韧性充分；相互赋能，勇于担责；相互认可，共同庆祝。

8.2　团队中的领导与管理

8.2.1　领导与管理的异同

领导关注的是人，强调启发和激励别人。一方面，项目经理更有条件发挥领导的作用；另一方面，每一位团队成员都要在自己的岗位上发挥领导的作用。也就是说，每一位团队成员都应该具有一定的领导力。这一点，对采用敏捷型方法的项目尤其重要。在这类项目中，原本属于"项目经理"的职责并非总由某一个人承担，而是分散由各位成员承担。名义上的团队领导主要是充当引导者，来促进沟通、协作和参与。

批判性思维是领导力的重要体现之一。批判性思维有利于克服偏见、探究问题的根源、解决挑战性问题等。批判性思维需要开放的心态、客观分析的能力和合理的逻辑能力。自身墨守成规的人是无法有效启发和激励别人的。

采用敏捷型方法的项目，其团队是自组织和自管理的。在这类团队中，项目经理更多地采用仆人型领导风格，即通过提供服务来启发、激励团队成员。仆人型领导风格关注打造整个团队的协作式工作氛围（如消除工作障碍，避免工作时间碎片化），关注团队成员个人的成长和福祉（如提供机会，给予奖励），还要引导团队成员成为仆人型领导者（如让团队成员带领一个小组，以及对团队成员进行个别辅导）。

管理关注的是事，强调按规则开展工作，实现项目目标。团队章程、团队组织结构、成员角色和职责要求等，都是团队的规则。相应岗位的成员应该要求其下属按规则开展工作和完成任务。在采用敏捷型方法的项目中，团队是自管理的，每位成员都应该自觉地按规则开展工作和完成任务。

无论是领导还是管理，其出发点都是项目的愿景和目标。愿景是口号式的总体要求，目标则是在规定的范围、进度、成本和质量之下交付项目成果，实现项目效益。不仅在项目开始之初就要明确项目愿景和目标，并传达给每一位团队成员，而且在整个项目期间都要在团队中不断地沟通项目愿景和目标，加强大家对项目愿景和目标的理解。

无论是领导还是管理，都需要因人因时因事而异，即根据不同的人员、不同的时间和不同的事情对领导风格或管理风格进行适当裁剪。例如，需要考虑团队成员的人格或专业成熟度，需要考虑团队是集中办公或分散办公，需要考虑项目治理的要求，需要考虑类似项目的经验，需要考虑不同的项目阶段，需要考虑不同的工作类型。

项目经理既是项目团队的领导者，也是项目团队的管理者。无论是作为领导者还是管理者，项目经理都要致力于依靠全体团队成员的努力去实现项目目标。

8.2.2 人员激励

激励是指因为某个行为能够满足个人的某种需要而促使一个人去做这种行为。项目经理应该根据团队成员的个体需要来采取激励措施。

管理学中有多种激励理论可供借鉴，例如，马斯洛的需求层次理论、品克的内在和外在激励因素理论、麦克利兰的成就动机理论（三种需要理论）、麦格雷戈的 X 理论和 Y 理论、大内的 Z 理论，以及马斯洛的 Z 理论。这些理论将在本书第 15 章介绍。

还有弗鲁姆的期望理论。该理论认为，一种行为倾向的强度取决于个人对这种行为可能带来的结果的期望度，以及这种结果对个人的吸引力。如果一个人认为努力工作会带来成功的结果，而这种成功又会带来相应的回报，他就会受到激励而努力工作。

对于人员激励，还需要注意这几个概念：

- 边际福利。所有员工都可享受的福利，例如，基础培训、失业保险、养老保险、医疗保险等，与员工的业绩好坏没有直接关系。它用来保障员工的经济安全性，使他们无后顾之忧，属于保健因素。
- 光环效应。因为一个人在某个方面表现好，人们就理所当然地认为他在其他方面也会表现好。例如，不进行综合评价，就简单地指定一个优秀的技术专家当项目经理，很可能就是光环效应的表现。要注意防止光环效应。

- 额外待遇。给某些员工特殊奖励，如固定的停车位、靠窗的办公室、与总经理一起吃饭等。它主要用来奖励优秀员工，属于激励因素。

8.2.3 人际关系技能

人际关系技能对领导和管理项目团队都是极其重要的。人际关系技能就是与人打交道的技能。只有项目经理和其他团队成员都具备良好的人际关系技能，一群人才能形成真正的项目团队。

人际关系技能的种类很多，例如：
- 领导力。启发和激励别人的能力。
- 情商。了解和管理自己的情绪的能力，以及了解和影响别人的情绪的能力。
- 影响力。在没有正式权力的情况下让别人服从自己的能力。
- 激励。让别人愿意行动或不行动的能力。
- 谈判。通过协商达成一致意见的能力。
- 制定决策。以合作方式共同制定决策的能力。之所以把"制定决策"作为一种人际关系技能，是为了尽量避免单方面制定决策。
- 解决问题。以合作方式解决问题的能力。
- 冲突管理。详见下文。

8.3 冲突管理

8.3.1 冲突的概念

冲突是指双方或多方的意见或行动不一致。人与人之间要合作，就必然会有冲突。甚至可以说，冲突因团队而存在。冲突不仅不可避免，而且适当数量和性质的冲突是有益的，有利于提高团队的创造力。有效地管理冲突，有利于加强团队建设，提高项目绩效。

现代的冲突观念（新观念）与传统的冲突观念（旧观念）有很大不同（见表8-1）。

表8-1 关于冲突的新旧观念

新观念	旧观念
合理的冲突是有益的	冲突都是不好的，必须避免发生冲突
只要有界面，冲突就不可避免	冲突是由人的个性或领导者的无能引起的
通过找到问题的根源，依靠冲突当事人自己解决（领导可以协调）	必须把冲突的当事人分开
冲突可以依靠冲突双方的直接领导来解决	冲突必须依靠高层领导的介入才能解决

8.3.2 冲突的背景、原因和阶段

冲突的产生往往有相应的微观、中观和宏观背景。例如，两个人争夺食物，导致这个冲突的微观背景是"他们肚子饿"，中观背景是"家里穷"，而宏观背景是"地区经济危机"。在项目工作中，冲突可以由各种原因引起，例如，项目有众多存在利益矛盾的相关方，项目有严格的时间和资金限制，项目经理的权力不足，项目经理需要向职能经理借资源。

考生需要注意下面四种引起冲突的原因（按常见程度排序，最常见原因排在第一位）：
- 资源稀缺。导致人们争夺资源。
- 进度优先级排序。对各项工作的重要性有不同看法。
- 工作风格差异。各人所喜欢的工作风格不同。
- 个性差异。人与人之间的个性不同。

如果更仔细地观察，在项目的不同阶段，引起冲突的原因会有所不同。例如，在项目收尾阶段，由个性引起的冲突通常比其他阶段更多，因为前面那三种原因都基本不存在了。在收尾阶段，面临未来工作不确定性的团队成员，很可能非常焦虑，甚至急于离开项目团队。

笼统地说，个性是引起冲突的最少见原因。项目中的大多数冲突，都有更直接的原因，例如，不同的人对同一件事有不同的利益追求或不同的看法。有些似乎是由个性引起的冲突，其实也有其他更直接的原因。知道个性是引起冲突的最少见原因，有利于处理冲突时对事不对人。

冲突的发展会经历几个典型的阶段：
- 潜伏阶段。冲突潜伏在相关的背景中，例如，对两个工作岗位的职权描述存在交叉。
- 感知阶段。各方意识到可能发生冲突，例如，人们发现了岗位描述中的职权交叉。
- 感受阶段。各方感受到了压力和焦虑，并想要采取行动来缓解压力和焦虑。例如，某人想要把某种职权完全归属于自己。
- 呈现阶段。一方或各方采取行动，使冲突公开化。例如，某人采取行动行使某种职权，从而与也想要行使该职权的人产生冲突。在呈现阶段，冲突往往又要经过出现、升级、僵持和缓和等阶段。
- 结束阶段。冲突呈现之后，经过或长或短的时间，得到解决。例如，该职权被明确地归属于某人。

8.3.3 冲突解决的理论、原则和方法

应该在适当的理论的指导下解决冲突。可用的基本理论包括：
- 利益决定立场理论。立场的冲突往往源自利益的冲突，所以要重点关注利益而不是立场。

- 需求满足理论。冲突可能源自需求未得到满足，所以要设法使相应的需求得到满足。
- 冲突转化理论。要设法把破坏性冲突转化为建设性冲突。

可用于指导冲突解决的基本原则包括：

- 开诚布公。冲突双方开诚布公地讨论冲突事项。
- 对事不对人。用对事不对人的态度对待冲突。
- 着眼于团队和项目。以最有利于团队和项目的方式解决冲突。
- 着眼于现在和未来。从过去的阴影中摆脱出来，寻找有利于现在和未来的解决方法。
- 当事人自己解决，共同寻找备选方案。冲突最好由当事人自己尽早解决，他们的直接上级可以协助。但是，因一方违反职业道德或法律而引起的冲突就不能由当事人自己解决，另一方必须向有关机构报告。

在冲突发展的潜伏阶段和感知阶段，重点是预防冲突。在冲突发展进入感受阶段特别是呈现阶段以后，则重在解决冲突。可以用如下六种常用方法去解决冲突：

- 合作或解决问题。冲突当事人用合作的态度，把问题摆到桌面上，寻求把不同的观点或方案综合起来，得到双方都乐意接受的新观点或新方案。这是"双赢"方法。
- 面对。双方把问题摆到桌面上，通过协商，共同决定选择某个方案、放弃另一个方案。注意，"面对"与"合作"不同。合作是取两个现有方案的优点，形成新方案；面对是选择一个现有方案，放弃另一个现有方案。
- 妥协或调解。冲突双方都做出让步。因为重点在于双方都做出了让步，所以可看作"双输"（但并非不好的解决方法）。
- 缓和或包容。强调双方的共同点而不是差异点（求同存异），是"双赢"方法（但只是部分解决冲突）。
- 撤退或回避。冲突中的一方或双方从冲突中撤退出来（往往是暂时的），例如，把问题留到以后去解决，是"双输"方法。
- 强制或命令。一方强制另一方，这是最坏的解决方法，是"赢－输"方法。

上述方法中，合作、面对与妥协是能够真正解决冲突的；缓和只是部分解决冲突，差异点以后还会冒出来；撤退则只是一种回避的方法，往往只能暂时起作用；强制则很容易引起另一方的反抗。

究竟采取上述哪种解决方法，取决于冲突的实际情况以及解决冲突的客观需求，例如，冲突的严重性、解决冲突的紧迫性、冲突各方权力的大小、各方关系维持的必要性和想要永久或暂时解决冲突的愿望等。

在 PMP® 考试中，除非题目中的情景使你有理由选择排序靠后的解决方法，一般都应选择前文排序靠前的解决方法。注意：对团队成员之间的私人矛盾，不能用合作或面对的方法去解决，而只能用缓和的方法，即要求成员以工作为重（共同点），不要把私人矛盾（差异点）带到工作中。

8.4 项目资源管理的实现过程

第 6 版项目资源管理知识领域有以下六个过程：规划资源管理、估算活动资源、获取资源、建设团队、管理团队、控制资源。前三个过程同时覆盖人力资源和实物资源，第四个过程和第五个过程仅覆盖人力资源，第六个过程仅覆盖实物资源。下文不讨论第六个过程。

8.4.1 过程输入与输出关系总览

项目资源管理中的规划资源管理、估算活动资源、获取资源、建设团队和管理团队过程的主要输入与输出的基本关系，如图 8-1 所示。

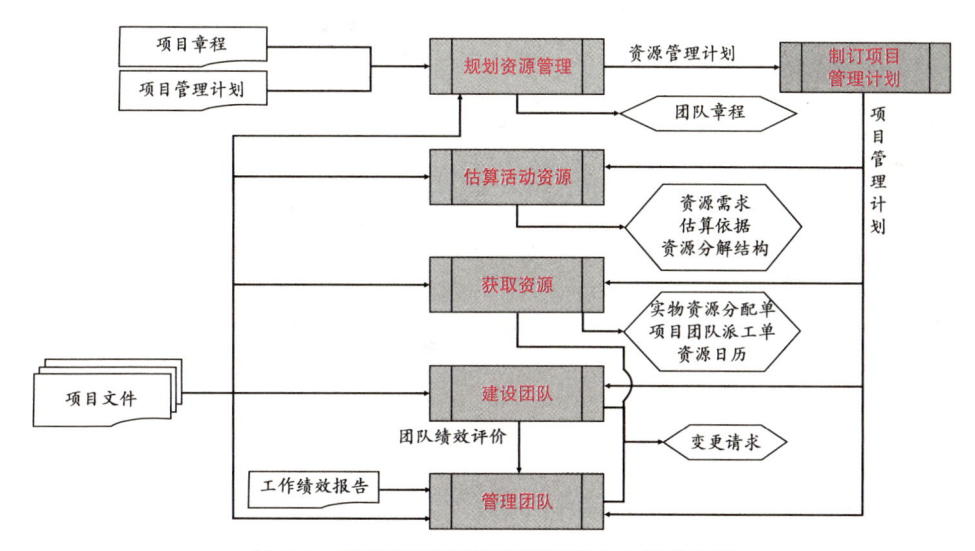

图 8-1 项目资源管理各过程的输入与输出关系

8.4.2 规划资源管理

本过程旨在编制资源管理计划，规定将如何估算、获取、使用和管理项目资源，包括人力资源和实物资源。资源管理计划的主要内容包括：

- 同时适用于人力和实物资源的内容：资源估算方法和资源获取方法。
- 专用于人力资源的内容：团队中的角色及其权责、团队的组织结构、成员管理安排（如分配、考核和遣散）、成员培训安排、团队建设方法（如对团队建设活动的要求）、认可和奖励安排（如何时颁发何种奖励）。
- 专用于实物资源的内容：资源监控方法，即如何监督和控制实物资源的获取和使用情况。

对于人力资源，本过程还要制定团队章程，规定项目团队的愿景和使命，以及项目团队的核心价值观、行为规范和工作规则。团队章程使团队成员对什么行为是可接受或不可接受的，建立和保持基本一致的认识。团队章程属于团队成员之间的"团队契约"，对团队成员具有规则和道义上的约束力。团队章程应该由团队成员共同讨论制定，而不能由少数人制定出来再强加给其他人。

本过程的输入包括项目章程、项目管理计划、项目文件。在项目章程的指导下，根据项目管理计划中的质量管理计划和范围基准编制资源管理计划。质量管理计划和范围基准有利于确定为达到既定的质量标准和交付特定的 WBS 要素，而需要如何开展资源管理。

虽然第 6 版只列出了质量管理计划和范围基准作为输入，但实际上，需求管理计划、范围管理计划、进度管理计划、成本管理计划、进度基准和成本基准（都是项目管理计划的组成部分），也会影响规划资源管理过程，因为应该根据项目目标以及拟用的目标实现方法来确定项目资源管理方法。

本过程还需要用以下项目文件作为输入：

- 项目进度计划。资源管理方法应该有利于项目进度计划的实现。
- 需求文件。资源管理方法应该有利于实现既定的需求。
- 风险登记册。开展资源管理时，应该利用与资源有关的机会，减轻与资源有关的威胁。
- 相关方登记册。有些相关方对资源管理方法有特别的要求。

8.4.3 估算活动资源

本过程旨在估算项目工作所需的资源的类别、类型和数量，包括人力资源和实物资源，编制出资源需求文件和资源分解结构。资源的类别是指资源的种类，例如人力、材料、设备。资源的类型是指资源的技能水平（等级），例如一级工、二级工、三级工。

首先估算各个活动的资源需求，然后协调各个活动的资源需求（如两个活动可共享同一个资源），并逐层向上汇总，得出工作包、控制账户、WBS 分支和整个项目的资源需求。

整个项目的资源需求情况可以用资源分解结构来表示。在资源分解结构中，根据资源的类别和类型把整个项目所需的资源逐层分解。用于不同活动或 WBS 要素的同样类型或类别的资源，在资源分解结构中都被汇总在一起。这样，就便于掌握对每种类型或类别资源的需求总量，有利于准备或采购资源。

要根据项目管理计划和各种项目文件编制资源需求，以及作为附件的估算依据。然后，再把用于不同工作的同种资源汇总，形成资源分解结构。

项目管理计划中的资源管理计划规定了估算活动资源的方法，范围基准则有利于把活动的资源需求逐层向上汇总到工作包、控制账户和整个项目。

以下项目文件也是本过程的输入：
- 活动清单、活动属性。根据活动的性质，对每个活动估算资源。
- 假设日志。估算资源时需要考虑相关的假设条件和制约因素，例如，关于劳动生产率的假设。
- 成本估算。准备花多少钱去做某个活动，会直接决定能够找什么级别的资源。
- 风险登记册。有利于挑选合适类别的资源或使用合适数量的资源去应对风险登记册中的风险。
- 资源日历。资源（人员、设备或设施）可用于项目的日期，会直接决定所需资源的数量。例如，某人一周只能为项目工作 2 天而不是 5 天，项目就需要更多的人员（假定工期不变）。

8.4.4 获取资源

本过程旨在以正确的方式在正确的时间获取正确的人力资源和实物资源。在矩阵型组织结构下，项目经理需要向各职能部门借人。项目经理可能因组织的集体劳资协议而不得不使用某些人员，项目经理也可能因组织中的相关规定而必须或不得使用某些人员。在这些情况下，项目经理就没有对获取人力资源的直接控制权，因此会面临更大的挑战。

要根据项目管理计划和各种项目文件，获取所需的人力资源和实物资源，并进行分配，得出实物资源分配单和项目团队派工单，同时需要确定资源（设备、设施和人员）的实际可用日期，形成资源日历。如果实际获取的资源并不完全符合原定的要求（如技能水平较低），就需要提出变更请求。项目团队派工单可以是写明岗位信息的团队成员名录，也可以是已经插入成员姓名的项目计划（如项目进度计划）。

项目管理计划中的资源管理计划规定了用于获取资源的方法，例如，人员招聘程序和渠道；采购管理计划有利于通过采购从组织外部获取资源；成本基准则有利于控制用于获取资源的总成本。

以下四种项目文件，也是本过程的输入：
- 项目进度计划。获取资源的时间、种类和数量，必须符合进度计划的要求。
- 资源需求。按其中的规定，获取所需要的资源。
- 相关方登记册。需要与掌握资源的相关方打交道。
- 资源日历。根据需要资源的日期，去获取资源。

资源日历，既是估算活动资源过程和获取资源过程的输入，又是获取资源过程的输出。该怎么理解这一规定呢？首先，根据预订的资源日历（记录需要资源的日期）估算所需资源；其次，根据预订的资源日历去获取资源；最后，获取资源之后，确认资源的实际可用日期，得出更新后的资源日历（记录资源的实际可用日期）。

8.4.5 建设团队

本过程旨在开展各种团队建设活动，创建和维护良好的团队氛围，提高团队成员个人的胜任力，提高整个团队的工作能力。

决定一群人成为一个团队的最关键的因素是团队文化。项目经理必须致力于打造团队文化，使每个成员都以团队成员的身份为荣，都忠诚于项目团队。为了取得优秀的团队绩效，在团队中需要有开放式沟通、相互信任的氛围、建设性的冲突解决、合作式的问题解决和决策制定。

优秀的项目团队是以工作和结果为导向的，并且能够把结果做得符合要求，也就是说，团队成员把按要求完成工作任务放在第一位。团队绩效好坏，最终要体现在项目绩效上，包括项目的范围、进度、成本和质量绩效。只有能够按要求实现目标的团队，才算优秀的团队。

要根据项目管理计划中的资源管理计划，以及各种项目文件，开展团队建设活动，提高团队绩效。团队绩效的提高情况，需要记录在团队绩效评价中。开展团队建设活动，可能导致需要修改项目管理计划或相关的项目文件，从而需要提出变更请求。

以下项目文件都是本过程的输入：

- 项目进度计划。为实现进度计划而开展团队建设活动。例如，何时该进行何种培训，何时该召集何种会议，都取决于项目进度计划。
- 项目团队派工单。针对不同岗位的成员开展不同的团队建设活动。
- 资源日历。只能选择相关成员在项目上工作的日期开展团队建设活动。
- 团队章程。用于指导团队建设的高层次文件。
- 经验教训登记册。重复开展本过程，需要参考以往的经验教训。

8.4.6 管理团队

本过程旨在跟踪团队成员和整个团队的工作表现，并把跟踪到的情况反馈给团队成员；还要预防和解决团队中出现的问题，管理团队成员的变化。

在实际工作中，建设团队与管理团队肯定无法截然分开。第6版把它们分开，只是为了讲述方便。它们都是为了提高团队绩效，目的一致。它们之间的主要区别是：

- 建设团队过程，是基于对什么行为能导致良好团队绩效的预测，采取这些行为来"推动"团队的发展。
- 管理团队过程，是基于对实际行为及其效果的回顾，采取补充行为来"拉动"团队的发展。管理团队，有点"像"监控过程。

本过程的输入是项目管理计划、团队绩效评价、项目文件和工作绩效报告。项目管理计划中的资源管理计划，规定了管理团队的基本方法。成员个人和整个团队的表现好坏，需要查看团队绩效评价文件。需要根据工作绩效报告中的项目实际绩效及其与计划要求的偏离程度，来反思团队的表现。

以下项目文件也是本过程的输入：

- 团队章程。用于指导团队管理的高层次文件。
- 项目团队派工单。对不同岗位的人员，业绩（工作表现）要求不尽相同。
- 问题日志。根据发生的问题的数量和严重性，来反思团队的表现。
- 经验教训登记册。重复开展本过程，需要参考以往的经验教训。

需要特别提及的是，获取资源、建设团队和管理团队这三个过程都有"事业环境因素更新"这个输出。在获取资源过程中，被用于本项目的资源会导致组织中的可用资源数量的减少。在建设团队过程中，需要更新组织人力资源档案中的人员培训记录（添加新接受的培训）。在管理团队过程中，需要把团队成员的表现反馈给执行组织的人力资源管理部门，更新人力资源档案。

第9章 开发方法和生命周期绩效域

9.1 基本概念

第 6 版把"项目开发方法"和"项目生命周期"作为基本概念,在第 1 章而不是十大知识领域介绍。根据第 6 版,可以理解为在项目启动阶段就要对拟采用的开发方法和生命周期有基本考虑,然后在项目规划阶段早期对开发方法和生命周期进行更详细设计,并把设计结果写入项目管理计划。基于这样的理解,第 7 版的开发方法和生命周期绩效域就与第 6 版项目整合管理知识领域的制定项目章程过程和制订项目管理计划过程有密切关系。

9.1.1 开发方法和开发生命周期

开发方法是在项目生命周期内用于开展项目工作和产出可交付成果的方法,包括预测型方法、迭代型方法、增量型方法、敏捷型方法和混合型方法。项目所采用的开发方法直接决定了项目的开发生命周期类型。因此,开发生命周期也有相应的预测型、迭代型、增量型、敏捷型和混合型。这些内容已在本书第 3 章介绍。

9.1.2 生命周期和项目阶段

如本书第 3 章所述,项目生命周期是项目从开始到结束所经历的一系列技术工作阶段。也就是说,在项目生命周期的每个阶段要完成不同的技术任务。本书第 3 章介绍了项目生命周期及其与开发生命周期的关系。

开发单一可交付成果的项目,该成果的开发生命周期的类型就直接决定了项目生命周期的类型。例如,房屋建设项目采用预测型开发生命周期,其项目生命周期也就是预测型；软件开发项目采用敏捷型开发生命周期，其项目生命周期也就是敏捷型。

开发多个可交付成果且多个成果采用不同的开发生命周期的项目，整个项目采用的就是混合型开发生命周期和混合型项目生命周期。第 7 版所举的新社区中心建设例子，需要开发四种不同的可交付成果，即建筑物、社区巡查培训、老年人服务和社区网站。它们分别采用预测型开发生命周期、迭代型开发生命周期、敏捷型开发生命周期和增量型开发生命周期。

项目生命周期中的项目阶段划分主要取决于可交付成果的开发方法和交付节奏。对开发单一可交付成果的项目，项目生命周期的阶段划分比较简单，只需要考虑开发和交付该成果的需要。对开发多个可交付成果的项目，其混合型项目生命周期的阶段划分就比较复杂，需要站在整个项目的高度来考虑如何让每一个阶段都能兼顾开发和交付每一个成果的需要。

对混合型项目生命周期，项目阶段的划分越是粗略，每一个阶段就越能兼顾开发和交付每一个成果的需要。但是，过分粗略又不利于对项目进行阶段管控。正如第 3 章提及的，项目生命周期的最粗略阶段划分，就是划分成四个阶段，即启动、组织与准备、执行项目工作、关闭项目。因此，在整个项目层面进行混合型项目生命周期的阶段划分，通常就不能如此粗略地划分为四个阶段，而是需要更详细一些。第 7 版针对社区中心建设项目举了一个很好的项目阶段划分的例子。该项目由六个阶段组成，即启动阶段、规划阶段、开发阶段、测试阶段、部署阶段和收尾阶段。其中，开发阶段、测试阶段和部署阶段，属于对笼统的"执行项目工作阶段"的细分。

交付节奏是指可交付成果的交付时间和频率。本书第 6 章曾介绍这几种交付节奏：单一交付、多次交付、周期交付、持续交付。对开发单一可交付成果的项目，不同的项目阶段可能采用相同或不同的交付节奏。对开发多个可交付成果的项目，在某个项目阶段中，各成果往往采用不同的交付节奏。例如，第 7 版的社区中心建设项目，在项目开发阶段，对建筑物采用单一交付，对社区网站采用周期交付，对社区巡查培训采用多次交付，对老年人服务采用多次交付。

9.1.3 无须划分项目阶段的情况

第 7 版提到，有的敏捷型方法采用基于工作流的规划方法，无须明确划分项目阶段。这种规划方法出自日本丰田公司为精益生产和准时制材料供应而设计的看板规划系统。更通俗地讲，基于工作流的规划方法就是看板规划系统。这种方法是根据客户的需求、资源的能力和工作的速度来"拉动"前段工序的工作，而不是从第一道工序逐渐"推动"后段工序的工作。例如，在超市，根据顾客买走的某种货的数量、超市进货的能力和进货的速度来"拉动"对该种货品的货架补货工作，而不是以货架补货来"推动"顾客购买该货品。如果用推动的方法，很可能推不动，造成货架存货过多。

采用拉动式规划方法，工作流中的工作可以分成"待做（to do）""在做（in

process)""做完(done)"三种状态,相当于超市里的"待售的货(仓库中的)""在售的货(货架上的)""已售的货(顾客买走的)"。一件工作"做完",它就从"在做"变成"做完",也就可以从"待做"的工作清单中拉出一件工作进入"在做"状态。当"待做"的工作足够少时,就应该从客户的需求(用户故事)清单中拉出几项工作进入"待做"状态。读者可自行把这几个工作状态的变化与超市的货品状态的变化进行类比,以加深理解。

采用这种方法的主要好处是:严格限制"待做"工作的数量,避免数量太大导致的浪费;通过拉动,确保工作流程衔接流畅;考虑资源的能力,避免资源超负荷。

一方面,采用这种方法的项目无须划分明确的项目阶段。另一方面,这种方法也可以在具有明确阶段划分的项目中采用,即把项目生命周期划分成多个迭代期,在每一个迭代期内应用这种方法。

9.2 选择开发方法的考虑因素

本书第 3 章讨论了选择开发方法需要考虑项目需求的明确性和项目技术的明确性。这里再根据第 7 版补充一些需考虑的因素。

9.2.1 可交付成果的特性

第 7 版列出了会直接影响开发方法选择的八个可交付成果特性。它们对开发方法选择的影响,如表 9-1 所示。

表 9-1 影响开发方法选择的可交付成果特性

可交付成果特性	含义	预测型方法	敏捷型方法(含迭代方法和增量方法)
创新程度	可交付成果的创新程度,项目团队是否有相关经验	低	高
需求确定性	需求是否一开始就清晰,就可明确定义	高	低
范围稳定性	项目范围是否稳定,不容易发生变化	高	低
变更容易度	对可交付成果进行变更是否比较容易	低	高
交付节奏	可交付成果是否可以分批次分模块交付	否	是
风险大	与可交付成果有关的负面风险(威胁)较大	取决于用哪种方法更能降低项目的风险程度	
安全要求	有严格的产品安全要求	高	低
法规要求	根据法规,必须对可交付成果进行严格监管	高	低

9.2.2 项目的特性

第 7 版列出了会直接影响开发方法选择的三个项目特性,即项目相关方、进度约束、资金供应。它们对开发方法选择的影响,如表 9-2 所示。

表 9-2　影响开发方法选择的项目特性

项目特性	含　义	预测型方法	敏捷型方法（含迭代方法和增量方法）
项目相关方	在整个项目期间需要项目相关方参与项目的程度	低	高
进度约束	是否要求在项目早期就交付部分成果	否	是
资金供应	资金供应的不确定性	低	高

9.2.3 组织的特性

第 7 版列出了会直接影响开发方法选择的四个组织特性。这里的组织,是指项目执行组织。它们对开发方法选择的影响,如表 9-3 所示。

表 9-3　影响开发方法选择的组织特性

组织特性	含　义	预测型方法	敏捷型方法（含迭代方法和增量方法）
组织结构	组织结构的扁平化程度	低	高
组织文化	强调严格管控和听从指挥的程度	高	低
组织能力	组织运用敏捷型方法的能力	低	高
项目团队规模和地点	项目团队成员的人数,项目团队是否集中办公	人数多,无须集中办公	人数少,最好集中办公

9.3 制定项目章程过程

制定项目章程过程是对已选定的项目办理正式的立项手续。项目章程一旦发布,就标志着项目正式启动,项目在组织中有了合法地位,从而可以动用组织资源。

9.3.1 项目的前期准备

前期准备工作的主要目的是,落实项目的可行性和资金。在进入制定项目章程过程之前,必须完成项目的前期准备工作,包括项目发起人提出项目的初步设想,聘请专家团队对项目开展商业论证（形成商业论证报告和效益管理计划）,以及与相关机构签署关于发起项目的合作协议。

项目经理可参与前期准备工作,但通常不是主持人。因为项目不应该是孤立的,所以前期准备工作通常是在项目组合管理和项目集管理的层面上开展的。也就是说，应该在众多备选项目中，通过考察项目本身的可行性及其与其他项目的配套情况，来选择最合适的项目。

严格地说，前期准备工作不包括在项目管理的五大过程组之中，也不包括在项目管理的十大知识领域之中，当然也就不在项目经理的工作范畴之内。即便后来被任命为项目经理的某人实际参与了前期准备工作，他通常也并不以候任项目经理的身份参与其中。

9.3.2 项目启动

完成了前期准备，被确认为可行且发起人打算立即上马的项目，就要进入正式的项目启动阶段来制定和发布项目章程。通常，发起人会亲自领导整个启动阶段，直至项目章程发布。项目章程发布之后，就由项目经理来领导项目。

在项目启动阶段，发起人授权候任项目经理开展以下主要工作：

- 开展项目评估。对商业论证报告的内容和结论进行审查，以便确认商业论证报告仍然合理可靠，即项目仍然符合组织战略，能够产出预期的商业价值。因为商业论证可能是很久以前做的，且不是候任项目经理亲自主持的，所以有必要开展项目评估。
- 识别高层级的可交付成果。搞清楚为实现商业论证报告中的项目目的而必须产出的主要可交付成果。这些可交付成果代表着高层级的项目范围和质量要求。
- 确定高层级的进度和成本要求。搞清楚主要的进度里程碑以及大概需要多少资金。
- 确定整体风险的级别及其主要来源。只有整体风险处于可接受区间的项目，才能正式启动。
- 识别主要的假设条件和制约因素。
- 识别和分析项目的主要相关方。
- 编制项目章程，获得发起人对项目章程的批准，并分发项目章程。

注意：开展商业论证是为了筛选项目，而开展项目评估是为了确认可行的项目仍然可行。进入制定项目章程过程的项目一般不会被砍掉。

9.3.3 项目章程

项目章程是一份对主要项目相关方有约束力的重要文件，相当于项目的"宪法"。后续的一切项目计划都要围绕项目章程来编制，不能违反项目章程。项目章程宣告项目的正式立项，确定项目的高层级目标，宣布项目经理的任命。

项目发起人或高级管理层可以亲自编制项目章程，也可以授权项目经理代为编制。后一种情况更为常见。即便前一种情况，项目经理也应参与项目章程编制，给项目发起人或高级管理层提供专业协助。项目发起人是项目资金的提供者。高级管理层是项目执行组织中高于项目经理的管理者。

编制项目章程，不是要无中生有，而是要收集、分析、汇编和提炼已有的各种资料，例如，商业论证报告、效益管理计划、合作协议和项目评估报告。项目章程中的内容都应该是从已有资料中整理出来的，而不能凭空编造。

项目章程必须由项目发起人或高级管理层签署，并发布给主要的项目相关方，以便各相关方都知道项目已正式启动，都了解项目的主要目标，都了解各自在项目上的角色和职责。项目发起人通常召开项目启动会来发布项目章程，宣布项目经理的任命，宣告项目正式启动。

对某组织发起并执行的项目，该组织的领导作为发起人兼高级管理层，签发项目章程。对某组织发起但由另一个组织执行的项目，发起组织与执行组织签署合作协议，再由执行组织的高级管理层签发项目章程。例如，某慈善机构提供资金并委托另一家机构来做项目，就属于这种情况。由几个组织联合发起的项目，各发起组织之间签署合作协议，再由它们的领导根据合作协议联合签发项目章程。

用立法和执法做类比，发起人或高级管理层是项目章程的立法者，而项目经理是项目章程的执法者。项目章程体现了发起人和高级管理层对项目的原则性要求，并授权项目经理动用组织资源去实现这些要求。项目章程是项目经理手中的"尚方宝剑"，是项目经理寻求各主要相关方支持的最重要依据。

项目章程所规定的是一些原则性要求，所以，通常不会因项目变更而导致对项目章程的修改。万一要对项目章程进行修改（如项目目标的修改），只有发起人或高级管理层有权修改。谁签发项目章程，谁才有权修改项目章程。

项目章程应该包括以下主要内容：

- 项目概述和产品概述。这是一个什么项目？要形成什么产品？
- 项目目的或批准项目的理由。为什么要做这个项目？
- 可测量的项目成功标准。用什么具体标准考核项目的成功程度？
- 高层级需求和相应的项目总体要求。包括项目的总体范围要求和总体质量要求，即主要可交付成果及其质量要求。
- 总体里程碑进度计划。何时开工？何时完工？何时实现中间的里程碑？
- 预先批准的财务资源。发起人可以为项目提供多少资金？
- 整体风险的程度。这是一个高风险、中等风险还是低风险的项目？整体风险的主要来源是什么？
- 主要相关方。有哪些已知的主要相关方？
- 项目审批权限。在项目规划、执行、监控和收尾过程中，应该由谁做出什么审批？
- 项目退出标准。在什么条件下应该关闭或取消项目？
- 项目经理及其权责。谁是项目经理？他有什么权力和责任？
- 项目章程签发者的姓名和职权。

根据项目的规模和复杂程度，项目章程可详可简。无论详简，项目章程至少要包括以下几个方面的内容：
- 正式确认项目的存在，给项目一个合法的地位。
- 明确启动项目的理由，把项目与运营及战略目标联系起来。
- 规定项目的高层级目标，包括范围、进度、成本和质量要求。
- 授权项目经理动用组织资源去开展项目工作。

9.3.4 制定项目章程过程的输入与输出

制定项目章程过程的输入与输出都非常简单，如图 9-1 所示。

图 9-1　制定项目章程过程的输入与输出

项目发起人组织开展项目前期准备工作，发布商业文件（含商业论证和效益管理计划）和协议。然后，项目进入制定项目章程过程，办理立项手续。协议，既可以是发起人之间的合作协议（如果不止一个发起人），也可以是承包合同（对承包商而言）。

在制定项目章程过程中，项目经理起草项目章程并报发起人签发。为了便于将来不断更新并逐项落实假设条件，还需要单独编制假设日志。

9.4　制订项目管理计划过程

项目正式启动之后，就要编制项目管理计划，规定将如何管理项目。

9.4.1 项目管理计划的主要内容

项目管理计划是在其他规划过程的成果（输出）的基础上编制的。后面九大知识领域中的规划××管理过程和规划相关方参与过程所编制的各分项管理计划，以及创建WBS、制订进度计划和制定预算三个过程所得到的分项基准，都是制订项目管理计划过程的输入，都要汇编进项目管理计划。后面九大知识领域的规划过程所得到的其他输出，则都作为各种项目文件或采购文档而存在。

根据第 6 版，项目管理计划由三大部分组成：分项管理计划、三大基准、项目生命周期。其中，分项管理计划包括：
- 范围管理知识领域的范围管理计划、需求管理计划。
- 进度管理知识领域的进度管理计划。

- 成本管理知识领域的成本管理计划。
- 质量管理知识领域的质量管理计划。
- 资源管理知识领域的资源管理计划。
- 沟通管理知识领域的沟通管理计划。
- 风险管理知识领域的风险管理计划。
- 采购管理知识领域的采购管理计划。
- 相关方管理知识领域的相关方参与计划。
- 整合管理知识领域的变更管理计划和配置管理计划（由制订项目管理计划过程生成）。

三大基准是范围基准、进度基准和成本基准。在制订项目管理计划过程中，要把这三大基准整合成"绩效测量基准"。基准是经过批准的、高层次的项目计划，以便作为比较的基础，据此考核项目执行情况，确定实际绩效与计划要求之间的偏差是否在可接受的区间内。也可以说，基准是一种特殊版本的项目计划。其特殊性表现在以下几个方面：

- 是项目经理据以考核项目执行情况的依据。并不是所有项目计划都有这个作用。大量的细节性计划是项目团队成员自行编制和使用的，项目经理不会依据这些计划来考核项目执行情况。
- 一定是经过高级管理层和主要项目相关方批准的，而不是项目团队自编自用、无须特定批准的细节性计划。
- 除非另行说明，都是指最新版本的项目计划，即当前基准，而不是过去曾经作为基准使用过的项目计划。
- 如果要对基准进行变更，只有变更控制委员会才有权力批准。项目经理无权批准。

在项目管理计划中没有"质量基准"，在第 6 版的其他部分和第 7 版也没有出现"质量基准"。这是因为高层级的质量标准通常并非由项目经理或项目执行组织自行制定，而是在法律法规或行业标准中规定的。

项目管理计划中与项目生命周期有关的主要内容是，项目生命周期的类型和阶段划分、计划采用的产品开发方法，以及管理层对项目进行审查的时点和内容安排。

9.4.2 项目管理计划的作用

制订项目管理计划过程是收集其他规划过程的输出，并在本过程生成一些内容，再汇总成一份综合的、经批准的、现实可行的、正式的项目管理计划。项目管理计划不仅要经高级管理层批准，可能还要经其他主要项目相关方批准。例如，其中的进度管理计划和进度基准，就需要得到相关职能经理的批准，因为他们负责提供项目所需的不少人员。如果人员不能在需要时到位，进度基准肯定无法实现。

项目管理计划是关于将如何开展项目规划、执行、监控和收尾，经过正式批准的综合性计划。一旦有了项目管理计划，后续的一切规划、执行、监控和收尾工作都必须按

107

该计划开展。正是这个原因，导致第 6 版中除制定项目章程和制订项目管理计划过程以外，其余全部 47 个项目管理过程都要用"项目管理计划"作为输入。例如，高级管理人员应该按照其中规定的检查时间、内容和方式，对项目进行检查。高级管理人员不能随意、无序地对项目进行检查。

项目执行应该是被计划管着的，而不是被领导管着的；团队成员每天该做什么，应该看计划的安排，而不是听领导的指示。只有这样，才能在项目的各种工作之间形成较好的协调（因为大家都依据同一个计划开展工作），才能真正使成员做到领导在和不在一个样。

9.4.3 项目管理计划和项目文件的区别

在第 6 版，项目管理计划是一份综合性计划，而项目文件是各种单个文件的统称，包括未经汇编的各种各样的文件。在第 6 版 49 个过程的全部输出中，除了少数非文件类输出（可交付成果、核实的可交付成果、验收的可交付成果、最终可交付成果移交），剩余的输出要么是项目管理计划及其组成部分，要么是各种各样的项目文件（这里暂且把与采购有关的文件也包括在内）。项目管理的五大过程组，每个过程组都会形成相应的项目文件。例如，项目章程是启动过程组的文件，活动清单是规划过程组的文件，工作绩效数据是执行过程组的文件，工作绩效信息是监控过程组的文件，最终报告是收尾过程组的文件。

项目管理计划一定是经过高级管理层审批的，而项目文件一般无须高级管理层审批，通常是项目团队自编自用的。某些文件在经高级管理层审批之前，属于项目文件；经高级管理层审批之后，就成了项目管理计划的组成部分，如项目范围说明书、概括性进度计划。

项目管理计划中的分项管理计划是程序性计划，相当于法律中的程序法（如刑事诉讼法）；而产生于规划过程组的各种项目文件都是实体性计划，相当于法律中的实体法（如刑法）。项目管理计划中的项目基准是高层级的项目目标，而产生于规划过程组的各种项目文件用于支持高层级项目目标的实现。

对项目管理计划的更新（修改）必须走变更流程，经高级管理层审批；而对项目文件的更新不一定要走变更流程；即便要走变更流程的项目文件更新，也无须高级管理层审批。例如，问题日志和项目沟通记录，作为项目文件，其更新是自然进行的，无须走变更流程。例如，详细进度计划作为项目文件，其修改（只要不会引起进度基准的修改）无须高级管理层审批。

考试时，看到"项目管理计划"和"项目文件"这两个词时，要根据题意小心判断它们的覆盖范围。

9.4.4 项目计划的编制者

通常，不能由上级或某个部门"关起门来"编制出项目计划，再布置给项目团队去执行。项目计划必须是自下而上编制出来的。项目团队成员要对与自己密切相关的部分（如自己最熟悉或将从事的工作）编制相应计划，并逐层向上报告和汇总。最后，由项目经理负责协调各种细节文件，并汇编出综合性项目计划。即便有些成员不需要亲自编制项目计划的任何部分，至少也要对其他成员的计划编制工作提供协助（如提出自己的意见）。就像一群朋友外出吃饭，应该先由每个人点一个菜，再由某个人（相当于项目经理）对大家所点的菜进行综合平衡，确定最终的菜单。他在平衡的过程中必须与大家做必要的沟通，如要更换某个菜，就必须与原先点这个菜的人商量。

在编制项目计划的过程中，项目经理和团队成员也要充分听取其他主要相关方的意见，以便把相关方的需求尽可能地反映在项目计划中。这样一来，就可以避免以后出现这样的情况：项目完全按计划执行，但是某个重要相关方仍然对项目不满意。一份没有充分反映相关方需求的计划，就不是"好"计划，即便完全遵照执行，也没什么意义。

应该由项目团队成员编制项目计划，项目经理起总负责和整合的作用。其他重要相关方也应该参与项目计划的编制工作。还需要强调的是，计划的执行者必须参与计划的编制工作。这不仅有利于提高计划的质量（更加现实可行），而且能够使他们对计划有强烈的主人翁感，从而会努力执行计划。

9.4.5 项目计划的编制时间

在项目执行开始之前，要编制出尽可能完整的项目计划（包括项目管理计划和项目文件）。但是，项目计划也需要在项目生命周期的后续阶段不断被审查、细化、完善和更新。例如，随着各种情况的明朗，逐渐细化项目计划的内容；根据情况的变化，修改项目计划。正是由于这个原因，第 6 版中的许多执行过程和监控过程都会导致项目管理计划更新或项目文件更新。

项目管理强调项目的特性和计划都要随各种情况的逐渐明朗而渐进明细出来。往往不可能一开始就明确项目的各种特性，编制出详细的项目计划。如果一开始就强行编制详细计划，那么计划很可能不切实际。

通常，应采用滚动式规划方法编制项目计划，即对近期就要开展的工作，编制详细计划；而对远期的工作，只做粗略计划，以后再随时间推移而细化。

把后续的计划更新也考虑在内，项目计划的编制要经历以下步骤：

- 各具体知识领域编制各自的分项计划，包括分项管理计划、分项基准和其他文件。
- 整合管理知识领域收集各分项管理计划和分项基准，整合成项目管理计划。
- 用项目管理计划和各种分项计划去指导项目的执行和监控工作，并在执行和监控过程中提出必要的变更请求，报实施整体变更控制过程审批。

- 根据经批准的变更请求，更新项目管理计划和各种分项计划。

9.4.6 项目计划的整合

在考纲中，特别要求整合开展各种项目规划活动，把各种分项计划综合成一个有机整体。第一，要确定编制和整合各分项计划所需要的关键信息；第二，要收集和分析这些信息，并编制出各分项计划；第三，分析各分项计划之间的衔接关系，防止衔接不良；第四，汇编各分项计划，形成完整的项目计划；第五，确认完整的项目计划能够持续实现商业价值。

通常，先根据主要相关方在项目上的利益追求，制订相互协调的范围、进度、成本和质量初步计划；再制订相应的资源计划，使之与范围、进度、成本和质量计划相协调；最后考虑风险，制订相应的风险应对计划。也许要根据资源计划去调整范围、进度、成本和质量计划，也许要根据风险应对计划去调整资源计划以及范围、进度、成本和质量计划，以使所有计划相互协调和支持。

9.4.7 制订项目管理计划过程的输入与输出

制订项目管理计划过程的输入与输出，非常简单，如图 9-2 所示。

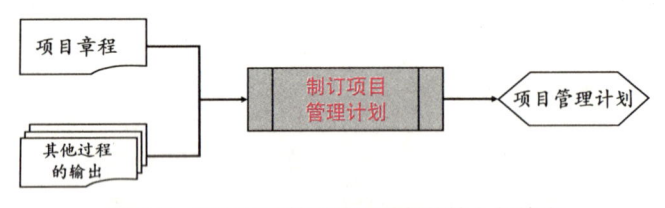

图 9-2 制订项目管理计划过程的输入与输出

项目经理带领项目团队，在项目章程的指导之下，把后九大知识领域各规划过程所编制的分项管理计划和分项基准，即其他过程的输出，汇编成项目管理计划并报高级管理层审批。

第10章 规划绩效域

10.1 规划概述

规划绩效域关注的是制定完成可交付成果和实现结果的工作方法，而不包括对可交付成果和结果本身进行规划。在第 7 版，把对可交付成果和结果本身进行规划放在了交付绩效域。因此，规划绩效域与第 6 版项目整合管理、项目进度管理、项目成本管理、项目资源管理、项目沟通管理和项目采购管理知识领域中的规划过程有密切关系。

可能在项目启动之前的前期准备阶段就要进行高层级规划。项目启动之后，项目团队再从项目愿景陈述、商业论证报告和项目章程等文件出发，以逐渐细化方式进行详细规划。究竟应该花多少时间进行多么详细的规划，不能一概而论，而要符合特定项目的具体需要。

进行规划，应该考虑与项目有关的三重底线，即考虑项目的财务影响、社会影响和环境影响。考虑三重底线，不能受限于项目生命周期，而要覆盖整个产品生命周期，对三重底线进行产品生命周期评估。例如，如果只在项目生命周期之内考虑问题，那么采用某种不太环保的低成本材料就会产生有利的财务影响；如果在产品生命周期之内考虑问题，那么采用这种材料就很可能产生不利的财务影响。

10.1.1 影响规划的主要因素

项目规划应该怎么做？必须考虑与特定项目有关的多种因素。

首先，必须考虑项目的性质和可交付成果的特性。对采用常规技术且可交付成果明确的项目（如建筑工程），就要先集中进行详细规划，再进行建设；对采用高新技术且可交付成果不明确的项目（如新产品开发），就只需先集中进行粗略规划，再一边开展项目执行一边根据技术的发展和相关方的意见逐步进行详细规划。在后一种情况下做规划，往往需要为等待情况的明朗而把相关决策制定延迟到"最晚责任时点"，即拖到不能再拖的时候。

其次，必须考虑项目所采用的开发方法。在预测型、迭代型、增量型、敏捷型等不同开发方法之下，项目规划方法会有很大不同。在预测型方法下，需要在项目生命周期的早期专门安排一段时间来集中进行详细规划。在敏捷型方法下，只需在项目生命周期早期快速进行粗略规划，然后在每个迭代期开始时进行详细规划。

最后，必须考虑环境因素。包括考虑项目执行组织的政策、程序、流程和文化等，考虑与项目有关的市场条件（市场条件也许会迫使项目产品必须尽快上市），考虑相关法律法规的要求。

10.1.2 规划的主要对象

第7版在规划绩效域阐述了以下内容：交付、估算、进度、预算、项目团队、沟通、实物资源、采购、变更、测量指标、一致性。

第7版尽管把对可交付成果的交付规划写入了交付绩效域，但在规划绩效域也不能不提一下，因为其他所有规划都要服务于可交付成果的交付。简单地讲，交付规划就是用逐层往下细分的方法来明确产品范围和项目范围。产品范围是可交付成果必须具备的特性和功能，项目范围是为了形成具有特定特性和功能的可交付成果而必须开展的工作。在预测型方法下，采用项目范围说明书和项目工作分解结构来逐层细分。在敏捷型方法下，把高层级主题或史诗分解成特性，再分解成用户故事和其他待办项条目。

估算，是指用于估算项目进度和成本的方法，例如，确定性估算（只估算一个确定的数值）和概率性估算（估算一个数值区间和区间内的数值分布），绝对估算（使用绝对数值，如某工作需要24个工时）和相对估算（基于比较使用相对数值，如某工作相当于10个故事点），基于工作流的估算（用单位产品时间乘以产品数量），基于不确定性的估算调整（为应对风险而增加应急时间和应急资金）。通常，估算的准确性、精确性和可信度应该随项目生命周期的阶段推进而不断提高。准确性越高，估算值的区间就越小。例如，在项目早期，准确性较低，估算值的允许区间是 −25% 至 +75%，随后允许的区间要逐渐缩小到规划结束时的 −5% 至 +10%。

进度，是指编制项目进度计划。预算，是指编制项目成本预算。这两个内容将在下文详述。

对项目团队的规划，是指根据项目所需的技能来确定项目团队的规模大小、人员构成、组织结构和办公方式。在规划绩效域的团队规划，明显不同于团队绩效域的团队规划。前者关注的是对团队的硬性安排（资源管理计划），后者关注的是团队的人性方面（团队章程）。

沟通规划，是指为满足项目本身和项目相关方对信息的需求而编制项目沟通计划。沟通规划，已在本书第7章讨论。

实物资源规划，是指编制项目所需的实物资源的获取、分配和使用计划，与第6版资源管理知识领域的规划资源管理过程和估算活动资源过程有密切关系。规划资源管理过程和估算活动资源过程，已经在本书第 8 章讨论。

采购规划，是指编制从项目执行组织外部采购货物或服务的计划。采购规划，将在下文详述。

变更规划，是指编制变更管理计划，以便有条不紊地开展项目变更。在预测型方法下，要制定和使用严格的变更控制程序。在敏捷型方法下，变更主要不是对计划的修改，而是随着迭代的进行重新整理产品待办项（包括重新排序、新增或删去某些待办项）。项目变更可能由环境变化或风险事件引发，可能由客户需求的变化或明确引发，也可能由各种信息的逐渐明朗引发。

测量指标规划，是指确定用于考察项目绩效的各种测量指标及其使用方法，提供给测量绩效域实际使用。测量指标对项目规划、交付和测量起连接作用，即在规划绩效域制定测量指标，然后在测量绩效域使用测量指标去测量项目交付符合项目计划的程度。测量结果可以是项目交付是否符合计划要求，或者项目交付对计划有正向或负向偏离，或者项目交付是否可接受。在规定测量指标时，通常要规定允许的控制临界值，即允许出现的最大偏差区间。因为测量本身会消耗资源，所以应该"只测量有价值的指标"。

一致性规划，是指协调所有规划活动以及所形成的分项计划。例如，项目的范围和质量要求必须与进度计划、成本预算、资源计划、采购计划等保持一致，既没有差距更没有矛盾。项目计划还要与同一个项目集中的其他项目的计划保持一致。

10.1.3 制订项目管理计划过程

规划绩效域的变更规划、测量指标规划和一致性规划，都与第 6 版项目整合管理知识领域中的制订项目管理计划过程有密切关系。

制订项目管理计划过程所编制的项目管理计划中含有变更管理计划和配置管理计划。这两个分项管理计划与变更规划有基本对应关系。项目管理计划中虽然没有单独的测量计划，但是在各种分项管理计划中都有相应的测量指标规定。例如，在进度管理计划和成本管理计划中都有控制临界值，即允许出现的进度绩效偏差和成本绩效偏差。

制订项目管理计划过程就是要把各种分项管理计划以及其他相关内容整合成完整的项目管理计划。这正好符合第 7 版的这条要求："大型项目可以将规划工件合并到一个整合的项目管理计划中。"

10.2 编制程序性计划

10.2.1 编制项目计划的基本流程

在第 6 版的十大知识领域中，都要编制作为程序性计划的各种管理计划（如项目进度管理计划），以及作为实体性计划的各种项目文件（如项目进度计划）。程序性计划规定的是编制实体性计划的程序以及开展项目执行、监控和收尾的程序。实体性计划则规定对项目实际技术工作的安排。这两类计划联合构成项目计划。

编制项目计划的基本流程如下：

- 开展制订项目管理计划过程，编制项目管理计划提纲。
- 开展各种规划某某管理过程，根据项目管理计划提纲，编制各种分项管理计划。
- 开展制订项目管理计划过程，把各种分项管理计划整合成项目管理计划初稿。
- 根据项目管理计划初稿，开展各种规划过程（如制订进度计划过程），编制项目实体计划（如项目进度计划）。
- 开展创建WBS过程、制订进度计划过程、制定预算过程，把相应的高层次实体计划报给高级管理层审批，得到范围基准、进度基准和成本基准。
- 开展制订项目管理计划过程，把范围基准、进度基准和成本基准整合成项目基准，写入项目管理计划，得到项目管理计划终稿。

10.2.2 编制程序性计划的输入与输出

第6版各规划××管理过程和制订项目管理计划过程的主要输入与输出的基本关系，如图10-1所示。

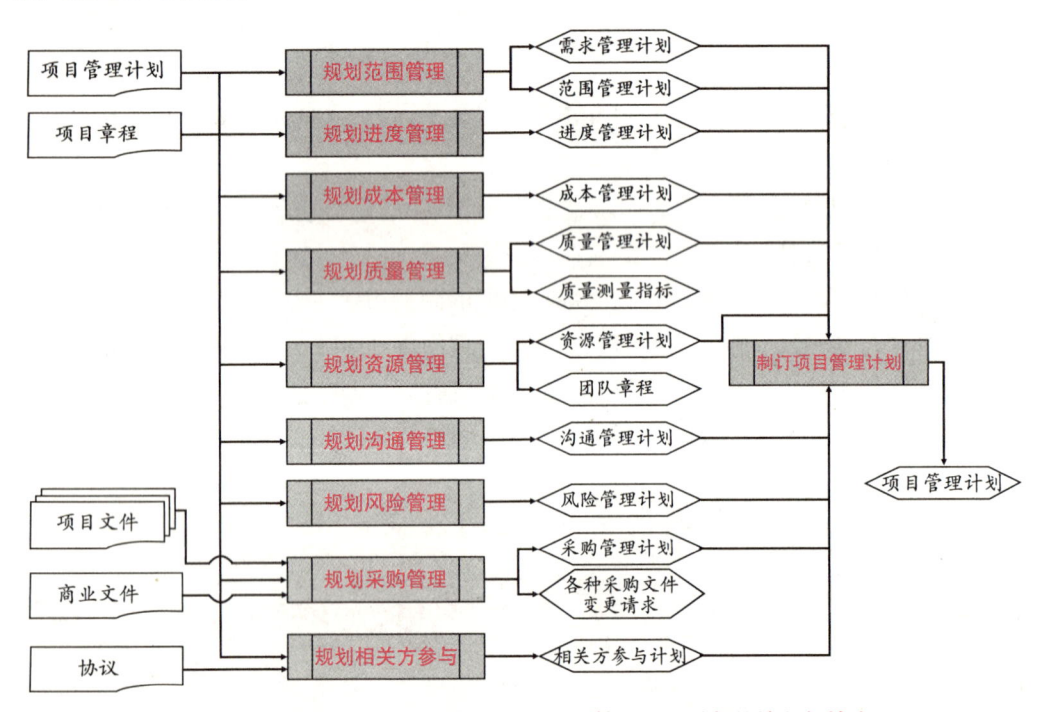

图10-1 规划××管理过程和制订项目管理计划过程的输入与输出

全部规划××管理过程都需要根据项目章程来开展，都需要用项目管理计划（指提纲或其中已有的分项管理计划）作为输入。例如，开展规划进度管理过程，要用已有的需求管理计划和范围管理计划作为输入。规划采购管理过程还需要用商业文件（包括商业论证和效益管理计划）和项目文件（包括里程碑清单、项目团队派工单、需求文件、需求跟踪矩阵、资源需求、风险登记册和相关方登记册）作为输入。规划相关方参与过程还需要用协议作为输入，因为协议有助于规划如何协调各方参与项目。

10.2.3 程序性计划的内容

1. 需求管理计划

需求管理计划是关于将如何收集、记录、分析和控制需求的计划。例如，将用什么方法收集什么人的需求？将用什么标准对需求进行优先级排序？需求文件和需求跟踪矩阵将采用什么格式？将如何跟踪需求的实现过程？

2. 范围管理计划

范围管理计划是关于将如何定义、制定、监控和确认产品范围与项目范围的计划。例如，将采用什么流程编制项目范围说明书、工作分解结构和 WBS 词典？范围基准将由谁来审批？范围变更将按什么流程进行管理？将如何验收可交付成果？

3. 进度管理计划

进度管理计划规定项目进度管理工作必须遵守的程序和方法。其主要内容包括：

- 进度模型的制定方法。用什么方法和工具来制定项目进度模型。有了进度模型，以后就可以把有关进度数据输入进度模型，自动生成进度计划。
- 版本发布和迭代长度。敏捷型项目各版产品的发布时间，以及所需迭代期固定时长。
- 准确程度。活动及项目的工期估算应该准确到什么程度，允许有多大的误差。
- 计量单位。用什么单位来计算资源的数量、工作的数量及活动的工期，例如，10 个工人、1 000 立方米土石方开挖、30 个日历月。
- 组织程序链接。项目的进度管理应该如何与执行组织的管理系统衔接。
- 进度模型（计划）维护。在项目执行过程中，如何把实际进度绩效代入进度模型来更新进度计划。例如，每两周更新一次进度计划。
- 控制临界值。在项目执行中，允许出现的最大进度偏差。只要未突破控制临界值，就无须纠偏。
- 绩效测量规则。测量、考核和预测项目进度绩效的规则。
- 报告格式。各种进度绩效报告的格式、内容和报送时间。

4. 成本管理计划

成本管理计划用来指导后续成本管理工作，主要内容如下：

- 测量单位。用什么单位测量项目成本。通常都用货币单位，也可以用非货币单位，例如，人日数。
- 精确程度。成本估算和项目预算应精确到什么程度，即应该如何四舍五入，例如，精确到元、十元、百元或千元。
- 准确程度。成本估算和项目预算应准确到实际成本的正负百分之几，如 ±5%。项目早期（如启动阶段）的成本估算可以是粗略量级估算，准确性是 –25%~+75%；在规划阶段后期的成本预算，应该是确定性估算，准确性是 –5%~+10%。
- 组织程序链接。项目成本账应如何与执行组织财务账相连，项目成本管理应如何符合组织财务会计制度的要求，例如，成本的记账时间和方法。
- 控制临界值。允许出现的最大成本偏差。一旦突破控制临界值，就要采取纠正措施。控制临界值应该随项目进展越来越小。
- 绩效测量规则。主要是挣值管理规则，包括针对哪些 WBS 要素（控制账户）计算挣值，间隔多长时间计算挣值，采用什么挣值计算方法，如何预测未来成本绩效。
- 报告格式。将要编制的各种成本管理报告的格式、内容、报送时间等。
- 其他细节。如何处理汇率变动，如何记录成本开支等。

5. 质量管理计划

质量管理计划是关于将如何开展质量管理的计划，其主要内容包括：

- 项目的质量政策。可以直接引用组织的质量政策，也可以对组织的质量政策略加修改。
- 项目的质量目标。包括项目的总体质量要求和高层级质量标准，例如，项目必须符合某个行业标准。
- 质量角色和职责。谁应该对项目质量承担什么责任。
- 质量管理程序、活动和工具。用于履行质量职责和实现质量目标。
- 对工作过程和成果的质量评审。哪些工作过程和成果必须接受质量评审？将如何进行质量评审？将如何利用评审结果？

6. 资源管理计划

资源管理计划规定将如何估算、获取、使用和管理项目资源，包括人力资源和实物资源。其中，针对人力资源的内容大多属于规划绩效域中的"团队规划"要考虑的，针对实物资源的内容则是属于规划绩效域中的"资源规划"要考虑的。资源管理计划的主要内容已在本书第 8 章阐述。

7. 沟通管理计划

沟通管理计划也就是沟通计划，对应于第 7 版规划绩效域中的"沟通规划"。沟通管理计划的主要内容已在本书第 7 章阐述。

8．风险管理计划

风险管理计划要回答本项目的风险管理将要怎么做？要做到什么程度？将要采取什么风险管理做法，不仅取决于项目的复杂程度及规模大小，而且取决于主要相关方的需要。规划风险管理过程，应该邀请尽可能多的相关方参加。风险管理计划应该包括如下主要内容：

- 风险管理策略。这是关于本项目的风险管理工作的原则性安排。
- 方法论。为实现原则性安排，将采用的风险管理过程、数据资料，以及工具与技术。
- 角色和职责安排。将设立的风险管理岗位，各岗位的权责和能力要求。
- 预算和时间安排。将花多少钱和时间做风险管理（需要加到预算和进度计划中），将如何确定、使用和调整项目的应急储备。
- 风险类别。用风险分解结构把大类别风险分解成小类别风险，作为识别风险的出发点。
- 主要相关方的风险偏好。主要相关方对于不同的项目目标或项目风险，究竟是风险冒险者、中立者还是规避者？
- 风险概率和影响定义。规定表示风险发生的可能性和后果的方法。例如，数字量表（0.1，0.2，0.3…）、相对量表（几乎不发生、很不可能、不可能、可能、很可能、几乎肯定发生）。同时，还要规定可能性多高才算是很高、高、低或很低，后果严重到什么程度才算是很严重、严重、一般、轻或很轻。
- 概率和影响矩阵。根据风险敞口（可能性与后果的乘积）对风险进行分级的表格，也叫风险级别矩阵。例如，把风险分成严重、中等、轻微三个级别。相当于用来度量每个风险的严重性的统一尺子。
- 报告格式。将来要编制的风险管理报告的格式、内容和报送时间等。
- 风险管理跟踪。将如何记录和审查风险管理工作的开展情况。

9．采购管理计划

采购管理计划是关于将如何开展采购工作的计划，需要说明将如何做出自制或外购决策，如何识别潜在卖方，如何编写采购文件，采用何种采购方法，采用什么合同类型，如何选择卖方，如何管理合同，如何开展合同收尾。采购管理计划所包括的内容可以很多，取决于项目的需要。

10．相关方参与计划

相关方参与计划规定为取得项目成功所需的相关方参与项目的程度，以及为此而应该采取的与相关方打交道的措施。更通俗地讲，就是规定将如何与各种相关方打交道，如何引导他们合理参与项目。相关方参与计划同时包括程序性计划和实体性计划，其主要内容已在本书第 7 章阐述。

10.3 项目进度规划

开展项目进度规划旨在：
- 弄清楚项目要进行的全部进度活动。
- 弄清楚各活动之间的逻辑（依赖）关系。
- 弄清楚每个活动所需的持续时间。
- 在资源许可的情况下，把可以同时进行的活动尽量同时进行，以缩短工期。
- 找出关键路径上的活动，即那些不允许有任何延误的活动，以便重点管理。
- 找出完成项目的可行的最短时间。

在实际工作中，经常使用各种项目管理软件来辅助项目进度管理。但是，PMI 没有推出或推荐过任何软件，《PMBOK® 指南》也没有提到任何一种具体的软件。计算机软件可以帮助人们做一些项目管理中的事情，但是不能代替人们从事项目管理工作。PMP® 考试不会考有关具体项目管理软件的任何问题，考生不需要了解或掌握任何项目管理软件。相反，考生必须掌握手工绘制网络图的方法，以及手工计算持续时间（工期）、活动开始与结束时间、浮动时间等的方法。

10.3.1 进度规划过程的输入与输出总览

项目进度规划通过以下五个过程来实现：规划进度管理、定义活动、排列活动顺序、估算活动持续时间、制订进度计划。后面四个过程及制订项目管理计划过程的主要输入与输出的基本关系，如图 10-2 所示。

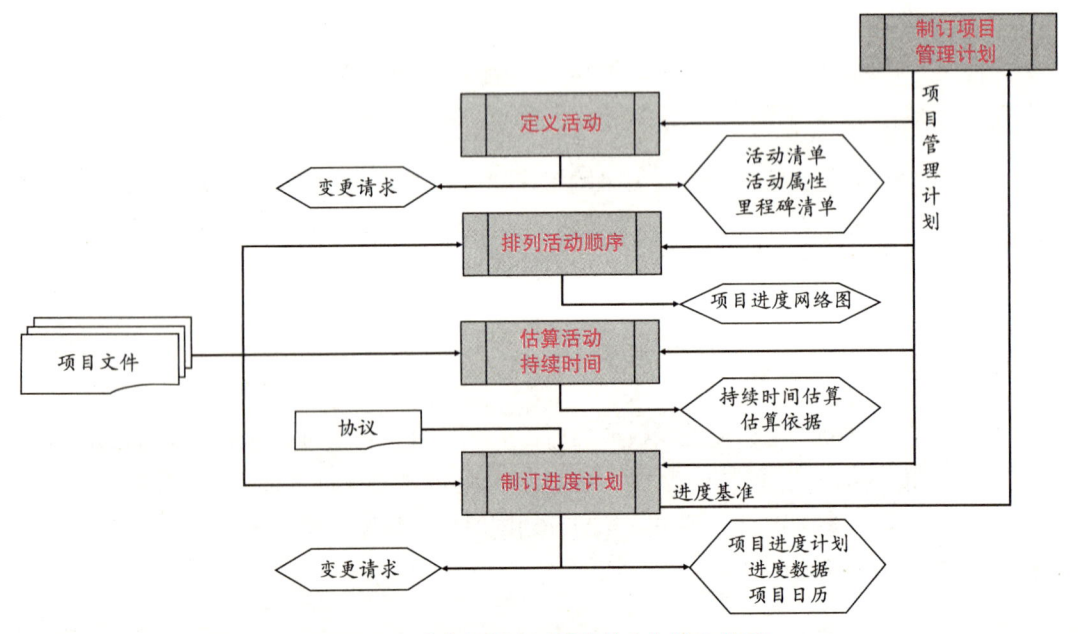

图 10-2 进度规划各过程的输入与输出关系

10.3.2 定义活动

定义活动过程旨在把工作包分解成进度活动，列出进度活动的各种属性，并确定将随同一系列进度活动的完成而实现的里程碑。

根据项目管理计划中的进度管理计划，把项目管理计划中的范围基准中的工作包分解成进度活动，得到活动清单、活动属性和里程碑清单。它们将作为项目文件用作后续相关过程的输入。

在项目基准被批准后，重复开展定义活动过程，可能提出变更请求，例如，请求修改工作分解结构。

10.3.3 排列活动顺序

排列活动顺序过程是基于定义活动过程的成果，绘制项目进度网络图。在本过程，根据项目管理计划中的进度管理计划和范围基准，对活动清单（一种项目文件）中的活动，依据活动属性（一种项目文件）进行排序，编制项目进度网络图。需要依据里程碑清单（一种项目文件）在进度网络图中标出里程碑。排列活动顺序时，需要考虑各种假设条件和制约因素，所以会用到假设日志（一种项目文件）。

进度网络图用于活动排序，表明项目从开始到结束的活动流，是项目各活动之间逻辑关系的图示表达。最初的网络图中，没有活动持续时间。随后，添加上持续时间估算，网络图就可用于计算各条路径的工期和项目的总工期。

第6版提到的两种网络图是节点图和逻辑横道图。节点图用节点表示活动，用箭线连接活动并表示逻辑关系。逻辑横道图是在传统的横道图上添加用来表示逻辑关系的箭线。在这两种网络图中，可以使用下列四种活动之间的逻辑关系：

- 完成到开始（Finish to Start，FS）。紧前活动完成后，紧后活动才能开始。
- 完成到完成（Finish to Finish，FF）。紧前活动完成后，紧后活动才能完成。
- 开始到开始（Start to Start，SS）。紧前活动开始后，紧后活动才能开始。
- 开始到完成（Start to Finish，SF）。紧前活动开始后，紧后活动才能完成或必须完成。

在这些逻辑关系中，可能还有一定的"提前量"或"滞后量"。提前量是指以紧前活动的完成或开始时间为基点，紧后活动的开始或完成可以提前的时间。例如，在紧前活动完成前三天，紧后活动就可以开始，用公式表示：FS–3天。滞后量是指以紧前活动的完成或开始时间为基点，紧后活动的开始或完成必须推迟的时间。例如，在紧前活动完成后三天，紧后活动才能开始，用公式表示：FS+3天。

活动之间的逻辑关系可能是强制性或选择性的。强制性关系，也叫硬逻辑关系，是由活动的内在性质决定的，例如，基础建好了才能砌墙壁；或者法律或合同强制的，例如，合同要求承包商必须先做什么、后做什么。项目团队无法改变这种逻辑关系。选择性关系，也叫软逻辑关系，是由项目团队基于自己的经验、偏好、习惯等，自行选择的逻辑关系。软逻辑关系完全在项目团队掌控之中。进行活动排序，要重点针对相互之间具有软逻辑关系的各种活动，以便缩短项目工期。

活动之间的逻辑关系可以是外部关系或内部关系。外部关系是取决于项目外部的任何第三方的逻辑关系，例如，政府部门的批准、供货商的供货等。它是项目内部的活动与项目外部的活动之间的逻辑关系。项目团队可以对外部关系施加一定的影响，但通常无法掌控。内部关系则是项目内部两项活动之间的逻辑关系。

进度网络图中可能存在路径汇聚或路径分支。路径汇聚是指两条或更多条路径汇聚到同一个紧后活动上。路径分支是指一个紧前活动分出两条或更多条路径指向两个或更多紧后活动。在图10-3中，活动E是一个路径汇聚点（有不止一个紧前活动），而活动A是一个路径分支点（有不止一个紧后活动）。路径汇聚点或分支点的活动会有更大的风险。前者不能按时开始的概率更大，后者万一延误的后果更严重。

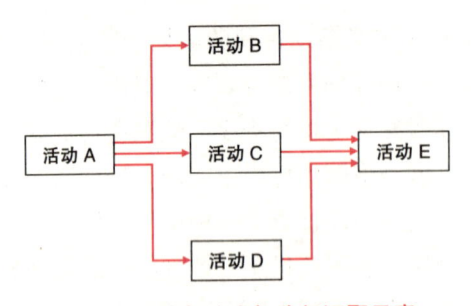

图 10-3 路径分支与路径汇聚示意

在图10-3中，如果活动B、C、D的乐观工期都是9天，最可能工期都是12天，悲观工期都是15天，那么全部三项活动都在14天内完成的概率是多少？计算过程如下：

- 计算平均工期：（9+4×12+15）/6=12（天）。
- 计算标准差：（15–9）/6=1（天）。
- 计算14天工期偏离平均工期的情况：(14–12)/1=2，即偏离平均工期2个标准差。
- 每项活动在14天内完工的概率是：50%+95.46%/2=97.73%。
- 全部活动都在14天内完成的概率是：97.73%×97.73%×97.73%=93.34%。

10.3.4 估算活动持续时间

一个活动究竟需要多长时间才能完成，既取决于活动的性质，也取决于活动的资源配置。因此，应根据活动的性质和资源配置来估算活动持续时间。

在本过程，根据项目管理计划中的进度管理计划和范围基准，以及隶属于项目文件的活动清单、活动属性和里程碑清单，估算活动持续时间，得到持续时间估算和估算依据。

因为资源配置对活动持续时间有重要影响，所以还要用到来自项目资源管理知识领域中估算活动资源过程和获取资源过程的相关项目文件，包括资源需求、资源分解结构、资源日历和项目团队派工单。

对得到的持续时间估算，需要在风险管理知识领域分析会有多大风险不能在该持续时间内完成活动，分析结果写入风险登记册（一种项目文件）。如果不能按期完成的风险太高或太低，就要根据风险登记册在本过程调整持续时间估算。

估算持续时间，需要考虑各种假设条件和制约因素，所以会用到假设日志（一种项目文件）。

重复开展本过程，需要参考经验教训登记册（一种项目文件）中记录在案的经验教训。

通常，应该先估算出完成某个活动所需的工时数，再根据资源的可用性，计算出该活动所需的持续时间。例如，某活动需要 100 个工时，有 2 个人可用，他们每周分别为项目工作 10 小时，那么，该活动的持续时间就是：100 工时 ÷20 小时/周 =5 周。

考虑到活动面临的风险，估算的结果可以是一个区间，例如，10±2 天。如果威胁发生，该活动需要 12 天；如果机会发生，该活动需要 8 天。估算结果也可以是用概率表示的某个时间段，例如，有 80% 的概率在 10 天内完成。

估算活动持续时间，通常需要考虑：

- 收益递减规律。在资源投入到达某个点后，每个单位的投入所带来的产出会逐渐下降。
- 最佳资源数量。选择用于开展某个活动的最佳资源数量。资源数量并非越多越好，一是因为收益递减规律，二是因为相互干扰等其他原因。
- 技术进步。往往可以采用先进技术来缩短活动工期。
- 人员激励。防止人们犯学生综合征（拖延症），或受帕金森定律的影响。

本过程的名称虽然是"估算活动持续时间"，但输出是"持续时间估算"而非"活动持续时间估算"。这个输出中既包含了"活动"持续时间估算，也包含了"阶段"和"项目"持续时间估算，这主要是因为不能孤立地对每个活动估算持续时间。估算"活动"的持续时间，往往需要与估算"阶段"或"项目"的持续时间进行循环互动。例如，估算出各活动的持续时间后，发现所在阶段的持续时间太长了，就需要重新估算各活动的持续时间。当然，在本过程所估算的阶段或项目持续时间，只是初步的，还有待制订进度计划过程最后确认。

10.3.5 制订进度计划

制订进度计划过程，是在进度管理计划的指导下，把定义活动、排列活动顺序和估算活动持续时间等过程的成果综合起来，编制出项目进度计划，并把其中高层次进度计划报高级管理层审批，成为进度基准。

在编制项目进度计划的同时，需要确定哪些数据是进度数据，以便将来通过控制这些数据来控制项目进度，或者通过修改这些数据来修改进度计划。在编制项目进度计划的同时，还要编制项目日历，确定项目的工作日和非工作日，例如，公路施工项目，雨季通常不施工。

整合式解读PMP®考试

项目进度计划通常包括详细进度计划、概括性进度计划和里程碑进度计划，构成从低级到高级、从详细到粗略的层级结构，满足不同层次人员了解项目进度的需要。经高级管理层批准的概括性进度计划和里程碑进度计划，就是进度基准。

详细进度计划通常用网络图（节点图或逻辑横道图）来表示。进度网络图画出来之后，加上所估算的持续时间，再放到日历上去，就可以形成项目的详细进度计划，显示每项进度活动的计划开始日期与计划完成日期。详细进度计划供项目团队实际开展项目活动使用。进度活动是在详细进度计划中被列出来的最低层级的各项活动。

概括性进度计划是针对概括性活动（汇总活动），用传统的横道图编制的。对每个概括性活动都画一条横道，并用横道的长短表示其持续时间长短。概括性活动是由至少两个进度活动所组成的更大的活动。概括性进度计划是比详细进度计划更高层次的进度计划。

里程碑进度计划，又称主进度计划、控制性进度计划或一级进度计划。其中，只列出里程碑的计划实现时间。里程碑既可以是项目开始或结束的标志，也可以是中间的一系列活动完成、一定阶段结束的标志，还可以是关键的外部接口（如外购设备的到货时间）。里程碑本身没有工期，是项目中的重要时点或事件。

与网络图不同，传统的横道图不是用来表示逻辑关系的，而是用来追踪和报告活动的计划进度安排和实际进度绩效的。在横道图中，可以用不同颜色的横道来表示某个活动的计划进度和随时间推移的实际进度，使人们一目了然地看出活动进展情况。

在PMP®考试中，应该按如下规则来选择使用网络图、横道图或里程碑图：

- 须显示活动之间的逻辑关系、项目从开始到结束的工作流，用网络图。
- 须了解项目内外部之间的关键接口，用里程碑图。
- 须向管理层或客户汇报项目进度计划或实际进展情况，用里程碑图或横道图。
- 须追踪活动进度，用横道图。

网络图的优势是表示活动之间的逻辑关系，横道图的优势是追踪活动进度，里程碑图的优势是概述项目进展情况。

在本过程，根据项目管理计划中的进度管理计划和范围基准，把本知识领域定义活动、排列活动顺序和估算活动持续时间过程所得到的输出（隶属于项目文件）综合起来，编制出项目进度计划，同时形成配套的进度数据和项目日历。接着，把高层次进度计划报领导审批，得到进度基准。进度基准是项目管理计划的组成部分。

因为进度计划必须有资源保证，所以还要用到来自项目资源管理知识领域估算活动资源过程和获取资源过程的相关项目文件，包括资源需求、资源日历和项目团队派工单。

编制出进度计划初稿之后，需要通过风险管理知识领域来分析风险，并把分析结果写入风险登记册（一种项目文件）。如果必要，再据此调整进度计划。

编制进度计划时，需要考虑各种假设条件和制约因素，所以会用到假设日志（一种项目文件）。

重复开展本过程，需要参考经验教训登记册（作为一种项目文件）中的经验教训，可能要根据新签协议（合同）调整进度计划，可能提出变更请求。

10.4 项目成本规划

10.4.1 相关基础知识

为了做好成本规划和成本管理，确保项目在批准的预算内完成，就需要掌握一些与成本有关的基础知识。

项目成本管理必须同时考虑两个方面：一是项目的每项工作需要多少成本；二是整个项目生命周期中的每个时段（周、月、季）需要多少成本。它们相当于一枚硬币的两个面，不可分割。从这两个方面计算出来的项目总成本必须是相等的。成本管理必须同时从这两个方面入手，既要满足各部分工作的需要，又要满足各时间段的需要。按工作内容进行的成本管理是依据工作分解结构进行的，而按时间段进行的成本管理是按项目进度计划以现金流量表的形式进行的。在项目执行过程中，需要依靠现金流入（投资）来维持一个现金库，用于满足现金流出的需要。

项目成本管理主要关心项目本身的成本，也需要考虑项目决策对今后项目产品使用与维护成本的影响，即需要考虑项目产品的生命周期成本。生命周期成本包括项目建设期的建设成本、项目产品运行期的运营和维护成本、项目产品报废时的处置成本等全部成本。

虽然选择项目通常不是项目经理的工作，但是项目经理至少要了解常用于选择项目的财务指标，包括现值、净现值、投资回收期、投资回报率、内部报酬率和效益成本率等。

现值是指某笔未来现金在今天的价值，是考虑货币时间价值的结果。假定一年后的 100 元在价值上等同于今天的 99 元，那么这 100 元的现值就是 99 元。由于通货膨胀、银行利息等因素，今天的 1 元在价值上要小于去年今天的 1 元，要大于明年今天的 1 元，即钱会越来越不值钱。

与现值相反的是未来值，例如，银行存款在一定时期后的本利和。银行用利率来计算货币的未来值。在进行项目选择决策时，则用贴现率把未来的货币值折算成现在的货币值。贴现率与利率相似，只不过用途相反。贴现就是打折，未来的某笔钱打几折后才等值于现在的钱。

收入的现值减去支出的现值，就得到净现值。净现值是用来选择项目的一个重要财务指标。从理论上讲，净现值大于零的项目都可以做。当然，净现值越大越好。如果以净现值为标准来选择项目，应该选择净现值较大的项目。例如，一个需要 3 年完成的项目，其净现值是 1 000 万元；另一个需要 7 年完成的项目，其净现值是 1 001 万元。应

整合式解读PMP®考试

该选择后面这个项目。在计算净现值时，已经考虑了时间，所以项目工期或投资回收期长短通常不再需要考虑。

投资回收期是指多长时间能把项目投资收回来，通常是项目建设期加上项目投产后累计运营利润达到投资金额所需的时间。计算投资回收期要把项目投产后所带来的累计运营利润与项目投资额进行比较。如果有两个项目可供选择，当然要选择回收期短的那个。投资回收期的优点是简单易懂，缺点是不考虑货币的时间价值，也不考虑投资全部回收之后的项目产品运营收入。

投资回报率是指项目投产后的年均运营利润与项目投资额之比。投资回报率越高越好。计算投资回报率，要考虑项目投产后的整个运营期（直到产品报废）的利润，这一点与投资回收期不同。投资回报率也不考虑货币的时间价值。

内部报酬率是一种特殊的贴现率，即项目净现值等于零时的贴现率。内部报酬率代表着项目产品的盈利能力大小以及抵抗风险能力大小。内部报酬率越高，就说明盈利能力和抵抗风险能力越大。如果有两个项目可供选择，当然要选内部报酬率较高的那个。

效益成本率是指项目的效益与成本之比。效益成本率大于1的项目才是值得做的。注意：效益是指收益或回报，可能不只是货币收入或利润，还包括其他可以量化的收益或回报。

考生还需要了解以下财务概念：

- 固定成本。不随生产量或工作量的变动而变动的成本，例如，项目机构的筹建费用、办公室租赁费用。
- 可变成本。随生产量或工作量的变动而变动的成本，例如，材料费、人工费。
- 直接成本。可以直接计入某项目的成本，例如，材料费、工人工资。通常是某项目所专用的资源的成本。
- 间接成本。不能直接计入某项目，而需要在几个项目或该项目与运营之间进行分摊的成本，例如，总部管理费。通常是几个项目或项目与运营所共享的资源的成本。直接成本和间接成本的划分会受看问题的层次的影响。如果从整个项目的层次看，全职项目经理的工资是直接成本，但如果从项目内部各工作的层次看，该项目经理的工资又是间接成本（需要由项目内部各项工作分摊）。在PMP®考试中，如果题目中没有明确说"从项目内部的层次看"，那就应该"从整个项目的层次看"。
- 机会成本。因为选择一个项目而必须放弃另一个项目，另一个项目可以带来的利益就是这个被选择项目的机会成本。例如，项目A净现值是1万元，项目B净现值是2万元。选择项目B、放弃项目A，则选择项目B所产生的机会成本是1万元。做决策时，应该考虑机会成本。
- 沉没成本。任何已经发生的成本，与是否合理无关。在决定是否继续某个项目时，不应该考虑沉没成本。决策是针对未来的，过去已经花掉的钱不应该影响决策。做决策时，不能考虑沉没成本。

- 收益递减规律。在累计投入到达某个点之后，随着投入的连续增加，单位投入的产出会呈现逐渐减少的趋势。例如，在某个工作上投入两倍的资源，该工作通常不会在一半时间内完成。
- 边际分析。假设投入连续增加，分析单位投入所能带来的单位产出。通过边际分析，人们发现了收益递减规律。当单位投入等于单位产出时，就不应该再增加投入。
- 折旧。固定资产随时间而产生的逐渐损耗。在固定资产的使用过程中，要把相当于损耗的钱从销售收入中提取出来，以便以后用来购买新的固定资产（现有固定资产报废时）。折旧是账面成本（在用于购买新固定资产前不会实际支出），所以提取的折旧数越大，企业的账面利润就越低，需要缴纳的所得税也就越低。
- 直线折旧法。每年提取等额的折旧数。例如，某台设备价值 100 万元，使用期为 10 年，则每年提取 10 万元折旧。
- 加速折旧法。在固定资产使用寿命期内，越是早期，提取的折旧数越大。例如，第一年 20 万元，第二年 15 万元，第三年 13 万元……加速折旧法比直线折旧法提取折旧的速度更快。加速折旧法又包括余额递减法和年数总和法等。考生不需要了解这些加速折旧法的具体内容，但需要记住名称。
- 价值分析或价值工程。"价值分析"与"价值工程"这两个词经常替换使用，都是指对项目的范围（功能）和成本进行分析，追求功能与成本（价格）之间的更高的性价比。如果一定要区分"价值分析"与"价值工程"，那么前者是分子不变（功能）降母（成本），而后者是分子和分母可以同时变。旨在改进工程设计的合理化建议，是价值工程的典型例子。

10.4.2 成本规划过程的输入与输出总览

项目成本规划旨在采用自下而上的方法编制项目预算。其基本步骤为：
- 第 1 步，计算出各活动所需的成本，包括应急储备。
- 第 2 步，汇总得出工作包的成本，包括应急储备。
- 第 3 步，把各工作包的成本汇总，得到控制账户的成本，包括应急储备。
- 第 4 步，把各控制账户的成本汇总，得到项目的成本，包括应急储备。
- 第 5 步，对成本汇总的结果（包括应急储备）进行验证和调整，并报领导审批，得到项目成本基准。注意：进行验证和调整，可能导致返回第 1 步，重新估算活动成本。
- 第 6 步，增加一定的管理储备，得出项目预算。

在第 6 版，通过规划成本管理过程、估算成本过程和制定预算过程来进行项目成本规划。后两个过程及制订项目管理计划过程的主要输入与输出的基本关系，如图 10-4 所示。

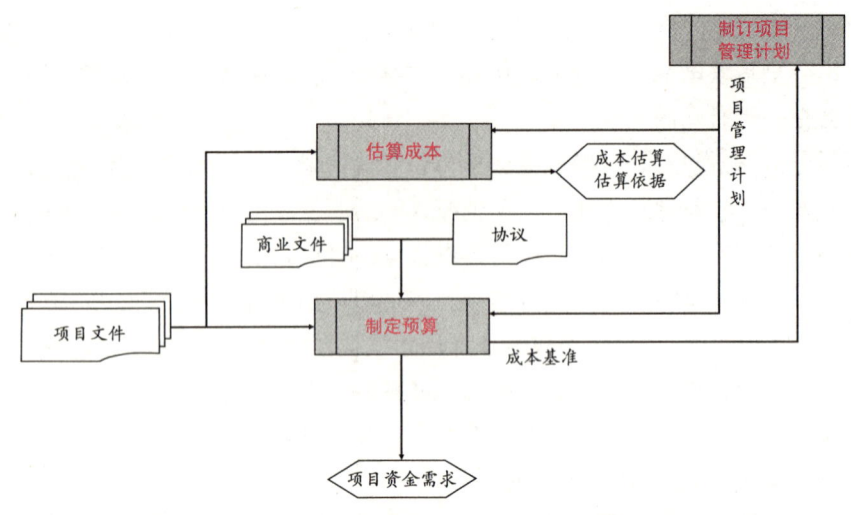

图 10-4 项目成本规划各过程的输入与输出关系

10.4.3 估算成本

估算成本过程旨在粗略估算整个项目的成本，或者详细估算各个活动或工作包的成本。在项目的早期，为了大致了解整个项目将要花多少钱，就需要用本过程估算整个项目的成本。通常，这种估算的准确性比较低，相当于我国工程行业的"概算"。

在项目规划阶段的中期，工作分解结构和进度计划的初稿编制出来后，就需要用本过程估算活动或工作包的成本。如果工作包已分解成活动，就要估算各活动的成本。对于尚未分解成活动的工作包，就只能估算各工作包的成本。

应该由最熟悉相应活动或工作包的人来估算。应该计算所需的全部资源的成本。对于免费使用的资源，也要按合理的数字计算其成本。如果不计算免费资源的成本，就会使成本估算数字失真，无法供以后类似活动或工作包的成本估算工作参考（不会总有免费资源）。对免费资源，随后在计算项目资金需求时就无须考虑。也就是说，如果有免费资源，项目资金需求就会小于项目预算。如果没有，则两者相等。除非特别指明，均默认没有免费资源。

在成本估算中，应该包括所有的成本种类，例如，固定成本和可变成本、直接成本和间接成本，以及应急储备。如果哪种成本没有包括进去，就必须在估算依据中特别加以说明。不过，管理储备肯定不包括在活动或工作包的成本估算中，这一点无须说明。管理储备只应包括在整个项目的成本估算中。

在本过程，在项目管理计划中的成本管理计划的指导下，估算完成项目工作所需的成本，得出成本估算和估算依据。

项目管理计划中的质量管理计划，有利于估算该留出多少钱去管理项目质量。项目管理计划中的范围基准，有利于根据项目的范围大小来估算成本。

项目进度计划（一种项目文件）中的活动名称以及活动开展时间，对估算成本有重要影响。活动在不同时间开展，成本可能不同。有些成本（如利息）与活动工期长短有直接关系。

资源需求（一种项目文件）有利于估算开展项目工作所需资源的成本。估算成本时，需要考虑风险，故需要风险登记册（一种项目文件）。

重复开展本过程，需要参考已记录在经验教训登记册（一种项目文件）中的经验教训。

10.4.4 制定预算

制定预算过程是把各活动或工作包的成本逐层向上汇总，并在对汇总结果进行验证和调整后，报领导审批，得到项目成本基准（含应急储备）；再针对整个项目增加一定的管理储备，得到项目预算。汇总的结果，未必合理，所以需要用其他方法进行交叉验证，并做必要调整。这种调整可能导致制定预算过程与估算成本过程的循环。项目成本基准必须达到确定性估算的准确度。

注意：上述第6版的成本基准和项目预算构成，不同于第7版的规定。在第7版，成本基准＋应急储备＝项目预算，而管理储备是项目预算之外的一个额外数字。这两种规定各有各的道理，没有对错之分。究竟采用哪一种规定，取决于项目执行组织的规定。

成本基准需要按工作内容分配到各控制账户，需要按时间分配到项目的不同阶段。按时间段分配的成本基准，通常可表现为一条S形状的曲线（见图10-5）。这条曲线就是项目累计成本曲线，直观展示截至某时点项目的累计成本。

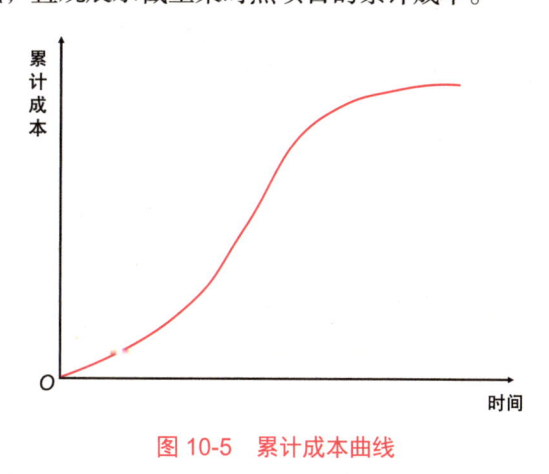

图 10-5　累计成本曲线

非关键路径上的活动有一定的灵活性（浮动时间），是进行资源平衡时首先要利用的。从项目进度的安排来看，我们希望所有活动都在最早开始时间开始，但从现金流的安排来看，我们又希望在最晚开始时间开始这些活动。在最早开始时间或最晚开始时间开始这些活动，特定时点的项目累计成本支出可能有很大差别，如图10-6所示。

这个图也称"香蕉图"。管进度的人会追求最早开始曲线，而管成本的人会追求最晚开始曲线。

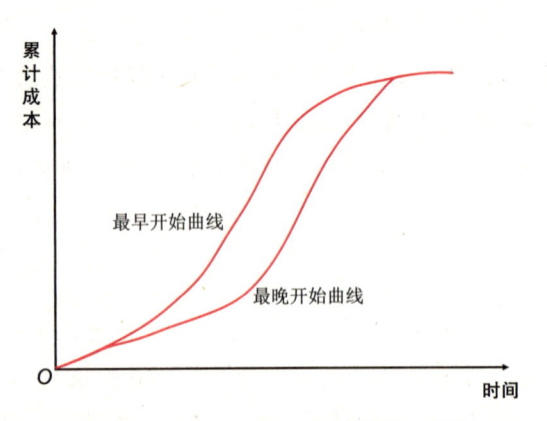

图 10-6　最早开始和最晚开始成本曲线

从图 10-6 可以看出项目进度与成本之间的相互冲突。加快进度，会导致成本开支提前；放慢支出，又会导致进度拖后。项目经理必须善于把握整个项目的全局，在相互冲突的分目标之间寻求最佳平衡点。

项目预算必须有资金的保证。所以，需要编制项目资金需求文件来配合项目预算。不仅项目整体要有资金保证，而且各 WBS 要素和各时间段都要有资金保证。

项目的成本产生与资金支出不一定同步。如果有预付款，资金支出就早于成本产生；如果有债务（应付未付款），资金支出就晚于成本产生。如果没有免费的资源，在整个项目关闭时，项目总成本与总资金支出应该完全相等。

在本过程，根据成本管理计划（项目管理计划的组成部分）和商业文件（列有财务指标），把各活动或工作包的成本估算（一种项目文件）汇总为成本基准，并编制配套的项目资金需求文件。汇总时，须参考前个过程得到的估算依据（一种项目文件）。

资源管理计划（项目管理计划的组成部分）中的资源性质、资源价格和资源日历，有利于在项目预算中留足用于买资源的钱。范围基准（项目管理计划的组成部分）有利于把预算分配到 WBS 的各个要素。

项目进度计划（一种项目文件）有利于把预算分配到项目的各个时间段，确定每个时间段需要多少钱。

对于已经外包出去的工作，需要把协议（合同）中的合同价纳入项目预算；对于打算外包出去的工作，需要考虑预留出多少钱，即预估未来协议中的价格。

制定预算时，需要考虑风险，故需要风险登记册（一种项目文件）。

10.5 采购规划

10.5.1 项目采购与合同

项目采购管理是指项目执行组织从外部获取产品、服务或成果来最优满足项目的需求。由于项目的复杂性，项目执行组织往往不可能依靠自身的力量完成全部项目工作，而是需要把某些项目工作外包给其他组织进行。外包通常是以合同的形式进行的。

一个项目可能有多个执行组织。例如，在建筑施工项目上，业主、施工承包商、监理公司和设计公司都是项目的执行组织。如果某个执行组织与其他执行组织之间需要签订正式的项目工作合同，就需要运用采购管理的知识。

在 PMP® 考试中，除非题目另有特别要求，有关采购管理的问题都是从买方的角度提出的。虽然业主是最经常的买方，但是买方不局限于业主。承包商或其他项目执行组织在许多情况下也会成为买方，例如，承包商采购材料设备时。判断买方的标准是：支付金钱获得产品、服务或成果的一方。

因为从外部获取货物或服务是通过合同进行的，所以采购管理也是围绕合同开展的。合同签订之前，需要做大量准备工作；合同签订之后，需要执行和管理合同；合同关闭前，需要开展合同收尾工作。

由于合同在采购管理中的核心地位，考生必须彻底了解合同的性质，才能为掌握采购管理奠定坚实的基础。

合同是用来明确当事人双方权利义务关系的，是对双方都具有法律约束力的协议。合同肯定是协议，但协议不一定是严格意义上的合同。不具有可操作性的协议就不能成为严格意义上的合同。例如，条款不具体、不明确的协议，就不具有足够的可操作性。只有条款非常全面、明确的协议，才是严格意义上的合同。遗憾的是，第6版对"协议"和"合同"这两个词的使用比较混乱，其中大多数"协议"都应理解成"合同"。

合同一旦签订，其中的所有条款都必须执行，除非个别条款违反法律规定。合同任何一方不能只执行对自己有利的条款，也不能有利时就执行，不利时就不执行。

合同是双方当事人协商一致的产物，当事人处于平等地位。即便组织与个人签订的合同，组织与个人在合同面前也完全平等。

合同是双方当事人之间的约定，不应该涉及第三方的权利义务，除非这个第三方是其中一方当事人的代表或按法律规定所必需的。双方之间的关系是基于合同的，有合同则有关系，无合同则无关系。如果业主雇用A公司做项目，A公司又把部分工作分包给了B公司，业主的项目经理通常无权直接指令B公司的工作，而只能通过A公司来下达相应的指令；类似地，B公司也不直接对业主承担责任，而由A公司对B公司的行为向业主承担责任（如同A公司自己的行为）。

在项目的所有文件中，合同是最正式的，没有哪个文件会比合同更加正式。对合同的修改必须以正式、书面的方式进行。例如，对合同中任何条款的修改，都要取得双方当事人的同意，签署书面的合同变更令。

任何合同都是在一定的法律背景下起作用的。法律是合同效力的保障。法律也为解决合同争议提供了最后的途径，即诉讼。

由于中国是一个比较讲究感情和关系的社会，考生一定要学会以更正式、更严肃的态度来对待合同。例如，考生需要理解：工作的所有要求都应该在合同中写明，合同的全部条款都应该得到执行，合同的各种变更都应该得到双方同意并以书面形式进行，合同当事人处于完全平等的地位。

"要约"和"承诺"是合同成立的必要且充分条件。要约，又称发盘或报价，是一方当事人向另一方当事人所做的、邀请订立合同的意思表示；承诺则是被要约人无条件、完全地同意要约人的要约，愿意按此成立合同的意思表示。如果双方当事人具有签订某合同的权利能力和行为能力，并且合同具有合法的目的，则在经过要约和承诺之后合同即告成立。合同是否成立，不取决于有无一份双方都在上面签过字的协议，而取决于是否已经完成要约和承诺。

合同成立之后，可以提出变更，但变更须经双方当事人一致同意。如果无法达成一致，则按解决争议的方法去解决。

10.5.2 合同类型

有三种基本的合同类型，即总价合同、成本补偿合同和工料合同。在实际工作中，这些合同类型可以混合使用，即在同一个合同中，有些工作采用总价合同，有些采用成本补偿合同，有些又采用工料合同。

总价合同是指对合同工作规定一个总价。从成本风险的角度来说，业主的成本风险最低，基本没有成本风险。在这种合同下，买方必须准确定义工作范围。只有工作范围很清楚的项目，才可以采用总价合同。如果工作范围发生变化，通常允许调整总价。

总价合同又可以衍生出：

- 固定总价合同（Firm Fixed Price，FFP）。在既定的工作范围之下，价格是绝对固定的。除非工作范围出现变更，否则不允许调整价格。
- 总价加经济价格调整合同（Fixed Price with Economic Price Adjustment，FPEPA）。在总价的基础上，允许根据通货膨胀来调整合同价格。适用于履行期较长（跨年度）的合同。合同中应该规定详细的价格调整方法，包括调价系数的计算公式，以及公式中的价格指数的来源。
- 总价加激励费用合同（Fixed Price Incentive Fee，FPIF）。在总价的基础上，规定相应的激励费用，以调动卖方的积极性，使买卖双方的目标趋于一致。在这种合同下，通常会规定一个最高限价。付款总数不得超过最高限价。激励费用的计算基础可以是某种绩效标准，例如，目标工期、目标成本、质量达标率。

成本补偿合同是指以卖方从事项目工作的实际成本作为付款的基础，即成本实报实销。在这种合同下，买方的成本风险最大。这种合同适用于买方仅知道要一个什么产品但不知道具体工作范围的情况，也就是工作范围很不清楚的项目。当然，成本补偿合同也适用于买方特别信得过卖方、想要与卖方全面合作的情况。

卖方在获得成本补偿的基础上，还需要获得一定的利润。根据利润的计算方法不同，成本补偿合同又可分为：

- 成本加固定费用（Cost Plus Fixed Fee，CPFF）。成本实报实销，买方另外向卖方支付固定金额的利润。这是最常用的成本补偿合同，对卖方有一定的制约作用。无论实际成本是多少，利润都保持合同规定的金额不变。
- 成本加激励费用（Cost Plus Incentive Fee，CPIF）。买方向卖方的付款由三部分组成：实际成本、一笔固定的费用、按合同规定的方法计算的对固定费用的调整数。这种合同与"总价加激励费用合同"类似，会规定目标成本、目标费用（固定费用）和成本超支分担比例。不同的是，在成本加激励费用合同中，不会规定最高限价，但会规定成本节约的分享比例。如果卖方的实际成本低于目标成本，节约部分由双方按一定比例分享（如 60/40，即买方 60%，卖方 40%）；如果卖方的实际成本高于目标成本，超支部分由双方按比例分担（如 60/40，即买方 60%，卖方 40%）。
- 成本加奖励费用（Cost Plus Award Fee，CPAF）。成本实报实销，买方再凭自己的主观感觉给卖方支付一笔利润，而卖方对利润数没有任何讨价还价的余地。
- 成本加百分比（Cost Plus Percentage of Cost，CPPC）。买方在卖方实际成本的基础上，再加上以该成本的某个百分比计算的利润，向卖方付款。卖方的实际成本越高，所得到的利润也就越高。这种合同对卖方没有任何制约，最好不要采用。由于买方通常不喜欢用这种合同，第 6 版和第 7 版都没有提及这种合同。

注意：在成本补偿合同中，费用（Fee）不同于成本（Cost），费用主要是卖方可以得到的利润。

工料合同，也叫"时间和手段合同"，是指按项目工作所花费的实际工时数和材料数、事先确定的单位工时费用标准（单价）和单位材料费用标准（单价）付款。这类合同适用于工作性质清楚但具体工作量无法确定的采购。在这种合同下，买方与卖方分担成本风险，即买方承担工作量的风险，卖方承担单价的风险。

需要注意的是，第 6 版和第 7 版都没有提到大型土木工程经常使用的"综合单价合同"。在综合单价合同下，买方按实际工程量和合同规定的综合单价向卖方付款。综合单价是把人工费、材料费、设备费、管理费和利润都综合在一起的。工料合同中的单价不是综合单价，而是针对每种人工、材料或设备的单价，例如，每小时钢筋工的单价、每立方米木材的单价、每台班设备的单价。

工料合同适用于规模小、工期短、不复杂的工作，而不适用于规模大、工期长、很复杂的工作。如果对后面这种工作使用工料合同，那么合同管理将十分烦琐，会导致管理成本的不合理上升。

项目中的另一种常用合同是订购单。非大量采购标准化产品，通常可以由买方直接填写卖方提供的订购单，卖方照此供货。因为订购单通常不需要谈判，所以又叫单边合同。

关于合同种类的选择：

- 如果工作范围很明确，项目设计已具备充分细节，则使用总价合同。
- 如果工作性质清楚，但工作量无法确定，且工作不复杂，又需快速签订合同，就用工料合同。工料合同常用于聘请咨询专家，紧急招聘人员来替代突然离职的团队成员，聘请技术专家检修机器。
- 如果工作范围很不清楚，就用成本补偿合同。
- 如果希望双方分担风险，就用工料合同；如果希望买方承担成本风险，就用成本补偿合同；如果希望卖方承担成本风险，就用总价合同。
- 从买方的角度讲，除非万不得已，不要选用成本加百分比合同。
- 如果购买标准产品且数量不大，就用"单边合同"，即直接发出订购单。

10.5.3 规划采购管理过程

规划采购管理过程的主要输入与输出的基本关系，如图10-7所示。

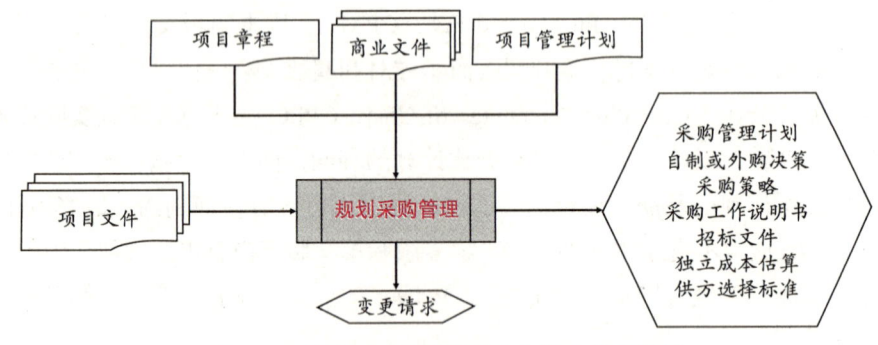

图 10-7 规划采购管理的输入与输出基本关系

本过程的输入，已经在前文第10.2.2节解释。本过程的输出，采购管理计划是项目管理计划的组成部分，变更请求是指可能要根据采购计划回头调整已有的项目计划，其他都是采购文档的组成部分。这些输出是按以下基本顺序开展工作所取得的相应成果：

- 编制采购管理计划。
- 做出自制或外购决策。自制或外购决策是关于哪些工作要自己做、哪些工作要外包出去的决定，可以用表格列明。
- 制定采购策略。采购策略是针对单次特定的采购，对采购管理计划中的相关内容的具体化。整个项目只有一份采购管理计划，但可以有多份采购策略。第6版详细规定了采购策略的三部分内容，即交付方式（如总承包方式）、合同类型（如总价合同）和采购阶段（是否分阶段采购）。采购策略中的这些内容都要在后续的采购工作说明书、招标文件和协议（合同）中进一步具体化。

- 编制采购工作说明书。采购工作说明书是对即将外包出去的那部分工作的书面描述，用来告诉潜在卖方需要他们做什么工作，以便他们判断是否有能力、有兴趣承接该工作。潜在卖方还可以据此提出承接工作的建议书或报价。采购工作说明书相当于即将外包出去的工作的范围说明书。
- 编制招标文件。招标文件用于邀请潜在卖方提交投标书、建议书或报价。第6版提到了"信息邀请书""建议邀请书""报价邀请书"等词语。信息邀请书，严格地讲，并不是一种招标文件，只是用于邀请厂家提供更多的信息。如果主要依据技术方案来选择卖方，就使用"建议邀请书"；如果主要依据价格选择卖方，就使用"报价邀请书"；如果同时考虑技术方案和报价，就使用狭义上的"招标文件"。例如，要采购咨询服务，通常用"建议邀请书"。
- 编制独立成本估算，即俗称的"标底"。买方自己要预判一下完成合同工作将需要多少钱。
- 编制供方选择标准，即评标标准。主要的评标程序和标准应该写入招标文件，详细的评标程序和标准不必写入。在价格不是唯一决定因素的采购中，评标程序和标准是非常重要的。
- 汇编成招标文件包。把采购工作说明书、招标文件、主要的供方选择标准等汇编成招标文件包，以便在实施采购过程中向潜在供应商发放。
- 提出必要的变更请求。采购计划编成后，可能要回头调整已有的项目计划。

第11章 项目工作绩效域

11.1 项目工作概述

项目工作绩效域关注的是，根据规划绩效域编制的计划，实际建立适用于项目的项目过程并开展相应的管理工作，使项目团队能够交付预期的成果和结果。项目工作绩效域，与第 6 版项目整合管理、资源管理、沟通管理、采购管理和相关方管理知识领域中的执行过程有密切关系。

因为《PMBOK® 指南》是关于项目"管理"的标准，所以其所指的"项目工作"都是属于"管理"方面的，而不包括纯技术的项目执行工作。例如，在第 6 版项目范围管理、进度管理、成本管理三大知识领域中，都没有写出纯技术的"执行项目工作分解结构""执行项目进度计划""执行项目成本预算"。

11.1.1 建立和优化项目过程

基本的项目过程应该在规划绩效域设计，在项目工作绩效域建立。在建立基本的项目过程的时候，也要对这些项目过程进行细化和优化。细化是指完善项目过程的细节。优化是指使项目过程及其细节更加合理。细化和优化项目过程，必须贯穿整个项目生命周期，以便不断提高项目过程的效率和效果。

第 7 版阐述了优化项目过程的三类主要方法：

- 精益生产方法。对整个工作过程进行价值流分析，搞清楚整个过程中的每一个环节的价值增加程度，并通过加强增值环节或削弱非增值环节来优化整个过程。非增值环节，即便无法消除，也可以降低其时间消耗和资源消耗。应该尽量提高增值环节的活动与非增值环节的活动的比值。
- 回顾会或经验教训总结会。随同项目开展而召开回顾会或经验教训总结会，有利于进行后续的过程优化。在敏捷型方法下，每个迭代期结束时都要召开回顾会。在第 6 版，许多项目管理过程都有"经验教训登记册"这个输入和"经验教训登记册更新"这个输出。
- 考虑下一笔钱的最好用途。不断地考虑下一笔钱应该用在什么地方。究竟是用于继续当前的工作还是用于开展另一个工作?如此,可以不断优化工作过程,确保项目资金用在最有价值的工作上。

11.1.2 平衡各种制约因素

无论是建立、细化还是优化项目过程,都需要考虑存在一定矛盾的各种制约因素。项目的三重制约,即范围、进度、成本和质量要求,是项目内部最重要的制约因素。随同项目开展,必须不断寻找项目范围、进度、成本和质量要求的最佳平衡点。要优化某一个因素,就必须权衡可能导致的对别的因素的损害。例如,加快进度可能损害范围、成本或质量,减少成本可能拖延进度或影响质量。

项目面对的各种环境因素是来自项目外部的制约因素,例如,国家的法律要求,公司的规章制度,重要相关方施加的压力。如何在不违反外部制约因素的前提下来建立、细化和优化项目过程,往往是一个有意义的挑战。

因为项目内部或外部的制约因素会不断变化,所以平衡各种制约因素就无法一劳永逸,而必须贯穿整个项目生命周期。

11.1.3 相关的项目管理过程

第 7 版项目工作绩效域所讨论的主要内容,与第 6 版的各个项目执行过程有基本的对应关系(见表 11-1)。

表 11-1 项目工作绩效域与项目执行过程的对应关系

序号	第 7 版的内容	对应于第 6 版的过程	所属第 6 版的知识领域
1	保持项目团队专注	获取资源,建设团队,管理团队	项目资源管理
2	项目沟通和参与	管理沟通,管理相关方参与	项目沟通管理、项目相关方管理
3	管理实物资源	获取资源	项目资源管理
4	处理采购事宜	实施采购	项目采购管理
5	监督新工作和变更	指导与管理项目工作	项目整合管理
6	保持整个项目期间的学习	管理项目知识	项目整合管理

与"保持项目团队专注"对应的获取资源过程、建设团队过程和管理团队过程,与"管理实物资源"对应的获取资源过程,都已在本书第 8 章讨论,本章不再重复。

与"项目沟通和参与"对应的管理沟通过程和管理相关方参与过程,都已在本书第 7 章讨论,本章不再重复。

11.2 实施采购过程

11.2.1 采购方法

第 6 版的实施采购过程是指按采购管理计划和采购策略，开展实际的招标采购（包括招标、投标、评标和授标四个环节），签订采购合同。

需要注意的是，项目经理很可能既不具备招标采购所要求的足够的专业知识和技能，也没有对外签订采购合同的权力。因此，项目经理需要与相关采购专业人士及有权签订合同人士密切合作，取得他们对项目工作的支持。

采购方法是多种多样的，应根据具体情况选用。例如：

- 直接采购。直接邀请某一家厂商报价或提交建议书，没有竞争性。
- 邀请招标。邀请一些厂家报价或提交建议书，具有有限竞争性。
- 竞争招标。公开发布招标广告，以便潜在卖方报价或提交建议书，具有很大的竞争性。

应该尽量采用竞争招标方式。特别是由政府公共资金资助的采购，通常必须用竞争招标方式，以保证所有合格的潜在卖方都获得公平的竞争机会。

只有在下列情况下，可以采用非竞争方式：

- 项目的时间很紧，没有时间编制竞争招标所要求的招标文件。
- 只有唯一的一个供应商能够提供所需货物或服务，别无选择，这种情况叫"独有来源"（Sole Source）。
- 虽然有多个供应商能提供所需货物或服务，但买方因确信某个特定供应商具有特别的优势，而直接向该供应商采购。这种情况叫"单一来源"（Single Source）。如果打算向已合作多年的厂家开展单一来源采购，仍然必须审查该厂家是否有资格承接本次任务。
- 在非竞争的情况下，也能得到合理、有利的价格和产品。例如，规模很小的采购、不具有吸引力的采购。

11.2.2 竞争招标下的实施采购

下面以竞争招标方式为例，讨论实施采购过程。

招标与投标在合同成立过程中起"要约邀请"和"要约"的作用。首先，买方发出招标文件，邀请潜在卖方要约；其次，潜在卖方购买招标文件，并应邀参加投标人会议；最后，潜在卖方根据招标文件编制投标文件，进行投标，向买方要约。由于要约对要约人有约束力，因此潜在卖方在投标时必须提交投标保证金或投标担保。在规定的投标有效期内，投标文件对投标人具有约束力。他不得撤回或修改投标文件，否则投标保证金或担保就要被招标方没收。

招标方收到投标文件后，就要按既定的评标程序和标准开展评标工作。评标工作通常由专门的评标委员会进行。评标委员会编写评标报告，推荐某投标商中标，并建议招标方的高级管理层授予合同。

基于评标委员会的推荐，招标方的高级管理层正式批准某厂商中标，并向其发出授标信，与其成立合同。授标信起"承诺"的作用。在该厂商收到授标信时，合同就正式成立，哪怕这时还没有一页双方都在上面签过字的协议。

11.2.3 实施采购过程的输入与输出

第6版实施采购过程的主要输入与输出的基本关系，如图11-1所示。

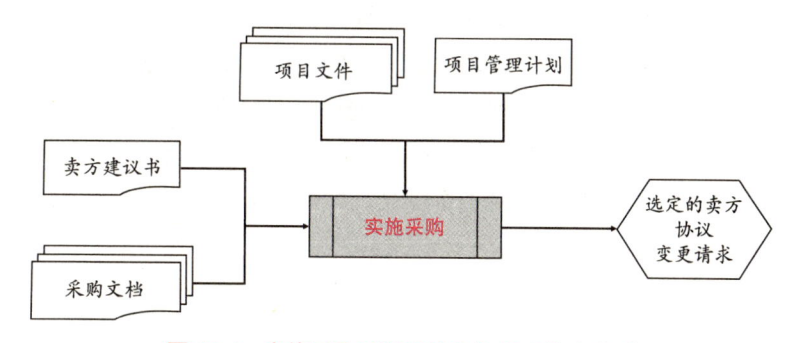

图 11-1　实施采购过程的输入与输出基本关系

下列各点有助于理解和记忆实施采购过程的输入和输出：

- 根据项目管理计划中的相关内容开展实施采购过程。其中，需求管理计划有助于识别和分析拟通过采购来实现的需求，范围管理计划有助于合理确定拟外包工作的范围，沟通管理计划有助于在实施采购过程中开展有效的沟通，风险管理计划有助于分析和管理与采购有关的风险，采购管理计划有助于按正确程序实施各种采购管理活动，配置管理计划有助于确定卖方必须实现的重要技术参数；成本基准有助于把采购成本控制在规定的数额内。
- 项目文件中的项目进度计划有助于确定该在何时开展采购活动以及卖方必须在何时交付可交付成果，需求文件有助于评价卖方建议书中的方案能否实现既定的需求；风险登记册有助于评估与特定潜在卖方及其建议书有关的风险；相关方登记册有助于邀请潜在卖方（也属于相关方）提交建议书，以及考虑各主要相关方对建议书评审的要求和期望。
- 把规划采购管理过程所编制的各种文件归并为采购文档，作为本过程的输入。在本过程，买方根据自制或外购决策，以及采购策略，把包含采购工作说明书在内的招标文件发给潜在卖方。然后，潜在卖方准备卖方建议书并报给买方。买方再按供方选择标准和独立成本估算对卖方建议书进行评审。

- 买方评审卖方建议书后，与最优潜在卖方谈判，选定一家中标商（选定的卖方），报给领导审批。领导审批后，买方正式与中标商签订协议（合同）。
- 协议签订后，可能需要提出变更请求，回头修改项目计划。
- 重复开展本过程，需要参考经验教训登记册（一种项目文件）。

11.3 指导与管理项目工作过程

11.3.1 什么是项目工作

第 7 版 "项目工作绩效域" 与第 6 版 "指导与管理项目工作过程"，其中的两个 "项目工作"，含义有所不同。"项目工作绩效域" 中的 "项目工作" 相当于 "指导与管理项目工作" 这类工作，而 "指导与管理项目工作过程" 中的 "项目工作" 是各种具体的一线工作。更通俗地说，"项目工作绩效域" 中的 "项目工作" 是项目管理团队要做的，而 "指导与管理项目工作过程" 中的 "项目工作" 是一线操作团队要做的，包括但不限于项目执行阶段的一线技术工作。

11.3.2 基本含义

为简便起见，可以把第 6 版 "指导与管理项目工作过程" 中的 "项目工作" 理解成项目执行阶段的一线工作。该过程旨在开展项目管理计划所规定的各种活动，来实现计划的要求，完成可交付成果，并识别必要的项目变更，提出变更请求。

项目执行阶段的开始通常以 "开工会" 为标志。该会议是项目计划编制工作结束、执行工作开始时，由项目经理和项目发起人召集主要相关方参加的一个会议，以便向主要相关方介绍项目目标与项目计划，获得他们对项目的承诺与支持，并宣布项目正式进入执行阶段。开工会相当于开工典礼。

召开开工会通常是规划阶段的最后一项工作。如果计划编制者和执行者是不同的两批人，而执行者的就位又需要一段时间，则召开开工会是执行阶段的第一项工作。例如，大型施工项目必须等施工队伍进场后才能召开开工会。

在项目执行中，需要使用工作授权系统。工作授权系统是整个项目管理信息系统的一个子系统。它是一系列正式书面程序的集合，用来授权项目工作的开始，以保证该工作由正确的组织在正确的时间以正确的顺序执行。项目执行期间的许多比较重要的工作，并不是到了进度计划所规定的开始时间就可以自动开始的，而是要得到正式的工作授权才能开始。就像大学生不是读完一年级之后即可自动进入二年级，而必须经过一个 "注册"（相当于授权）程序。

除了按原定计划执行项目工作，本过程也要执行那些经批准的变更请求，包括预测型方法下的经批准的预防措施、纠正措施与缺陷补救措施，以及敏捷型方法下的新添加到产品待办项中的工作。这些经批准的变更请求都是实施整体变更控制过程的输出，这些输出又成为指导与管理项目工作过程的输入。第 7 版项目工作绩效域所讨论的"监督新工作和变更"，与第 6 版指导与管理项目工作过程中的执行经批准的变更请求，存在基本的对应关系。其目的是，确保只有经过批准的变更才能被执行。

11.3.3 输入与输出

指导与管理项目工作过程的主要输入与输出的基本关系，如图 11-2 所示。

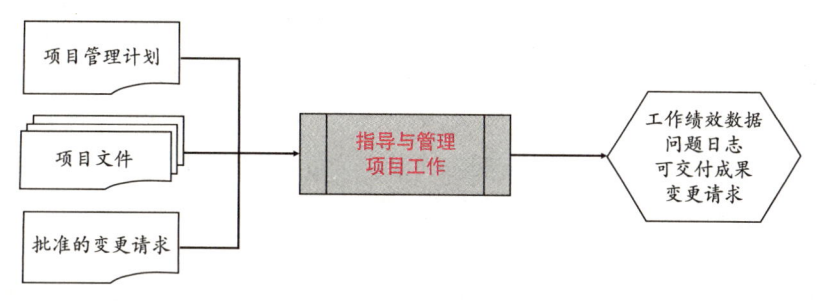

图 11-2 指导与管理项目工作过程的输入与输出基本关系

在指导与管理项目工作过程，项目管理团队依据项目管理计划和各种项目文件开展项目执行，还需要执行经批准的变更请求。项目执行所依据的项目文件太多，不便一一列举。在本过程，需要一边执行，一边收集工作绩效数据。通过执行，产出可交付成果。在执行中，可能需要提出变更请求，还需要及时把发现的问题记入问题日志。

11.4 管理项目知识过程

11.4.1 不断形成新知识

管理项目知识是指在整个项目生命周期中不断总结经验教训，形成新知识（包括显性知识和隐性知识），并在项目内部分享，以及在必要时与其他项目分享和在项目执行组织中分享。

一方面，项目作为具有很大挑战性的独特工作，会有很多创新。在创新中所形成的经验教训必须及时总结出来，供项目后续阶段或其他项目或其他工作借鉴。另一方面，项目作为具有临时性的时限工作，会在规定时间结束。在项目结束之前，必须把经验教训总结出来，防止经验教训随项目结束和项目团队解散而丢失。

11.4.2 本过程的基本含义

管理项目知识过程是知识管理学科在项目管理中的应用。因为各种各样的知识太多，所以就产生了知识管理学科。未经管理的知识，不仅不能很好地发挥作用，还会泛滥成灾。就像现在每个人的手机中都有成千上万张照片，如果不加以整理和管理，就难以利用，甚至就成"灾"了。

知识管理的重点是把现有的知识条理化和系统化，以便更好地加以利用；同时，还要基于这些条理化和系统化的知识，以及对这些知识的应用来生成新的知识。管理项目知识过程是要在项目环境中持续整理和利用现有知识，不断创造出新知识，以便实现项目目标，并促进项目执行组织持续学习。这个过程应该贯穿项目始终，需要持续开展。

第6版特别提及了两个重要的知识管理活动：知识分享和知识集成。项目经理要创造一个良好氛围，激励大家分享知识。不仅要分享以数字、文字或图形方式存在的显性知识，而且要分享存在于个人头脑中的隐性知识。知识集成则是把来自不同领域、产生于不同背景的各种知识系统化。系统化的知识比零散的知识更加有用。

在考纲中，要求为确保"项目连续性"而进行知识分享。项目连续性是指项目工作不因严重风险或问题的发生而中断，例如，重要人员离职、相关方干扰和自然灾害突发。应该创造有利于知识分享的氛围，明确与知识分享有关的权责，采用合适的知识分享途径和方法。

11.4.3 本过程的输入与输出

管理项目知识过程的主要输入与输出的基本关系，如图11-3所示。

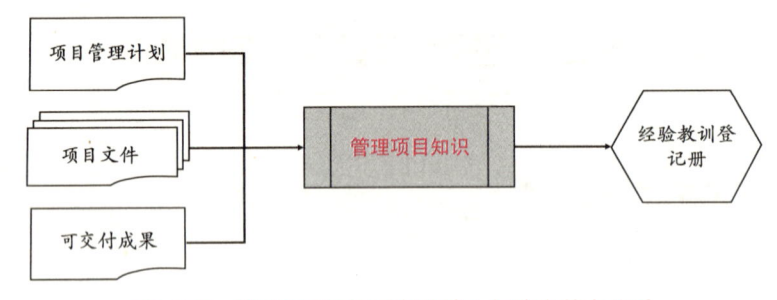

图11-3 管理项目知识过程的输入与输出基本关系

在本过程，项目管理团队根据项目管理计划、各种项目文件和可交付成果，来不断总结经验教训，形成经验教训登记册。可交付成果的形成情况，是总结经验教训的重要依据。经验教训登记册要记录每一条经验或教训及其分类和应用建议。对每一条经验或教训，都要写出应用建议，方便以后付诸应用。

第12章 交付绩效域

12.1 交付概述

交付绩效域关注的是交付具有拟定的功能的可交付成果以及相应的商业价值。可交付成果的功能取决于项目的范围和质量。范围决定可交付成果有什么功能，质量决定这些功能的技术水平。只有具备了应有的功能和技术水平，可交付成果才能满足项目相关方的需求，才能为项目相关方实现应有的价值。例如，时钟不仅要有计时的功能，而且计时必须达到一定的准确度。

交付绩效域与第 6 版项目范围管理和项目质量管理知识领域中的规划、执行和监控过程有密切关系。应该通过这些过程做出符合要求的、作为商业价值的载体的可交付成果。

12.1.1 交付价值

本书第 1 章曾讨论项目的价值导向性，本书第 4 章曾讨论"聚焦项目价值原则"。这里再略作补充。

交付价值的频率和时间，在很大程度上取决于项目所采用的开发方法。采用敏捷型方法的项目，应该在整个项目期间不断地向客户交付价值，而不是等到整个项目结束时再交付价值。采用预测型方法的项目，应该在整个项目结束时随项目可交付成果的一次性交付而向客户交付价值。前者就如同是餐馆给客人一个菜一个菜地分批上菜，后者就如同餐馆备齐全部菜后再一次性给客人上菜。

强调交付价值，固然是正确的。但是，正如本书第 4 章指出的，对应该或已经交付的价值的测量是较难操作的。可以用以下几种办法使价值在一定程度上可测量：

- 只针对主要项目相关方。虽然从理论上讲，要为所有相关方创造价值，但实际上无法做到，因为不同相关方想要的价值不同且可能相互冲突。所以，应该明确用于测量价值实现情况的那些主要相关方。对于其他相关方则只能尽可能兼顾。

- 规定用于测量价值实现情况的有限时间段。项目的价值的实现往往会在项目完成后一直持续下去，直到项目产品退出市场。要完整地测量项目的价值的实现情况，只能在更长的产品生命周期或项目集生命周期内开展，而这又不符合项目的临时性特点。因此，对项目而言，只能测量项目期间和完成后短期内的价值实现情况。
- 对价值进行一定程度的量化。首先，在商业论证报告或类似文件（如精益创业画布）中，对拟实现的效益（价值）进行高层级的描述。其次，在效益管理计划中对这些效益（价值）进行更详细的描述。再次，把拟实现的效益（价值）写入项目章程。最后，在编制项目计划时，把效益（价值）的实现要求列入项目基准计划或高层级路线图，作为测量效益（价值）实现情况的依据。

12.1.2 需求、范围和质量

做项目，是为了满足项目相关方的需求。对一开始就有明确且稳定需求的项目，应该在项目规划的早期就通过需求启发和收集来清晰记录需求。对一开始只有模糊或易变需求的项目，应该在项目早期记录高层级需求，然后随项目进展逐步明确需求。这里的"明确"既包括把高层级需求具体化（需求演变），也包括发现新需求（需求发现）。对前一类项目，应该用预测型方法。对后一类项目，应该用敏捷型方法。

无论需求是否在项目一开始就足够明确，也无论需求在项目开展过程中是否易变，需求都是需要管理的。管理需求包括需求启发、需求收集、需求分析、需求变更管理和需求实现情况跟踪等。通常，项目应该设一名需求管理人员，其职位可以是商业分析师、产品负责人、价值工程师等。

需求是否具体，可以用4CVT标准来衡量。足够具体的需求，一定是符合以下六条标准的：

- 清晰（Clear）：只能做出一种理解。
- 一致（Consistent）：各种需求不相互矛盾。
- 完整（Complete）：全部需求构成一个整体，代表项目的完整需求。
- 简洁（Concise）：文字表达简短。
- 可核实（Verifiable）：便于核实需求的实现情况。
- 可追踪（Traceable）：能赋予唯一的识别码并随时间推移追踪进展情况。

项目需求决定项目范围。项目范围有广义与狭义之分。广义的项目范围由产品范围和狭义项目范围构成。产品范围是项目可交付成果应具备的功能（针对产品类成果）或特性（针对服务类成果）。狭义的项目范围是为了完成产品范围而必须开展的项目工作。例如，要煮一锅土豆焖饭，产品范围就是煮成的饭及其应具备的色香味功能；狭义的项目范围就是准备土豆、大米、水、锅、柴火，以及烧火煮饭。产品范围是面向客户的，项目范围是面向项目团队的。

一方面，产品范围决定项目范围，只有弄清楚产品范围，才能弄清楚项目范围。另一方面，项目范围服务于产品范围，只有项目范围做到位，产品范围才能实现。产品范围的完成情况，要依据产品需求文件来考核。项目范围的完成情况，要依据项目管理计划来考核。产品范围的变化与项目范围的变化，没有必然的联系。例如，一面原计划油漆成白颜色的墙，要改油漆成黄颜色，产品范围发生了变化，但如果这一改变是在油漆采购之前做出的，项目范围不会发生变化。

质量是产品、服务或成果用于满足用户明示和潜在需求的全部特性和功能的总和。如果这些特性和功能能够很好地满足用户的需求，那么质量就好，反之就不好。这个定义很全面，但是不可操作。可以下一个可操作的定义，那就是：质量是指达到技术要求和适合用户使用。根据这个定义，项目工作要提交出符合技术要求且具有实际用途的项目成果。产品符合要求并有使用价值，就能让客户满意。

对项目团队外部的相关方（如项目发起人），项目经理对整个项目的质量承担最终责任。在项目团队内部，每个成员都必须按要求完成相关工作并进行自我质量检查，都要对自己所做的那部分工作的质量承担最终责任。

无论是范围还是质量，都要符合验收标准。验收标准的表现形式可以是在项目范围说明书中写明的可交付成果完工标准，或者在工作分解结构词典中写明的技术绩效测量指标，或者是适用于软件开发项目的"完工定义"。完工定义是用于检查可交付成果是否已可供用户使用的核对清单。

无论是范围还是质量，都应该做到"刚刚好"，而不能随意"镀金"。PMI提倡给客户提供你答应提供的东西，而不要多提供一些额外的东西，例如，额外的功能、更高的质量。按PMI的观点，镀金不会增加项目的价值。镀金往往是项目工作人员为了讨好客户而做出的。从机会成本的角度来看，镀金的机会成本比较大。更何况，资源是有限的，把资源用于满足项目既定的要求更加合适。

项目范围的镀金往往是范围蔓延的结果。范围蔓延是指未经控制的项目范围逐渐扩大。一方面，项目范围很容易以一种不易察觉的方式逐渐扩大，等到察觉后，项目范围已发生实质性变化，从而导致项目范围出现重大偏离。另一方面，项目相关方可能误认为，让项目团队多做事情能增加项目价值，从而不经过既定的申请和审批程序，就随意增加工作内容。所以，要特别注意防止范围蔓延。

12.1.3 完成漂移和次优结果

第7版提到了"完成漂移"和"次优结果"。这两个概念都与项目范围及质量有密切关系。完成漂移是指为适应新兴技术或市场变化而对正在开发的产品增加特性或功能，从而导致项目完工时间相应后延。例如，市场上新出现的竞争性产品导致需要对正在研发的产品增加新功能，从而推迟本产品的上市时间。完成漂移与范围蔓延都涉及项目范围变化，却有根本区别（见表12-1）。

表 12-1　完成漂移与范围蔓延的区别

比较项	完成漂移	范围蔓延
项目开发方法	适用于敏捷型方法	常发生在预测型方法项目中
如何应用	随需求演变或发现而应用	通过变更控制过程加以预防
根本属性	经过批准的范围扩大	未经批准的范围扩大
允许的程度	适度漂移，不能降低项目价值	最好是零蔓延
对项目的影响	提升项目价值	降低项目价值

次优结果是指在无法实现理想结果的情况下所追求的第二好结果。交付次优结果有两种情况。一种是，无法做出理想的可交付成果，从而导致只能交付次优结果。例如，原计划研发能彻底治愈某种病的药物，却只研发出了能够控制该疾病的药物，从而导致只能给病人（用户）交付次优结果。另一种是，市场环境的变化导致理想的可交付成果无法产出理想的结果。例如，虽然开发出了能彻底治好某种病的药物，但是市场上又出现了更便宜却有相同疗效的药物，从而导致开发商无法获得理想的效益。在无法交付最优结果的情况下，交付次优结果也不失为一种不错的方案。

12.2　项目范围管理

项目范围管理旨在保证做且只做为完成项目所需的全部工作。它关注的焦点是，什么是包括在项目之内的，什么是不包括在项目之内的，以便为项目工作明确划定边界。通俗地讲，项目范围管理就是要做范围内的事，而且只做范围内的事，既不少做也不多做。如果少做，会影响项目既定功能的实现；如果多做，又会浪费资源，并产生极高的机会成本。

项目范围管理需要：
- 明确项目边界，明确什么工作是项目范围内的。
- 明确项目必须提交的全部可交付成果。
- 动态对项目工作进行监控，确保所有该做的工作都做了。
- 动态对项目工作进行监控，防止发生范围蔓延。
- 对不包括在项目范围之内的额外工作说"不"，预防做额外工作（镀金）。
- 及时对项目可交付成果进行实质性验收。

12.2.1　项目范围管理各过程

在第6版，项目范围管理的实现过程有规划范围管理、收集需求、定义范围、创建WBS、确认范围和控制范围。其中的收集需求、定义范围、创建WBS和确认范围过程与第7版的交付绩效域有直接关系。这四个过程的主要输入与输出的基本关系，如图 12-1 所示。

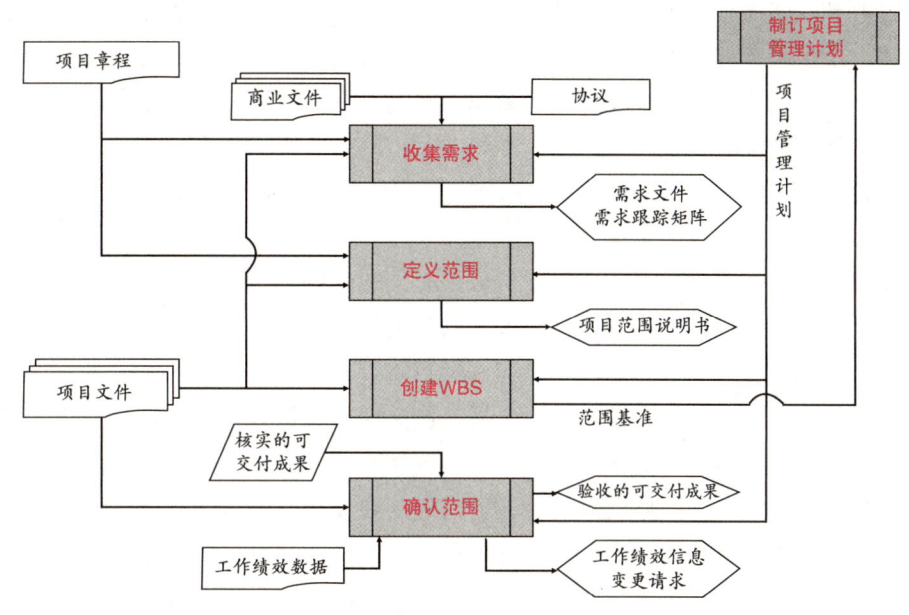

图 12-1 项目范围管理主要过程的输入与输出基本关系

12.2.2 收集需求过程

收集需求过程是根据范围管理计划和需求管理计划，收集项目相关方对项目的具体需求。也就是说，把相关方对项目的需要、想要与期望，转变成具体的项目需求，并记录下来。项目相关方对项目的需要、想要与期望可能并不明确。这就要求项目管理团队运用自己的专业知识与技能，通过与相关方的密切沟通，把相关方较笼统和抽象的需要、想要和期望转变为具体的、可测量的需求。例如，相关方提出"大门必须安全、方便、美观和新潮"。其中，安全是客观需要，方便是客观需要和主观想要，美观和新潮则是主观想要和期望。项目经理不能仅依据"安全、方便、美观、新潮"这八个字去建设大门，而必须明确列出具体的、可测量的标准，即具体的需求，并报相关方审批，然后按这些标准（需求）去建设大门。

为了更好地管理需求，可以把需求归为以下类别：

- 商业需求。这是最高层次的、整个组织的需求，例如，抓住某个商业机会。它要回答的问题是：为什么要做某个项目？
- 相关方需求。这是中间层次的、每个或每组相关方的需求。它要回答的问题是：相关方想用项目产品做什么？
- 解决方案需求。这是最低层次的、技术方面的需求，是为了实现商业需求和相关方需求，项目产品必须具备的特性和功能。它要回答的问题是：项目团队必须开发出什么样的项目产品？应该用一定的解决方案去满足相关方需求，并通过满足相关方需求来实现商业需求。
- 过渡和就绪需求。这是临时性需求，旨在完成某系统从当前状态到未来状态的过渡，使该系统一切就绪。一旦过渡完成、系统就绪，这种需求就会自动消失。例如，组织信息系统升级项目中的数据迁移需求。一旦数据迁移完成，系统的数据迁移能力就没必要了。
- 项目需求。对项目过程的需求，例如，采用什么项目管理方法，必须在什么时间、用多大成本完成什么工作。
- 质量需求。这是项目过程或可交付成果必须达到的质量要求。质量需求与功能需求、非功能需求、过渡和就绪需求，以及项目需求都是交叉的。

在收集需求过程中，应该在项目章程和项目管理计划（如需求管理计划、范围管理计划、相关方参与计划）的指导之下，根据项目文件（如相关方登记册、假设日志）去收集相关方的需求。在收集需求的过程中，需要用商业文件（如商业论证）去引导相关方表述合理的需求。对于为客户做项目的乙方，还需要使用协议（合同）。重复开展本过程，需要参考已记录在经验教训登记册（一种项目文件）中的经验教训。

收集来的需求，必须记录下来，形成需求文件，同时编制需求跟踪矩阵。需求文件记录项目相关方对项目的各种具体需求。需求跟踪矩阵则说明具体需求与高层目标之间的对应关系，以及具体需求与细节层次上的项目设计、项目工作和可交付成果之间的对应关系。通过需求跟踪矩阵来确保每个具体需求都有实际意义（为高层目标服务），且都能实现（通过细节层次上的工作）。在项目监控过程中，应该依据需求跟踪矩阵来跟踪（监控）需求的实现情况。作为一份承上启下的文件，需求跟踪矩阵也有利于评审关于细节工作的变更请求。如果要对某个细节工作进行变更，就可以在需求跟踪矩阵中反向查询哪个需求和哪个高层目标会受到影响。

12.2.3 定义范围过程

在收集需求过程中收集到的需求，不一定都要在本项目中得到实现。定义范围过程就是确定哪些需求必须在本项目中实现，并基于这些需求编制项目范围说明书，明确项目范围边界。

在定义范围过程，应该在项目章程和项目管理计划（如范围管理计划）的指导之下，基于前一个过程所得到的需求文件（一种项目文件），依据假设日志（一种项目文件），编制项目范围说明书。项目范围说明书在经高级管理层批准之前，将作为一种项目文件用作创建WBS过程的输入。经批准之后，成为范围基准和项目管理计划的组成部分。

在风险管理知识领域分析风险之后，可能要根据风险登记册（一种项目文件）来缩减项目范围，以减轻作为威胁的整体风险；或者扩大项目范围，以提升作为机会的整体风险。

项目范围说明书的主要内容包括：

- 产品范围描述。细化项目章程和需求文件中的产品范围。
- 可交付成果。项目必须提交的中间及最终可交付成果。以后还要在创建WBS过程中进一步细分。
- 验收标准。可交付成果必须满足的标准。
- 项目除外责任。本项目必须不做什么事情,防止相关方对项目产生不合理的期望。

12.2.4 创建WBS过程

创建WBS过程是用工作分解结构,把项目范围说明书中的可交付成果细分为更小更便于完成的可交付成果,并在此基础上形成范围基准。项目范围说明书旨在确定项目范围边界,工作分解结构则确定边界之内有什么。

在创建WBS过程,应该根据项目管理计划中的范围管理计划,以及项目文件中的需求文件和项目范围说明书,编制WBS和WBS词典,并进而形成项目的范围基准。范围基准是项目管理计划的组成部分。

工作分解结构,顾名思义,是把整个项目逐层分解到较小的、便于管理的要素——可交付成果。虽然在实际工作和一些项目管理教科书中,工作分解结构中的各要素可能是"活动"(以动词表示),而不是"可交付成果"(以名词表示),但是按PMI的要求,工作分解结构必须"以可交付成果为导向"。除了第二层可以是阶段名称,以及在项目管理分支中可以出现活动,工作分解结构中的每个要素都必须是可交付成果。正如第6版明确指出的,"工作"是指作为活动结果的工作产品或可交付成果,而不是活动本身。

工作分解结构一般由产品范围和项目范围构成。项目范围中又包括技术工作和管理工作。例如,对煮饭项目,可编制如图12-2的工作分解结构。除了"土豆焖饭"分支是产品范围,其余三条分支都是项目范围。"原料"是指已经准备好的原料,"材料"是指已经准备好的材料,都是中间的可交付成果。

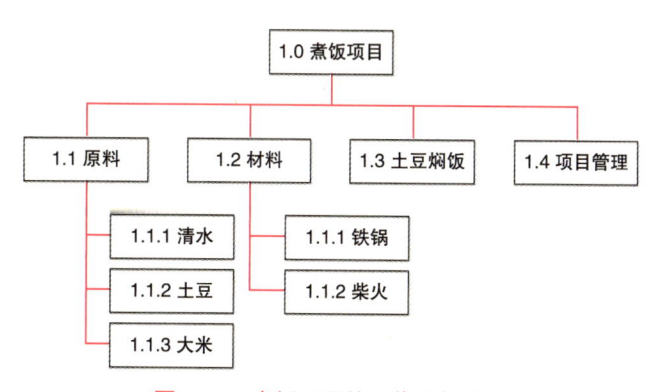

图 12-2 煮饭项目的工作分解结构

可交付成果是指为完成项目而必须提交的、可核实的、可测量的项目中间或最终成果,可以是有形或无形的。例如,房屋建造项目会形成有形的可交付成果,服务开发项目会形成无形的服务能力。在一个项目中，存在不同层次的可交付成果。所有可交付成果都完成了，整个项目也就同时完成了。

工作分解结构是用来确定项目的总范围的，项目的全部工作都必须包含在工作分解结构中。不包含在工作分解结构中的任何工作都不是项目的组成部分，都不能做，否则就是镀金。这是工作分解结构100%规则的要求——工作分解结构必须且只能包含100%的工作。根据100%规则：

- 子要素之和必须正好等于相应的母要素，所有子要素都完成了，其相应的母要素也就同时完成，而无须再进行任何额外工作。
- WBS中的任何工作都是必须做的。如果有多余的，必须经过变更控制程序把它去掉，才能不做。
- WBS之外的任何工作都是必须不做的。如果要做，必须先经过变更控制程序把它加进去。

工作分解结构的编制需要全部主要项目相关方和项目团队成员参与。各项目相关方站在自己的立场，对同一个项目可能编制出差别较大的工作分解结构。项目经理应该组织他们进行讨论，以便编制出一份大家都能接受的工作分解结构。从这个意义上讲，项目经理又是在发挥"整合者"的作用。

工作分解结构最高层的要素，是项目名称或最终项目成果。每向下一个层次都是对上一个层次相应要素的细分。上一个层次的要素则是下一个层次各要素之和。工作分解结构中每条分支的分解层次不必相等，例如，某条分支分解到了第四层，而另一条只分解到第三层。在工作分解结构中，同一层次的各要素应该相互独立，尽量不交叉。

逐层向下分解是为了提高时间和成本估算的准确性，更有效地开展项目规划、执行与控制。一般情况下，工作分解结构应控制在4~6层。如果项目比较大，以至于工作分解结构要超过6层，就应该先把大项目分解成子项目（编制"项目分解结构"），再针对子项目编制工作分解结构。把工作逐层分解，能提高管理效果，但会降低管理效率。如果分解得过细，就会导致管理工作量增加太多，甚至根本管不过来。

在编制WBS的同时，应该编制WBS词典，来解释每个WBS要素。WBS相当于名词汇编，WBS词典相当于名词解释，它们是孪生兄弟般的两个文件。如果没有WBS词典，人们可能看不懂WBS。作为名词解释，WBS词典可详可简。

编制出WBS和WBS词典后，把这两个文件连同项目范围说明书，报给高级管理层审批。经过高级管理层审批的项目范围说明书、WBS和WBS词典，就是项目的范围基准。

还应该了解几个与WBS密切相关的概念：控制账户、规划包和工作包。控制账户是用来进行项目范围、进度、成本和质量控制的，WBS某个层次上的要素，既可以是工作包，也可以是比工作包更高层次的要素。后一种情况更常见。在后一种情况下，一个控制账户下就有不止一个工作包，一个工作包只能隶属于某一个控制账户。

控制账户是一种管理控制点，项目经理针对控制账户考核项目执行情况，即在控制账户的相应要素上，把项目执行情况与计划要求进行比较，评价执行情况的好坏，发现并纠正偏差。项目经理不直接关心低于控制账户的 WBS 要素的执行情况，而是把它们交给下级成员去直接关心。

通常在项目规划阶段，就要确定项目的控制账户。控制账户设在较高或较低层次上，就表明项目经理想要对项目实施"粗管"或"细管"。如果项目遇到了严重危机，为了加强控制，项目经理可以临时决定下移控制账户——把更低层的要素定为控制账户。

规划包是在控制账户之下、工作包之上的 WBS 要素。虽然已经知道它是一个什么样的成果，但是尚不清楚究竟要做哪些具体活动，才能把该成果做出来。由于还无法分解出编制详细进度计划所需的进度活动，规划包只是暂时用于项目计划编制工作。随着情况的明朗，规划包最终将被分解成工作包和相应的进度活动。

工作包是 WBS 每条分支的底层要素，除非该要素已被特别命名为"规划包"。规划包是暂时的底层要素，工作包是永久的底层要素。工作包是项目的最小的可交付成果。工作包再分解，得到的就是进度活动而非可交付成果。

关于多大的可交付成果可以作为工作包，并没有标准答案。通常，按两周的间隔来检查项目实施情况，有利于对项目的有效控制。这就是工作包的 80 小时法则（每天工作 8 小时，每周工作 5 天）。不过，该法则并不具强制性。在大型项目上，工作包可以是耗时 200~300 小时的可交付成果；在小型项目上，工作包可以是耗时约 40 小时的可交付成果。

工作包必须小到这样的程度，以至于能够比较准确地对该工作包安排进度、编制预算、识别风险、分配负责人。某个可交付成果如果具有下列特征之一，就可以被当作工作包：

- 规模较小，可以在短时间内完成。
- 从逻辑上讲，不能再分了。
- 所需资源、时间、成本等已能较准确地估算，已经能够对其进行有效的进度、成本、质量、范围和风险控制。
- 准备把这部分工作外包出去，而且希望由承包者来继续细分。这部分工作就相当于子项目。

注意：工作包只是在本 WBS 中不再细分，但还可以在其他下级 WBS 中细分（针对子项目），或者由具体负责该工作包的人把它细分为各种进度活动。

12.2.5 确认范围过程

确认范围过程是由项目发起人、客户和其他主要相关方正式验收已经完成并核实为质量合格的可交付成果。工作分解结构所列的每个可交付成果在完成之后，都要及时进行质量合格性核实（控制质量过程），及时进行实质性验收（确认范围过程）。及时验收可交付成果，既有利于及时发现并解决问题（可交付成果不符合验收标准），提高整个项目完工时顺利通过整体验收的可能性，也有利于及时认可和表彰相关团队成员。

注意：确认范围与控制质量是不同的，前者注重的是可交付成果的可接受性，而后者注重的是可交付成果的正确性（符合质量要求）。通常控制质量在前，确认范围在后；有时，也可以同时开展。控制质量过程中的"核实"，英文是 verify，是核实可交付成果技术上的正确性，是项目团队内部的工作。确认范围过程中的"确认"，英文是 validate，是确认可交付成果对实现项目目标的有用性以及能否通过验收，是项目团队邀请项目发起人和客户来做的。技术正确，不一定有用，不一定能通过验收；技术不正确，不一定就无用，不一定就不能通过验收（也许客户很宽容）。

在确认范围过程，根据项目管理计划中的范围管理计划、需求管理计划和范围基准，项目文件中的需求文件（含验收标准）、需求跟踪矩阵（含验收方法）和质量报告，以及工作绩效数据，对核实的可交付成果进行实质性验收。验收工作中会形成相关资料，即工作绩效信息。如果符合验收标准，就得到验收的可交付成果。如果不符合验收标准，就提出变更请求。

重复开展本过程,需要参考已记录在经验教训登记册(一种项目文件)中的经验教训。

12.3　项目质量管理

项目质量管理旨在保证项目达到既定的质量要求，保证项目产品能够发挥既定的功能，从而满足项目相关方的特定需求。它包括制定和执行质量政策、质量目标和质量职责等。质量管理不仅是一系列技术的应用，而且更重要的是，人们必须具备一系列特定的理念。例如，质量管理中常见的零缺陷管理、六西格玛管理和过程改进等，固然有一定的技术含量，但更重要的是建立和维护相应的理念。

项目质量管理的许多理念和做法与一般的质量管理相同。项目质量管理既包括对项目的产品（成果）的质量管理，也包括对项目的管理工作的质量管理。第 6 版试图同时兼顾对项目产品的质量管理和对管理工作的质量管理，就使项目质量管理与项目范围管理、进度管理、成本管理等严重交叉，加大了考生对项目质量管理知识领域的学习难度。例如，项目进度偏差突破了控制临界值，就意味着"进度管理"的质量不符合要求，这就导致质量管理与进度管理交叉。

12.3.1　质量管理的良好做法

最重要的是，在整个组织中建立和维护优秀的质量管理文化，使每个人在每个环节都自觉地确保工作过程的质量和工作成果的质量。在这样的文化氛围中，就便于有效地开展质量规划、质量保证和质量控制。

在进行项目规划和产品设计时，必须认真考虑对工作过程和工作成果的质量要求，把质量融入项目规划和产品设计中。可以说,质量首先是规划和设计出来的。

在项目执行和产品开发中,必须严格执行事先规划和设计的工作过程,并做必要的持续改进,来保证质量。

在交付工作成果之前,必须进行适当的检查以发现和纠正缺陷。在工作成果交付之后,还要通过用户调查等方法来了解客户满意度,包括发现和解决可能存在的产品缺陷。这些都属于质量控制。

质量管理中的一些重要理念包括:

- 第一次就把事情做对。这才是最节约成本的方法,因为可以避免返工、避免废品等。通过第一次就把事情做对,保证产品符合既定的要求,从而防止发生因产品不符合要求而带来的相关成本。第一次就把事情做对与零缺陷管理其实是一回事。当然,在实际工作中,人们不可能绝对不犯错误,没办法绝对地做到"第一次就把事情做对"和"零缺陷"。但是,它们是人们的终极追求,可以不断地接近。
- 质量是免费的。使质量合格所得到的回报,通常都要大于所付出的代价。这是质量管理专家克劳斯比的观点。他写过一本书,书名就是《质量是免费的》(*Quality Is Free*)。他也认为,质量成本是用失败成本来衡量的。如果第一次就使质量合格,那么失败成本就是零。这也意味着质量是免费的。
- 预防胜于检查。通常,在预防上花钱比在检查上花钱,效益要好得多,尽管一定程度的检查仍必不可少。
- 持续改进或凯恩恩(Kaizen)。这两个词意思相同,后者是日本语中的"改善"的音译。通过持续不断的小改进积累成大改进,往往比瞬间的大改进更有价值。瞬间的大改进不可能每天都取得,更何况大改进往往要付出大代价。持续改进中也包括杜绝浪费的重要理念,即通过不断改进过程来减少浪费。这个理念是精益管理的核心。精益管理强调消灭一切不创造价值的资源消耗。
- 准时制(零库存)管理。它本来是用来降低库存成本的方法,是财务会计中的概念,但也可以用来促进质量管理水平的提高。由于是零库存,没有多余的材料,就促使人们更注重质量,力争一次就把事情做对,力争零缺陷。
- 全面质量管理。强调全过程质量管理和全员参与质量管理。整个生产过程中的每个环节都要做好质量管理,任何一个环节出错,产品质量就会出错。每个员工都要参与质量管理,任何一个人出错,产品质量就会出错。全面质量管理发源于美国,在日本得到了最成功的实践和发展。
- 管理者对质量负 85% 的责任,而工人只有 15% 的责任。质量主要取决于管理者所建立和维护的管理系统,而不是每个工人的个人努力。

12.3.2 项目质量管理各过程

在第 6 版,项目质量管理的实现过程有规划质量管理、管理质量和控制质量。这三

151

个过程的主要输入与输出的基本关系,如图 12-3 所示。

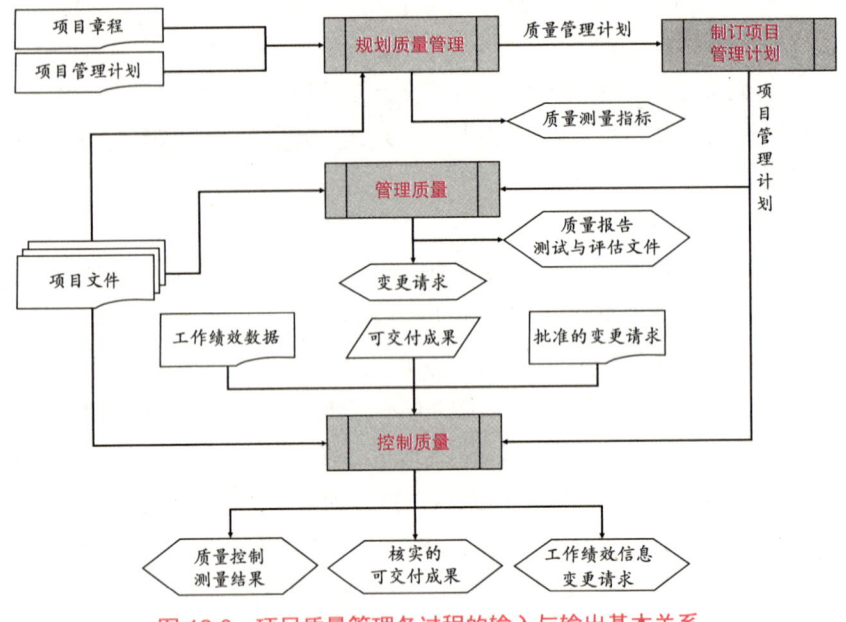

图 12-3 项目质量管理各过程的输入与输出基本关系

12.3.3 规划质量管理过程

规划质量管理过程旨在编制质量管理计划和质量测量指标。质量管理计划用来指导管理质量过程和控制质量过程。质量管理计划的主要内容已在本书第 10 章阐述。质量测量指标是对质量管理计划中的高层级质量标准的具体化和可操作化。

在规划质量管理过程,应该在项目章程的指导下,根据项目管理计划中已有的内容,以及多种项目文件来编制质量管理计划和质量测量指标。项目章程中的项目目标、项目成功标准、项目审批要求等内容,都会对编制质量管理计划和质量测量指标有直接影响。

项目管理计划的各个组成部分对本过程的作用为:

- 需求管理计划有利于把质量管理的方法与需求管理的方法协调起来。
- 风险管理计划有利于明确该如何管理与质量有关的风险。
- 相关方参与计划有利于引导相关方合理参与质量管理计划和质量测量指标的制定。
- 范围基准有利于针对每个 WBS 要素制定质量测量指标。

以下项目文件对本过程的作用为:

- 假设日志。需要考虑各种假设条件和制约因素。
- 需求文件。其中包含的需求及其验收标准,对确定质量管理方法和质量测量指标有直接影响。
- 需求跟踪矩阵。其中的需求验收方法(如测试场景),对确定质量检查方法有直接影响。
- 相关方登记册。有利于识别对质量管理和质量标准有特别要求的相关方。
- 风险登记册。在确定质量标准和质量测量指标时，必须考虑风险。

实际上，项目管理计划中的范围基准、进度基准和成本基准，都会直接影响质量标准和质量测量指标的确定，只是第6版没有列全。

12.3.4 管理质量过程

管理质量过程是把质量管理计划中的内容细化成可执行的质量管理活动，并加以执行，以在项目中落实组织的质量政策。在管理质量过程中，要做以下五件主要工作：

- 让主要相关方确信项目将会达到质量要求，从而能够满足他们的需要、期望和需求。
- 执行（包括细化后执行）质量管理计划中规定的质量管理活动，确保项目工作过程和工作成果达到具体质量测量指标和高层级质量标准。
- 编制将用于质量控制的质量测试与评估文件。这是把质量标准和质量测量指标转化成质量测评工具（如质量核对单）。
- 根据质量管理计划和质量控制测量结果（实际质量绩效），提出变更请求，实现过程改进。
- 根据质量管理计划、质量测量指标、本过程的实施情况，以及质量控制测量结果，编制质量报告。

虽然项目团队可以利用组织中的质量保证部门来开展管理质量过程中的一部分活动（通常是为项目团队履行职责提供支持），但是本过程的大部分活动仍是项目团队自己的职责。

每个人都需要参与管理质量过程，包括项目经理、项目团队成员、执行组织的管理人员，甚至客户。

下列各点有助于考生理解和记忆管理质量过程的输入与输出：

- 执行质量管理计划（项目管理计划的组成部分）中规定的质量管理活动。
- 按质量测量指标（一种项目文件）把质量做合格。
- 把质量标准和质量测量指标转化成测试与评估文件，供控制质量过程使用。
- 根据风险报告（一种项目文件）动态评审实现项目质量目标的机会和威胁，以便提出必要的变更请求（如调整质量管理方法或质量测量指标）。
- 根据质量控制测量结果（一种项目文件）反思质量管理体系的合理性，以便提出必要的变更请求。
- 重复开展本过程，需要参考已记入经验教训登记册（一种项目文件）的质量管理经验教训。
- 根据各种资料编制质量报告，向项目相关方报告项目质量绩效。

12.3.5 控制质量过程

控制质量过程旨在检查具体的工作过程或可交付成果的质量，并记录检查结果，确定是否符合质量测量指标和高层级质量标准。如果不符合，则要找出原因，并提出纠偏建议（针对工作过程）或缺陷补救建议（针对可交付成果）。

本过程要做以下四件事情：

- 检查具体的工作过程的质量，并记录检查结果（质量控制测量结果）。
- 检查已完成的可交付成果是否符合质量要求（技术上是否正确），并记录检查结果（质量控制测量结果）。
- 检查已批准的变更请求是否实施到位并记录检查结果（质量控制测量结果）。
- 基于前述检查结果和相关计划，整理出工作绩效信息并提出变更请求。

质量控制往往由专门的质量控制人员或质量控制部门来做。例如，教师应该监控学生听课的质量，提出必要的纠偏建议；学生也应该监控教师讲课的质量，提出必要的纠偏建议。

下列各点有助于考生理解和记忆控制质量过程的输入与输出：

- 把体现在工作绩效数据中的质量实际绩效，与体现在质量管理计划（项目管理计划的组成部分）和质量测量指标（一种项目文件）中的计划要求进行对比，得出质量控制测量结果。
- 检查项目工作或成果的质量时，需要使用测试与评估文件（如其中的质量测试程序）。
- 对已经完成的可交付成果进行质量检查。如果质量合格，就得到核实的可交付成果；如果不合格，就提出变更请求。
- 检查已批准的变更请求的执行情况，把检查结果写入质量控制测量结果（是否已执行到位及其原因）。
- 把质量控制测量结果、工作绩效数据和项目计划要求综合起来分析，得出工作绩效信息。如果工作绩效信息不理想，就提出变更请求。

12.3.6 三个过程之间的关系

PMP®考试中可能要求考生判断某件工作属于规划质量管理、管理质量或控制质量过程。第6版的"管理质量过程"与传统的"质量保证"相比，覆盖面更宽。它既与规划质量管理过程交叉，又与控制质量过程交叉。前一个交叉是细化质量管理计划中的质量管理活动，以及把质量标准和质量测量指标转化成测试与评估文件。后一个交叉是把控制质量过程中发现的情况汇编进质量报告，并从质量管理体系上寻求对控制质量过程所发现的各种质量问题的根本解决办法。

控制质量过程提出的"变更请求"是要求解决具体的工作过程或可交付成果中存在

的质量问题，而管理质量过程提出的"变更请求"是要求修改质量管理体系。

这三个过程之间的关系可以简述为：

- 在规划质量管理过程中，建立质量管理体系，包括质量标准、质量测量指标，以及将如何实现。
- 在管理质量过程中，执行质量管理体系。
- 在控制质量过程中，检查质量管理体系的执行结果。
- 在管理质量过程中，根据控制质量过程的检查结果以及规划质量管理过程编制的计划，评价质量管理体系的合理性，提出变更请求（改进建议）。
- 在变更请求（改进建议）被批准之后，回到规划质量管理过程修改（完善）质量管理体系。

上述五个步骤构成了下列循环：从规划质量管理到管理质量到控制质量，又返回到管理质量、规划质量管理，如图 12-4 所示。

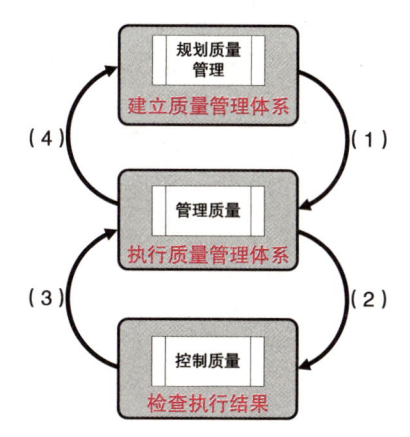

图 12-4 项目质量管理各过程的循环关系

虽然第 6 版写的是"管理质量过程"，但是 PMP® 考试中仍可能有关于区分"质量保证"和"质量控制"的题目。表 12-2 概括了这两者的主要区别。

表 12-2 质量保证和质量控制的主要区别

质量保证	质量控制
事中"做"质量	事后"检查"质量
由工作执行者边执行边开展	由专门质量控制人员在事后开展
发现系统原因导致的过程偏差，据此开展过程改进	发现特殊原因导致的过程偏差，并加以纠正
预防工作成果的质量缺陷	发现和补救工作成果的质量缺陷
从整体着眼的质量管理体系建设	从局部着眼的具体质量问题纠正

第13章 测量绩效域

13.1 测量概述

测量绩效域关注的是测量项目绩效和项目效益，并基于测量结果采取适当行动来确保项目绩效和项目效益的实现。"测量"是比较实际或预测的绩效或效益与计划的绩效或效益，判断偏差是否可接受，并对不可接受偏差采取措施。

测量绩效域与第6版五大项目管理过程组中的监控过程组有密切关系，与十大知识领域中的12个监控过程有密切关系。可以把第7版的"测量"与第6版的"监控"基本等同看待。

13.1.1 测量的意义

基于测量所显示的项目进展情况，项目团队和其他重要相关方才能合理制定决策和采取行动。测量的意义可概括为：

- 保持和提高信心。测量所显示的良好情况，有利于保持和提高信心。测量所显示的不好情况，只要有相应的解决措施配合，也有利于保持和提高信心。采用适当的测量指标，可以激励人员为实现项目绩效和效益而努力。通过测量，项目团队和其他相关方都能不断学习和改进。这特别有利于保持和提高信心。
- 发现和解决问题。及时进行测量，就能及时发现问题，也就有利于及时解决问题。不仅事后测量有利于及时发现和解决问题，而且进行趋势预测有利于尽早预判可能出现的问题并采取合理的预防措施。测量也有利于分析并调整对相关工作的责任落实情况。
- 预测和创造未来。因为项目绩效的发展会有一定的惯性，所以可以基于过去的情况来预测未来的趋势。如果预测的趋势是向好的，那就要努力把它创造出来。如果预测的趋势是不好的，那就要努力防止它的出现。

千万不要只重视"发现和解决问题"，千万不要忽视"保持和提高信心"以及"预测和创造未来"。如果充分重视"保持和提高信心"以及"预测和创造未来",那就能减轻"发现和解决问题"的负担。

13.1.2 可能的测量陷阱

测量陷阱就是测量的副作用。采用的测量指标或测量方法不合理,就会导致严重的测量副作用。即便采用的测量指标和方法是合理的,也往往会有一定的副作用。对每一个测量指标进行"唯一焦点测试",有助于揭示某个特定指标可能的副作用,从而便于用其他测量指标来制衡,以减轻或消除副作用。唯一焦点测试,是假设只用这个特定指标,情况会怎么样。

第 7 版列举了六大常见的测量陷阱。对它们的通俗解释和举例如表 13-1 所示。必须注意防止落入这些测量陷阱。

表 13-1 常见的测量陷阱

序号	名称	通俗定义	通俗类比	举例
1	霍桑效应	"测量"这个行为本身会直接影响(引导)被测量工作从事者的行为	你指向哪里,我就打向哪里	1. 在摄像头监视下,人们会更加注意自己的言行 2. 以发表文章的数量来考核业绩,会引导人们努力多发表文章
2	虚荣指标	对制定决策没有实际用途,仅仅是表面上好看的指标	金玉其外	只用点击量来评价网络文章的质量
3	降低士气	采用明显无法实现的指标	反正无法实现,随他去吧	要求业余跑者100米跑进10秒
4	误用指标	采用无关紧要的指标、会损害长期利益的短期指标或引导人们不良行为的指标	无益甚至有害的测量	用立竿见影的体重减轻来测量减肥效果
5	确认偏见	基于自己原有的观点而倾向于看到自己想看到的东西	你想看见什么就能看见什么	我原本就认为他是好人,所以就很容易看到他的好的方面
6	关系误解	把变量之间的普通相关性误解成因果关系	主观臆断因果关系	因鸡叫与天亮之间的相关性而误以为是鸡叫导致了天亮

13.1.3 测量的一般流程

测量,一般要经过以下步骤:
- 规划测量指标和测量方法。这是规划绩效域的工作,形成测量计划。
- 随同项目开展收集工作绩效数据。这是项目工作绩效域和交付绩效域的工作。
- 整理工作绩效数据并与项目计划进行比较,得出偏差。这是测量绩效域的工作。
- 分析偏差的程度、原因和影响。这是测量绩效域的工作。
- 发布关于测量情况的信息。这是测量绩效域的工作。

- 讨论关于测量情况的信息，做出相应的行动决策。这是测量绩效域的工作。
- 把经批准的行动决策交给其他绩效域执行。这是涉及多个绩效域的工作。

13.2　测量指标和内容

13.2.1　对测量指标的要求

参考目标管理所要求的 SMART（Specific, Measurable, Achievable, Relevant, Time-bound）原则，第 7 版也要求测量指标必须 SMART。这个 SMART 与目标管理中的略有不同，其含义是：

- 具体的（Specific）。具体到不同的人对同一指标会有相同的理解。通常，量化指标更符合这个要求。
- 有意义的（Meaningful）。有利于改进项目业绩，实现项目目标和效益。
- 能实现的（Achievable）。在既定的环境、技术和人员等条件下能够实现。
- 相关的（Relevant）。测量指标所提供的信息有助于制定决策和采取行动。
- 及时的（Timely）。能够及时提供制定决策和采取行动所需的信息。

我们常用"关键绩效指标"来称呼符合上述要求的测量指标。粗略地划分一下，有两大类关键绩效指标。一类是事前指标，例如，列入待办项的任务数量，完工尚需估算。它们能提示人们在特定指标值下的后续项目情况，例如，所需的工作时间，面临的发展趋势。根据这些指标，项目团队可以采取相应行动，可以做出某种变更。

另一类是事后指标，例如，已经发生的成本偏差，已经消耗的资源数量。它们显示的是过去的项目情况。根据这些指标，项目团队可以采取纠正措施，可以分析造成特定情况的根本原因，可以总结经验教训。对两个事后指标的一系列数值进行相关性分析，有助于揭示问题的根本原因。例如，项目团队成员的满意度分值与项目进度偏差的数值之间可能存在很高的相关性。

在强调使用量化指标的同时，也不排斥使用定性指标，因为不是每一种绩效都可以或值得量化。例如，风险管理流程缺失、团队成员士气低落、项目成功标准不够明确，都是定性指标。它们既可以是事前指标，也可以是事后指标，取决于事前或事后使用。在事前使用，它们会预示项目的后续进展情况；在事后使用，它们就属于总结出的经验教训。对定性指标的理解，取决于人们的认知水平。相近认知水平者，较容易对同一个定性指标有基本相同的理解。

13.2.2　测量内容

第 7 版列出了以下七个测量内容：

- 可交付成果：测量与项目范围和质量有关的可交付成果功能实现情况。
- 交付：在敏捷型方法下测量"进行中工作"的实时开展情况。
- 基准绩效：测量项目的进度和成本绩效。
- 资源：测量项目的资源使用情况。
- 商业价值：测量项目效益实现情况。
- 相关方：测量项目相关方的满意度。
- 预测：预测项目完工情况。

为便于理解和掌握，可以把上述七个内容概括成以下三大类：

第一类：项目过程类，包括资源、相关方和交付这三个内容。因为第 7 版中的相关方满意度主要是针对项目团队的，所以可以把相关方指标也归于项目过程类。

第二类：项目目标类，包括可交付成果、基准绩效和预测。

第三类：项目效益类，也就是商业价值这个内容。

13.2.3 具体测量指标

隶属于上述三大类的一些具体测量指标，如表 13-2 所示。

表 13-2 具体测量指标

大类	小类	具体指标	含 义	备 注
项目过程类	资源	资源利用率	资源的有效工作时间与全部可用时间之比，用于设备、设施和人力资源。例如，成员一天的全部可用时间是 8 小时，但有效工作时间是 6 小时	可以比较实际的资源利用率和计划的资源利用率
		资源成本	获取、使用和释放某种资源的全部成本。例如，购买材料、使用材料和处置材料废料的全部成本	可以比较实际的资源成本与计划的资源成本
	相关方	愿意推荐值	某人（通常是客户）愿意向别人推荐某种产品或服务的程度。程度可以是从 0 到 10 的分值，也可以是 −100 到 +100 的分值，也可以是其他分值区间	推荐值的高低代表着客户对产品或服务的满意度和忠诚度
		情绪图	团队成员每天下班时在公开显示板上放上一个最能代表自己当天情绪的表情图，例如兴奋、高兴、不高兴、生气	有助于团队成员表达情感，以及及时了解团队成员的情绪
		士气	用五点量表调查团队成员的工作士气，例如，请成员用 1~5 分对"我喜欢在这个团队中工作"这个题项打分	有助于用多个题项来综合了解团队成员的工作士气
		离职率	某时期非正常离职的成员数与成员总数之比	有助于分析团队的士气

续表

大类	小类	具体指标	含 义	备 注
项目目标类	交付	进行中工作	某特定时点正在进行的工作的数量	有助于限制正在进行的工作的数量，使之维持可管理的规模
		提前时间	从客户提出需求（用户故事写入产品待办项）到团队实现该需求的全部持续时间，例如，7天	所需的提前时间越短，就说明工作流程和团队越有效
		周期时间	从项目团队开始做实现客户需求的工作（用户故事写入迭代任务单）到实现该需求的全部持续时间，例如，提前时间7天减去开始做之前的等待时间3天，等于周期时间4天	与提前时间不同，周期时间只考察团队的工作效率
		队列规模	队列中的任务数量。根据利特尔法则，队列规模取决于在特定时间段内进入队列的数量和离开队列的数量	可以根据队列规模来预测工作完成时间
		批量规模	要在一个迭代期内完成的任务数量，可以用人力投入量（如人时数）或故事点表示	限制批量规模有助于降低风险和快速交付价值
		流程效率	增值活动耗时与非增值活动耗时之比，例如，周期时间是增值活动耗时，进入周期时间之前的时间是非增值活动耗时	去医院检查，排队60分钟，实际检查1分钟，流程效率仅为0.017，非常低
	可交付成果	缺陷信息	可交付成果的范围缺陷（功能缺失）或质量缺陷（功能不符合技术要求）的数量、原因和补救情况	有助于及时发现和补救缺陷
		绩效指标	可交付成果的物理或功能特性，如尺寸、重量、容量、准确性、可靠性、效率	有助于分析可交付成果能否发挥既定的功能
		技术绩效指标	可交付成果的技术性能指标	与前一个"绩效指标"存在实质性交叉
	基准绩效	开始与结束日期	项目活动或活动路径的开始日期和结束日期	比较实际日期与计划日期，可以了解项目进度的情况
		人力投入和持续时间	人力投入是一个项目活动需要的工时数，持续时间是一个项目活动从开始到结束的日历时间	人力投入是决定持续时间的重要但非唯一因素
		进度偏差	已经发生的项目进度落后或提前时间	项目挣值管理中的重要指标
		进度绩效指数	项目进度方面的实际工作效率	项目挣值管理中的重要指标
		特性完成率	被验收特性与全部特性之比	有助于评估项目进展，预测项目完工时间和成本

续表

大类	小类	具体指标	含义	备注
		实际成本与计划成本	比较整个项目或其组成部分的实际成本与计划成本，也可以比较人力资源或实物资源的实际成本与计划成本	有助于分析成本增加或降低情况
		成本偏差	已经发生的项目成本超支或节约	项目挣值管理中的重要指标
		成本绩效指数	项目成本方面的工作效率	项目挣值管理中的重要指标
	预测	完工尚需估算	从现在到项目完工，还需要花费的成本	项目挣值管理中的重要指标
		完工估算	从项目开始到完工，总共需要花费的成本	项目挣值管理中的重要指标
		完工偏差	在项目完工时将要出现的成本超支或节约	项目挣值管理中的重要指标
		完工尚需绩效指数	为了不超支，未来工作必须达到的成本绩效	项目挣值管理中的重要指标
		回归分析	一系列自变量与某个因变量之间的统计关系	可以根据这种关系来预测未来的项目绩效
		产量分析	在某个固定时间段完成的任务、特性或功能数量	有助于据此预测项目完成时间
项目效益类	商业价值	成本效益比	在考核时间段内的项目成本与项目效益之比，也可以反向计算效益成本比	只有效益大于成本，项目才有利可图
		效益交付	在考核时间段内项目实现的效益	可以比较预期效益与计划效益、实际效益与计划效益，以决定项目是否值得继续
		投资回报率	项目带来的财务回报与项目的总投资额之比	投资回报率越高越好
		净现值	项目带来的现金流入（收入）现值与项目所需的现金流出（支出）现值的差值	项目的累计净现值至少要大于零

13.3 测量信息发布和利用

测量的关键既在于使用什么测量指标，也在于如何发布和利用这些测量指标。发布是指让项目团队成员和其他相关方知晓这些指标，利用是指项目团队成员和其他相关方根据这些指标来做出相应的决策和采取相应的行动，以维持或改进项目绩效。

13.3.1 信息发布与管理沟通过程

信息发布与第6版项目沟通管理知识领域中的管理沟通过程有密切关系。当然，管理沟通过程不局限于信息发布，还包括前端的生成和收集信息，以及后端的确认信息发布的有效性。管理沟通过程已在相关方绩效域（本书第 7 章）介绍。

13.3.2 信息发布的方式

信息发布的方式是多种多样的。从对象来看，有一对一的信息发布、一对多的信息发布。从发布媒介来看，有口头发布、纸质发布、电子发布。从发布内容来看，有单一内容发布、多个内容发布、综合内容发布。

第 7 版专门阐述了几种比较新式的电子信息发布方式：仪表盘发布、信息发射源发布、视觉控制发布。

仪表盘发布是采用类似于汽车驾驶室的仪表盘那样的一个板面来发布多种信息。在电脑软件中，第一层板面显示概括性信息，点击每一类概括性信息，又可以显示下一层的详细信息。在同一个板面上，可以同时显示信号灯图、条形图、饼图和控制图等。

信息发射源发布是采用信息发射源来公开发布信息。信息发射源是设立在公共易见区域（如办公大楼门厅）的大型电子显示屏。可以交替显示一些重要的概括性信息，可以定期更新。

视觉控制发布是采用比较抢眼球的图形来发布信息，例如，任务板、看板、燃尽图、燃烧图等。

13.3.3 信息利用

让项目团队成员和其他相关方知晓项目信息，这是利用项目信息的第一步。接着，项目团队成员和其他相关方要对项目信息做进一步分析和理解，并基于这种分析和理解来做出相应决策，采取相应行动。最后，重要的项目信息要存档，成为经验教训总结的重要依据，成为组织过程资产的重要组成部分。

基于测量得到的信息来解决问题，这是利用信息的一种重要方式。如果测量结果显示项目绩效偏差已经或将要突破事先规定的控制临界值，那就要采取措施加以解决，也就是要进行项目变更。可以把突破控制临界值的情况看作"例外情况"，从而用有关项目相关方一致同意的"例外计划"来应对。

因为项目上的任何工作都离不开信息，所以信息利用会贯穿整个项目生命周期，会遍及项目的方方面面，需要在每一个项目绩效域开展。

13.4 项目监控过程

监控过程就是把实际的情况与计划的要求做比较，发现和分析偏差，对不可接受的偏差提出变更请求并进行审批，然后把经过批准的变更请求交给规划过程列入项目计划。第 6 版总共有 12 个监控过程，其中 10 个是局部的基层监控（针对项目的局部绩效），2

个是全局的高层监控（针对项目的全局绩效）。

13.4.1 基层监控过程

在第 6 版，除了针对项目全局的整合管理知识领域没有基层监控过程，全部九大知识领域都有且仅有基层监控过程。这些基层监控过程是：

- 项目范围管理：控制范围，确认范围。
- 项目进度管理：控制进度。
- 项目成本管理：控制成本。
- 项目质量管理：控制质量。
- 项目资源管理：控制资源。
- 项目沟通管理：监督沟通。
- 项目风险管理：监督风险。
- 项目采购管理：控制采购。
- 项目相关方管理：监督相关方参与。

上述的确认范围过程，已经在交付绩效域（本书第 12 章）讨论，这里不再重复。

以"控制"或"监督"开头的全部九个过程，很相似。它们都是要把各自领域的实际情况与计划要求做比较，发现和分析偏差，把偏差情况写入工作绩效信息；如果工作绩效信息不理想，那就提出各自领域的变更请求。还要根据监控发现的情况，更新有关项目文件。

因此，这九个监控过程都需要用项目管理计划、项目文件、工作绩效数据作为输入，都会得出工作绩效信息、变更请求、项目文件更新这些输出。工作绩效数据和项目文件体现的是实际情况，项目管理计划和项目文件体现的是计划要求。项目文件既有执行阶段形成的具体文件，也有规划阶段形成的具体计划。工作绩效信息是对偏差的程度、原因和可能影响的书面记录。变更请求是请求修改项目计划、调整项目执行或改变可交付成果。项目文件更新是对有关项目文件的修订。

当然，它们所依据的项目管理计划的主要内容、项目文件的主要种类和工作绩效数据的主要内容都有所不同，所得出的工作绩效信息的内容、变更请求的种类和项目文件更新的种类也会不同。这种不同很容易理解，与每个过程所在的知识领域有直接关系。这些过程的共同输入与输出，如图 13-1 所示。

除了上述共同的输入与输出，有些过程还有特别的输入或输出：

- 控制进度过程还会得到"进度预测"输出。这是对项目将在何时完工的预测。
- 控制成本过程还需要"项目资金需求"这个输入。这是要监控项目资金的到位情况。该过程还会得到"成本预测"输出。这是对未来还需要的成本进行预测。

```
                    ┌──── 控制范围
                    │
                    ├──── 控制进度
                    │
    项目管理计划 ────┤──── 控制成本
                    │
                    ├──── 控制质量
                    │                        ┌─────────────┐
    项目文件 ───────┤──── 控制资源 ─────────│ 工作绩效信息 │
                    │                        │ 变更请求     │
                    ├──── 监督沟通           │ 项目文件更新 │
                    │                        └─────────────┘
    工作绩效数据 ───┤──── 监督风险
                    │
                    ├──── 控制采购
                    │
                    └──── 监督相关方参与
```

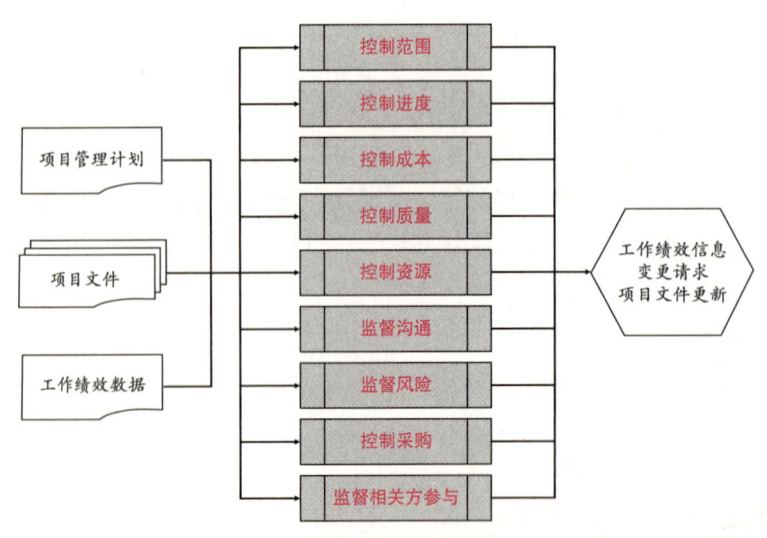

图 13-1　九个基层监控过程的共同输入与输出

- 控制质量过程还需要"批准的变更请求"和"可交付成果"这两个输入。前者是要检查批准的变更请求有没有执行到位，后者是要检查可交付成果的质量是否合格。该过程还会得到"质量控制测量结果"和"核实的可交付成果"这两个输出。前者是随同质量检查所记录的原始检查结果，比后来整理的工作绩效信息更具体；后者是经检查的质量合格的可交付成果。
- 控制资源过程还需要"协议"这个输入。要根据资源供应协议（合同）来监控资源的供应情况。
- 监督风险过程还需要"工作绩效报告"这个输入。要根据工作绩效报告监督整体风险情况。
- 控制采购过程还需要"协议""采购文档""批准的变更请求"这三个输入。前两个都是跟采购直接相关的文件，第三个是合同双方协商一致的合同变更或对合同工作的纠偏或补救要求。该过程还会得到"结束的采购"和"采购文档更新"这两个输出。前者是指合同正式关闭，后者是在本过程产生的各种文件，例如，买方和卖方的各种往来函件。

13.4.2　高层监控过程

在第 6 版项目整合管理知识领域，有两个高层监控过程，即监控项目工作过程和实施整体变更控制过程。基层监控相当于班主任监控每位学生的表现，高层监控相当于班主任监控整个班的表现。监控每位学生的表现所得到的成果，当然是监控整个班的表现的依据（输入）。

这两个高层监控过程的主要输入与输出的基本关系，如图 13-2 所示。

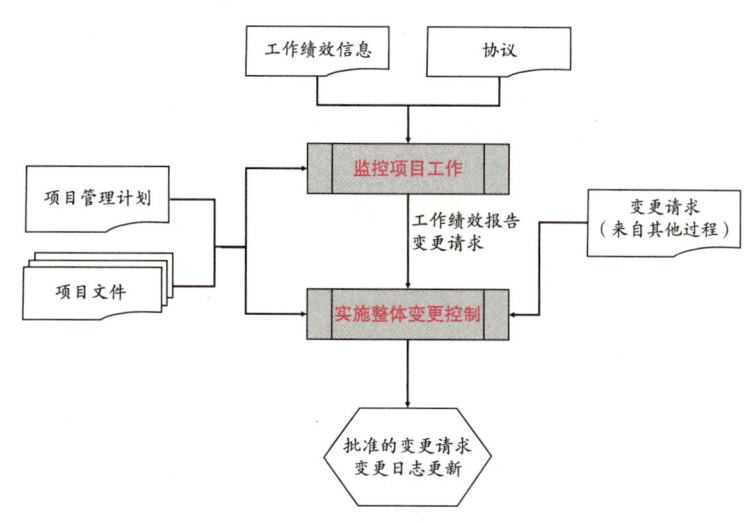

图 13-2 高层监控过程的输入与输出基本关系

在监控项目工作过程，要在项目管理计划的指导下，根据各种项目文件以及各基层监控过程所得到的工作绩效信息，编制整个项目的工作绩效报告，并提出必要的变更请求。编制与外包出去或所承包的工作的工作绩效报告，还需要依据协议（合同）。工作绩效报告既可以是专题报告，例如事故报告，也可以是综合报告，例如项目进展报告；既可以不定期编制，例如为配合高级管理层即将开展的项目检查而编制，也可以定期编制，例如每个季度编制一份项目季度进展报告。根据实际需要，工作绩效报告可详可简。详细的工作绩效报告，应该包括项目各个方面的情况。简单的工作绩效报告，则只包括项目的范围、进度、成本和质量绩效情况。

实施整体变更控制过程是对项目启动、规划、执行和监控过程中提出的变更请求进行综合评审，以便批准或否决变更请求，控制对项目的变更，维护项目基准的严肃性和完整性。本过程专用于审批各种变更请求。无论哪个过程提出的哪种变更请求，都必须提交给实施整体变更控制过程审批。本过程的主要任务是接收变更请求，评审变更请求，批准或否决变更请求。

需要特别强调，本过程对变更请求的评审必须是全面、系统和综合的，必须考察一个变更可能给项目各方面带来的影响，而不能局限于考察对一两个方面的影响。考试中可能有这样的题目：项目相关方提出了某个范围变更请求，该变更对项目的进度有某种影响或没有影响，问你接下来应该做什么。你应该考察该变更对项目其他方面的影响，然后才能做出批准或否决的决定。

对变更请求的评审必须是综合性的。只有从总体上有利于项目的变更，才能被批准。必须防止因局部利益而损害全局利益。

当然，对某个变更请求，可能既没有理由批准，也没有理由否决。在这种情况下，本过程就会做出一个临时的决定：暂时悬置变更请求。悬置的变更请求，往往要退回给变更请求的提出者，要求补充资料。

任何人都可以提出变更请求，但不是任何人都有权审批变更请求。关于变更请求的审批权限，见第 13.5.4 节。

任何过程提出的变更请求，都要提交实施整体变更控制过程审批，得到批准的变更请求，同时要把变更请求的审批情况写入变更日志，得到项目文件（变更日志）更新。审批变更请求，需要在项目管理计划的指导下进行，并参考工作绩效报告和相关项目文件。

13.4.3 项目挣值管理

挣值管理是用来综合考察项目范围、进度和成本绩效的方法，是项目整合管理的要求。虽然它直接测量的只是进度和成本绩效，但是也涉及项目范围。可以说，挣值管理是一种把范围、进度和成本绩效整合起来考察的方法，就是要在既定的范围之下追求进度和成本绩效的综合最优。它可以避免单独测量进度或成本绩效的弊端。例如，某项目进度提前，如果只测量进度绩效，就无法知道成本的情况（也许成本已大大超支）。

挣值管理要求人们不仅要问项目进展到了什么程度，而且要问花了多少钱才进展到这种程度；不仅要问项目花了多少钱，而且要问花了这些钱做了多少事（进展到了什么程度）。

挣值管理可以在整个项目、控制账户或工作包层面上进行。这三个层面的挣值管理，道理完全一样。

"挣值"是针对"计划价值"而言的。编制项目计划时，须按不同时点对项目应该完成的工作量及其相应价值制订计划；而后在执行过程中，随着项目的实施，逐渐把"纸面上"的计划价值一点一点地"挣"回来，形成"挣值"——实际上已经实现的价值。

学习挣值管理，考生必须掌握以下基本概念：

- 计划价值（Planned Value，PV）。截至某时点计划要完成的工作的价值，是计划完成工作的预算价值，可以表示为：计划价值 = 计划要完成的工作量 × 预算单价。
- 挣值（Earned Value，EV）。截至某时点实际已经完成的工作的预算价值，是实际已完工作的预算价值，可以表示为：挣值 = 实际已完成的工作量 × 预算单价。
- 实际成本（Actual Cost，AC）。截至某时点实际已经发生的成本，是实际已完工作的实际成本，应该可以在项目成本账上查到，可以表示为：实际成本 = 实际已完成的工作量 × 实际单价。
- 完工预算（Budget At Completion，BAC）。整个项目的成本基准，除非已批准进行变更，完工预算不会变化。如果是针对工作分解结构中的某个要素来计算挣值，那么就是该要素的成本基准。

在上述概念的基础上，可以得到其他一些概念及其计算公式，如表 13-3 至表 13-5 所示。

第13章 测量绩效域

表 13-3 考察成本绩效的主要指标

中文名称	英文名称	缩写	含义	计算公式
成本偏差	Cost Variance	CV	截至某时点已经发生多少成本偏差，正值表示对预算的节约，负值表示对预算的超支	EV–AC
成本绩效指数	Cost Performance Index	CPI	截至某时点，实际花费的每一元钱做了价值多少钱的事（按预算价值），大于1是好的，小于1是不好的	EV÷AC

表 13-4 考察进度绩效的主要指标

中文名称	英文名称	缩写	含义	计算公式
进度偏差	Schedule Variance	SV	截至某时点已经发生多少进度偏差，正值表示对进度计划的提前，负值表示对进度计划的落后	EV–PV
进度绩效指数	Schedule Performance Index	SPI	截至某时点，实际进度是计划进度的多少倍（或百分之多少），大于1是好的，小于1是不好的	EV÷PV

表 13-5 预测未来情况的主要指标

中文名称	英文名称	缩写	含义	计算公式
完工尚需估算	Estimate To Completion	ETC	在项目执行的不同时点重新估算的完成剩余工作还需要的成本。可用不同的计算公式或方法计算	（BAC–EV）÷CPI （BAC–EV）÷（CPI×SPI） BAC–EV 重新进行自下而上估算
完工估算	Estimate At Completion	EAC	在项目执行的不同时点重新估算的完成整个项目所需的成本。可用不同的计算公式或方法计算	BAC÷CPI AC+ETC
完工尚需绩效指数	To-Complete Performance Index	TCPI	在项目执行的不同时点重新估算的，为了在既定的预算内完工，而必须达到的未来绩效水平	（BAC–EV）÷（BAC–AC）
完工偏差	Variance At Completion	VAC	在项目执行的不同时点重新估算的，在项目完工时将出现的项目的总成本偏差，正值表示成本节约，负值表示成本超支	BAC–EAC

对表 13-5 中的"完工尚需估算"计算方法，补充说明如下：

- 如果项目已经发生的成本偏差（绩效指数）是典型的（具有代表性），这种偏差还会在以后继续同样规模地发生，则用（BAC–EV）÷CPI计算。注意：在预测未来绩效时，只要PMP®试题中没有明示项目过去已发生的偏差属于"非典型"，则一律按"典型"考虑。
- 如果截至目前的成本绩效和进度绩效都未达到计划要求，而又必须按期完工，则用（BAC–EV）÷（CPI×SPI）计算，其中的CPI×SPI的结果又称"关键比率"（Critical Ratio，CR），用来考核成本与进度的综合绩效。背后的道理是：以后将以成本增加为代价进行赶工，以便按期完工。

167

- 如果项目已经发生的成本偏差（绩效指数）是非典型的，这种偏差以后不会发生，且以后的工作能够完全照预算进行，则用 BAC–EV 计算。
- 如果不属于上述三种情况，则可以采用自下而上的方式全新地估算一个数字。全新估算通常更加准确，但是需要花费额外的时间和成本。

还可以总结出以下几点：

- 在计算偏差的公式中，EV 总是出现在公式的第一位。
- 在计算指数的公式中，EV 总是作为分子出现。
- 在计算偏差时，正结果是有利的，负结果是不利的，零正好符合计划。
- 在计算指数时（完工尚需绩效指数除外），大于 1 的结果是有利的，小于 1 的结果是不利的，1 正好符合计划。
- 除了 BAC，其他计算都要考虑"截至或在某个时点"。
- 除非成本基准线发生了变化，BAC 在整个项目执行期间保持不变。

在挣值管理中，既可以计算某个时段（报告期）的挣值指标，也可以计算从开工截至目前的累计挣值指标，例如，挣值、计划价值、实际成本、成本偏差、进度偏差、成本绩效指数和进度绩效指数。只要 PMP® 试题中未指明要计算某个时间段的指标，那就要计算自开工以来累计的指标。

在挣值管理中，既可以针对整个项目计算各种挣值指标，也可以针对某些 WBS 要素（如控制账户）计算各种挣值指标。应该事先规定将针对 WBS 的哪些要素计算各种挣值指标。至少要针对控制账户计算。

为了连续动态地跟踪项目进展情况，应该规定计算各种挣值指标的时间间隔，例如，每个月计算一次。

挣值是已完成工作量与预算单价的乘积。那么，应该如何测算已完工作量呢？为了测算已完成工作量，应该把活动分成下列三种类型：

- 独立型活动。可独立开展、直接导致项目产品形成的活动，其已完工作量可以准确地测量并计算。例如，在砌墙项目中，建筑工人的砌墙活动。
- 依附型活动。无法独立开展，而是依附于独立型活动，会间接导致项目产品形成的活动，其完成情况按独立型活动的完成情况的同样百分比来计算。独立型活动完成了百分之几，依附型活动也就完成了同样的百分之几。例如，砌墙项目的监理工作。
- 支持型活动。与项目产品形成无关，对独立型和依附型活动起支持作用的后勤工作，其完成情况按日历时间的流失来计算。只要日历时间过掉了，应该完成的支持型活动就视为全都完成了。例如，厨师为砌墙工人和监理工程师做饭。支持型活动绝对不会出现进度偏差，既不会进度提前，也不会进度落后。

对于独立型活动，可以用下列方法测量已完工作量：

- 完成百分比法。实际测量已完工作量，并计算已完成工作量占总工作量的百分比。

- 加权里程碑法。对控制账户或工作包规定进度里程碑及相应权重，某个里程碑实现了，就视为完成了多少工作量。
- 固定公式法。在控制账户或工作包开始时计算某个百分比的已完成工作量，在控制账户或工作包完工时再计算剩余百分比的已完成工作量。

如果没有办法或不需要准确测量控制账户或工作包的实际完成状况，而只能或只须大概估计一下，就应该使用固定公式法。固定公式法中最常用的是 50/50 规则。工作一旦开始，就视为已完成 50% 的工作量；然后，在工作的整个执行期间不计算任何已完成工作量，要等到工作全部完成，才计算另外 50% 的已完成工作量。根据需要，50/50 规则也可以被修改成 30/70 规则、20/80 规则、10/90 规则甚至 0/100 规则。这些规则，一个比一个保守。

一般情况下，不要直接用已经消耗的材料、人工等的数量占计划的全部数量的百分比来报告项目的进展情况。例如，建金字塔，计划用 1 000 块石头，现在已经用了 900 块，不能说项目已经完成了 90%，因为砌剩下的 100 块石头可能要困难得多。也不要简单地以时间的自然流失比例来报告项目进度（除非是支持型活动），例如，一个 10 天的项目，在第 6 天结束时，不能简单地讲已完成 60%。

13.5　项目变更管理

项目变更管理既是 PMP® 考试中的重点，也是实际项目管理工作中的重点。

13.5.1　基本概念

项目变更管理是指基于拥抱变更的心态，采用合适的变更管理策略（不同的产品开发方法需要不同的变更管理策略），主动预测和开展变更，确保项目一直朝正确的方向前进。

项目变更是指采取纠正措施、缺陷补救措施或预防措施，以及因计划本身的问题而修改已经批准的项目计划。如果项目执行有问题，出现了不可接受的较大偏差，就需要采取纠正措施。如果正在或已经形成的可交付成果存在范围或质量缺陷，就要采取缺陷补救措施。范围缺陷是指产品功能不全，质量缺陷是指已有的功能不符合技术要求。如果预计未来的项目绩效达不到要求，就要采取预防措施。因为项目规划和执行都不可能完美无缺，更何况项目情况不断变化，所以项目变更是必然的。项目变更管理就是预防不必要的变更，并提出、评审、实施和总结必要的变更。

13.5.2　变更产生的原因

变更产生的基本原因包括项目计划中的缺陷、项目外界情况的变化，以及项目执行的低效。如果项目计划中存在较严重的缺陷甚至根本错误，就必须变更。如果外界的情况发生了较大变化，例如，组织战略调整、项目集目标调整、竞争者的情况变化，就必须做出相应改变。如果项目执行存在严重问题，或者发现了可更有效地开展项目执行的新方法，那也必须通过变更来解决问题或采用新方法。

项目经理不仅应该为确保项目目标的实现而开展变更管理，而且应该协助项目集经理或其他高管人员为确保项目继续符合组织的商业需求而开展变更管理。前者属于项目内部的变更管理，后者则属于为适应外界新情况而开展变更管理。在组织的商业需求发生变化后，项目必须做出相应的改变。否则，即便实现了原定的项目目标，项目对组织也毫无意义。

虽然变更是必然的，我们不应该害怕变更，但是如果变更超出一定的数量、一定的规模，项目就会失去应有的控制。所以，对项目变更必须进行有效的控制，防止无序、过多、过大的变更。如果变更太多、太大，就可能需要修改项目章程，甚至必须终止现行项目，而另外启动一个新项目。

13.5.3 变更管理的程序

变更并不可怕，可怕的是无序地乱变。项目管理特别强调有计划、按程序来开展变更。考试中会有与变更管理程序有关的情景题。

变更管理的程序包括五大步骤：从源头上管理变更，提出变更请求，评审变更请求，实施和跟踪批准的变更，以及总结经验教训。

1. 从源头上管理变更

项目经理应该积极主动而非消极被动地工作。他要主动地对引发变更的各种因素施加影响，以避免不必要的变更。例如，应该透彻理解相关方的需求，防止因误解或遗漏相关方的需求而引起变更；应该邀请各主要相关方参与项目计划的编制，提高他们对项目计划的主人翁感，防止他们以后因感性原因对项目计划提出变更请求。例如，项目经理发现项目的范围描述不完整，就应该在开始编制项目其他计划之前，与主要相关方讨论，设法完善项目范围描述，从而避免日后因范围描述不完整而引起变更。

项目经理还要主动地对导致人们规避整体控制的因素施加影响，防止人们有意无意地规避对变更的综合评审。例如，进度工程师可能不愿意把工期压缩请求提交综合评审，因为担心在综合评审中被否决。工期压缩请求，如果仅从工期这一点来评审，是可以被批准的；如果综合考虑工期压缩会导致成本增加、团队加班和质量风险，就不一定能被批准。

2. 提出变更请求

任何人都可以提出变更请求。应该尽可能地用书面方式提出变更请求。在特殊情况下，也可以口头方式提出变更请求。对口头提出的变更请求，必须在第一可能的时间加以书面记录。这种先口头提出变更请求再书面记录的情况，常出现在项目状态评审会议上。参会者可以口头提出变更请求，然后写入会议纪要，并单独整理出书面的变更请求。

无论是书面还是口头的变更请求，都必须是正式提出的。非正式提出的变更请求，不能进入后续的变更管理程序。

提出变更请求者，必须清楚地说明变更是什么、为什么要进行变更，必须初步说明变更可能产生的后果、变更可用什么方案实现。必须防止相关方随意地提出变更请求以及不考虑后果地提出变更请求。

在第 6 版中，共有 24 个过程会提出变更请求，其中包括 1 个启动过程和 4 个规划过程。在项目计划被批准之前开展启动过程和规划过程，是不会提出变更请求的。在项目计划批准之后重复开展启动和规划过程，就可能提出变更请求。

3. 评审变更请求

任何变更请求，都必须提交给项目经理。项目经理收到变更请求后，立即进行形式审查，并把看似有效的变更请求写入变更日志。PMP® 考试中的"记录变更"，一般是指把变更请求写入变更日志。

一旦变更请求被写入变更日志，它就进入了评审阶段，即进入第 6 版项目整合管理知识领域的实施整体变更控制过程。

先基于变更请求中的变更方案，评审变更对所在领域的影响。例如，对某个范围变更请求，要评价对项目产品功能的影响；对某个活动工期变更请求，要评价对整个项目工期的影响。

再基于变更请求中的变更方案，全面评审变更对项目各方面的综合影响。例如，对于范围变更请求，要评审对项目工期、成本、质量、风险等方面的影响；对于进度变更请求，要评审对项目范围、成本、质量、风险等方面的影响。变更无论大小，都必须综合评价其可能对项目的综合影响，确保只有有利于项目整体的变更才能被批准。

如果必要，再设计其他备选方案并进行评审。某个变更，也许用多个不同的方案都能够实现。例如，要缩短工期，就可以用赶工、快速跟进、改变工作方法、削减相关工作等多种方案。应该设计出几种备选方案，并分别评审每个方案对项目的影响，以便选择一个最好的方案。

在设计变更方案、进行变更评审的过程中，必须与主要相关方密切沟通，征求他们对变更的意见。应该先征求项目团队成员的意见，再征求项目执行组织中相关部门和人员的意见。如果必要，还要征求外部相关方对变更的意见。这些沟通，不仅对于优化变更方案非常重要，而且对于提升相关方对变更的主人翁感更加重要。相关方参与制订的变更方案会更容易实施下去。

应该根据变更的审批权限，由项目经理、变更控制委员会、高级管理层或项目发起人来审批变更请求，做出批准、否决或悬置变更请求的书面决定。

4. 实施和跟踪批准的变更

只有经过批准的变更，才能被实施、跟踪、考核和报告。如果某个变更已经发生但未经审批，必须先补办审批手续，然后才能去跟踪、考核和报告。

变更请求被批准后，要及时更新项目文件和项目管理计划。批准的纠正措施、缺陷补救措施和预防措施，都要写入相应的项目文件。批准的计划修改，根据具体情况，要写入项目文件甚至项目管理计划。

变更请求被批准后，要及时通知会受变更影响的相关方。这对于保证变更的顺利实施是非常重要的。

变更请求被批准后，要及时付诸实施，并跟踪实施情况。在第6版，对变更的实施，是通过指导与管理项目工作过程来开展的；对变更实施情况的跟踪，是通过控制质量过程来开展的。

5. 总结经验教训

一项变更实施完毕后，必须及时考察变更的效率和效果，总结经验教训。在第6版，这项工作是通过监控项目工作过程来开展的，即通过该过程把变更管理的经验教训及时写进工作绩效报告。例如，哪些变更已经或还未执行到位及其主要原因。

考试中可能问你，在某一情景下，项目经理紧接着该做什么。这就需要你按照本节提示的变更管理程序来判断项目经理已做过什么、接下去该做什么。

13.5.4 变更的审批权限

任何人都可以提出变更请求，但不是任何人都有权批准变更的。谁有权批准什么变更，这是与变更管理程序同样重要的问题。变更的审批权限如图13-3所示。

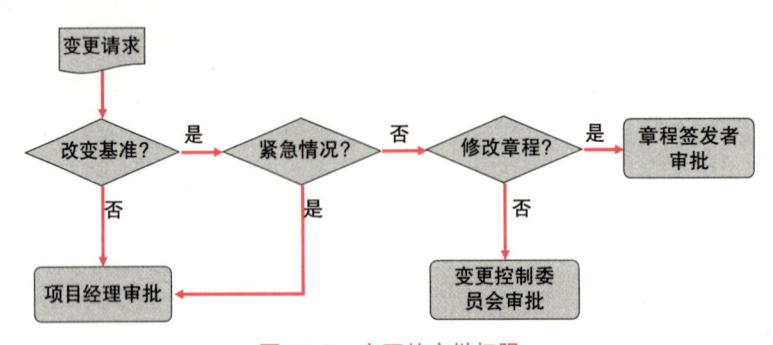

图 13-3 变更的审批权限

如果变更是项目管理计划内的，不会导致项目基准的修改，那么项目经理有权做出决定。例如，为了应对风险，需要在项目进度计划中增加一项进度活动。该活动所需的时间，可以通过对其他活动赶工或快速跟进，而在原有的项目工期内消化掉。项目经理就有权批准增加该活动。

如果变更将导致项目目标的修改，即会导致项目基准的修改，那么项目经理就要判断该变更是否属于紧急情况。如果是紧急情况，那么项目经理有权先行审批，以后再向变更控制委员会或其他高级管理人员补办审批手续。如果不是紧急情况，且不会导致项目章程的修改，项目经理就要编写变更评审报告，上报给变更控制委员会审批。如果不是紧急情况，且会导致项目章程的修改，就必须上报给项目章程的签发者审批。

概括地说，不影响基准的变更，由项目经理审批。会影响基准的变更，项目经理无权审批，除非是紧急情况。

提前终止项目的变更，是项目上可能出现的最大变更，只能由项目发起人审批。

13.5.5 变更控制委员会和变更控制系统

变更控制委员会由项目主要相关方正式组建并派代表参加。项目经理可以是其中的成员，但通常不是主任。该委员会负责审查某些变更请求，批准或否决这些变更请求。对于会影响项目目标（基准）的变更，必须经过变更控制委员会的批准才能付诸实施。例如，在建筑施工项目上，可以由业主、设计方、承包商、政府机构等的代表组成变更控制委员会。

项目需要有效的变更控制系统。变更控制系统是关于变更管理的一系列正式的书面程序的集合，包括所需文档、跟踪要求和审批层次等。该系统不仅要规定什么变更需要哪个层次的批准，而且要规定在什么特殊情况下可以不经批准就实施变更，例如，特别紧急情况下的变更。

13.5.6 配置管理

配置管理是项目整体变更管理的组成部分。配置是会直接决定项目产品的功能的重要技术参数，例如，手机的32GB内存或64GB内存。如果这些参数发生变化，项目产品的功能就会发生重大变化。为了保证项目产品能够发挥既定的功能，对项目配置及其变更的管理必须十分严格。

配置管理通过以下四个步骤来完成：
- 识别和记录项目产品的重要功能以及为实现这些功能所需的技术参数。
- 跟踪这些参数，控制对这些参数的变更，并记录参数变更情况。
- 按既定参数（包括变更后的）执行项目，并记录与报告参数实现情况。
- 审计项目产品，以确保所有参数都已实现，项目产品能发挥既定功能。

举个简单的例子来帮助大家理解。我委托你替我去买一台计算机：
- 我需要告诉你（以书面方式）计算机的用途（游戏或办公用），以及计算机必须具备的基本配置。这就是识别与记录配置（除了我所要求的基本配置，其他配置你可以自行决定）。

- 你做市场调查，弄清楚我所要求的基本配置能否实现。如果某个配置无法实现，你无权私自变更，必须把情况报告给我，由我来控制对配置的变更。这就是跟踪配置，并控制对配置的变更。配置的变更，需要记录在案。
- 你按变更后的基本配置购买计算机，然后在向我交货时书面报告配置的实现情况。这就是实现配置并记录和报告实现情况。
- 我收到计算机后，需要及时检查，以确保我所要求的基本配置都已实现，计算机能发挥既定的功能。这就是审计项目产品以确保配置都已实现。

配置管理的重点是，确定哪些是核心技术参数，并以特别严格的程序来控制对这些技术参数的变更，确保配置变更可控、在控、可追踪。

在 IT 开发项目上，由于所开发的软件将要不断升级，配置管理就非常重要。为了使新版软件与老版软件尽可能兼容，就必须通过配置管理确保一些核心技术参数保持不变。

第14章 不确定性绩效域

14.1 基本概念

14.1.1 不确定性及其来源和影响

不确定性绩效域关注与项目有关的不确定性（Uncertainty）、模糊性（Ambiguity）、复杂性（Complexity）、易变性（Volatility）和风险（Risk）。可以对这五个术语做如下通俗解释：
- 不确定性：人们不了解的各种情况。
- 模糊性：不清晰的状态。
- 复杂性：各种要素之间的关系的多种多样甚至千变万化。
- 易变性：很容易发生不可预测的变化。
- 风险：一旦发生会对项目目标产生积极或消极影响的不确定性事件。

其中，模糊性、复杂性和易变性都是针对客观情况而言的，即客观情况是模糊、复杂和易变的；不确定性是针对人们而言的，即人们无法肯定客观情况的当前或未来状态；风险则是针对项目目标而言的，即会对项目目标产生影响。模糊性、复杂性和易变性是交织在一起的，联合导致不确定性。其中的某些不确定性又构成风险。它们之间的关系，如图 14-1 所示。

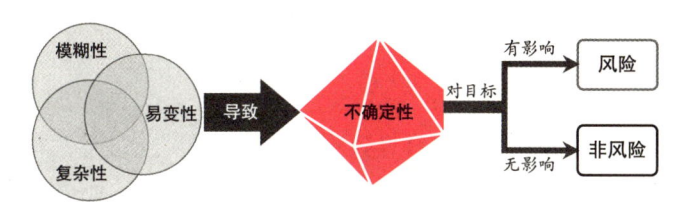

图 14-1 与不确定性相关的概念之间的关系

与项目有关的不确定性、模糊性、复杂性、易变性和风险，不仅存在于项目内部，也存在于包括项目执行组织和更大外部环境在内的项目外部，例如，项目执行组织的经营状况，以及项目所在地的自然、政治和经济环境。

14.1.2 管理模糊性、复杂性和多变性

管理模糊性是指采取措施让情况逐渐变清晰。对概念模糊性，应该用更清晰、更明确的语言来解释概念，使同一个概念对不同的人都有同样的意思。例如，对晦涩的专业术语进行通俗定义。对场景模糊性，应该用渐进明细、实验或原型法等方法来使之逐渐清晰。场景模糊性是指可能出现多种结果。例如，未来的价格可能上涨、下跌或不变。渐进明细是指随着信息的增加而逐渐提高计划的详细程度和准确性，使项目计划越来越清晰。实验是指通过做实验来探究导致某种结果的原因，以便通过控制原因来控制结果。原型法是指开发出原型，用原型来测试可能产生的结果。

管理复杂性是指更好地了解和利用各种要素之间的相互关系和相互作用。可以用基于系统的方法、重新构建的方法或基于过程的方法来管理复杂性。基于系统的方法又有解耦和模拟两种。解耦是指把系统中的某个要素与其他要素断开，以考察要素之间的相互关系和作用。模拟是指用其他类似系统中的要素之间的关系和作用来模拟本系统中的要素之间的关系和作用。

重新构建的方法是指对系统进行新的解读，例如，从不同视角来解读同一个系统，找出最有用的那种解读方式；或者，平衡使用多种（而非只使用一种）数据来更全面和真实地了解系统中的各要素之间的相互关系和作用。

基于过程的方法是指从工作过程着手来管理复杂性。例如，用迭代式工作过程来试验同一功能的不同精致度所带来的结果，或者用增量式工作过程，每次增加一个特性或功能，来试验所带来的结果。再如，通过让更多人参与相关工作，来克服认识上的偏见，更好地了解各要素之间的关系。第7版把"故障保护"也列作基于过程的方法。故障保护是指对关键要素（部件）增加冗余（备用部件），以便在关键要素失效时整个系统仍能同样运作或降级运作。不过，故障保护更像基于系统的方法。

管理易变性是指采用更稳定的方法或事先准备好用于应对变化的时间和资金。例如，可以进行备选方案分析，选择比较稳定的工作方法；在项目预算中预留一定的储备金，应对材料价格上涨。

14.1.3 管理不确定性

因为模糊性、复杂性和易变性联合导致不确定性，所以上述管理模糊性、复杂性和易变性的方法也都是管理不确定性的方法。第7版还特别阐述下列管理不确定性的方法：

- 收集信息。通过收集和分析更多的信息来降低不确定性。
- 为多种结果做好准备。如果可能出现的结果只有几种，那就应该为每一种结果做

好准备。如果可能出现的结果很多，那就应该分析各种结果的原因和可能性，并重点针对最可能出现的几种结果做好准备。
- 成套设计。考虑多种不同的成套备选方案，例如，多种进度和成本组合方案，多种质量和成本组合方案，多种进度和风险组合方案，多种进度和质量组合方案。可以选择最可靠的一种方案。
- 增加韧性。提高项目团队或项目执行组织的快速适应和应对意外变化的能力。

14.2 管理风险

应该在全面考虑项目面临的不确定性的基础之上，重点管理项目风险。项目经理必须积极主动地开展项目风险管理，而不只是消极被动地去应对已发生的风险。积极主动意味着事先就认真预计可能发生的风险，分析这些风险发生的可能性和万一发生的后果，并制定和执行相应的风险应对策略和措施。

项目经理应该知道，项目中的大多数风险（甚至90%）都可以预测和管理。通过合理的风险管理，项目失败的威胁会大大降低，项目成功的机会将大大提高。甚至可以说风险管理决定项目成败。

作为消极风险的威胁一旦发生，就成了"问题"；作为积极风险的机会一旦出现，就成了"利益"。对问题或利益，要及时发现，并与项目相关方密切合作，进行处置或利用。

14.2.1 项目风险的定义

有两个层面的风险，即整体风险、单个风险。整体风险是项目的全部不确定性来源可能对项目的综合影响。综合影响既可能是项目目标的正向变异（如提前完工），也可能是项目目标的负向变异（如推迟完工）。单个风险是一旦发生会对项目目标产生积极或消极影响的不确定性事件。无论是整体风险还是单个风险，都既包括机会，也包括威胁。应该根据上下文来判断"风险"究竟是指"机会"还是"威胁"。如果情况不明，就理解成"威胁"。

整体风险是已经识别出来的所有单个风险加上未识别出来的全部其他不确定性来源。当然，这些风险和不确定性来源并非简单的相加关系，因为它们之间会有各种各样的相互联系和影响。可以从威胁的角度做一个类比。整体风险是一个人的总体健康状况出问题的可能性和后果，单个风险则是发生某种具体疾病的可能性和后果。"风险"这个词，如果前面没有任何修饰语，通常是指单个风险，除非上下文另有要求。

风险总是与不确定性联系在一起的，既可能发生，也可能不发生。风险也总是与目标联系在一起的，如果发生，会对项目范围、进度、成本和质量的至少一个方面有积极或消极影响。如果某个事件万一发生，对项目范围、进度、成本和质量的任何一个方面都不会有任何影响，就不是项目风险，而只是一个纯粹的不确定性事件。

14.2.2 管理整体风险和单个风险

只有先管理好整体风险，管理单个风险才有意义。如同个人只有先通过健身和调整饮食来改善整体身体状况，预防或治疗某种具体疾病才有意义。如果不改善整体身体状况，那么针对具体疾病的措施就会事倍功半甚至完全没用。

在进行项目设计、确定项目范围和其他目标时，必须考虑与此有关的整体风险。只有整体风险处于合理程度的项目，才应该被正式启动。如果项目设计很复杂、项目范围很大或其他目标很难完成，那么整体风险（威胁）也就很大。如果整体风险（威胁）太大，无论对单个风险的管理做得有多好，项目也是不可能成功的。如同某人的整体健康状况已经极坏，即便用再好的药去治疗某种疾病，也无济于事。

整体风险的大小，也取决于事业环境因素和组织过程资产。在一个有利或不利的环境中，项目目标发生正向或负向变异的可能性比较大。这就如同在空气质量很好或很坏的城市生活，人的整体健康状况会大为改善或恶化。对于组织过程资产，道理也是同样的。只有把整体风险控制在可接受区间内，管理单个风险才有意义。

14.2.3 风险的四要素

风险会涉及事件、原因、后果和可能性。这四者合在一起，可称为风险的四要素，即风险是一个什么事件,由什么原因引起,发生后会导致什么后果,发生的可能性有多大。风险管理就是围绕风险的事件，进行原因、后果和可能性分析，以便找到管理风险的最佳切入点，把绝对不可控变成相对可控。例如，对地震这个风险事件，通过分析，我们知道地震的原因和可能性都是不可管理的，只有地震的后果是相对可控的。所以，对地震风险的管理,必须从后果入手，抓后果控制,而不是抓原因和可能性管理(如地震预报)。

在上述风险四要素中，原因又是由风险起因和风险条件联合构成的。风险起因是某个或某些风险得以存在的"土壤"。风险条件则是引发风险事件的"催化剂"。例如，对"某人可能考不过 PMP®"这个风险事件，风险起因是"公司要求项目经理具备 PMP® 资质"，风险条件是"他没有多少时间用于备考学习"。

在上述风险四要素中，可能性和后果联合决定了风险敞口。如果把可能性和后果都量化，那么其乘积就是风险敞口。风险敞口越大，风险就越严重。

14.2.4 风险类别

可以用不同的标准，把项目风险分成不同的类别，以便有效管理。可以用风险分解结构来展示风险类别，为进一步识别风险提供基础（出发点）。以下是常见的风险类别。

- 按专业分类：技术风险、组织风险、管理风险和财务风险。

- 按内外分类：内部风险和外部风险。
- 按与经营者的关系分类：经营风险和纯风险。前者是与经营活动密切相关的风险，发生的可能性和后果与经营者的水平和努力程度有密切关系，例如市场风险，通常不能买保险；后者则是与经营者的水平和努力程度完全无关的意外事件，例如自然灾害，通常可以买保险。当然，两者之间的界限并非十分明确。
- 按已知程度分类：已知风险和未知风险。已知风险又可分为已知已知风险和已知未知风险。未知风险则是未知未知风险。

已知已知风险是已经识别出并分析过的风险，人们不仅知道它们是什么风险，而且知道它们发生的可能性和后果。对已知已知风险可能造成的损失，在编制项目成本预算时，通常按计算出的风险敞口计入受影响的项目工作的直接成本。

已知未知风险是已经识别出但其发生可能性或后果还不清楚的风险，通常在项目预算和进度计划中列出一定的应急储备（应急资金和应急时间）来应对。

未知未知风险是过去从未遇到过的、完全未知的风险。未知风险，也叫"突发风险"，是只有实际发生后才会知道的风险。例如，第一例新冠病毒感染病例发生之前，"新冠病毒感染"就属于未知未知风险。

未知未知风险通常无法预防，只能通过提高项目韧性（抵抗未知未知风险的能力）来减轻万一发生的后果。提高项目韧性的办法包括：在预算中预留充足的管理储备，采用可灵活变通的项目管理过程，赋予项目团队灵活应变的权力和能力，在项目范围中留出应变的余地。

在编制项目预算时，应该把已知已知风险可能造成的损失直接列入项目"直接成本"，把已知未知风险可能造成的损失列入"应急储备"，把未知未知风险可能造成的损失列入"管理储备"。

对已知已知风险，必须加以利用。例如，保险公司通过开办重大疾病保险来赚钱，就是利用已知已知风险。患重大疾病的风险对每个人而言，是已知未知风险，对保险公司而言，却是已知已知风险。对已知未知风险，必须加以管理，以便降低威胁。对未知未知风险，则只能听之任之，待实际发生后再来处理。如果事先管理未知未知风险，那就属于"杞人忧天"。

14.2.5 风险态度、偏好、承受力和临界值

风险态度（Risk Attitude）、风险偏好（Risk Appetite）、风险承受力（Risk Tolerance）和风险临界值（Risk Threshold）这四个词，既有联系又有区别。

风险态度是指个人或组织认为自己应该冒多大的风险。如果实际所冒风险未超出应该冒的风险，就觉得很舒服、不紧张。风险偏好是指为了实现目标（获得利益），个人或组织愿意冒多大的风险。高风险偏好者愿意为获得大利益而冒大风险，低风险偏好者不愿意为获得利益而冒看似很小的风险。对不同的风险，个人或组织可能有不同的风险

偏好。例如，对技术创新风险，属于高风险偏好；对于违反合同风险，又属于低风险偏好。

风险承受力是指个人或组织能够承受的最高风险程度。如果实际风险水平超出风险承受力，个人或组织就会破产。通常，个人或组织愿意冒的风险（风险偏好）应该小于风险承受力。风险临界值是指个人或组织能够承受的风险程度，而不需要采取应对措施。例如，允许成本超支5%，如果成本超支预计或已经突破5%的临界值，就必须采取预防措施或应急措施。

风险临界值是必须采取措施的起点，风险偏好是愿意冒的风险程度，风险承受力是能够承受的最大风险。通常，风险临界值最低，风险偏好中间，风险承受力最高。

14.3 项目风险管理过程

14.3.1 输入与输出的关系总览

在第6版，项目风险管理的7个实现过程是：规划风险管理、识别风险、实施定性风险分析、实施定量风险分析、规划风险应对、实施风险应对和监督风险。后六个过程的主要输入与输出的基本关系，如图14-2所示。

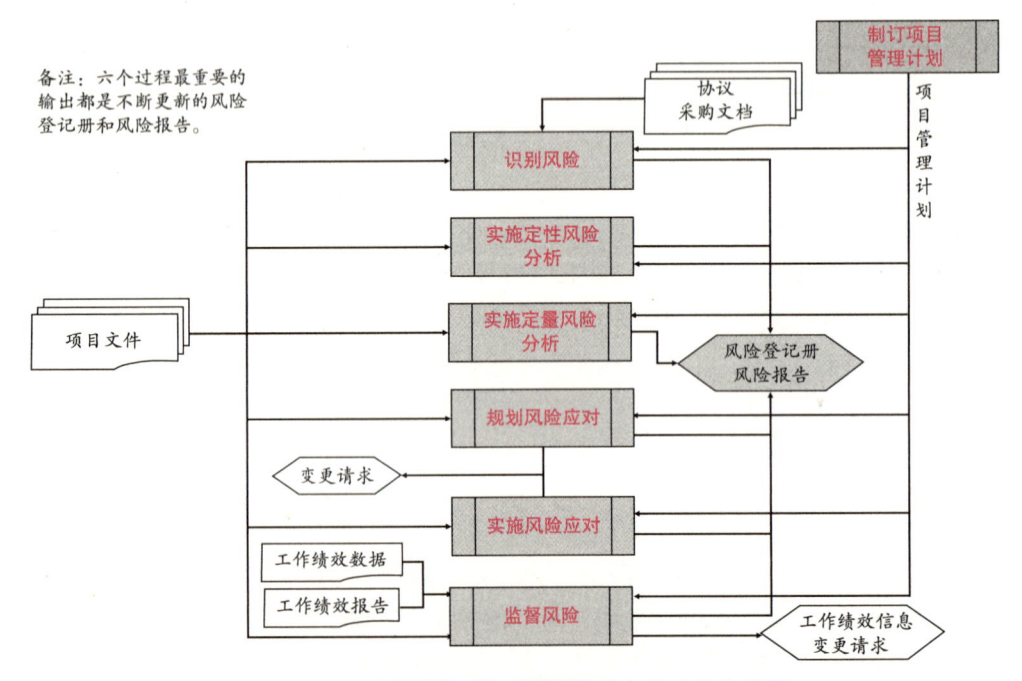

图14-2 项目风险管理各过程的输入与输出基本关系

其中的规划风险管理过程和监督风险过程已经分别在本书第10章和第13章介绍。对监督风险过程，本章再稍加补充。

在监督风险过程中，要监督整体风险和单个风险的应对策略和措施的实施情况，跟踪整体风险和已识别的单个风险的变化，监测残余风险，识别和分析新风险，并评价风险管理的有效性，提出变更请求。本过程的主要工作包括：

- 注意风险触发因素。是否出现了某种风险预警信号？
- 跟踪已识别的单个风险，包括应对情况。例如，发生的可能性和后果是否已经发生变化？
- 监测与已识别的单个风险有关的残余风险和次生风险。
- 附带地识别和分析新的单个风险。
- 监督整体风险的应对情况。整体风险是变大还是变小了？
- 开展风险审计，评估风险管理工作的有效性。
- 与项目相关方沟通项目风险情况。
- 必要时提出变更请求，以便制定新的应对措施，甚至新的应对策略。
- 收集风险资料，更新风险登记册、风险报告和组织过程资产。

14.3.2 识别风险

本过程旨在运用各种方法，调动众多项目相关方的力量，识别整体风险的各种来源，并识别项目面临的各种单个风险。本过程要回答的问题是：哪些是导致整体风险的主要因素？本项目面临哪些单个风险？

识别整体风险的来源，主要在项目启动阶段开展，而在规划和执行阶段只需注意整体风险的来源的变化。整体风险的情况应该写入风险报告。识别单个风险，主要在项目规划阶段开展，也需要在项目的其他阶段开展。识别风险其实是一个须反复开展的过程，贯穿项目生命周期始终。

识别出的全部单个风险及其特性都要写入风险登记册。全部单个风险的概述情况应该汇编进风险报告。通常，风险登记册仅供项目团队内部使用，而风险报告应该报送给主要相关方。

作为识别风险过程的输出，初始的风险登记册应该包括：

- 风险编号。每个风险都有独一无二的编号。
- 风险名称。每个风险都有独特的名称。
- 风险描述。尽可能详细地描述风险。
- 预选的风险责任人。供实施定性风险分析过程确认。
- 初步应对措施。只是凭直觉得出的，还要在规划风险应对过程加以分析和确认。

识别风险，通常要基于风险管理计划中的方法和程序，邀请尽可能多的主要相关方参与。不能仅靠少数人识别风险。通常，项目团队先进行风险识别，再由其他相关方补充和完善。仅靠少数人无法全面识别出项目风险，而遗漏某个或某几个重要风险，很可能导致项目不能顺利进行甚至完全失败。

因为项目的方方面面都存在可能影响项目目标的不确定性事件，所以识别风险过程的输入其实是非常多的。可以说，项目上的任何一种计划或文件，都可以作为识别风险过程的输入。

当然，必须根据项目管理计划中的风险管理计划来识别风险。此外，项目管理计划中的其他子计划和项目基准，也都是识别风险的依据。例如，应该识别与范围基准、进度基准或成本基准有关的风险，即哪些风险可能妨碍这些基准的实现。

第6版列出了下列主要项目文件作为识别风险过程的输入：

- 相关方登记册。应该邀请尽可能多的相关方参与风险识别，还可以根据相关方登记册预选风险责任人。
- 假设日志。所需的假设条件越多，所面临的制约因素越多，单个风险就越多，整体风险也会越高。
- 需求文件。各种需求都有实现不了的风险。
- 成本估算。有助于识别不能在规定的成本内完成项目工作的风险。
- 持续时间估算。有助于识别不能在规定时间内完成项目工作的风险。
- 问题日志。虽然问题本身不是风险，但是问题可能引发风险。
- 资源需求。有助于识别与资源需求有关的风险。
- 经验教训登记册。重复开展本过程，需要参考以前的经验教训。

对于外包出去的工作，协议和采购文档有助于识别与采购有关的风险。例如，卖方可能不能完全按要求履行合同。

14.3.3 实施定性风险分析

本过程是对所有已识别的单个风险进行主观定性分析，评估其可能性、后果和其他情况，并据此进行风险排序，决定哪些风险需要进一步定量分析，哪些风险可直接进行风险应对规划，哪些只需要列入观察清单。其他情况包括风险的可监测性、紧迫性等可能影响风险排序的各种风险参数。

即便使用一些数字，只要是主观分析，就仍然是定性分析。所以，从严格意义上讲，不能以是否用到数字来判断是定量还是定性分析。例如，概率和影响矩阵充满了数字，却是定性而非定量分析的工具。

定性风险分析的目的是：

- 以主观的方式评价已识别风险发生的可能性、后果和其他情况。
- 得到基于定性分析的风险排序。
- 为每个单个风险正式指定风险责任人（通常是已在识别风险过程中预选的责任人）。
- 确定哪些风险需要进一步定量分析，哪些风险可直接进入规划风险应对过程，哪些风险可直接列入观察清单。

- 对风险进行归类，指出高风险的项目领域。
- 了解风险发展趋势。多次定性分析后，可看出风险发展趋势，例如，风险发生的可能性是逐渐提高的还是降低的。

定性分析的上述结果都要记入风险登记册，导致风险登记册更新；同时，在风险报告中概述上述分析结果，导致风险报告更新。

虽然第 6 版没有明确指出要在本过程对整体风险做定性分析，但是这种分析事实上的确是需要做的。在项目正式启动之前，需要对整体风险做定性分析，以便决定项目能否启动。在规划和执行阶段，要重新对整体风险做定性分析，决定项目是否需要变更或提前终止。如果整体风险太严重且无法减轻，就不得不提前终止项目。

在本过程，在风险管理计划（项目管理计划的组成部分）的指导下，对前一个过程得到的风险登记册（一种项目文件）中的所有风险都进行定性分析。在定性分析中，需要分析相关方登记册（一种项目文件）中的哪些人适合作为各种风险的责任人。作为一种项目文件的假设日志，有利于对风险进行定性分析。例如，某个风险与多个假设条件有关，其发生的可能性就会加大。定性分析的结果，应该写入风险登记册，并汇编进风险报告。更新后的风险登记册和风险报告都属于项目文件更新。

14.3.4 实施定量风险分析

本过程需要做两件事。一是对被定性分析确认为严重且可量化的单个风险做客观的定量分析；二是以这些定量分析的结果和全部其他不确定性的情况作为输入数据，对整体风险进行定量分析，并据此确定整个项目所需的应急储备。在第 6 版，实施定量风险分析过程的落脚点是整体风险，实施定性风险分析的落脚点是单个风险。

定量风险分析并不是简单的算术计算，而是需要建立比较复杂的数学模型。通常，无法手工进行，而必须借助计算机软件。不仅许多中小型项目完全不必开展定量风险分析，而且在需要开展定量风险分析的项目上，也有许多单个风险根本无须定量分析。对所有项目以及已识别的全部单个风险，都要进行定性分析，但并非都要进行定量分析。

定量分析的结果要记入风险报告。定量分析的结果主要包括：

- 单个风险的量化排序。通常是敏感性分析的结果。可用龙卷风图从大到小依次列出对项目目标有不同程度影响的单个风险，以及其量化的影响程度。
- 整体风险的情况。主要包括：导致整体风险的主要因素；项目进度和成本的概率分布（一端是最短工期或最低成本及其几乎为 0 的概率，另一端是最长工期或最高成本及其几乎为 1 的概率）；在特定的时间和成本之内完成项目的概率；整个项目需要预留多少应急储备，以便把项目按期按预算完工的概率提升到所需的水平。
- 风险的发展趋势。多次定量分析后，可以看出一些单个风险的发展趋势，以及整体风险的发展趋势。

- 风险应对建议。用于定量分析的模型，通常能够自动提出针对单个风险或整体风险的一些应对建议。例如，为了把实现项目目标的概率提升到某一水平，而建议规避某个特别严重的单个风险。这些建议将在规划风险应对过程被进一步分析和确认。

在本过程，在风险管理计划（项目管理计划的组成部分）的指导下，对前一个过程得到的风险登记册（一种项目文件）中的某些风险进行定量分析，然后用这些定量分析的信息、风险登记册中的所有风险的相关信息，以及有关项目不确定性的其他信息，作为输入数据，对整体风险进行定量分析。定量分析的结果应该汇编进风险报告。更新后的风险报告属于项目文件更新。第 6 版虽然没有指明本过程需要更新风险登记册，但实际上也需要更新。

项目管理计划中的范围基准、进度基准和成本基准，有助于定量分析实现这些基准将面临的风险，例如，有 15% 可能性不能在既定的成本基准内完工。

第 6 版还列出了以下项目文件作为本过程的输入：

- 风险报告。已有的风险报告，可以为当前开展整体风险定量分析提供依据。
- 假设日志。项目的假设条件和制约因素，都是开展整体风险定量分析的依据。
- 成本估算、持续时间估算、估算依据和资源需求。它们既是对某些单个风险进行定量分析的依据，也是对整体风险进行定量分析的依据。
- 里程碑清单、成本预测和进度预测。应该定量分析实现里程碑、成本预测或进度预测的可能性。例如，按期实现某个里程碑的可能性是 80%，这就意味着还有 20% 的风险。

14.3.5 规划风险应对

本过程旨在根据定性与定量分析的结果，考虑项目相关方的风险态度、风险偏好、风险承受力和风险临界值，制定整体风险的应对策略和措施，以及单个风险的应对策略和措施。单个风险的应对措施，既包括风险发生之前的预防措施或促进措施，也包括风险发生之后的应急措施或利用措施。应该定期或不定期地对风险应对策略和措施进行审查和更新，以确保有效。

开展本过程，通常会导致需要重新开展识别风险、实施定性风险分析、实施定量风险分析等过程。例如，针对威胁，在制定应对措施之后，需要识别因应对措施而导致的次生风险并对次生风险进行分析，防止次生风险比原生风险更严重；需要重新对原生单个风险或整体风险进行分析，确定这些风险是否都能够减轻到可承受的水平。

开展本过程，通常也会导致重新开展其他知识领域中的规划过程，即回头调整项目计划。一是因为原先对风险的考虑不尽合理，二是因为需要把风险应对活动及其所需的时间和成本等添加到项目计划中。

规划风险应对过程的结果，需要写入风险登记册和风险报告，从而导致对这两份项目文件的更新。风险登记册更新的主要内容包括：
- 商定的单个风险应对策略及措施。主要项目相关方应就应对策略和措施达成一致意见。
- 采取应对措施所需要的时间、成本和其他资源。
- 风险触发因素。也叫风险警告信号或风险症状。出现某种因素、信号或症状时，预示着某个风险即将发生，或者显示某个风险正在或已经发生。
- 针对高优先级且有强烈预警信号的风险的应急预案（计划）。
- 与应急预案配套的弹回计划。这是备用的应急预案(计划)，以便在主应急预案(计划)不起作用时采用。
- 次生风险。应对某个风险而带来的另一个风险。如果不应对原生风险，次生风险本来不存在。需要防止次生风险比原生风险更严重。
- 残余风险。采取风险应对措施后仍然存在的风险，是没有主动应对或应对后所剩余的风险。例如，购买保险（风险应对）后，保险公司的免赔额（万一风险发生，你仍要承担这个损失）；房屋设计成抗 7 级地震，万一发生 8 级地震的风险。

风险报告更新的主要内容包括：
- 针对整体风险的应对策略和措施，以及它们对整体风险的预期效果。
- 针对高优先级单个风险的应对措施概述。

在本过程，在风险管理计划（项目管理计划的组成部分）的指导下，针对风险登记册和风险报告（都是项目文件）中的风险情况，制定风险应对策略和措施。应对策略和措施，必须与资源管理计划（项目管理计划的组成部分）中用于应对风险的资源相对应，必须与成本基准（项目管理计划的组成部分）中用于风险应对的资金相对应。

第 6 版还列出了以下项目文件作为本过程的输入：
- 相关方登记册。制定应对策略和措施，应该邀请相关方参与，征求相关方的意见。
- 项目进度计划。有助于把风险应对活动与进度计划中的相关活动协调起来。
- 项目团队派工单。从中找出谁应该负责哪些风险应对活动。
- 资源日历。从中了解哪些资源何时可用于风险应对。
- 经验教训登记册。重复开展本过程，需要参考过去的经验教训。

规划风险应对过程的结果，应该记入风险登记册和风险报告。更新后的风险登记册和风险报告都属于项目文件更新。重复开展规划风险应对过程，通常都会引发项目计划调整的需要。所以，本过程会提出变更请求。

14.3.6 实施风险应对

在本过程，单个风险的责任人必须根据规划风险应对过程的结果，组织所需的资源，去实施风险应对策略和措施，以便提高机会，减轻威胁。

在本过程，项目经理作为整体风险的责任人，必须根据规划风险应对过程的结果，组织所需的资源，采取已商定的应对策略和措施处理整体风险，使整体风险保持在合理水平。

单个风险的应对策略和措施的实施情况，应该记入风险登记册；整体风险的应对策略和措施的实施情况，应该记入风险报告。

在本过程，在风险管理计划（项目管理计划的组成部分）的指导下，由风险责任人负责执行风险登记册（一种项目文件）中的单个风险应对策略和措施，由项目经理负责执行风险报告（一种项目文件）中的整体风险应对策略和措施。重复开展本过程，需要参考已记录在经验教训登记册（一种项目文件）中的经验教训。风险应对情况需要写入风险登记册和风险报告。更新后的风险登记册和风险报告都属于项目文件更新。开展本过程，可能提出对项目计划的变更请求。

第4篇
模型、方法和工件

本篇对应第 7 版第 4 部分"模型、方法和工件"。模型是对现实世界中的现象（如做事的流程、物体的布局、部件的关系）的书面模拟。例如，地图是对某个地区的自然物和人造物布局的书面模拟。模型便于人们了解全局以及其中的各种要素之间的关系。方法是用来取得成果或结果的手段，相当于第 6 版中的项目管理过程的工具与技术。例如，关键路径法就是制订进度计划过程的方法（工具与技术）之一。工件则是在合适的模型的指导下运用合适的工具与技术所做出的成果。例如，项目进度计划就是一种工件。

本篇阐述第 7 版的 22 个通用模型、60 个常用方法，以及 76 个工件；同时，补充第 6 版提及但第 7 版未提及的一些方法（工具与技术）。对每一个通用模型都绘制直观的图形，对方法和工具都尽量做通俗易懂的阐述。第 7 版的 76 个工件，相当于第 6 版各项目管理过程的输入与输出。第 7 版和第 6 版都有的工件，已经在本书前文阐述，本篇仅会再次提及，不再详述。本章详细阐述的工件都是第 7 版有但第 6 版没有的。

本篇总共 4 章：

第 15 章：通用模型。
第 16 章：常用方法。
第 17 章：常用工件。
第 18 章：第 6 版的工具与技术。

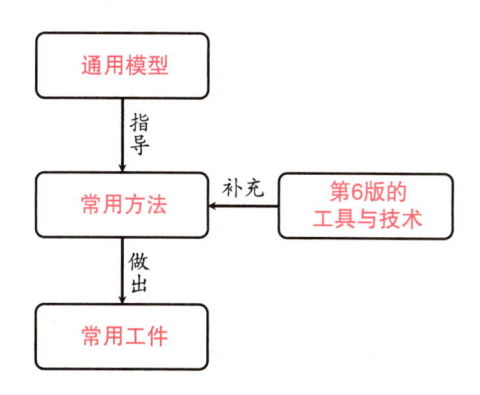

第15章 通用模型

15.1 概述

15.1.1 各绩效域的常用模型

第7版指出了在每个项目绩效域最有可能使用的各种模型。其中：

- 项目工作绩效域：除"执行和评估鸿沟模型"之外的全部模型。
- 规划绩效域：除"Blanchard 情境领导力模型""OSCAR 教练模型""执行和评估鸿沟模型""塔克曼阶梯理论""Drexler/Sibbert 团队绩效理论""冲突解决模型"这六个之外的全部模型。
- 团队绩效域："Blanchard 情境领导力模型""OSCAR 教练模型""跨文化沟通模型""沟通渠道有效性模型""保健和激励因素模型""内在和外在激励模型""需要理论""X 理论、Y 理论和 Z 理论""塔克曼阶梯理论""Drexler/Sibbert 团队绩效理论""冲突解决模型"。
- 相关方绩效域："跨文化沟通模型""沟通渠道有效性模型""执行和评估鸿沟模型""组织变革管理框架""ADKAR 模型""领导变革八步法""转变模型""冲突解决模型""谈判模型""凸显模型"。
- 交付绩效域："执行和评估鸿沟模型""Cynefin 框架""Stacey 矩阵""谈判模型""过程组"。
- 开发方法和生命周期绩效域："Cynefin 框架""Stacey 矩阵""规划模型"。
- 不确定性绩效域："Cynefin 框架""Stacey 矩阵"。
- 测量绩效域："过程组"。

15.1.2 各绩效域的工作重点

可以从各绩效域常用的模型看出各绩效域的如下工作重点：

- 规划绩效域和项目工作绩效域：要全面兼顾项目的方方面面。
- 团队绩效域：领导团队成员，与团队成员沟通，激励团队成员，开展团队建设，解决团队冲突。
- 相关方绩效域：与相关方沟通，引导相关方，管理项目引发的变革，甄别重要的相关方，与相关方谈判项目目标和目的，解决冲突。
- 交付绩效域：根据项目的复杂性，通过谈判确定拟实现的交付绩效；尽量缩小执行鸿沟和评估鸿沟；通过五大过程组中的收尾过程组办理交付手续。
- 开发方法和生命周期绩效域：根据项目的复杂性确定项目的开发方法和生命周期；根据规划模型确定合适长度的编制计划的时间。
- 不确定性绩效域：根据项目的复杂性来管理不确定性。
- 测量绩效域：通过五大过程组中的监控过程组来测量项目绩效。

15.1.3 模型再归类

为便于理解和掌握，可以把那 23 个模型再归类为：

- 人际关系类：与人打交道的模型，包括领导力、沟通、激励、团队建设、冲突、谈判、凸显模型。
- 工作流程类：关于工作流程的模型，包括规划、过程组。
- 复杂程度类：用于分析项目复杂性，包括 Cynefin 框架、Stacey 矩阵。
- 组织变革类：用于管理项目引发的变革的模型，包括组织变革管理、ADKAR、领导变革八步法、转变。

本章下文将按这四类来介绍每一个模型。因为这些模型都是管理学中的成熟模型，网络上很容易查到相关解释，所以下文主要用图形来介绍，而不写过多的文字。这些图形都是作者根据网络上的公开资料（包括图形），并结合自己的理解，做了改进的，使之更加通俗易懂。

15.2 人际关系类模型

项目所涉及的人际关系有两类。一类是项目团队内部的（团队绩效域），另一类是与项目团队外部的项目相关方的（相关方绩效域）。

15.2.1 情境领导力模型

情境领导力模型用于指导根据具体的人事情境确定该采用何种领导风格来领导团队成员，主要有 Blanchard 情境领导力模型和 OSCAR 教练模型。

Blanchard 情境领导力模型是指根据团队成员的工作胜任力大小和工作热情高低这

两个维度来决定该如何领导他们,即领导风格中的命令成分和支持成分的占比该是多少。随着团队成员入职后逐渐走向成熟,项目经理对他们的领导风格也要相应地变化,如图 15-1 所示。

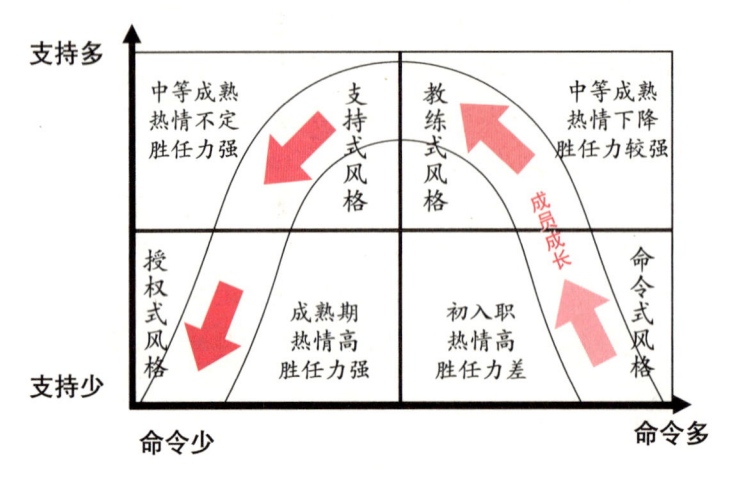

图 15-1　Blanchard 情境领导力模型

OSCAR 教练模型用于指导教练员辅导相关个人的个人发展(见图 15-2)。它首先确定发展目标(Outcome),接着评估所处现状(Situation),再找出可用于实现目标的所有方法(路径)及其后果(Choices/Consequences),再选择一种方法并确定和采取近期行动(Actions),再定期评审行动进展和效果(Review)。评审之后,可以开始新一轮循环。

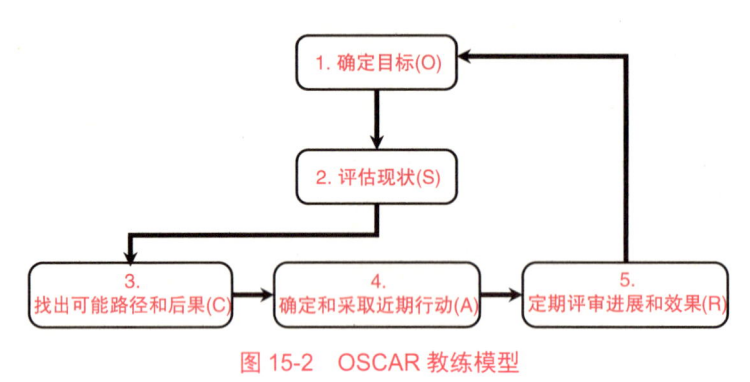

图 15-2　OSCAR 教练模型

15.2.2　沟通模型

沟通模型用于指导项目团队内部的沟通以及与外部相关方的沟通,包括跨文化沟通模型、沟通渠道有效性模型、执行和评估鸿沟模型。

跨文化沟通模型是指信息发送方的文化背景和信息接收方的文化背景都会对沟通有实质性影响(见图 15-2)。他们的文化背景包括价值观、信念、知识、经验、语言、思维方式、假设前提、对沟通双方关系的看法等。如果双方的文化背景差别很大，双方很可能对同样的信息会有不同的理解。

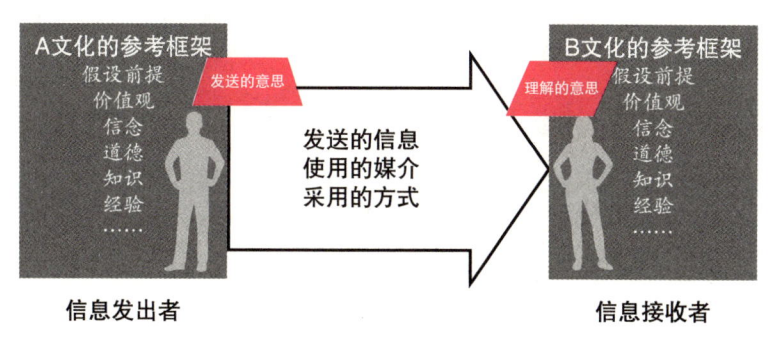

图 15-3　跨文化沟通模型

沟通渠道有效性模型是指不同的沟通渠道所能传递的信息丰富程度不同，从而导致沟通有效性不同（见图 15-4）。沟通渠道从纯书面、纯留言，到音频对话、视频对话，再到面对面对话、面对面对话且有白板辅助等，传递的信息越来越丰富。

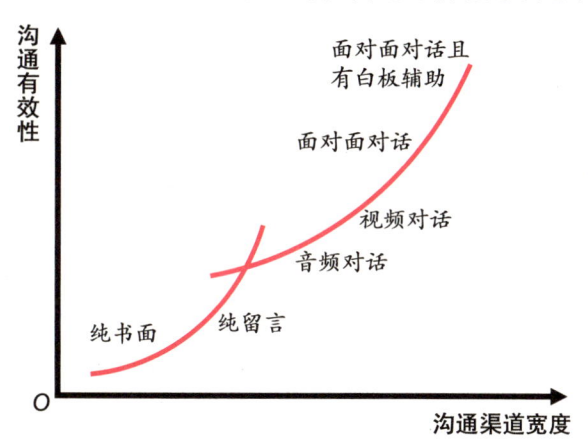

图 15-4　沟通渠道有效性模型

执行和评估鸿沟模型是人（操作者）与机器的沟通模型，其中包括执行鸿沟和评估鸿沟（见图 15-5）。执行鸿沟是操作者发出执行指令后机器并没有实际执行。例如，你按要求按下"开机"按钮，但机器并未开机。评估鸿沟是操作者无法正确或准确评估机器的当前状态。例如，你认为只需按一下"开机"按钮，机器就会开机，但实际上必须按住 5 秒才会开机。再如，从网络下载大型文件，如果没有下载进度条，你就不能准确知道下载的当前进展。通常，初次使用机器，很容易受评估鸿沟困扰。机器的设计者应该设法缩小评估鸿沟，应该设法消除执行鸿沟，以便尽量方便机器的用户（项目相关方）。

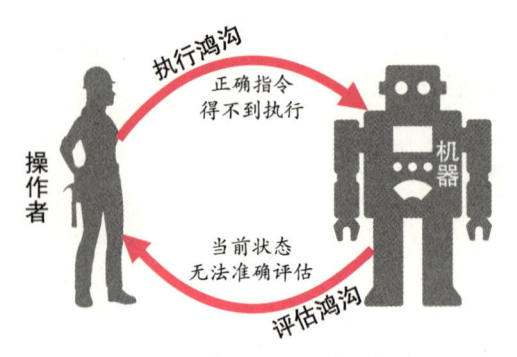

图 15-5 执行和评估鸿沟模型

15.2.3 激励模型

激励是指基于个人的特定需求来采取措施，使之愿意去做或不做某种行为。第 7 版提及的激励模型包括"保健和激励因素模型""内在和外在激励模型""需要理论""X 理论、Y 理论和 Z 理论"。

赫茨伯格（Herzberg）的保健和激励因素模型，也叫双因素理论。该理论认为保健因素和激励因素都会决定人的行为（见图 15-6）。保健因素与基本需求有关，会导致不满足感，例如，工作条件、工资、同事之间的关系、安全、职位等。对保健因素，做得不好就会损害激励，做得好却不会提高激励。激励因素与高层需求有关，会导致满足感，例如，责任、自我实现、职业发展、得到承认等，是能够真正起激励作用的因素。

图 15-6 保健和激励因素模型

品克（Pink）的内在和外在激励模型把激励因素分成个人内在因素和个人外在因素（见图 15-7）。内在因素存在于个人的内心，例如，责任感、挑战性、工作自主性、不断进步、工作的意义等，外在因素来自个人的外部，例如，工资、奖励等。对于越复杂和艰巨的工作，就越需要内在因素的激励。

麦克利兰（McClelland）的需要理论认为每个人都在不同程度上有三种需要：成就需要、权力需要和亲和需要（见图 15-8）。管理者应该根据各人更重视的需要来制定激励措施。例如，为成就需要者设立具有挑战性但可实现的目标，为权力需要者提供较能体现地位的工作环境，为亲和需要者提供合作而非竞争的工作环境。

图 15-7　内在和外在激励模型

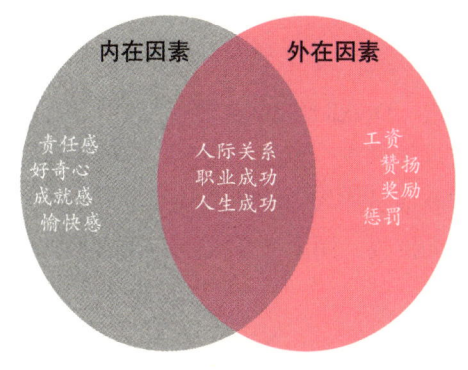

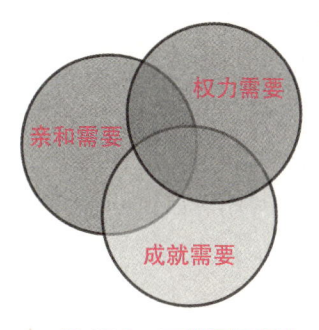

图 15-8　三种需要理论

麦格雷戈(McGregor)的 X 理论和 Y 理论是基于对人性的两种相反的假设而提出的。X 理论认为人是消极懒惰的，设法逃避工作，缺乏进取心，总是逃避责任。Y 理论则认为人是积极的，愿意工作，愿意进步，愿意承担责任。

大内（Ouchi）的 Z 理论把个人看成群体的成员，认为成员参与、团队合作和永久关系能够提高工作效率。

马斯洛（Maslow）的 Z 理论是在马斯洛需求层次理论的基础上延伸出来的。马斯洛需求层次理论认为人有五个层次的需求，从最低级的生理需求（食物、水、空气、衣服等），依次经过安全需求（安全、稳定、免受伤害）、社会需求（友爱、归属、朋友）、尊重需求（成就、受到尊敬、引起别人注意），到最高层的自我实现需求（学习、发展）。通常，人们只有在较低层次的需求得到满足后，才会追求较高层次的需求。在自我实现的基础之上，有些人还有自我超越需求，例如，为崇高的理想而奋斗。马斯洛 Z 理论关注的就是人的自我超越需求。

X 理论、Y 理论和 Z 理论，如图 15-9 所示。

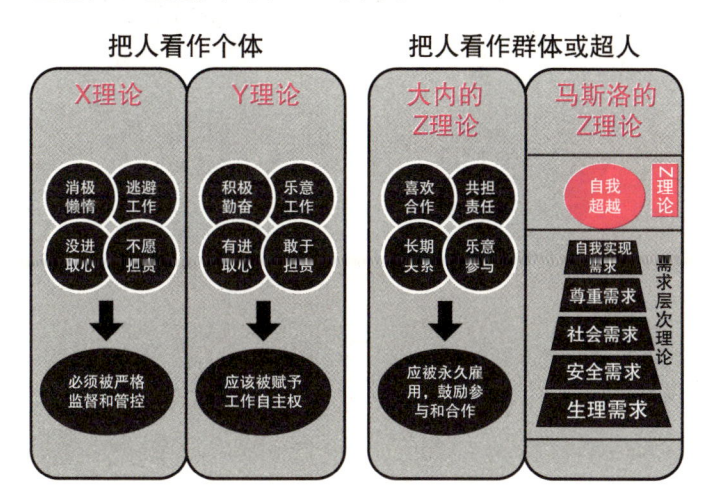

图 15-9　X 理论、Y 理论和 Z 理论

15.2.4 项目团队建设模型

项目团队建设模型包括塔克曼阶梯理论、Drexler/Sibbert 团队绩效理论。

塔克曼阶梯理论认为，项目团队要经过从形成、震荡、规范、成熟到解散这五个阶段（见图 15-10）。需要注意的是，如果有新成员加入，团队会从规范甚至成熟阶段退回形成阶段；如果团队遇到了前所未有的巨大挑战，团队会从规范甚至成熟阶段退回震荡阶段。

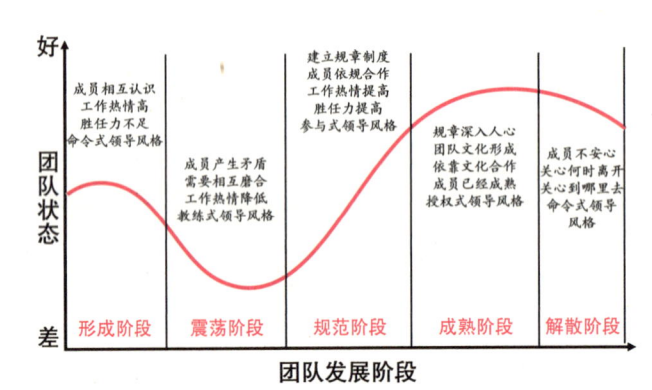

图 15-10 塔克曼阶梯理论

Drexler/Sibbert 团队绩效理论把团队建设分成七个阶段，其中前四个阶段是为了建立团队对项目的承诺，后三个阶段是基于承诺来开展项目工作。由于"承诺"是取得团队成功的基石，这个理论通常被画成"V"字形（见图 15-11）。

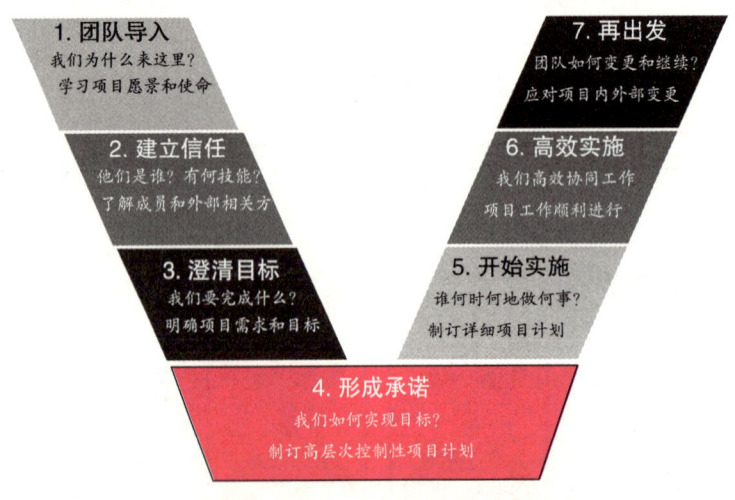

图 15-11 Drexler/Sibbert 团队绩效理论

15.2.5 其他模型

其他模型包括冲突解决模型、谈判模型和凸显模型。冲突解决模型中有六种不同的

第15章 通用模型

冲突解决方法（见图15-12）。谈判模型中有四种谈判策略（见图15-13）。凸显模型根据三个维度来区分项目相关方的重要性（见图15-14）。

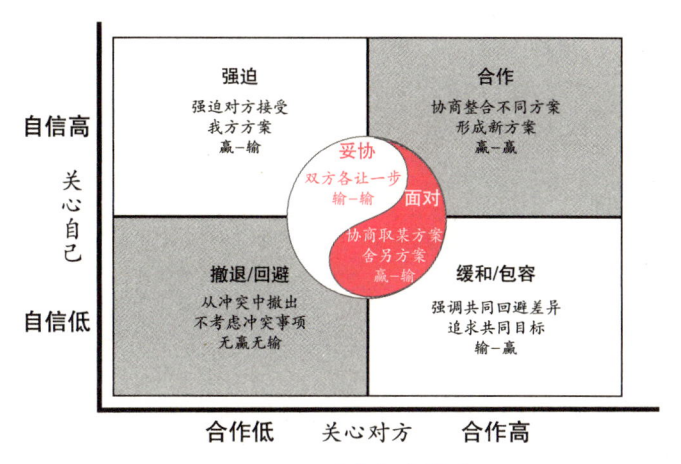

图15-12 冲突解决模型

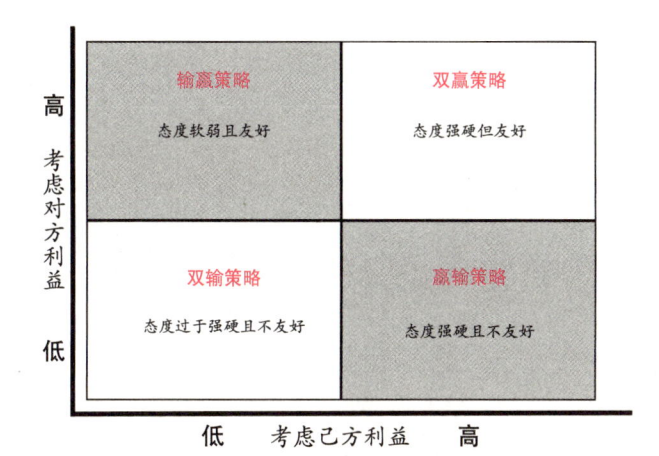

图15-13 谈判模型

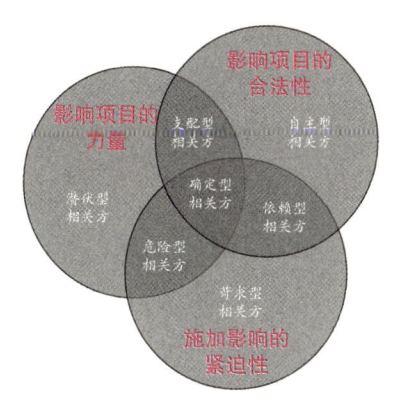

图15-14 凸显模型

195

15.3 工作流程类模型

第 7 版提到的工作流程类模型有规划模型和过程组。规划模型用以指导人们花合理的时间去做计划,既不要花太多时间,也不要花太少时间,而要寻找最佳点("甜点")(见图 15-15)。当然,在实际工作中,找"甜点"并非易事。

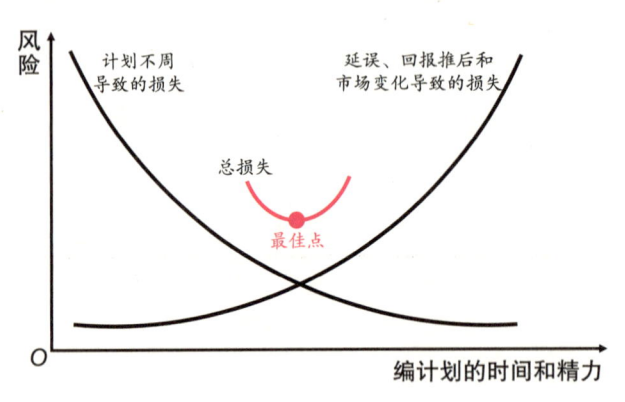

图 15-15 规划模型

过程组就是五大项目管理过程组,其内容已在本书第 1 章介绍,这里仅补充一个示意图(见图 15-16)。

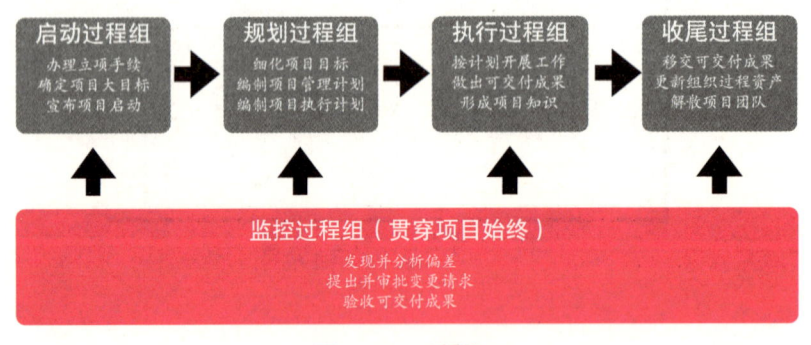

图 15-16 过程组

15.4 复杂程度类模型

第 7 版提到两种用于评估项目复杂性的模型,即 Cynefin 框架(见图 15-17)和 Stacey 矩阵(见图 15-18)。它们很相似,都可用于把项目分成简单项目、繁杂项目、复杂项目、混乱项目。复杂程度不同的项目,应该采用不同的项目开发方法。在同一种开发方法下,还要根据项目的复杂程度对具体的管理方法进行裁剪应用。

第15章 通用模型

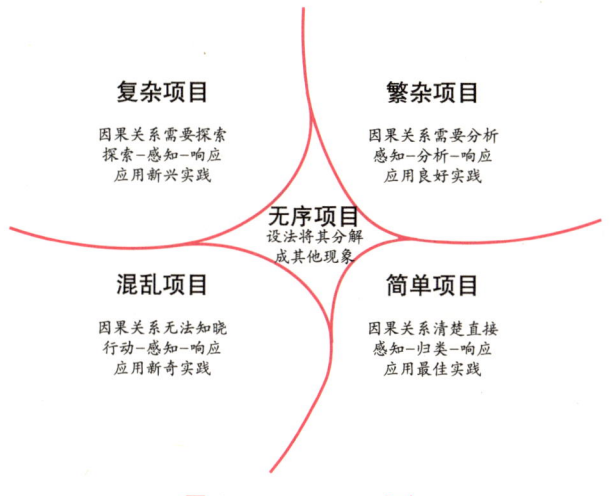

图 15-17　Cynefin 框架

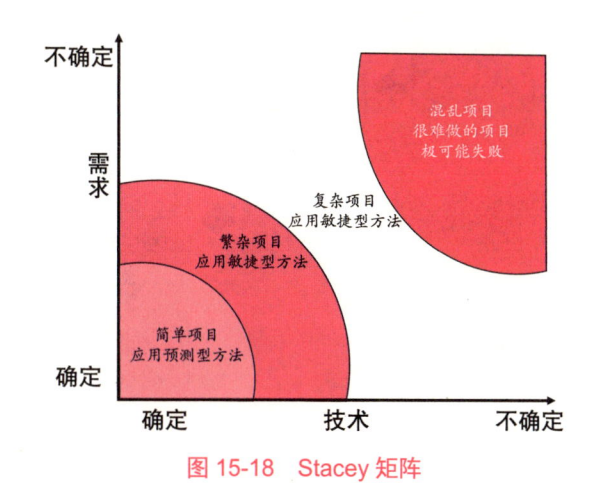

图 15-18　Stacey 矩阵

15.5　组织变革类模型

项目的关键特征之一就是变革驱动性，即必须驱动组织实现或大或小的变革。所以，在开展项目的过程中，必须同步开展组织变革管理，引导项目相关方参与、支持和接纳项目所引发的组织变革。

第7版提到的组织变革类模型包括：PMI 的组织变革管理框架，Jeff Hiatt 的 ADKAR 模型，John Kotter 的领导变革八步法，Virginia Satir 的变革模型，William Bridges 的转变模型。

PMI 的组织变革管理框架指导人们在进行项目管理的同时进行组织变革管理（见图 15-19）。它展现了变革管理的基本流程。应该注意的是，启动变革往往是在项目集或项目组合的层面上做的，而不是在项目的层面上。

197

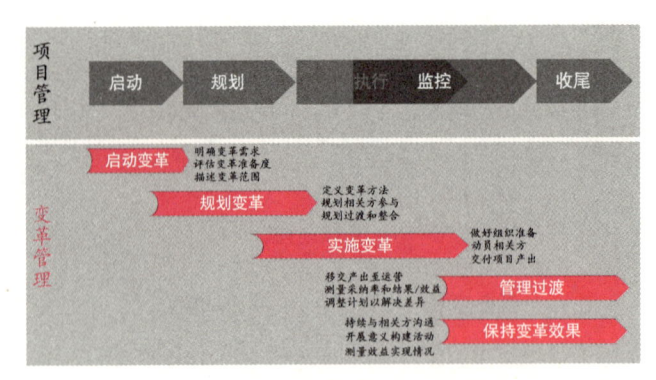

图 15-19　PMI 的组织变革管理框架

Jeff Hiatt 的 ADKAR 模型，其中的 A 代表 Awareness（认知），D 代表 Desire（渴望），K 代表 Knowledge（知识），A 代表 Ability（能力），R 代表 Reinforcement（巩固）（见图 15-20）。它展示了开展变革所需的知识和能力准备及应用。

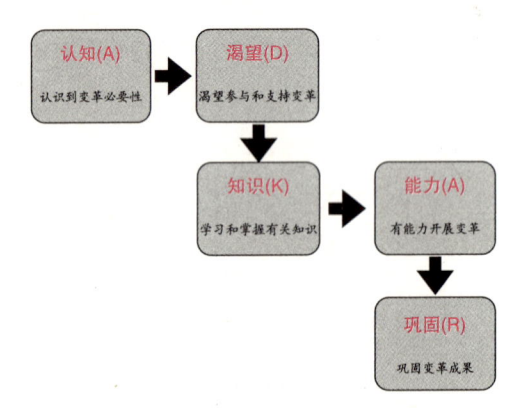

图 15-20　ADKAR 模型

John Kotter 的领导变革八步法（见图 15-21）指导变革领导者领导变革的开展。Virginia Satir 的变革模型（见图 15-22）展示人们应如何经历和应对变革。William Bridges 的转变模型（见图 15-23）展示受变革影响者随变革开展的心理变化进程。

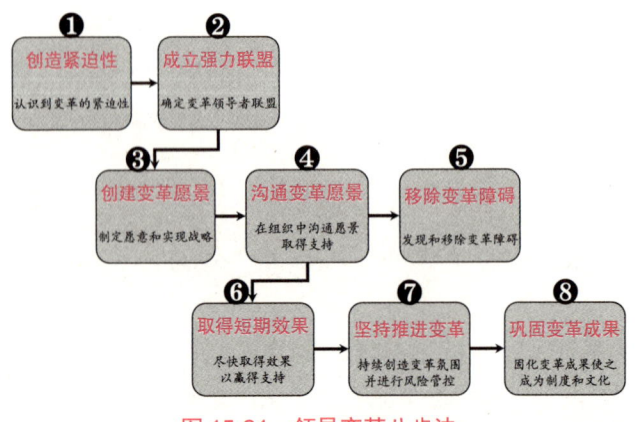

图 15-21　领导变革八步法

第15章 通用模型

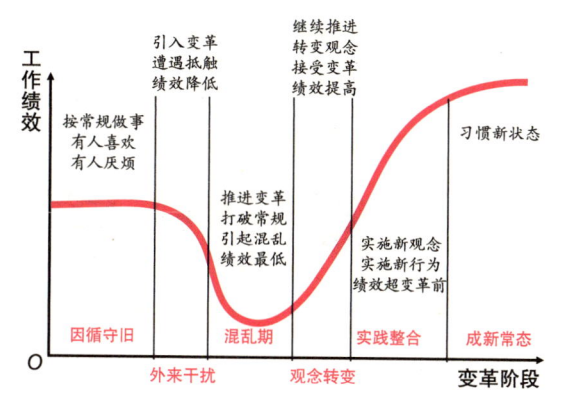

图 15-22 变革模型

图 15-23 转变模型

第16章 常用方法

16.1 概述

第 7 版列出的"常用方法",其实就是第 6 版各项目管理过程所使用的"工具与技术"(下文简称"工具")。人们使用特定的方法(工具)处理特定的输入,得到所需的输出。虽然第 7 版列出了各绩效域最可能使用的各种方法,第 6 版列出了各项目管理过程经常使用的工具,但是方法或工具的使用其实有很大的灵活性,只要有利于取得所需的输出即可。从准备 PMP® 考试的角度,可以在理解的基础上适当记忆第 6 版的哪个工具在哪个过程应用。如此,即便不去记忆第 7 版的哪个方法在哪个绩效域应用,你也能猜个八九不离十。

第 7 版列出了四大类共 60 个方法。其中,除了主要在敏捷型开发中使用的方法,其余方法中的绝大多数方法都在第 6 版有同名或近名工具。因为第 6 版主要是按预测型开发编写的,所以没有直接写到这些用于敏捷开发的方法。

还需要提及的是,第 6 版的工具并没有全都出现在第 7 版中。本书第 18 章将介绍这些第 6 版有但第 7 版没有的工具。

16.2 数据收集和分析方法

第 7 版的"数据收集和分析方法",基本对应于第 6 版的"数据收集"和"数据分析"。

16.2.1 数据收集方法

第 7 版列出的数据收集方法有"标杆对照"和"核查表"。当然,可用于收集数据的方法(工具)绝不局限于这两个。

标杆对照是指收集可比项目的最佳实践并用作标杆,据此确定本项目的需求、质量测量指标或应采用的管理做法等。可比项目可以来自项目执行组织内部或外部，也可以来自本行业内部或外部。它强调局部对照，而不是全局对照。任何一个项目，只要在某个局部做得好且与本项目可比，就可作为本项目的标杆。第 6 版的收集需求过程、规划质量管理过程和规划相关方参与过程要用到标杆对照。

核查表示例如图 16-1 所示。第 6 版的控制质量过程要用到核查表。在检查质量时，可用核查表收集客观数据，逐项发现质量问题。每发现一个问题，就在核查表相应的区域画上一条斜杠（/）。中国人画"正"字统计各候选人所得的选票数，也是在应用核查表。

缺陷种类	出现次数	总次数
裂缝	### ### ### //	17
划痕	### ///	8
不平整	### ### ### ### ////	24
弯曲	### ### ###	15
掉色	### ### //	12
标签错误	### ### ### /	16

图 16-1 核查表示例

16.2.2 数据分析方法

第 7 版列出了 23 个数据分析方法。下面分别加以介绍。

"备选方案分析"是设计和分析可用于开展项目工作的不同方案，并选择一个或几个最佳方案。

"假设和制约因素分析"是分析假设前提条件和特定制约因素的合理性，确保编制项目计划所依据的假设条件和制约因素是合理的。假设条件是无须验证即可假设为真实的前提条件。制约因素是会限制人们的选择余地的各种因素。做任何事，都有一定的假设条件和制约因素。

"商业合理性分析"是在项目前期准备（商业论证）阶段预测项目的经济财务指标，据此判断项目是否具有商业可行性。常用的指标包括投资回收期、内部报酬率、投资回报率、净现值、效益成本比率（或成本效益比率）。

"质量成本"其实是"质量成本分析"，是分析将要产生的质量成本及其各部分占比，确定最合理的质量成本方案。质量成本是为达到产品或服务的质量标准而付出的所有质量管理努力的总代价，也就是用于质量管理的成本。质量管理是需要花钱的，在确定质量标准时应该考虑愿意花多少钱去做质量管理。较高的质量标准往往需要较高的质量成本。质量成本中既包括为保证质量符合要求所做的工作的成本，即一致性成本，例如，用于设计确认、计划编制、质量保证和质量控制的成本；也包括因质量不符合要求而产生的成本，即不一致性成本，例如，因返工、废品、保修、产品召回和信誉受损而产生的成本。一致性成本又可分成预防成本和评估成本。预防成本是预防项目发生质量问题的成本，例如，质量计划编制、人员培训、设计复核等。评估成本是检查产品或生产过程，确认它们是否符合要求而发生的成本，例如，检查和测试成本。不一致性成本又叫失败成本，是进行缺陷补救所发生的成本，以及因质量缺陷而遭受的其他损失，又可分为内部失败成本和外部失败成本。前者是指在产品交给客户之前，在项目内部处理缺陷所产生的成本；后者是指产品交给客户之后而产生的缺陷处理成本、产品召回成本和信誉损失成本等。在现代质量管理思想下，应当是预防成本所占的比例最大，其次是评估成本，然后才是内部失败成本和外部失败成本。外部失败成本要尽可能降为零。

"预期货币价值"是以风险中立（既不保守也不冒险）的态度来计算某个行动方案可能产生的货币值。例如，你正在考虑购入某处房产用于再出售，那就需要考虑未来房产涨价的可能性及其涨价幅度，跌价的可能性及其跌价幅度，再计算出一个综合的预期货币价值。

"决策树分析"是计算各种备选方案的预期货币价值。在考虑各种可能发生的情况的基础上，计算加权平均值，以便在两种或两种以上方案中做出选择。决策树分析是为了对将来的事情做出决策。决策树同级分支的概率之和必须等于1。第6版图11-15提供了一个很好的决策树分析实例。

"挣值分析"是计算挣值管理中的各种指标，详见本书第13章。

"预测"是基于当前已有的知识和信息来估计未来的情况或事件，可以用定性或定量方法进行预测。定性预测由主题专家凭经验进行，定量预测则需要建立和使用数学模型，例如，回归分析就是一种定量预测方法。

"回归分析"是基于历史数据，探究变量之间的因果关系，以便根据自变量的值预测（回归出）因变量的值。

"趋势分析"是根据过去的历史绩效的走势来定量地预测未来的绩效趋势，例如，绩效是继续保持稳定，还是会逐渐好转或恶化。

"影响图"是用来分析各种变量之间的因果关系、时序关系或其他关系的图形，以确定前序变量对后序变量的影响。

"生命周期评估"是分析产品、流程或系统在整个生命周期中将对环境产生的全面影响，例如，某个产品从原材料形成到产品生产到产品销售到产品使用到产品报废处置的全生命周期中将对环境产生的全面影响。

"自制或外购分析"是分析某件工作是自己做还是外包给别人做更划算，或者某个产品是自己生产还是从外购买更划算。最简单的自制或外购分析仅需考虑自制或外购的成本，哪个成本低就选哪个。也可以因工作涉及机密信息而选择自制，为缩短研发周期而选择外购，为建立长期伙伴关系而选择外购。

"概率和影响矩阵"是以风险发生的可能性为纵轴、后果（影响）为横轴，按风险敞口（可能性与后果的乘积）对风险进行分级的表格，也叫风险级别矩阵。例如，把风险分成严重、中等、轻微三个级别。相当于用来度量每个风险的严重性的统一尺子，可据此分析每个风险的严重性。

"过程分析"是把某个活动（如一个生产过程）分解成若干个环节（步骤），对每个环节进行分析，区分出增值环节和非增值环节，识别出最值得改进的环节，以便据此进行过程改进。增值环节是会增加价值的环节，非增值环节是不会增加价值的环节。应该尽量加强增值环节，削弱非增值环节。

"价值流图"是精益生产中用来做过程分析的一种图形，可以画出生产过程中的各个物流环节和各个信息流环节，分析每个环节产生价值与否、产生价值的大小以及值得改进的余地。

"根本原因分析"是分析导致偏差、缺陷、问题或风险的根本原因，可以用因果图或其他方法进行。因果图，也叫鱼骨图或石川图，是沿着大鱼骨、中鱼骨和小鱼刺来追问导致某一结果的一系列原因，有助于人们进行创造性、系统性思维，找出问题的根源。

"敏感性分析"是分析某一变量（如某种风险）的单位变化对项目的影响程度（如导致的成本增加）。在其他变量都保持不变的情况下，逐一分析每个变量的单位变化给项目带来的影响，找出最敏感的变量。将来的风险管理应该重点关注最敏感的变量。敏感性分析的结果，经常用龙卷风图表示。

"模拟"是借助数学模型来模拟各种不确定性联合对项目造成的影响的可能区间，得出该区间内的所有影响的概率分布图。例如，项目的工期区间为100~130天，在100天内完工的概率几乎为零，在130天内完工的概率几乎为100%，中间的各种工期也都有相应的概率。蒙特卡洛模拟是最常用的模拟方法。它在电脑上使用软件模拟实施项目很多次，甚至成千上万次，来计算项目的全部可能工期或成本及其概率分布。

"相关方分析"是收集和分析项目相关方的定性和定量信息，了解相关方跟项目有关的利益、态度、权力、影响力等，以便对他们进行合理引导和管理。

"SWOT分析"是分析组织、项目或方案的优势、劣势、机会和威胁，以便制定对策利用优势和机会，规避劣势和威胁。

"偏差分析"是分析项目实际绩效偏离计划要求的程度和原因，以便决定是否需要进行项目变更。

"假设情景分析"是假设某种有利或不利情况发生，分析这种情况对项目绩效的影响，例如，将会导致项目延期10天或成本超支1万元。

上述数据分析方法在第6版各项目管理过程的应用，如表16-1所示。

表16-1 数据分析方法在第6版的应用

序号	第7版中的方法	用于第6版的项目管理过程	说　明
1	备选方案分析	规划范围管理，规划进度管理，规划成本管理，定义范围，估算活动持续时间，估算成本，估算活动资源，规划风险应对，管理质量，监控项目工作，实施整体变更控制，控制资源，监督相关方参与	1. 选择合适的范围管理方案、进度管理方案、成本管理方案 2. 确定合适的项目范围边界 3. 选择合适的活动开展方案，估算相应的时间、成本和资源 4. 选择合适的质量活动开展方案 5. 在监控过程，选择开展变更和解决问题的合适方案

续表

序号	第7版中的方法	用于第6版的项目管理过程	说　明
2	假设和制约因素分析	识别风险	发现不合理的假设条件，把它改写成威胁（坏风险）；发现可解除的制约因素，把它改写成机会（好风险）
3	商业合理性分析	无	项目管理过程不包括项目的前期准备阶段
4	质量成本	估算成本，规划质量管理	估算成本时，需要估算将花多少钱管理质量；在确定质量标准和测量指标时，需要考虑相应的质量成本
5	预期货币价值	未单独列出	合并在决策树分析中
6	决策树分析	实施定量风险分析	用决策树计算预期货币价值，是定量风险分析的一种方法
7	挣值分析	监控项目工作，控制进度，控制成本，控制采购	用挣值分析综合考察项目的进度和成本绩效；在控制采购中，用挣值分析确保向卖方的付款与合同工作进展一致
8	预测	未直接列出	在监控过程实际需要进行预测
9	回归分析	结束项目或阶段	总结出的回归公式，可供以后项目借鉴
10	趋势分析	监控项目工作，控制范围，控制进度，控制成本，控制资源，控制采购，结束项目或阶段	在监控中，需要定期预测项目绩效的发展趋势；在收尾时，需要为总结经验教训而回顾项目绩效的发展趋势
11	影响图	实施定量风险分析	画出影响图，搞清前序变量和后序变量之间的关系，搞清存在不确定性的环节，便于建立数学模型进行风险定量分析
12	生命周期评估	未直接列出	在进行项目决策时实际需要做
13	自制或外购分析	规划采购管理	确定哪些工作自己做，哪些工作外包
14	概率和影响矩阵	实施定性风险分析	用概率和影响矩阵来确定每个风险的严重性级别
15	过程分析	管理质量	做好过程分析，为质量保证和过程改进奠定基础
16	价值流图	未直接列出	包含在过程分析中
17	根本原因分析	规划相关方参与，识别风险，管理质量，监控项目工作，控制质量，监督相关方参与	1. 分析相关方支持或反对项目的根本原因 2. 通过根本原因分析来识别风险 3. 分析导致质量问题的系统性根本原因（管理质量）和特殊性根本原因（控制质量） 4. 分析导致项目绩效问题的根本原因（监控项目工作）
18	敏感性分析	实施定量风险分析	找出最敏感的风险，即对项目有最大影响的风险
19	模拟	制订进度计划，实施定量风险分析	借助蒙特卡洛模拟来编制进度计划，以及进行风险定量分析

续表

序号	第7版中的方法	用于第6版的项目管理过程	说　明
20	相关方分析	规划风险管理，识别相关方，监督相关方参与	分析相关方的风险态度和风险承受力，确定合理的风险管理方法。分析相关方的权力、利益和影响等，分析相关方参与项目的程度是否达到要求
21	SWOT分析	识别风险	识别与优势有关的机会，与劣势有关的威胁，以便更全面地识别项目风险
22	偏差分析	监控项目工作，控制范围，控制进度，控制成本，结束项目或阶段	分析项目绩效偏差的程度和原因
23	假设情景分析	制订进度计划，控制进度	在编制进度计划时或设计解决进度问题方案时，假设某种情景出现后的情况

16.3　估算方法

第7版列出了9个项目进度和成本估算方法。可以把它们分成三个组：主观估算法、客观估算法、相对估算法。

16.3.1　主观估算法

主观估算法是由专家凭经验对工作量、工期或成本进行估算，包括亲和归组、类比估算、宽带德尔菲。

"亲和归组"是根据条目在某方面的相似性（主观判断的）对条目进行归组，得出亲和图。亲和归组的用途很广，不仅可用于问题归组、原因归组等，也可用于估算工作量、工期和成本等。第7版提到的T恤尺码法和斐波那契数列法，都是在敏捷开发中用于粗略估算活动工作量并按工作量大小对活动归组的方法（见图16-2）。鉴于对将要开展的活动并不是很了解，就没必要进行精确的工作量估算。斐波那契数列是用前两个数字之和作为第3个数字，一直这样列下去，就得到1、2、3、5、8、13、21、34、56……为便于使用，可以把后面的21改成20，34改成40，56改成100。那些被估算为"XXL类"或"100类"的活动，通常还要分解成更小的活动，再来进行工作量估算。

"类比估算"是一种专家判断的方法，也是一种自上而下估算方法。类比估算可以针对项目、阶段或活动，根据过去类似项目、阶段或活动的实际工期，来估算本项目、阶段或活动的工期。例如，去年的一个类似项目进行了3个月，所以估计本项目也要用3个月。使用类比估算，要注意项目、阶段或活动的实质相似性，还需要估算者富有经验。

"宽带德尔菲"是对普通德尔菲技术的修正。相比普通德尔菲技术，它增加了专家匿名和背靠背投票之前的讨论环节，以及两轮投票之间的讨论环节。下面介绍普通德尔菲技术。

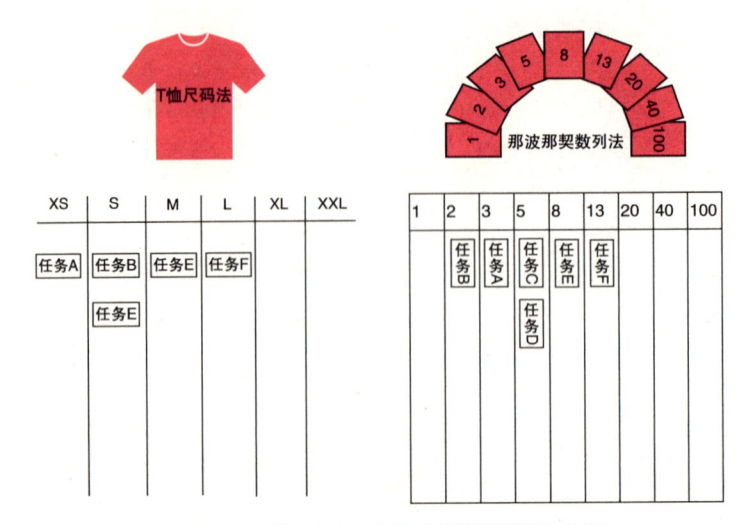

图 16-2　T恤尺码法和斐波那契数列法示例

德尔菲技术是用来引导众多专家就某事项（如活动工期或成本）达成一致意见的常用方法。德尔菲技术的使用范围很广，可用于估算工期、估算成本、识别风险和评价风险等。

使用德尔菲技术，必须遵守以下规则：

- 每个专家只与主持人单线联系。
- 专家之间完全背靠背，更不能进行讨论。为保证专家提出独立见解，甚至需要把专家分散在不同的物理地点。
- 专家以匿名的书面形式提出意见。
- 绝对的一人一票制，且不允许弃权。
- 必须经过"投票—汇总—反馈"多轮循环。专家匿名投票，主持人收集和汇总意见，向专家反馈汇总情况，专家再次投票……一直到达成一致意见。
- 在多轮投票中，专家不断修正自己的意见，使意见逐渐趋于一致。如果后一轮的意见更分散，那就必须立即停止，宣布本次德尔菲技术应用失败。

德尔菲技术有助于人们减少偏见和克服个人对结果的不合理影响。普通德尔菲技术的应用流程如图 16-3 所示。

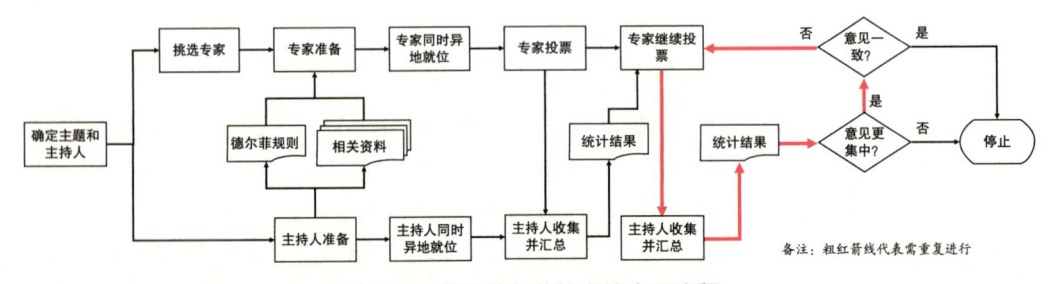

图 16-3　普通德尔菲技术的应用流程

16.3.2 客观估算法

客观估算法是指通过客观计数或计算来得出估算结果,即便所依据的初始数据是主观估算的。其中包括功能点估算、多点估算、单点估算、参数估算。

"功能点估算"是指从软件用户视角估算软件系统的业务功能数量,以此确定软件系统开发项目的规模大小。每个业务功能都是用户将直接使用的。业务功能数量可分类估算,例如,分成输入类功能、输出类功能、查询类功能等。功能点相当于预测型方法中的产品范围。

"多点估算"有两种,一种是三点估算,另一种是真正的"多点"估算。可用于估算工期或成本。在估算工期和估算成本时,用法一样。

三点估算法,也叫 PERT 估算法。在估算活动工期时考虑"最坏""一般""最好"这三种可能的情况,计算出悲观工期、最可能工期和乐观工期,再据此计算出期望工期(平均工期)。用 PERT 法计算工期(T),必须记住下面四个公式(其中 P 代表悲观工期,M 代表最可能工期,O 代表乐观工期):

- PERT 公式 1(假设活动工期呈贝塔分布):$T=(P+4M+O)/6$
- PERT 公式 2(假设活动工期呈三角分布):$T=(P+M+O)/3$
- 标准差公式:$\sigma=(P-O)/6$
- 方差公式:$\sigma^2=[(P-O)/6]^2$

在 PMP® 考试中,只要题目中没有指明活动工期呈三角分布,就要假设呈贝塔分布,采用"PERT 公式 1"。

用 PERT 公式计算出来的是完成某活动的平均工期,即有 50% 的可能性在该工期内完成。用正态统计分布图,工期落在平均工期一个标准差(通常用 σ 表示标准差)之内的概率是 68.26%,两个标准差之内的概率是 95.46%,三个标准差之内的概率是 99.73%。这三个概率是考生必须记住的。如果用一个标准差来估算工期,那工期就是在平均工期加减一个标准差的区间内;如果用两个标准差,则是平均工期加减两个标准差的区间内;如果用三个标准差,则是平均工期加减三个标准差的区间内。

例如,某活动的平均工期是 10 天,标准差是 1.1 天,则可计算出如表 16-2 所示的不同标准差下的工期区间与完工概率。

表 16-2 不同标准差下的工期区间与完工概率

标准差区间	工期区间(天)	在该区间内完工的概率(%)
±1σ	8.9~11.1	68.26
±2σ	7.8~12.2	95.46
±3σ	6.7~13.3	99.73

根据例子中的平均工期、标准差和概率分布,就可以计算出该活动在某工期内完成的概率。例如,在 8.9 天内完工的概率是 50%-(68.26%÷2)=15.87%,在 11.1 天内完

工的概率是 50%+（68.26%÷2）=84.13%。

计算项目的工期，可把同一条关键路径上的全部活动（假设都是不带提前量或滞后量的完成到开始关系）的平均工期加起来，得到项目的平均工期，然后再把这些活动的方差之和开平方得到项目工期的标准差，从而计算出在指定标准差区间内的相应项目工期区间。注意：各项活动的标准差不能相加，只有方差才能相加。

真正的"多点"估算是考虑很多种可能性。在这种方法下，借助计算机，模拟某个项目或活动实施许多次甚至成千上万次，看看有多少次在多少天内完工，并据此画出可能工期的区间及概率分布图。根据概率分布图，就可知道在某一特定时间内完成项目或活动的概率是多少。蒙特卡洛模拟法是一种常用的多点估算法，往往用于整个项目而不是某个活动层面。

"单点估算"是只考虑最可能出现的情况，对活动或项目工期或成本做出单一数值的估算。例如，某项活动最可能需要 5 天完工，就用 5 天作为该活动的工期估算，而不考虑也有一定可能性的 4 天和 6 天。

"参数估算"是根据历史数据和活动（或项目、阶段）参数来估算工期或成本。估算工期和估算成本的用法一样。它是一种数学模型法。基于大量的历史数据，把决定项目、阶段或活动工期的各种参数列出来，找出相互之间的数学关系，建立数学公式（模型）来计算工期。常见的两种参数估算方法是回归分析和学习曲线。前者是根据一个或多个自变量的数值（参数）来预测一个因变量的数值（工期）。后者是指随着产品生产数量的增加，工人能不断学习、积累经验，生产每个单位产品所需要的时间会有规律地逐渐减少。

16.3.3 相对估算法

相对估算法是通过与类似活动的比较，用相对数而不是绝对的时间数或成本数来估算活动的工期或成本。进行比较时需要考虑活动的规模、复杂性和不确定性等，确保比较的合理性。前文提及的 T 恤尺码法和斐波那契数列法都属于相对估算法。还有，故事点估算也是一种常用的相对估算法。

故事点是敏捷型开发中用于估算活动所需努力程度（人力投入量）的相对最小单位。在同一个项目中，每个故事点所需的人力投入量（工时数）是相等的。在不同的项目上，则不一定相等。应该为每个用户故事（功能）估算所需的故事点，以此作为进度管理的依据。例如，完成某个功能的工作量相当于 10 个故事点。斐波那契数列法中的数值可以是故事点数值。

上述估算方法在第 6 版各项目管理过程的应用，如表 16-3 所示。

表 16-3　估算方法在第 6 版的应用

序号	第 7 版中的方法	用于第 6 版的项目管理过程	说　　明
1	亲和归组	未直接提及	在收集需求过程中提及用亲和图整理原始需求，在管理质量过程中提及用亲和图归类质量问题及其原因
2	类比估算	估算活动持续时间，估算成本，估算资源	由专家凭经验估算工期、成本和资源
3	宽带德尔菲	无	在估算活动持续时间过程中提及"决策"工具，其中包含一致同意投票技术。普通德尔菲技术是一致同意投票技术之一
4	功能点估算	无	通常不用于预测型项目管理
5	多点估算	估算活动持续时间，估算成本	三点估算是这两个过程的工具
6	单点估算	未直接列出	隐含在三点估算的介绍中
7	参数估算	估算活动持续时间，估算成本，估算资源	用数学公式估算工期、成本和资源
8	相对估算	无	通常不用于预测型项目管理
9	故事点估算	无	通常不用于预测型项目管理

16.4　会议和事件

第 7 版列出了 16 个会议和事件。鉴于"会议"和"事件"并没有明确的划分标准，下文一并称为"会议"。可以把这 16 个会议分成 6 个组，其中 5 个组是与项目管理五大过程组基本对应的，另一个组是敏捷开发中的常见会议。前五组会议是在任何项目管理方法下都要召开的，最后一组会议则专用于敏捷项目管理方法。

16.4.1　启动过程组会议

项目启动过程组会议是指导委员会会议。项目指导委员会就是项目治理委员会，对项目提供高层次的指导、支持、监督和控制。项目指导委员会通常不是集中办公式常设机构，而是定期或不定期地以"开会"的形式开展工作。

虽然不局限于在项目启动阶段开会，但是在项目启动阶段的指导委员会会议是最重要的，因为它要决定用于治理和管理项目的重大原则。在后续各项目阶段的指导委员会会议大多是常规例会，除非项目出现重大问题。如果出现重大问题，项目指导委员会可随时开会，来解决超出项目团队能力和权限的问题。

还有一个第 7 版未提及但实际存在的会议。在项目启动阶段结束时通常要召开项目启动会。这个会议由项目发起人或其授权人员召集主要相关方参加，以分发项目章程，宣布项目经理上任，宣布项目正式立项。

16.4.2 规划过程组会议

项目规划过程组会议包括规划会和开工会。

项目规划会是项目计划编制会议。这里的"编制"包括创建、细化和审查计划，还包括获得项目相关方对计划的认可和承诺。项目规划会多种多样。

项目开工会通常是项目初始计划编制完成时召开的"开工典礼"。这个会议由项目发起人或项目经理主持，各主要项目相关方参加。会议的主要议程包括：介绍项目目标和项目计划，各相关方代表表态支持项目，宣布项目正式开工。即便在大型项目（如建筑施工项目）上，开工会可能在执行阶段召开（因为需要等施工方进场）；即便在多阶段项目上，每个阶段开始时都要召开开工会；把开工会作为规划过程组的会议，还是最常见的。

16.4.3 执行过程组会议

执行过程组会议包括投标人会议、状态会和经验总结会。

投标人会议是在招标采购执行中的会议，是第6版实施采购过程的工具。潜在卖方购买招标文件之后，就根据招标文件编制投标文件。在编制投标文件的过程中，潜在卖方会对招标文件有各种疑问。招标方应该通过投标人会议，给他们提问的机会，并回答他们的问题。在投标人会议期间，招标方也应该带潜在卖方考察项目现场。

在投标人会议期间，买方必须公平地对待每个潜在卖方，不使任何一个受到特别优待或歧视，必须确保每个潜在卖方得到完全一样的信息。如果某个潜在卖方在会议之外私下向买方提问，买方必须拒绝回答。潜在卖方只能在会议上公开向买方提问。买方必须记录潜在卖方提出的所有问题以及自己给出的所有答复。会议结束后，要基于这些记录整理出会议纪要，作为对招标文件的补遗或澄清，发送给参会的所有潜在卖方。

状态会就是项目状态评审会。随同项目执行，需要定期或不定期地召开项目状态评审会，来交流项目进展情况，讨论项目风险和问题，做出相应的项目决定。因为项目执行和项目监控实际上无法截然分开，所以项目状态评审会，既是执行过程组的会，也是监控过程组的会。

随同项目执行，要经常总结经验教训。召开经验总结会，是总结经验教训的一种有效方法。为了强调经验教训必须"及时"且"经常"总结，我们把这个会议归入执行过程组。当然，在项目或阶段收尾时也要召开经验总结会。

16.4.4 监控过程组会议

监控过程组会议包括风险审查会和变更控制会。

风险审查会是要重新评估已识别风险的当前状态，并附带识别新风险。第一，审查哪些风险不再活跃（已发生的或不再发生的）以及哪些风险仍处于活跃状态。第二，评估仍活跃风险的相应属性，例如，概率、影响、紧急性。第三，对风险应对策略和措施做必要修改。第四，附带识别和评估新风险。

变更控制会是专用于评审项目变更请求的会议。通过评审，要做出批准、否决或悬置变更请求的决定。

16.4.5 收尾过程组会议

收尾过程组会议包括项目评审会和项目收尾会。

项目评审会是在项目阶段或整个项目结束时召开的，旨在评审项目状态，特别是已完成和验收的可交付成果，以及已实现的项目价值，并决定项目是否应该进入下一个阶段或移交运营。

项目收尾会是项目上的最后一个会议，旨在办理项目可交付成果向项目发起人或其指定人员的移交手续，宣布项目正式关闭和项目团队解散。这个会议可以分段召开，例如，分离出专门的项目团队解散会议（吃散伙饭）。

16.4.6 敏捷会议

按召开的时间顺序，敏捷开发中的常见会议有发布规划会、待办项精炼会、迭代规划会、每日站会、迭代评审会和迭代回顾会。

发布规划会是项目经理与项目发起人（客户）商定产品的各个版本的发布时间，制定出产品路线图。随后，由项目经理与项目团队及发起人（客户）商定为实现每一次发布所需的迭代次数和时间，编制出发布计划。然后，由项目团队针对当前迭代期编制迭代计划。这三份计划相当于预测型方法中的里程碑进度计划、概括性进度计划和详细进度计划。

待办项精炼会是项目经理（Scrum 大师）与客户代表（产品负责人）定期或不定期地审查产品待办项中的产品功能（用户故事），来澄清（必要时再分解）用户故事，调整用户故事排序，添加新用户故事，移除不再需要用户故事。也可以邀请一些团队成员参加会议。

迭代规划会也叫冲刺规划会，因为一次冲刺就是一次迭代。这是在每个迭代期开始之初的项目团队内部规划会议，要从产品待办项中抽取一些排序靠前的用户故事，进行再分解，形成本迭代期的迭代任务单。迭代规划会和待办项精炼会的主要区别如表 16-4 所示。

表 16-4 迭代规划会和待办项精炼会的主要区别

序号	比较项	迭代规划会	待办项精炼会
1	会议目的	根据产品待办项来形成迭代任务单	澄清和优化产品待办项
2	召开时间	每个迭代期开始之时	定期或不定期
3	参会人员	项目经理和全体团队成员	产品负责人，项目经理，部分团队成员
4	关注的时间段	只针对当前迭代期	相对较长，可覆盖后面若干个迭代期

每日站会是在项目团队内部召开的会议。在每天早上上班时召开，时间 10~15 分钟，交流昨天做了什么、今天要做什么以及有什么困难（如遇到了什么障碍或阻碍，需要别人什么协助）。

迭代评审会是项目团队在当前迭代期结束时向产品负责人（客户）展示成果，并收集反馈意见。

迭代回顾会是项目团队在当前迭代期结束时或其他必要时间对开发过程进行总结回顾，以便后续改进。

第 6 版为如下 28 个项目管理过程列出了笼统的"会议"（未指明是某种会议）工具：

- 全部 2 个启动过程，即制定项目章程、识别相关方。
- 15 个规划过程，即制订项目管理计划、规划范围管理、规划进度管理、规划成本管理、规划质量管理、规划资源管理、规划沟通管理、规划风险管理、规划采购管理、规划相关方参与、定义活动、排列活动顺序、估算活动资源、识别风险、实施定性风险分析。
- 4 个执行过程，即指导与管理项目工作、建设团队、管理沟通、管理相关方参与。
- 6 个监控过程，即监控项目工作、实施整体变更控制、控制质量、监督沟通、监督风险、监督相关方参与。
- 1 个收尾过程，即结束项目或阶段。

另外，第 6 版的制订进度计划过程有一个工具"敏捷发布规划"，其中应该包含发布规划会、待办项精炼会和迭代规划会。

16.4.7 会议管理

为了提高会议的效率和效果，必须对会议进行管理。以下基本规则对于开好会议十分重要。

- 事先明确会议目的。从会议目的来讲，可以分成信息交流会、方案产生与评审会，以及决策制定会。这三种会议最好依次分别召开。如果必须合在一起开，也应该把整个会议分成三个大阶段。第一个阶段只交流信息，确认事实；第二个阶段提出主意并对主意进行评审；第三个阶段做出决定，选择最好的主意。
- 事先制定会议规则，准备会议议程，并分发给相关人员。
- 只邀请相关人员参加会议，并要求每个参会者明白自己的责任。

- 按时开始、按时结束会议。
- 在会议上要坚持事先制定的议程，避免跑题。例如，不要试图解决会议上所产生的全部冲突，否则很容易跑题。
- 除了解决特定问题，还应该使会议起到团队建设的作用。
- 做好会议记录并在会后及时整理和分发会议纪要。会议纪要应该在会议结束后24小时之内分发给相关人员。对参会人数多且重要性高的会议，应该不允许参会者自行记笔记，而安排专人记录并实时投影到大屏幕。这样做的好处有：一是避免与会者因埋头记笔记而分心；二是确保后续讨论基于同样的信息（大屏幕显示的），避免因各人听到的信息的差别而导致的意见分歧。

会议管理是第6版制定项目章程过程和制订项目管理计划过程的工具。

16.5 其他方法

第7版列出了5个未归类的方法，即影响地图、建模、净推荐值、优先级模型、时间盒。

影响地图是用于产品或服务研发的高层级规划方法，显示从目标到可交付成果的一系列路线。例如，某公司想要提高跑步T恤的销量，就可以画出如图16-4所示的影响地图。

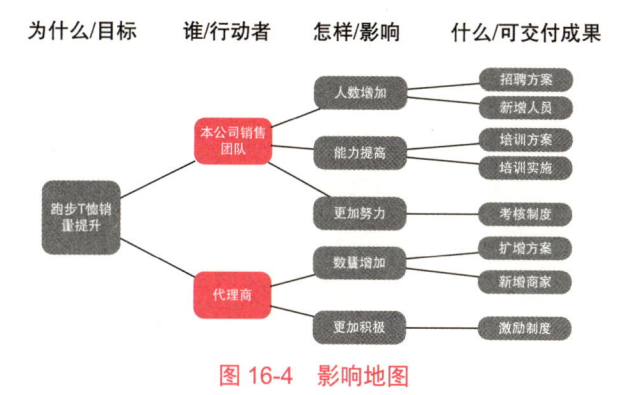

图 16-4 影响地图

建模是创建对真实世界中的系统或解决方案的简化模型。模型可以是模拟图或模拟物，例如，原型、图形、故事版。上文提及的影响地图就是一种模型。建模有利于看到全局、识别各种要素和分析要素之间的关系。

净推荐值是客户愿意向别人推荐某产品或服务的程度。可以是从0到10的任意一个数值，0代表完全不愿意推荐，10代表完全愿意推荐。从客户的净推荐值可以看出客户对产品或服务的满意度和忠诚度。

优先级模型是用来对项目、需求、风险、功能等条目进行优先级排序的各种方法的统称。可以进行定性或定量排序。例如，MoSCoW就是一种产品功能排序方法，其中，

M 代表 Must，是必须有的功能，排第一位；S 代表 Should，是应该有的功能，排第二位；C 代表 Could，是可以有的功能，排第三位；W 代表 Won't have，是不应有的功能，排最后一位。

时间盒是敏捷开发中用于完成工作的某个固定且短暂的时间段，例如，1 周、2 周或 3 周。这个时间段是不能突破的，必须把工作"挤"进这个时间盒中。对于挤不进去的工作，就要放入下一个时间盒（迭代期）。通常，一个时间盒就是一个迭代期。

第 6 版没有直接提到这些工具。

第17章 常用工件

17.1 概述

第 7 版列出的九大类 76 个"常用工件",绝大多数都是第 6 版各项目管理过程的"输入"与"输出",也有少数是第 6 版项目管理过程所使用的"工具与技术",也有一些是第 6 版没有提及的。

从广义上讲,任何人造物都是工件。第 7 版所列的工件都是相关的文件。第 6 版的输出还有"可交付成果"类工件。

为便于理解和掌握,本章把第 7 版的九大类工件进一步归为四大类:项目启动工件、项目规划工件、项目执行和监控工件、项目图解工件(见表 17-1)。

表 17-1 常用工件对应表

第 7 版的工件类别	本书的再归类	备 注
战略工件	项目启动工件	在项目正式启动之前应该具备的
计划工件	项目规划工件	都是项目计划的组成部分
基准工件		
其他工件		
协议和合同	项目执行和监控工件	在规划阶段准备好格式或初版,在执行和监控阶段使用规定的格式或不断更新版本
日志和登记册工件		
报告工件		
可视化数据和信息工件	图形工件	用于直观展示数据和信息的各种图形

17.2 项目启动工件

第 7 版的"战略工件",都是在项目正式启动之前或之时应具备的,阐述项目的意义和可行性,以及项目的高层级目标和要求。这些工件构成对项目的高层级战略指导,通常在整个项目期间无须修改。项目团队应定期或不定期地查看这些工件，确保项目始终符合其要求。

第 7 版列出的 6 个战略工件是：商业论证、商业模式画布、项目简介、项目章程、项目愿景说明书、路线图。这些工件并不是每一个项目都必须全部具有的。为便于理解，把它们的关系简述如下：

- 项目发起人发布"项目简介"，说明他想要做一个什么项目，需要形成什么项目成果，他为什么要做这个项目（包括项目的微观和宏观目的），以及希望的项目开始和结束时间。
- 项目发起人组织一帮专家来研究项目的可行性和意义，发布"商业论证"或"商业模式画布"，说明项目的价值主张和主要效益等。"商业论证"适用的范围更广，"商业模式画布"相当于一页纸的商业论证，适用于小规模的精益创业项目。精益创业项目是开发一个简单的原型产品并快速投放市场来"试水"，为后续可能的进一步开发做准备。
- 对具有可行性和意义的项目，办理项目立项手续，发布"项目章程"，宣布项目正式立项。
- 整理前述工件中的项目意义和项目目标，并增补一些激励项目团队的内容，写成"项目愿景说明书"。编写项目愿景说明书的过程，就是向项目团队传递项目愿景的极好机会。
- 根据项目发起人要求的项目期限和拟用的项目开发方法，编制项目"路线图"，说明项目的主要阶段划分、主要里程碑和关键决策点。

17.3 项目规划工件

项目规划工件都是项目计划的组成部分，可分成三大类：项目管理计划、项目基准、具体计划。

项目管理计划是一份综合性的程序性计划，其中包括如下分项管理计划：需求管理计划、范围管理计划、进度管理计划、成本管理计划、质量管理计划、资源管理计划、沟通管理计划、风险管理计划、采购管理计划、相关方参与计划、变更控制计划（变更管理计划）。

项目基准是经过批准的高层级计划，是用于考核项目绩效的依据，包括范围基准、进度基准和成本基准。范围基准由范围说明书、工作分解结构和 WBS 词典构成，进度基准由里程碑进度计划和概括性进度计划构成，成本基准基本等同于项目预算。

具体计划包括第 7 版计划工件中的迭代计划、发布计划和测试计划，以及其他工件中的全部工件。迭代计划和发布计划都是敏捷开发中的。迭代计划是当前迭代期的详细进度计划，发布计划是为实现产品路线图中的版本发布时间而编制的关于迭代期数量和长度的计划（需要进行多少次多长时间的迭代才能发布某个产品版本）。测试计划虽然不局限于敏捷开发使用，但在敏捷开发中用得更多。它规定测试的对象、种类、时间和过程。

第 7 版列出的其他工件包括需求文件、用户故事、活动清单、测量指标、招标文件、项目日历、项目团队章程。其中的"测量指标"，可以理解为第 6 版的"质量测量指标"。

17.4　项目执行和监控工件

项目执行和监控工件，虽然其格式和初版也许是在项目规划阶段甚至启动阶段形成的，但它们还是更多地产生于项目执行和监控阶段。除了在实施采购过程（第 6 版的执行过程之一）形成的协议和合同，其他工件都是日志、登记册和报告。

在协议和合同中，有总价合同、成本补偿合同和工料合同，还有更灵活的"不确定交付和数量合同"，还有强制性不如合同的各种协议，例如，谅解备忘录、协议备忘录、服务水平协议、基本订购协议。其中的"不确定交付和数量合同"会规定在确定期限内的供货数量上限和下限，但不规定具体供货数量。

无论是日志、登记册还是报告，其格式都要事先制定。日志要动态更新，即随时记录相关内容。登记册要定期更新，即以规定的时间间隔更新。报告则要定期或不定期地编制。通常报告编制的间隔时间最长，登记册更新的间隔时间次之，日志则会随时更新。

日志包括假设日志、问题日志、变更日志。第 7 版提及的"待办项"和"风险调整待办项"，并不一定是严格意义上的"日志"。例如，产品待办项记录有待完成的产品功能，并不需要像"日志"那样频繁更新。风险调整待办项是列进了风险应对行动的产品待办项，即在某个工作条目下面单独列出一项风险应对行动，例如，某项工作的正常工作量被估算为 10 个故事点，另外还需要 2 个故事点的风险应对。障碍待办项则是一份日志类障碍清单，用来实时记录项目团队遇到的工作障碍，相当于问题日志。

登记册包括风险登记册、相关方登记册和经验教训登记册。

报告包括质量报告、风险报告和状态报告。状态报告是定期编制的项目当前状态报告，其中也可以包括对以前状态的回顾和对以后状态的预测。

17.5　图形工件

第 7 版列出的 23 个图形工件，有些是第 6 版项目管理过程的工具或输出，有些是第 6 版未提及的。可以把这些图形工件分成四类：数据表现技术、输出类图形、敏捷图形、其他图形。

17.5.1 数据表现技术

以下图形工件属于第6版的工具"数据表现技术":亲和图、因果图、流程图、直方图、责任分配矩阵、散点图、相关方参与度评估矩阵。

亲和图是按主意之间的亲近关系(相似性)对主意进行归类,例如,归类相似需求,归类导致质量问题的相似原因。

因果图用于挖掘导致不良结果的根本原因。鱼骨图是因果图的常见形式,沿大鱼骨、中鱼骨和小鱼刺挖掘根本原因。

流程图描述一个生产过程怎样从开始走到结束,以及中间各步骤之间的相互关系,有助于开展过程分析。流程图的必备要素:流程开始、流程结束、行动步骤、关系箭头线、关键决策点。

直方图是资源或质量问题或其他直方图,用横轴表示资源种类或质量问题类别或其他类别,纵轴表示出现次数,直方表示每个类别的出现次数。把各条直方重新按高低从左到右排列,并画出累计百分比线,就得到帕累托图。

责任分配矩阵是用二维矩阵图把每项工作分配给相应的人员或部门。在该矩阵中,把工作任务列为第一列,把各部门或个人列为第一行,在行列共同指向的方格中填写部门或个人对工作的不同责任。采用责任分配矩阵,既能确保把每件工作都落实到相应的部门或个人头上,又有利于人们掌握项目工作任务分配的全局。第7版和第6版都列举了以RACI形式呈现的责任分配矩阵。其中:

- R 代表职责(Responsible),是执行某项工作的责任。对某项工作,可以有两个甚至更多的R。
- A 代表终责(Accountable),是对某项工作负有最终责任。对某项工作,只能出现一个A,作为该工作的唯一责任点。
- C 代表咨询(Consulting),是应该对某项工作提出意见。对某项工作,通常有多个C。
- I 代表知情(Informing),是应该了解某项工作的情况。对某项工作,通常有多个I。

英文中的responsibility和accountability,都可译成中文的"责任",但其含义有明显差别。前者是有职权(authority)者可以通过授权而转移的执行责任,可由两人或多人分担。后者是无法转移的最终责任,只能由某单个个人独自承担。例如,某人授权下级做某事,他就把做这件事的responsibility转移给了下级,但是他必须如同自己亲自做这事一样,对这事承担accountability。为了明显区分,可以把authority翻译成"职权",把responsibility翻译成"职责",把accountability翻译成"终责"。

在散点图中,用X轴表示自变量,Y轴表示因变量,定量地显示两个变量之间的关系,是最简单的回归分析。所有数据点的分布越靠近某条斜线,两个变量之间的关系就越密切。

相关方参与度评估矩阵显示相关方实际参与项目的程度,以及为项目成功需要他们参与项目的程度。参与程度可以分为:不知晓、抵制、中立、支持、领导。

上述图形的示意图,如图 17-1 所示。

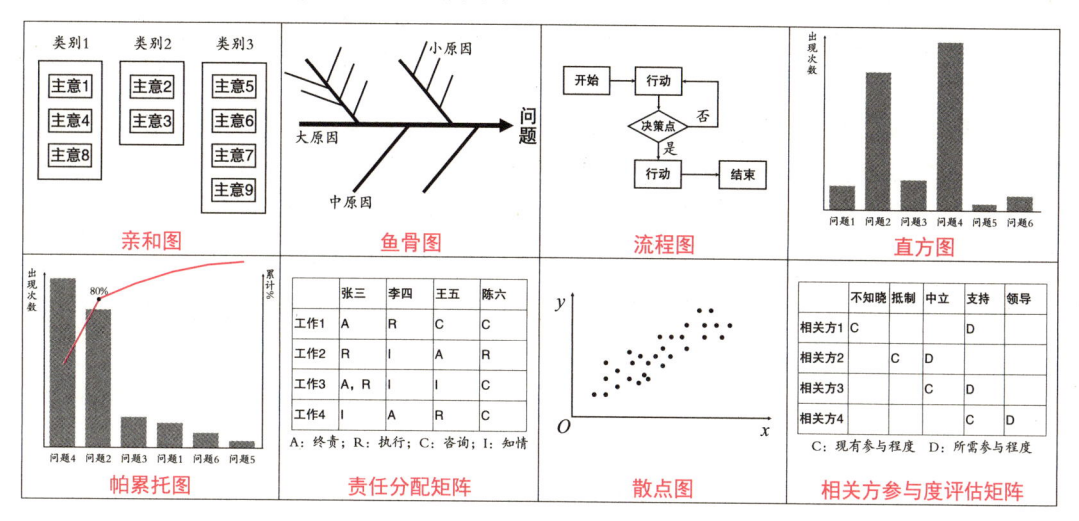

图 17-1 数据表现技术类图形示意

上述图形都是第 6 版相应项目管理过程的工具,如表 17-2 所示。

表 17-2 数据表现类图形在第 6 版的应用

序号	第 7 版中的方法	用于第 6 版的项目管理过程	说　明
1	亲和图	收集需求,管理质量	在收集需求过程中提及用亲和图整理原始需求,在管理质量过程中提及用亲和图归类质量问题及其原因
2	因果图	管理质量,控制质量	挖掘导致质量问题的根本原因
3	流程图	规划质量管理,管理质量	分析生产过程的各个环节,搞清楚哪个环节容易出问题,哪个环节最值得改进
4	直方图	管理质量,控制质量	显示各类质量问题出现的频率
5	责任分配矩阵	规划资源管理	在项目团队中分配工作责任
6	散点图	管理质量,控制质量	显示与质量有关的原因和问题之间的关系
7	相关方参与度评估矩阵	规划沟通管理,控制沟通,规划相关方参与,监督相关方参与	分析相关方实际与所需参与程度之间的差别,以便采取沟通等措施把实际参与程度提升到所需程度

17.5.2　输出类图形

属于第 6 版项目管理过程的输出或包含在输出中的图形有:需求跟踪矩阵、项目进度网络图、甘特图、S 曲线图、燃烧图、燃尽图、信息发射源。

在第 6 版直接作为输出出现的是需求跟踪矩阵和项目进度网络图。需求跟踪矩阵是收集需求过程的输出,项目进度网络图是排列活动顺序过程的输出。

甘特图,也叫横道图,是第 6 版制订进度计划过程的输出"项目进度计划"的一种表现形式，常用于表现概括性进度计划。

S曲线图，也叫累计成本曲线图，是第6版制定预算过程的输出"成本基准"的一种表现形式。

燃烧图或燃尽图，通常出现在工作绩效报告（第6版监控项目工作过程的输出）中，用于显示随时间推移的已完工作量或剩余工作量。工作绩效报告中还可以用仪表盘显示截至当前的主要项目绩效指标，例如，进度绩效指数、成本绩效指数。

信息发射源是在任何人都可以看见的公共地方用简洁易懂的图表显示项目绩效信息，例如，燃尽图或燃烧图。它是用于发布工作绩效报告中的关键信息的一种方式。

上述图形的示意图，如图17-2所示。

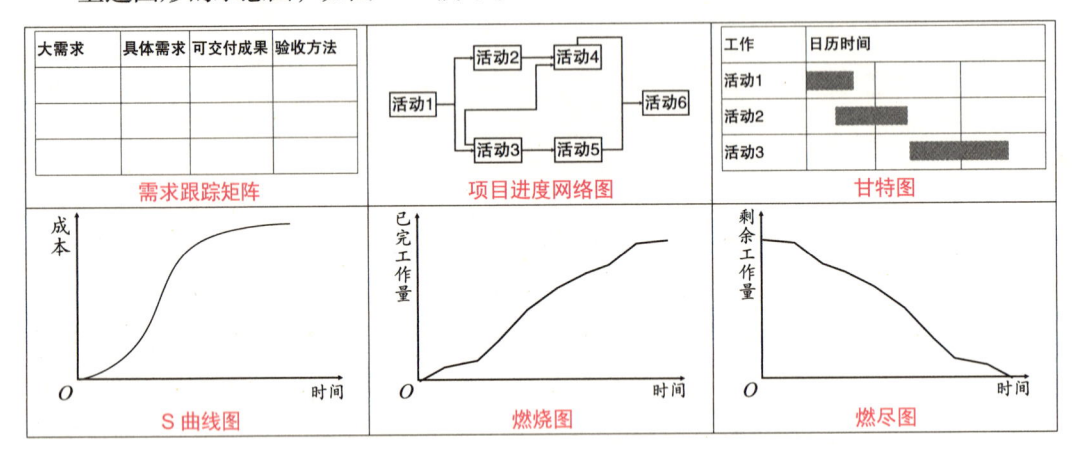

图 17-2 输出类图形示意

17.5.3 敏捷图形

以下图形主要在敏捷开发中应用：累计流量图、周期时间图、提前时间图、产量图、故事地图、用例、速度图。

累计流量图显示随时间推移的已完成功能、在开发功能和待开发功能的数量变化情况，即待开发功能越来越多地变成在开发和已完成功能。

周期时间图显示随时间推移的从开始工作到完成工作所花的平均时间。提前时间图显示随时间推移的从客户提出需求到完成工作所花的平均时间。产量图显示随时间推移的产品功能产出并通过验收的数量。速度图显示随时间推移的完成产品功能的速度（每单位时间完成的故事点数）。这四种图很相似，都可以是散点图或条形图，横轴都是日历时间（迭代期），只是纵轴各有不同，分别为周期时间、提前时间、产量和速度。

故事地图全面显示拟开发产品所需具备的全部特性和功能。

用例直观显示用户将如何使用拟开发系统的特定功能。

累计流量图、周期时间图、故事地图和用例，如图17-3所示。

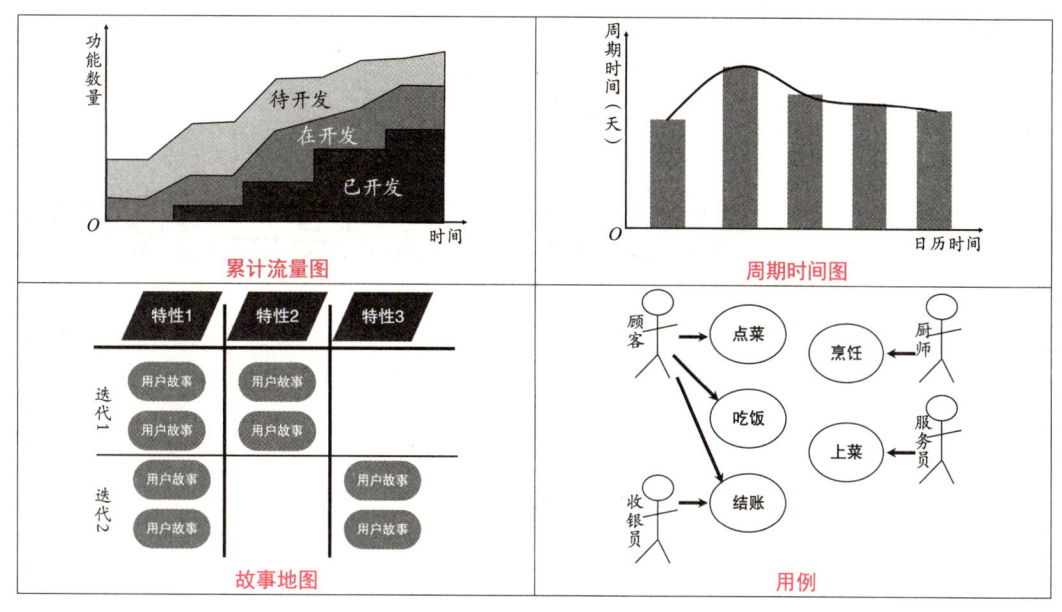

图 17-3 敏捷图形示例

17.5.4 其他图形

其他图形包括优先矩阵和价值流图。

优先矩阵以完成工作所需的投入程度为横轴，以该工作将产出的价值为纵轴，把工作分成四个优先级：最优先、次优先、第三优先、不值得做。

价值流图是用于分析生产过程的图形，直观地显示生产过程中的每个环节的价值产生情况，便于识别增值环节和非增值环节。

优先矩阵和价值流图的示意，如图 17-4 所示。

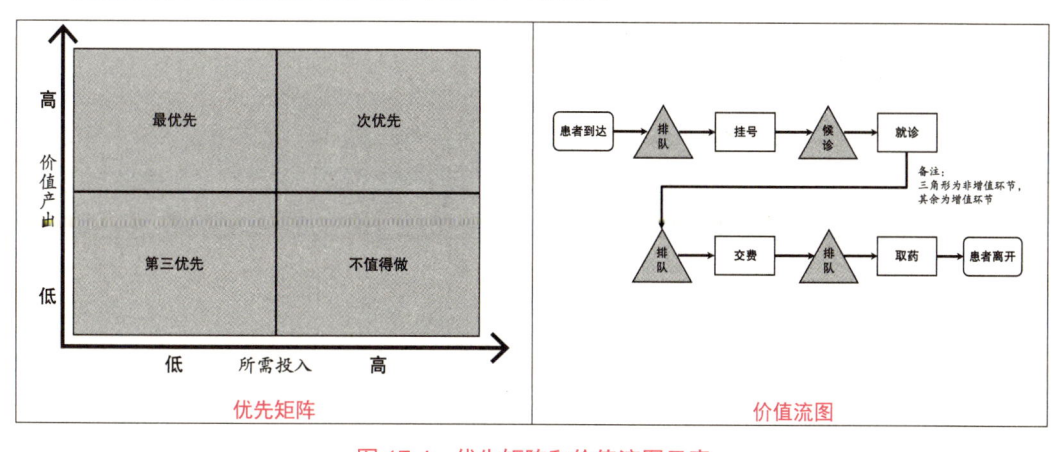

图 17-4 优先矩阵和价值流图示意

第18章 第6版的工具与技术

18.1 概述

第 6 版项目管理过程的有些工具,在第 7 版并未提及。本章就专门介绍这些工具。可以把这些工具分成三个类别:

- 工具组。一个工具组中有多个具体工具。
- 常用工具。用于两个及以上项目管理过程。
- 专用工具。只用于一个项目管理过程。

必须再次强调,工具的使用其实是很灵活的。第 6 版所列的某个项目管理过程使用某个工具,仅仅是举例式推荐性规定,并非穷尽式强制性规定。对哪个项目管理过程要使用哪个工具,应该注重理解,而不是死记硬背。如果没有理解,即便记住了,也毫无意义。

18.2 工具组

第 6 版的工具组包括数据收集技术、数据分析技术、数据表现技术、人际关系与团队技能、决策、沟通技能。数据收集技术、数据分析技术和数据表现技术,从名称上看,都很好理解。先收集数据,再分析数据,再把分析结果用图形或表格表现出来。人际关系与团队技能是与人打交道的各种技能。决策是用于制定决策的各种方法。沟通技能是用于跟人沟通的各种技巧。

18.2.1 数据收集技术

第 7 版未提及的数据收集技术有头脑风暴、核对单、焦点小组、访谈、市场调查、问卷和调查、统计抽样。

第18章 第6版的工具与技术

头脑风暴是找一群人，在主持人的引导之下，通过发散性思考和相互启发来集思广益，获得尽可能多的意见或创意。一般的头脑风暴是口头提出意见或创意，主持人书面记录。还有一种书面的头脑风暴，叫"头脑写作"。头脑写作是所有参加者围成一圈，同时分别在规定时间内写出尽可能多的创意，再同时把自己的这张纸传给左边的人；每个人再以上家所列的创意作为启发，在收到的纸张上补充新的创意。一直进行下去，直到每个人收回自己最初传出去的那张纸。然后，把所有纸张交给主持人，进行汇总分析，得出结论。

核对单是用于核对相关内容是否完整的清单。如果具备了某项内容，就打钩；如果缺乏某项内容，就打叉。

焦点小组是召集6~10位具有某方面相同背景（如来自公司同一部门，来自相同年龄段，来自同一专业领域）的人，针对主持人提出的问题（焦点），进行互动讨论，得到集体的一致意见。

访谈是由访谈者直接向被访者提问，被访者给出答复。访谈可以是一对一访谈、一对多访谈、多对多访谈或多对一访谈。

市场调查是采用多种多样的方法，了解市场供需情况，以便合理做出与采购有关的安排。

问卷和调查，其中包括问卷调查和其他方式调查。问卷调查是用事先设计好的问卷，请被调查者填写。其他调查方式则多种多样，例如，焦点小组就是调查方式之一。

统计抽样是从全部产品中抽取少量样本进行检查，并根据样本的情况推论出总体（全部产品）的情况。为了确保样本具有代表性，最好采用随机抽样的方法。另外，样本的数量不得少于30个。样本数量越多，抽样调查的结果就越可靠。样本量究竟要多大，取决于具体需要。

上述技术在第6版的应用如表18-1所示。

表18-1 数据收集技术在第6版的应用

序号	具体技术	用于第6版的项目管理过程	说 明
1	头脑风暴	制定项目章程，制订项目管理计划，收集需求，规划质量管理，识别风险，识别相关方	通过集思广益收集各种意见或主意
2	核对单	制订项目管理计划，管理质量，控制质量，识别风险	核对项目管理计划的内容是否齐全，核对该做的质量管理工作是否已做，核对是否发生了核对单中的质量问题，核对以往项目的某些风险在本项目是否也存在
3	焦点小组	制定项目章程，制订项目管理计划，收集需求	组建焦点小组，展开讨论，取得小组的集体意见
4	访谈	制定项目章程，制订项目管理计划，收集需求，规划质量管理，识别风险，实施定性风险分析，规划风险应对	通过访谈来了解相关人员的意见

223

续表

序号	具体技术	用于第6版的项目管理过程	说明
5	市场调查	规划采购管理	了解市场供需情况,以合理安排采购工作
6	问卷和调查	收集需求,控制质量,识别相关方	用问卷调查收集需求,了解客户满意度,识别相关方
7	统计抽样	控制质量	抽样检查工作或成果的质量是否合格

18.2.2 数据分析技术

第7版未提及的数据分析技术有风险数据质量评估、风险概率和影响评估、其他风险参数评估、文件分析、绩效审查、建议书评价、储备分析、技术绩效分析、成本效益分析和迭代燃尽图。

风险数据质量评估是评估风险数据的质量,确保只有质量可靠的数据才用于风险定性分析。

风险概率和影响评估是评估风险发生的可能性和影响,以便对风险进行排序和分级。

其他风险参数评估是评估除发生概率和影响以外的其他风险参数,来辅助对风险进行排序和分级。其他风险参数包括风险的紧迫性、邻近性、潜伏期、可管理性、可控性、可监测性、连通性、战略影响性、密切度。

文件分析是对各种相关文件进行分析,包括分析某份文件本身的内容以及分析各份文件之间的关系。

绩效审查是审查项目绩效,或者审查卖方的工作绩效和工作能力。针对卖方的绩效审查是确定该卖方的工作绩效和工作能力是否令买方满意,并决定该卖方以后是否适合承接类似的工作。

建议书评价是用于评标的方法。常用的评标方法包括(可联合使用):

- 加权打分法。用具有不同权重的各评标标准,对各投标文件进行打分,然后加权汇总,得到各潜在卖方的排名顺序。通常应选择得分最高的潜在卖方中标。
- 筛选系统,也叫过滤系统。通过多轮过滤,逐步淘汰达不到既定标准的投标商,直到最后剩下一家。用于淘汰的标准,各轮逐渐提高。最后剩下的那家,就是中标者。
- 独立估算。把潜在卖方的报价与买方事先编制的独立成本估算(俗称"标底")进行比较,选择与标底最接近的报价中标。

储备分析是分析活动、阶段或项目面临的已知未知风险,在持续时间或成本中预留合理的应急储备(时间或资金)。也可以对项目面临的未知未知风险进行分析,针对整个项目预留一定的管理储备(时间或资金)。

技术绩效分析是分析项目的范围和质量绩效(项目成果的功能实现情况),据此评价风险对范围和质量绩效的实际影响,并预判未来的可能影响。

成本效益分析是分析相关方案或行动的成本和效益，选择效益成本比最高的方案或行动。

迭代燃尽图用于直观地显示已经完成的工作量以及还剩余的工作量。

上述技术在第 6 版的应用如表 18-2 所示。

表 18-2　数据分析技术在第 6 版的应用

序号	具体技术	用于第 6 版的项目管理过程	说　明
1	风险数据质量评估	实施定性风险分析	评估拟用于风险定性分析的数据的质量
2	风险概率和影响评估	实施定性风险分析	主观评估风险发生的概率和影响
3	其他风险参数评估	实施定性风险分析	评估除概率和影响外的其他风险参数
4	文件分析	收集需求，管理质量，识别风险，识别相关方	通过分析各种文件，来了解需求，编制质量报告，识别项目风险，识别项目相关方
5	绩效审查	控制进度，控制质量，控制资源，控制采购	审查项目各方面的绩效
6	建议书评价	实施采购	对卖方建议书进行评审，确定中标商
7	储备分析	估算活动持续时间，估算成本，制定预算，监督风险	分析风险，预留（或调整）应急储备，也可以针对整个项目预留（或调整）管理储备
8	技术绩效分析	监督风险	分析项目风险对项目技术绩效（范围和质量绩效）的影响
9	成本效益分析	监控项目工作，实施整体变更控制，规划质量管理，控制资源，规划风险应对	分析各种变更方案的效益成本比，选择效益成本比最优的项目变更方案；通过成本效益分析，确定最合理的质量标准和质量测量指标；选择效益成本比最优的资源问题解决方案；选择成本效益比最优的风险应对策略和方案
10	迭代燃尽图	控制进度	显示和预测进度绩效

18.2.3　数据表现技术

第 7 版未提及的数据表现技术有控制图、层级图、文本型、逻辑数据模型、矩阵图、思维导图、相关方映射和展现。

控制图是质量控制的重要工具。可以用控制图按一定的时间间隔检查和记录质量情况，考察生产过程是否稳定。在规划质量管理时，应该确定控制图中的目标值、控制上下限和规格上下限，以及质量检查频率。在控制质量时，应该使用控制图来检查过程的质量和成果的质量。

关于控制图的一些重要概念如下：

- 控制上限和下限。通常用两条虚线表示，是需要或不需要采取纠正措施的分水岭。如果质量偏差落在控制上限和下限之内（七点规则的情况除外），项目执行过程就是受控的，不需要采取纠正措施。如果质量偏差落在控制上限或下限之外，项目执行过程就失控了，就需要调查原因并采取纠正措施。对于重复性的生产过程，控制上限和下限通常设在正负三个标准差。

- 目标值。位于控制上限和下限中间的那条线，表示允许的偏差或绩效的理想状况。
- 规格上限和下限。客户要求、合同规定或法律规定的质量底线。控制上限和下限是项目管理团队自行设计的，而规格上限和下限则来自客户、合同或法律的硬性要求。质量偏差只要在规格上限和下限之内，哪怕超出了控制上限或下限，产品质量仍然是合格的，不需要缺陷补救。一旦质量偏差突破规格上限或下限，产品就是不合格的，必须进行缺陷补救。规格上限和下限通常是控制上限和下限之外的两条线，用实线表示。
- 控制限是"系统的声音"，规格限是"客户的声音"。前者是项目经理根据一般的统计原则计算出来的，代表系统（生产过程）本身的能力，后者是客户要求的，代表客户可接受的质量底线。
- 过程失控。如果质量偏差超出了控制上限或下限，或者虽然在控制上限与下限之内，但是偏差分布具有非随机特性，那么，从统计意义上讲，生产过程失控了，就应该调查原因并采取相应措施予以纠正。
- 七点规则。与"二八定律"相似的经验式规则。如果连续七个观测值都落在控制图目标值线的同一边（即便都在控制上限与下限之内），或者在目标值线两边呈同方向变化（越来越高或越来越低），那么也应该认为这种数据分布是"非随机"的，意味着生产过程失控了，就要及时调查原因并采取纠正措施。由随机原因引起连续七个点都落在同一边或呈同方向变化的概率是非常低的，以至于我们宁愿相信是非随机原因（特殊原因）引起的。
- 非随机原因或特殊原因。控制图中任何需要调查分析的观测值，都是非随机原因引起的，例如，七个观测点都在同一边或呈同方向变动，任一观测点超过控制上限或下限。非随机原因引起的偏差，意味着生产过程失控。
- 随机原因或普通原因。系统本身的内在特性决定的、可预测的偏差来源。例如，完全符合规则的六合彩摇奖，每次摇奖时每个号码球的弹出或不弹出都是随机的。随机原因引起的偏差都是允许的，不意味着生产过程失控。

任何随机原因引起的偏差都是可接受的，不意味着过程失控；任何非随机原因引起的偏差都是不可接受的，都意味着过程失控。例如，你使用惯用手写字，要求每个字尽可能一样大。无论你多么认真，每个字的大小总会有一定的偏差。这种偏差就是随机原因（系统原因、普通原因）引起的，是可以接受的。如果你使用另一只手写字，无论你多么认真，每个字的大小都会有更大的偏差。这种偏差就是非随机原因（特殊原因）引起的，是不可接受的。如果使用惯用手认真写字，在写的过程中，突然被人碰了一下（特殊原因），那正在写的这个字就会有更大的偏差（突破控制限），这种偏差也是不可接受的。

那么，控制限是怎么计算出来的呢？第一，你使用惯用手认真写许多字（如100个）；第二，测量出每个字的大小尺寸；第三，计算出这些字的尺寸平均值和标准差；第四，用平均值加三个标准差作为控制上限，用平均值减三个标准差作为控制下限。以后，别人就可以用这个控制上限和下限来检查你写字的过程是否处于受控状态。

如果控制限超出了规格限，就意味着系统（生产过程）的能力太低，在正常运行的情况下将无法达到客户的质量要求。如果必须达到客户的质量要求，就要开展过程改进，提高系统（生产过程）的能力。

结果失控（超出规格上限或下限）往往是过程失控（超出控制上限或下限，或其他非随机的变化）长期得不到解决而必然导致的。控制图的一个重要意义就是：提醒人们在还有时间解决问题时发现问题并采取措施，即在结果失控之前就及时发现和解决过程失控。

运用控制图，能够及时监测到生产过程失控，即何时出现了非随机原因引起的偏差。但是，单纯依靠控制图，还不能知道为何失控。要探究失控背后的原因，还需要借助因果图、流程图等其他工具。

图 18-1 显示了质量控制图及一些重要跟踪点的含义。

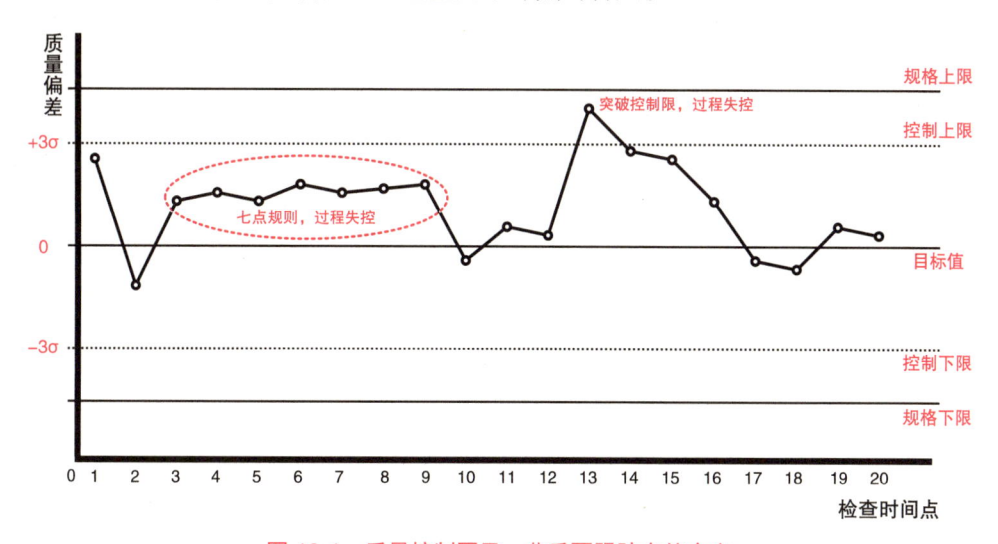

图 18-1　质量控制图及一些重要跟踪点的含义

层级图是自上而下显示层级关系的图形，例如，组织结构图。第 6 版还提到了用于划分风险层级的层级图，即根据三个风险参数对风险进行分级，用横轴和纵轴各表示一个参数（如可能性和紧迫性），用气泡大小表示第三个参数（如后果严重性）。

文本型是用文本格式而非图形格式来描述项目团队的组织结构和岗位权责。也可以把文本型理解成表格型。

逻辑数据模型是常用于数据库开发的一种可视化技术。其详细程度介于概念数据模型和实物数据模型之间。概念数据模型只显示概念之间的逻辑关系。逻辑数据模型则在概念之下添加了一些细节信息。实物数据模型则进一步添加用于实现这些细节的技术信息。逻辑数据模型有利于防止数据不完整。如果删去任何一条逻辑关系线，都会导致最后的数据不完整。图 18-2 是这三种数据模型的简单示例。

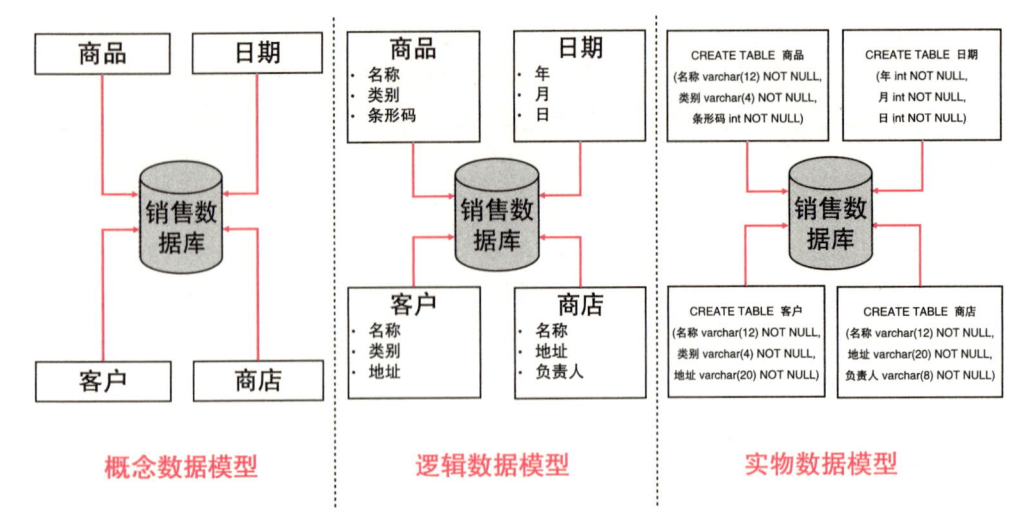

图 18-2　三种数据模型的简单示例

矩阵图用于考察各种质量指标之间的相互关系，或者质量指标与影响因素之间的关系。有以下六种常用的矩阵图：

- 屋顶形。表示同属一组变量的各个变量之间的关系。
- L 形。通常为倒 L 形。表示两组变量之间的关系。
- T 形。表示一组变量分别与另两组变量的关系。后两组变量没有关系。
- X 形。表示四组变量之间的关系。每组变量同时与其他两组有关系。
- Y 形。表示三组变量之间两两关系。每两组变量之间都有关系。
- C 形。表示三组变量之间的关系。三组变量同时有关系。

这六种矩阵图示意如图 18-3 所示。

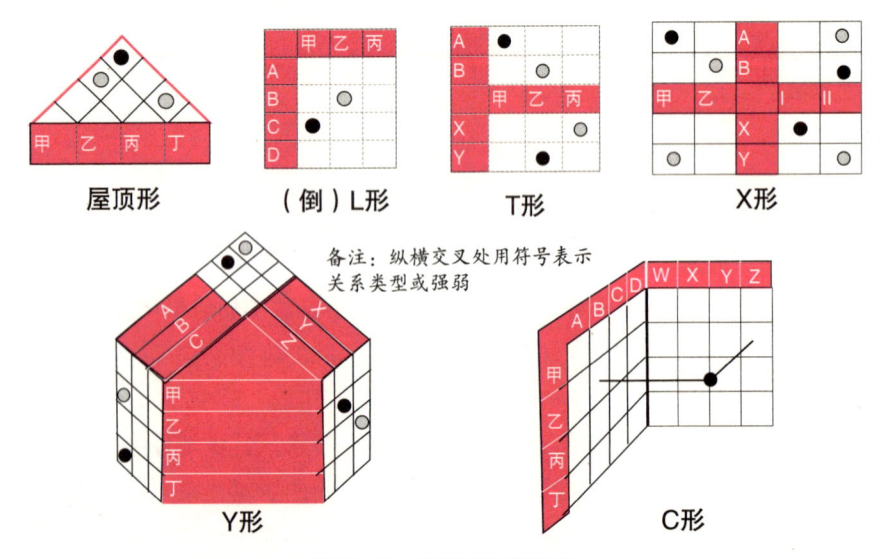

图 18-3　六种矩阵图示意

思维导图用于把各种条件、因素等与某个核心质量要求联系起来，特别适合做个人或群体的发散性思考。

相关方映射和展现是用图形呈现相关方分析的结果。可以使用权力利益方格、权力影响方格、影响作用方格等。权力是指相关方有多大的职权对项目施加干预，影响是指相关方有多强的主观愿望对项目施加干预，而作用是相关方施加干预后能在多大程度上促使项目计划或执行做出变更。例如，某人有合法资格对项目施加影响（权力大），但懒得管项目（影响小）。他即便管了，项目团队也不愿意听他的（作用小），因为他的知识水平太低。图18-4是权力利益方格示例，把相关方分成了四个大类别。

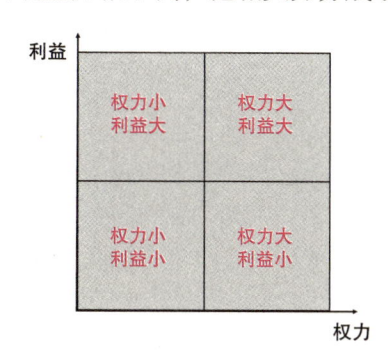

图 18-4　项目相关方的权力利益方格示例

还可使用相关方立方体呈现相关方分析的结果，例如，用相关方权力、影响和作用立方体，突出那些权力大、影响大和作用大的相关方（见图 18-5）。

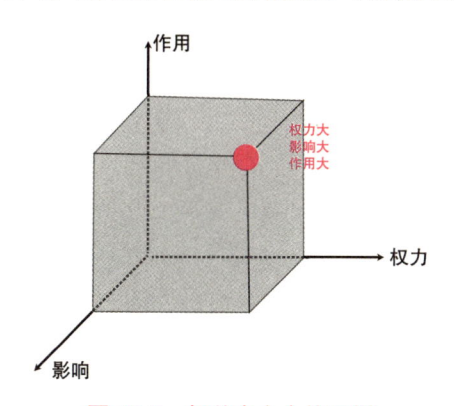

图 18-5　相关方立方体示例

还可以用凸显模型（见第15章图15-14）呈现相关方分析的结果。该模型使用相关方施加影响的力量（能力）、紧急性和合法性这三个维度，把相关方分成七种不同类型，即与单个维度有关的自主型、潜伏型和苛求型，与两个维度有关的支配型、危险型和依赖型，与三个维度都有关的确定型。确定型相关方就是最"凸"出的。

还可以用影响方向呈现相关方分析的结果，包括上级相关方、下级相关方、外部相关方和横向（同级）相关方。

应该基于相关方分析的结果，对相关方或相关方类别进行优先级排序，以便重点管理排序靠前的相关方。

上述技术在第 6 版的应用如表 18-3 所示。

表 18-3　数据表现技术在第 6 版的应用

序号	具体技术	用于第 6 版的项目管理过程	说　明
1	控制图	控制质量	监测生产过程是否已经失控
2	层级图	规划资源管理，实施定性风险分析	用组织结构图显示项目团队的构成，用资源分解结构显示所需资源的类别和类型 如果需要考虑不止两个风险参数，就应该使用诸如气泡图的层级图来对风险进行分级。在气泡图中，可以用横轴、纵轴和气泡大小分别表示一个风险参数
3	文本型	规划资源管理	用表格和文字来描述项目团队的组织结构和岗位权责
4	逻辑数据模型	规划质量管理	防止数据库系统存在逻辑质量问题，例如，数据不完整
5	矩阵图	规划质量管理，管理质量	考察各种质量指标之间的相互关系，或者质量指标与影响因素之间的关系
6	思维导图	收集需求，规划质量管理，规划相关方参与	在各种需求、质量指标或相关方之间建立联系
7	相关方映射和展现	识别相关方	展现相关方分析的结果

18.2.4　人际关系与团队技能

第 7 版未提及的人际关系与团队技能有积极倾听、沟通风格评估、冲突管理、政治意识、文化意识、制定决策、情商、引导、影响力、领导力、激励、谈判、人际交往、名义小组、团队建设。

积极倾听是指专注听别人说话，并适时提供反馈。

沟通风格评估是指评估不同的人所喜欢的沟通风格，以便选择最合适的沟通风格与其沟通。沟通风格由沟通技术和沟通方法构成。例如，有的人喜欢电子沟通技术和推式沟通方法，有的人喜欢纸质沟通技术和拉式沟通方法。

冲突管理是要管理项目团队内部的冲突以及项目相关方之间的冲突，详见本书第 8 章。

政治意识是指了解项目所在地的政治氛围。文化意识是指了解项目所在地的文化氛围。政治氛围和文化氛围都会对项目产生影响，必须确保项目符合政治氛围和文化氛围的要求。

这里的"制定决策"与另一个单独的"决策"工具（见第 18.2.5 节）不一样，是指通过与组织或项目团队谈判来制定决策，或者通过对组织或项目团队施加影响来制定决策。这个工具其实是把谈判和影响力用于决策制定。

情商是指能够识别、评价和管理自己和他人的情绪，也包括识别、评价和管理团队集体的情绪。

引导是指项目经理充当引导者，引导大家开展讨论，达成一致意见。通常，引导者要保持中立，不能表达自己的观点，只能为大家牵线搭桥和创建讨论氛围。引导可以采用引导式研讨会进行。引导式研讨会是由主持人引导，邀请不同背景、部门或领域的相关方派代表参加，共同讨论某个主题，既全面考虑各种意见，又协调意见矛盾。例如，可以先用焦点小组分别收集每个部门或领域对项目的特定需求，再用引导式研讨会把各部门或领域的代表召集到一起，通过讨论来协调各部门或领域的需求。

联合应用开发、质量功能展开和用户故事会，是三种常用于收集需求的引导式研讨会。联合应用开发是软件开发行业常用的引导式研讨会，强调由开发团队和用户一起共同定义需求。质量功能展开在制造行业的新产品研发中很常用。它是一种把用户需求转化成产品功能的结构化方法（通常用矩阵表格的形式），以便开发出最能满足用户需求的那些功能。首先，把用户的多种需求（如方便性、安全性、价格便宜）及其相对重要性（权重）列为矩阵表的第一列；其次，把产品可能的多种特性（功能）列为矩阵表的第一行；再次，由相关专家集体讨论每种特性与每种需求之间的关联性（每种特性能满足每种需求的程度），并记录在矩阵表相应的空格中；最后，按列加权（考虑需求的重要性）汇总，得出产品功能的优先级排序。用户故事会则是参会者一起创建关于相关方需求的故事。故事通常由三部分构成：相关方的角色，相关方想要什么（需求），相关方为什么想要它（想用它获得什么利益）。例如，作为 PMP® 考生，他们想要通过目录来查找辅导书中的内容，以便提高学习效率。故事应该用很简洁的语言来描述。

影响力是指不借助正式权力（职位权力）而让他人服从自己。项目经理的正式权力往往是不足的，故需要施加影响力。

领导力是启发和激励别人的能力。需要针对不同的人和事采用不同的领导风格。

激励是指采用各种激励措施来激励项目团队成员开展项目工作，实现项目目标。

谈判，很好理解。这里介绍采购管理中的谈判，即通过谈判来达成协议，签订采购合同。在确定中标者（正式授标）之前，需要与潜在卖方谈判。注意：谈判的目的不是"卡"对方，而是要与潜在卖方加深了解，得到公平合理的价格，为以后可能的合同关系奠定良好基础。好的谈判应该是与卖方进行团队建设的好机会，能够取得"双赢"结果。如果在牺牲双方关系的情况下，得到了较低的价格，那么这个价格也不一定能够实现，因为卖方会在以后的工作中通过各种办法来弥补损失。好的谈判能够保护将来合同成立之后的双方关系。

还要特别注意的一点是，不要设法从对方口袋里去"拿"钱，而要从减轻风险入手去"省"钱。如果想要卖方降价，最好设法为他减轻一些风险。例如，把某些风险的发生概率降低或把某些风险改由自己承担。当然，在严格的竞争性招标投标中，谈判只能澄清问题，而不能讨价还价，即买方不能要求卖方降价，卖方也不能主动降价。在竞争性招标投标中，是绝对的"一口价"，报了多少就是多少，不得修改。

谈判需要讲究一定的策略。考试中可能给你一个情景，要求你判断谈判者正在使用什么样的谈判策略。下面列举一些常见的谈判策略：

- 最后期限。设定一个达成协议的最后期限。例如，"我们已经定好明天下午5点的飞机，谈判必须在明天下午1点前结束"。
- 自己的权力有限，有决策权的人又不在场。声称自己无权对某些问题做出决定，需要向领导请示，而领导又不在场。例如，"我无权决定降价10%，我的权限是5%以内""只有公司老板才能决定降价10%，可是他正在休假"。
- 拖延。以各种方式拖延对其中某个问题的讨论，甚至拖延整个谈判。例如，"让我们先不谈这个问题，等下一次再谈"。
- 撤退。故意表现出自己对某个事物没有什么兴趣，以退为攻。
- 出乎意料。突然抛出全新的、出乎意料的方案，打对方一个措手不及。
- 公平合理。以各种方式证明自己所提方案是公平合理的。例如，"我们卖给其他客户的价钱从来都比这个高，考虑到我们之间的关系（或你的采购量较大），我们才给你这么低的价格"。
- 既成事实。坚持某个问题已有既定的解决方案，无须再讨论。例如，"政府规定收费标准不能高于10%，我们必须遵守这个规定"。
- 好人坏人。参与谈判的成员中，一人当好人，一人当坏人。通常，坏人先说话，好人随后收拾局面。

谈判需要遵守以下四大原则：

- 人与事分开的原则。尽量理性地谈判，不要带入个人感情。
- 关注利益而非立场的原则。因为利益决定立场，故必须关注对方的利益。
- 创造共赢的解决方案。上文提及的从风险入手谈价格，就符合这个原则。
- 坚持与客观标准比较。客观标准可以是法律法规、行业标准或其他公认资料中的规定。用客观标准作为依据来说明自己的要求的合理性。

人际交往是指主动与别人打交道。要组织别人做事，项目经理必须具有很好的人际交往能力。

名义小组是召集一群人作为名义小组（不是经过建设的团队），先由每个人分别对主持人的提问写出自己的尽可能多的主意，再由主持人收集并公布所有主意，再由大家对每个主意进行讨论以求得一致理解，最后通过匿名投票来排列主意的优先顺序。名义小组，还有一种不同的做法，即先把进行头脑风暴的一群人分成两个或多个名义上的小组在规定时间内进行小组讨论，然后，各小组自动解散，所有人归到一起开展头脑风暴。其实，名义小组更像数据收集技术，而不是人际关系与团队技能。

团队建设是指开展各种各样的、需要成员充分互动和沟通的团队建设活动。团队建设活动可以是专门开展的活动或融入日常工作的活动。应该以融入日常工作的为主，以专门开展的为辅。项目团队中的大量技术和管理工作，同时也就是团队建设活动，例如，编制工作分解结构、编制项目计划、处理项目变更。

上述技能在第 6 版的应用如表 18-4 所示。

表 18-4　人际关系与团队技能在第 6 版的应用

序号	具体技术	用于第 6 版的项目管理过程	说　明
1	积极倾听	管理项目知识，管理沟通，监督相关方参与	通过积极倾听来分享知识，开展沟通，了解相关方参与项目的情况
2	沟通风格评估	规划沟通管理	了解不同的人所喜欢的沟通风格，选择最合适的沟通风格与其沟通
3	冲突管理	制定项目章程，制订项目管理计划，建设团队，管理团队，管理沟通，管理相关方参与	协调意见冲突或其他冲突
4	政治意识	管理项目知识，规划沟通管理，管理沟通，管理相关方参与，监督相关方参与	了解与项目有关的政治氛围
5	文化意识	规划沟通管理，管理沟通，管理相关方参与，监督相关方参与	了解与项目有关的文化氛围
6	制定决策	管理团队	通过谈判或施加影响力来制定决策
8	情商	管理团队	运用情商来管理项目团队
9	引导	制定项目章程，制订项目管理计划，收集需求，定义范围，识别风险，实施定性风险分析，实施定量风险分析，规划风险应对	项目经理作为引导者，引导大家开展讨论，达成一致意见。如果无法达成一致意见，就会演变成冲突，就要用冲突解决方法去解决
10	影响力	建设团队，管理团队，控制资源，实施风险应对	借助非正式权力来影响别人
11	领导力	管理项目知识，管理团队，监督相关方参与	启发和激励别人分享知识，启发和激励团队成员，启发和激励项目相关方
12	激励	建设团队	激励团队成员
13	谈判	获取资源，建设团队，控制资源，实施采购	通过谈判获取资源，在团队中分配工作任务，解决资源问题，签订采购合同
14	人际交往	管理项目知识，管理沟通，监督相关方参与	主动与人打交道
15	名义小组	收集需求	采用名义小组收集需求
16	团队建设	建设团队	开展团队建设活动，提高团队活力

18.2.5　决策

第 6 版把"决策"作为技术组，是要强调做决策需要采用各种不同的方法，例如，多标准决策分析、投票、独裁型决策制定、优先级排序。

多标准决策分析是从多个方面（用多个标准）去评价多种方案、需求或资源等，排出它们的综合优先顺序，以便做出选择。多标准决策分析可以采用表格形式，如表 18-5 所示。

表 18-5　多标准决策分析示例

比较项	标准 1	标准 2	标准 3	标准 4	总　分	排　序
方案 1	4	3	2	3	12	1
方案 2	2	2	3	4	11	2
方案 3	1	4	1	2	8	4
方案 4	3	1	4	1	9	3

投票是指由一群人基于所有人一致同意、超过 50% 的大多数人同意或不足 50% 的相对多数人同意的规则，进行投票表决。也可以在经过大家讨论后由一个人代表大家拍板，做出决定。投票可以采用从拳头到五指的方式进行。握拳代表反对，伸五指代表完全同意，伸一指到四指代表不同程度的支持。德尔菲技术是用于达成"一致同意"的一种常用投票方式。

独裁型决策制定是由某一个人为所在群体做出决策，适用于某种特殊场景（如紧急状态）。

优先级排序是指排列各种备选方案或各个相关方的优先顺序，以便选择排序靠前的方案，或者重点管理排序靠前的相关方。

上述技术在第 6 版的应用如表 18-6 所示。

表 18-6　决策技术在第 6 版的应用

序号	具体技术	用于第 6 版的项目管理过程	说　明
1	多标准决策分析	实施整体变更控制，收集需求，规划质量管理，管理质量，获取资源，规划风险应对，监督相关方参与	用多种标准评价多种方案、需求或资源，排出它们的优先顺序，以便做出选择
2	投票	监控项目工作，实施整体变更控制，收集需求，确认范围，估算活动持续时间，估算成本，监督相关方参与	通过投票来对各种事项做出决策，包括是否提出变更请求，是否批准变更请求，某个需求是否确有必要，某个成果是否可通过验收，工期估算，成本估算，选择解决相关方参与问题的方案
3	独裁型决策制定	实施整体变更控制	在紧急情况下，可以由某个人独自审批变更请求
4	优先级排序	识别相关方，规划相关方参与	排列相关方的优先顺序，排列相关方参与项目的备选方案的优先顺序

18.2.6　沟通技能

第 6 版把"沟通技能"也列作工具组，是要强调沟通不易，需要使用多种技能，例如，沟通胜任力、演示、反馈、非口头技能。

沟通胜任力是某个人在某种特定场景中的具体的沟通能力。一个沟通能力很强的人，也可能在某件事上或对某个人没有足够的沟通胜任力。例如，一位男生虽然平时能说会道（沟通能力强），但是不善于表达对某位女生的爱慕之情（沟通胜任力差）。

演示是指向别人口头陈述相关情况。反馈是指向别人提供反馈或收集别人的反馈。非口头技能是指使用口头语言之外的方式（如形体语言）进行沟通。

上述技术在第 6 版的应用如表 18-7 所示。

表 18-7　沟通技能在第 6 版的应用

序 号	具体技术	用于第 6 版的项目管理过程	说　明
1	沟通胜任力	管理沟通	开展沟通
2	演示	管理沟通，监督相关方参与	开展沟通
3	反馈	管理沟通，监督相关方参与	开展沟通
4	非口头技能	管理沟通	开展沟通

18.3　常用工具

这里的常用工具是第 6 版至少两个项目管理过程共同使用的单个工具。

18.3.1　三个最常用工具

三个最常用的工具是：
- 专家判断。用于 35 个过程。
- 会议。用于 28 个过程。
- 项目管理信息系统。用于 12 个过程。

没必要记忆究竟是哪些过程要用这三个工具。即便第 6 版并未对每个过程都写出这些工具，但事实上，几乎任何一个过程都要用专家判断、会议和项目管理信息系统。会议前文已做介绍。下面介绍专家判断和项目管理信息系统。

专家判断是有关专家根据自己的知识与经验对问题做出判断。因为项目管理既是科学又是艺术，所以能够体现艺术性的专家判断就是一种极其重要的工具。实际上，只要不是完全由机器开展的工作，任何工作都离不开专家判断。专家判断可来自具有相应专业知识、专业实践或专业培训的任何小组或个人，可以从许多渠道获取。甚至可以说，专家判断可以来自你想得到的任何人。在日常生活中，人们也经常寻求或给别人提供专家判断。例如，你在一个陌生城市向当地人问路，就是寻求对方的专家判断。对于别人给你提供的专家判断，你必须再用自己的专家判断来决定是否采纳，以及该如何采纳。

项目管理信息系统是自动化的项目管理软件，其中包括（但不限于）已在本书第 11 章介绍的工作授权系统。

18.3.2 较常用工具

第 6 版两个至四个项目管理过程使用的工具如表 18-8 所示。

表 18-8　第 6 版两个至四个项目管理过程使用的工具

序号	工具	使用该工具的过程	解释
1	检查	控制质量、确认范围、控制采购	开展实地检查，以决定质量是否合格，成果可否通过验收，以及卖方的工作是否符合合同要求
2	自下而上估算	估算活动资源、估算活动持续时间、估算成本	将活动分解成更小的组成部分，然后自下而上地估算活动资源、时间和成本
3	审计	管理质量、监督风险、控制采购	由第三方独立地帮助项目总结经验教训，进行工作改进，积累相关知识
4	沟通技术	规划沟通管理、建设团队、管理沟通	用于沟通的各种技术手段（不同于"沟通技能"），例如，视频会议、在线聊天、共享网页
5	沟通方法	规划沟通管理、管理沟通	见第 18.3.3 节
6	提前量与滞后量	排列活动顺序、制订进度计划、控制进度	见第 18.3.4 节
7	关键路径法	制订进度计划、控制进度	见第 18.3.4 节
8	资源优化	制订进度计划、控制进度	见第 18.3.4 节
9	进度压缩	制订进度计划、控制进度	见第 18.3.4 节
10	分解	创建 WBS、定义活动	把大的可交付成果分解成小的可交付成果，把工作包分解成活动
11	问题解决	管理质量、控制资源	用结构化方法解决质量管理或资源管理问题。从定义问题、识别根本原因，到形成备选解决方案、选择最好方案，再到实施选定的方案、核实解决效果
12	虚拟团队	获取资源、建设团队	虚拟团队是通过网络来远程合作的团队，而非面对面集中办公。可以组建和建设虚拟团队。虚拟团队需要很好的沟通计划和团队建设

18.3.3 沟通方法

在规划沟通管理过程，需要根据项目以及相关方的具体情况选择合适的沟通方法，用于将来的沟通。被选定的沟通方法需要写入沟通管理计划。主要有以下三种沟通方法：

- 交互式沟通。沟通双方或多方多方位地交流信息。适用条件：要沟通的信息不多，要沟通的对象不多，且需要立即获得反馈甚至达成协议。例如，开会、打电话、网络在线即时沟通。
- 推式沟通。把信息推送给接收者。接收者处于其本来位置不变。适用条件（暂且不考虑电子信息推送）：信息有明确的受众，要沟通的信息和对象不多，而且无须立即得到反馈。例如，给相关方发送绩效报告。
- 拉式沟通。把信息放在某个固定位置，把相关方拉到该位置查看信息。适用条件：要沟通的信息很多，或者要沟通的对象不明确或数量很多。例如，张贴公告，建立项目网页。

18.3.4 进度规划工具

在绘制项目进度网络图时，需要排列活动之间的逻辑关系。在这些逻辑关系中，可能还有一定的"提前量"或"滞后量"（已在本书第 10 章介绍）。

关键路径法、资源优化和进度压缩都是制订进度计划过程所使用的进度网络分析技术。通常，先用关键路径法编制出理论上可行的进度计划，再用资源优化技术把进度计划调整成实际上也可行的，再使用进度压缩来优化进度计划（缩短工期）。

关键路径法是指在不考虑资源限制和完工时间强制的情况下，计算各活动及整个项目理论上的开始时间和结束时间。在画出项目网络图并对各项活动做出工期估算之后，就可以用顺推法，从项目的开始时间出发，顺时针推算，计算出各活动的最早开始时间和最早结束时间以及整个项目的完工时间。最早开始或结束时间则是指一项活动可以开始或完成的最早时间。再从整个项目的完工时间出发，用逆推法进行逆时针推算，计算出各活动的最晚结束时间和最晚开始时间。最晚结束或开始时间是指一项活动必须完成或开始的最晚时间。

通常，顺推法的终点就是逆推法的起点，除非发起人已为项目指定完工日期。在后一种情况下，就无须顺推，直接逆推计算即可。

完成顺推法和逆推法计算之后，就可以找出项目的关键路径。关键路径是项目进度计划中总工期最长的路径，决定着项目的最短工期。

谈到关键路径，就需要谈浮动时间。浮动时间是指在不延误整个项目的情况下一项活动允许延误的时间。浮动时间意味着分配资源和安排项目计划的灵活性。在正常情况下，关键路径上的活动，浮动时间为零。如果关键路径上的活动延误了，或者有一个被指定的较早完工日期，其浮动时间就为负数。一旦出现负浮动时间，必须立即解决。

浮动时间等于最晚开始时间减去最早开始时间，或者最晚结束时间减去最早结束时间。这个"浮动时间"也就是下文所说的"总浮动时间"。

除了浮动时间的概念，考生还要掌握如下概念：
- 自由浮动时间。一项活动可以延误的时间，而不会导致任一紧后活动不能在最早开始时间开始。
- 总浮动时间。一项活动可以延误的时间，而不会导致项目不能按期完工。总浮动时间可能等于或大于自由浮动时间。

- 项目浮动时间。一个项目可以延误的时间,而不会导致项目不能按外界(如客户)要求的日期完工。例如,客户要求6月30日完成,项目管理团队编制的项目计划却要求在6月20日完成,这期间就有10天的项目浮动时间。

表18-9列出了关键路径的一些基本问题,考生应该掌握。

表18-9 关键路径的基本问题

问 题	回 答
关键路径是什么?	在网络图各条路径中,总工期最长的那一条或那几条
关键路径可以超过一条吗?	可以。可以有两条甚至更多
关键路径是一成不变的吗?	不是。在进度计划的优化或项目实施过程中,关键路径可能发生变化
关键路径越多,对项目意味着什么?	关键路径越多,进度风险就越大,项目就越难管理
会出现负浮动时间吗?	会。如果关键路径上的活动延误,或管理层要求比原定日期提前完工
出现负浮动时间时,怎么办?	必须尽快加以解决,可以进行赶工、快速跟进等

PMP® 考试中可能有进度管理方面的计算题。考生需要掌握如下基本道理:

- 活动的持续时间是开展该活动所需的工作时间数,例如,3天、20小时。
- 活动的开始是指在开工日的上班时间开始。
- 活动的结束是指在完工日的下班时间结束。
- 计算工期,要"彻头彻尾"(包头包尾)。例如,2天的工期就是指从第1天的上班时间到第2天的下班时间,4天的工期就是指从第1天的上班时间到第4天的下班时间。在PMP®考试中,假设项目在第1天上班时间开始,而不像有些书上的从第0天开始。
- 某项活动在紧前活动结束后立即开始,是指在紧前活动结束日的次日的上班时间开始,如果中间有滞后量或提前量,则相应加上或减去该时间。
- 计算某个活动的工期时,不应该考虑提前量或滞后量。但是,计算某条路径或整个项目的工期时,则应该考虑提前量或滞后量。

在用关键路径法编制出理论上可行的进度计划后,还要考虑资源限制和资源效率。应该采用资源优化技术,根据资源限制或者为提高资源使用效率而调整项目进度计划。例如,没有足够的资源来实施原计划的工作任务(出现资源短缺),就要进行资源平衡;如果原计划各个时段的所需资源数量起伏太大,就要进行资源平滑,使各时段所需资源数相对平稳。广义的资源平衡也包括资源平滑。也就是说,可以把资源平滑看成资源平衡的一种特殊形式。资源平衡往往导致关键路径的改变,导致项目工期的延长。资源平滑是在浮动时间允许的情况下,在项目不同时间段调剂资源分配,不会导致项目工期延长,一般也不会改变关键路径。

实际上可行的进度计划不一定就是最优的，发起人不一定愿意接受，可能还需要优化（缩短工期）。可以通过增加活动之间的时间提前量，或减少活动之间的时间滞后量，来缩短工期。无论是增加提前量还是减少滞后量，都可能导致风险增加。所以，必须同时考虑风险，把风险控制在可接受的程度内。还可以使用进度压缩技术，包括赶工和快速跟进。

赶工是指在保持活动的工作范围不变的情况下，在单位时间内投入更多的资源，例如，安排加班或使用额外资源，以加快工作进度。赶工只能针对关键路径上的活动。增加的资源可以来自非关键路径上的活动，也可以来自项目外部。赶工通常会引起直接成本增加，但会减少一些间接成本（取决于工期缩短的时间）。最理想的赶工是总工期缩短，总成本也要降低。

快速跟进是指把关键路径上本应按先后顺序进行的工作调整为至少部分并行。快速跟进只能针对存在软逻辑关系的活动，可能导致返工风险。注意：快速跟进不同于"并行工程"。并行工程是指下一道工序派代表参加上一道工序，以加快两道工序的衔接（也可能导致两道工序部分并行）。一般情况下，赶工的缺点是直接成本增加，快速跟进的缺点是导致返工风险。

快速跟进从形式上看，也是增加两个活动之间的提前量，但其前提是这两个活动本来是应该按先后顺序进行的。而在"提前量与滞后量"中的增加提前量，针对的是本来就可部分并行的两个活动。

如果出现了负浮动时间，不要立即告诉客户或管理层没法按规定时间完工或者要求延长工期。项目经理首先应该分析一下可否通过赶工或快速跟进来解决负浮动时间。如果可以，赶工或快速跟进又会给项目带来什么样的影响。请记住：项目经理必须是积极主动的，必须首先自己想办法解决问题。

在赶工和快速跟进中，应该选哪个？这取决于具体情况。如果项目风险较低，活动之间主要是软逻辑关系，就选快速跟进；如果赶工只涉及在项目内部调剂资源且不会增加成本，则选赶工，因为这种赶工不会增加工作的复杂性和项目的风险。

优化（压缩）进度计划后，必须重新检查项目的关键路径，因为它可能已经发生变化。

压缩工期最不可取的方法是，不加分析而硬性压缩工期的百分之几，简单地要求人员加班工作，或者降低质量标准。

18.4 专用工具

第6版仅用于一个项目管理过程的工具如表18-10所示。

表 18-10　第 6 版仅用于一个项目管理过程的工具

序号	工具	使用该工具的过程	解　释
1	信息管理，知识管理	管理项目知识	信息管理在人与信息之间建立联系，以分享显性知识（可脱离人而存在），例如，图书馆服务、文献检索。知识管理在人与人之间建立联系，以分享隐性知识（无法脱离人而存在），例如，人际交往、工作跟随（徒弟跟师傅实习）、跟随指导（有经验者跟随指导新手）
2	变更控制工具	实施整体变更控制	借助变更控制工具，有效记录和评审变更请求，追踪变更处理情况，以及沟通相关事宜。例如，变更追踪软件和版本控制软件，都是软件开发项目常用的变更控制工具
3	预分派	获取资源	在项目正式启动之前就预约好某些关键岗位人选，例如，项目经理、稀缺专业人才
4	系统交互图，原型法	收集需求	系统交互图是指把拟建的特定系统置于大背景中，用图形直观地展示该系统与其他系统之间的接口关系，从而确定该系统应满足什么需求。例如，该系统从哪里获得输入，又会向哪里输出什么，该系统与周围环境是什么关系。原型法是指通过开发原型、由相关方试用原型并提出反馈意见，来逐渐明确相关方的需求
5	产品分析	定义范围	通过产品分析，确定项目产品应该具备的功能，即明确产品范围
6	滚动式规划	定义活动	对近期要完成的工作包做详细分解，对远期才完成的工作包做粗略分解，以后再逐渐细化
7	确定和整合依赖关系，紧前关系绘图法	排列活动顺序	见第 18.4.1 节
8	敏捷发布规划，进度网络分析	制订进度计划	敏捷发布规划是指编制敏捷项目的进度计划，包括产品路线图、发布计划和迭代计划。进度网络分析是指采用具体的进度网络分析技术（如关键路径法）编制进度计划
9	成本汇总，历史信息审核，资金限制平衡，融资	制定预算	见第 18.4.2 节
10	完工尚需绩效指数	控制成本	挣值管理中的一个指标，见第 13 章
11	测试与检查规划	规划质量管理	策划将如何开展质量测试和检查
12	面向 X 的设计，质量改进方法	管理质量	面向 X 的设计中的 X 既可以是"卓越"(Excellence)的缩写，也可以代表产品的某种特性，例如，可靠性、可用性、安全性、经济性。前者追求整个产品在整个生命周期中的最优化，后者重点改进产品的某个特性。在管理质量过程中，要基于过程分析的结果，用质量改进方法做过程改进。过程改进旨在使生产过程更加顺畅、稳定，减少生产过程中的浪费，降低产品缺陷率。可以用来做过程改进的方法很多，例如，戴明环、六西格玛、精益生产、精益六西格玛

续表

序号	工具	使用该工具的过程	解释
13	测试或产品评估	控制质量	实际开展客观的产品质量测试或主观的产品质量评估
14	组织理论	规划资源管理	组织理论是关于组织中的个人、小组、团队、部门，以及整个组织应该如何行动的学问。在理论的指导下编制资源管理计划，效率更高（编计划更容易），效果更好（计划的质量更好）
15	集中办公，培训，个人和团队评估，认可与奖励	建设团队	见第18.4.3节
16	沟通模型，沟通需求分析	规划沟通管理	见第18.4.4节
17	项目报告发布	管理沟通	收集和发布项目的工作绩效报告
18	提示清单	识别风险	提示清单为识别风险提供出发点。例如，风险分解结构的底层要素，可以作为识别单个风险的提示清单；某种通用的战略分析框架，例如，政治、经济、社会、技术、法律和环境框架，则有利于从有关方面入手去识别整体风险的各种来源
19	风险分类	实施定性风险分析	按共同原因、项目部位或时间段，对各种风险进行分类，发现高风险的项目领域，以便更有针对性地管理项目风险
20	不确定性表现方式	实施定量风险分析	结合各种数据，使用不确定性表现方式来生成各种适用的概率分布图。概率分布图能够展示各活动的可能工期或成本的分布情况，作为后续定量分析的基础。常用的概率分布图包括贝塔分布、三角分布、均匀分布和正态分布
21	应急应对策略，机会应对策略，威胁应对策略，整体风险应对策略	规划风险应对	见第18.4.5节
22	供方选择分析	规划采购管理	见第18.4.6节
23	广告	实施采购	买方发布采购广告
24	索赔管理	控制采购	买方预防、记录和处理来自卖方的时间或金钱索赔。索赔仅仅是申请损失赔偿，对对方没有惩罚性质
25	基本规则	管理相关方参与	按事先制定的基本规则与项目相关方打交道

18.4.1 排列活动顺序的工具

在排列活动顺序过程，使用"紧前关系绘图法"绘制进度网络图，并通过"确定和整合依赖关系"来区分活动之间的强制、选择、外部及内部依赖关系。

紧前关系绘图法用节点表示活动，把活动名称及相关信息写在节点上，所以又叫节点法。它用位于节点的一个代号表示一个活动，所以又叫单代号法。节点法用箭线表示活动之间的逻辑关系。活动之间的逻辑关系可以是完成到开始关系、完成到完成关系、开始到开始关系或开始到完成关系。

网络图中的一个常见错误是"悬挂"，即没有紧前活动的非起始活动，或没有紧后活动的非结束活动。在一个网络图中，只能有一个开始与一个结束。除了起始活动没有紧前活动、结束活动没有紧后活动，中间的任何一个活动都必须有来的地方（紧前活动）、有去的地方（紧后活动）。

18.4.2 制定预算的工具

在制定预算过程，首先，要运用成本汇总，把活动或工作包的成本逐层向上汇总到控制账户和整个项目。

其次，要通过历史信息审核来验证汇总结果的合理性，决定是否需要回头调整活动或工作包的成本估算。历史信息审核可以用类比估算或参数估算的方法进行，即用类比估算或参数估算计算整个项目的成本，以便与成本汇总的结果进行比较。如果用各种方法计算出的结果差别较大，就应该认真分析原因，并做必要调整。

再次，用数据分析中的储备分析来估算整个项目需要多少管理储备。

最后，要对初步确定的项目预算做资金限制平衡，即根据资金限制调整项目预算，确保项目预算有资金保证。其中，包括总额资金平衡、分阶段资金平衡和分部位（WBS要素）资金平衡。

在工期较长的大型项目上，往往不可能一次就准备好全部资金。因此，需要使用融资工具来分阶段获取项目资金，特别是外部资金。

18.4.3 建设团队的工具

集中办公，无疑有利于团队建设。在虚拟团队，应该开展临时的集中办公。在矩阵型项目组织，不少兼职人员平常仍在各自职能部门办公，所以临时的集中办公也特别重要。这种临时的集中办公又称"紧密式矩阵"。例如，每周三下午所有团队成员都必须到项目部集中办公。可以用"作战指挥部"作为集中办公的地点，那里存放着项目资料，张贴着项目图表，配有桌椅等办公设施。

如果团队成员不具备项目所需的技能，就要对他们进行培训。培训通常是团队建设的一项重要工作。项目经理可能要把培训当作必须做的工作，列入工作分解结构，并且在项目进度计划中安排时间，在项目预算中安排资金。培训的形式可以多种多样，包括在岗或脱岗培训、面授或网络培训、成员之间的相互培训或外聘专家对成员的培训等。

广义的培训（training）也包括教练（coach）和辅导（mentor）。表18-11概述了培训（狭义）、教练与辅导的主要区别。

表 18-11　培训（狭义）、教练与辅导的主要区别

比较项	培训（狭义）	教练	辅导
正式程度	正式	正式	非正式
目的	传授知识	解决特定问题	帮助长远发展
与对象的关系	短期关系	短期关系	长期关系
对象数量	一位培训师对很多受训者	一位教练对一位或一组对象	一位辅导者对一位被辅导者

项目经理应该使用各种个人和团队评估工具，来了解团队成员的优势、劣势、喜好和厌恶等，以便有针对性地开展培训和其他团队建设活动。每个人所需要的培训、所喜欢的团队建设活动，通常有所不同。

在团队建设中，应该经常对团队成员的优良行为或业绩进行认可与奖励。为了使认可与奖励真正起到激励所有团队成员的作用，应该针对每个人都能够做到的行为开展认可与奖励，而不只是针对少数人能够做到的行为。每个人都能做到的，不一定每个人都会做到，例如，按期提交没有明显错误的进度报告。认可与奖励应该经常开展，不能只是等到项目结束时；应该多种多样，既有正式的，也有非正式的；应该考虑团队成员的需求，只有能满足需求的认可与奖励才是有效的。

18.4.4　规划沟通管理的工具

在规划沟通管理过程，应该在沟通模型的指导下，进行沟通需求分析，并选择适当的沟通技术与沟通方法。

沟通模型是由信息发出者、信息、媒介、噪声、信息接收者和反馈意见等诸多要素所组成的一个循环。首先信息发出者对想要发出的信息进行编码，并通过一定的媒介发送给信息接收者，然后由信息接收者对收到的信息进行解码，并把相应的反馈发送给信息发出者。

在沟通过程中，各种各样的因素会干扰信息的编码、传送、接收和解码。这些因素统称为沟通中的"噪声"。它们会造成沟通过程中程度不等的信息损耗。如果信息损耗太大，沟通就不能取得应有的效果。

信息发出者对信息的编码和信息接收者对信息的解码，都会直接影响沟通的质量。信息发出者必须认真进行编码，选择合适的沟通媒介，并且确认所发出的信息已经到达接收者并被接收者正确解码。信息接收者必须完整接收信息，认真进行解码，正确理解信息，并及时向信息发出者提供反馈。

在沟通进行中，会遇到各种各样的"噪声"干扰，因此沟通并不是一件容易的事情。许多因素会妨碍沟通的顺利进行。例如，信息发出者和接收者对信息的过滤、沟通媒介的不合理、沟通方式的不合理、难懂的专业术语、各种外界的干扰、相互间的不信任、语言差异、文化差异等。

沟通是需要质量控制的。信息接收者向发出者的及时反馈就是沟通中的质量控制。

反馈中既包括告知收悉，又包括告知对方自己对信息的理解。对于比较简单的信息，告知收悉和告知理解通常同时完成。对较复杂的信息，接收者需要一段时间来消化，那么就应该在收到信息后及时告知收悉，并在一段时间后再告知理解。即便你暂时无法理解信息的意思，也必须在收到信息后立即告知收悉。

应该认真进行沟通需求分析，弄清楚项目相关方在整个项目生命周期中对信息的需求，包括需要什么信息、什么时候需要、喜欢什么格式、为什么需要等。在沟通需求分析中，应该计算相关方之间的潜在沟通渠道的数量。潜在沟通渠道越多，沟通就越复杂，也就越容易发生沟通不充分的情况。潜在沟通渠道的多少取决于相关方的数量以及沟通网络类型。

沟通网络是指信息流动的通道。有三种常见的网络类型：链式、轮式和全通道式。链式网络严格遵守正式的命令系统，只有上下级之间的纵向沟通，没有横向沟通。轮式网络严格以某个领导者为沟通的核心，一切沟通都围绕他进行。全通道网络则允许全体成员进行自由沟通，任何人都可以与任何人沟通。

在全通道沟通网络下，相关方或团队成员之间的沟通渠道数量由以下公式计算：沟通渠道数量=$N(N-1)/2$。其中，N 为相关方或团队成员的人数。例如，一个团队由 5 个人组成，则总共有 $5(5-1)/2=10$ 条沟通渠道；如果在该团队中再增加 3 个人，则沟通渠道会增加 18 条。

团队成员越多，沟通渠道越多，沟通管理的难度就越大。团队成员太多，很可能产生团队惰性，而不是团队活力。工作团队中的人数到底多少最合适？尽管尚没有定论，但有一个经验式的说法，是 5~12 人。

18.4.5 规划风险应对的工具

规划风险应对过程的工具主要是风险应对策略。其中，威胁应对策略有：

- 上报。对于应该在更高的项目集、项目组合或整个组织层面处理的风险，项目经理应该采取上报策略。
- 规避。通过消灭原因来消除风险，例如，取消高风险的工作；或者，把项目与某个风险隔离开来，例如，抢在雨季到来之前完成项目，使项目不受雨季的影响。采取规避策略，通常要改变项目计划。
- 减轻。设法降低风险发生的概率或（和）后果。例如，使用成熟技术和熟练工人，对机器操作人员进行培训，开车时系好安全带。
- 转移。用一定的代价，把应对风险的责任连同风险的后果转移给第三方。通常，需要签署风险转移合同。例如，购买保险，把工作外包，业主要求承包商提交由银行出具的履约担保。
- 接受。不主动管理风险。对可承受的风险或无法用其他策略的风险，可以使用接受策略。接受又分成两种：一种是被动接受，即不采取任何行动，顺其自然，风险发生后再说；另一种是主动接受，即预留应急储备，以便风险发生后使用。对于整个项目的应急储备，如果没有任何可靠的依据，就按项目总成本的 10% 计算。这是一个经验式规则。

在一个项目中，对不同的风险，通常要采用不同的应对策略。风险减轻、转移和接受策略，可以在某一个风险上组合使用，即同时采取这三种策略。例如，对火灾风险，可以购买保险（转移），进行防火灭火培训（减轻），并同时准备适当的应急资金（接受）。

对不严重的风险（通常是采用"接受"策略的风险），不可以简单地置之不理，而需要记录下来，注意观察，防止变严重。

机会应对策略有：

- 上报。把机会上报给更高层去管理。
- 开拓。采取措施，确保机会肯定出现。与威胁规避正好相反。
- 分享。与其他方一起共同促进机会发生，共享机会发生的利益。
- 提高。采取措施，提高机会出现的可能性或影响。
- 接受。不主动促进机会发生，只是在机会自然发生时利用机会。

整体风险应对策略有：

- 规避。通过取消某种或某些高威胁的工作来降低整体风险水平。如果整体风险太高且无法降低，就不得不提前终止整个项目。
- 开拓。扩大项目范围，确保抓住某种即将出现的巨大机会，以提高项目对相关方的价值。
- 转移或分享。如果负面整体风险太高，就采取转移策略；如果正面整体风险很大且仅靠自身力量难以实现，就采取分享策略。
- 减轻或提高。采取措施，降低负面整体风险，提高正面整体风险。
- 接受。按当前的状况继续实施项目，不采取任何主动的应对措施。

在实际工作中，威胁、机会和整体风险的应对策略并不能截然分开，往往是交叉在一起的。

应急应对策略既可以针对单个风险，也可以针对整体风险，相当于我们平时所说的应急预案。对于很大且有明显预警信号的威胁或机会，可以制定应急应对策略及其启动条件。

18.4.6 规划采购管理的工具

在规划采购管理过程中，需要使用"供方选择分析"来确定将用什么方法选择供方。第 6 版列出了六种主要的供方选择方法（见表 18-12）。

表 18-12　主要的供方选择方法

主要方法	适用范围	选择标准
独有来源	只有一家能够提供所需的产品或服务	别无他选，只能选这一家

续表

主要方法	适用范围	选择标准
单一来源	虽然有多家能提供所需产品或服务，但只认其中的某一家	必须特别说明为什么要直接从某个特定厂商直接采购
仅凭资质	小型采购，不值得过多计较	只要有相应资质即可
最低成本	标准化货物或服务采购	选择报价最低者
固定预算	有严格的成本限制，技术方案可灵活	在固定预算之内选择技术方案最优者
基于技术方案	对技术方案的要求高，成本可灵活	与技术方案最优者进行价格谈判。谈妥，则选定；谈不妥，再找技术次优者谈判
基于质量和成本	技术方案和成本同样重要	选择技术方案和报价综合最优者

第5篇 考纲解读

在中国（除港、澳、台外），现行版考纲是 2022 年 6 月首次用于考试。虽然考纲的主要内容已融入本书前文做了介绍，但是考虑到 PMP® 考试紧扣考纲出题，本篇再单独解读一下考纲。考纲的完整单行本可从 PMI 官网免费下载。

考纲由人员、过程和商业环境三个部分组成。管理项目，要由人员（项目团队成员）应用项目管理过程去开展项目活动，实现项目目标；在开展活动、实现目标的过程中，既要考虑商业环境对项目的影响，也要考虑项目对商业环境的影响。

根据考纲，PMP® 考试中人员部分的题目占 42% 的比重，过程部分占 50%，商业环境部分占 8%。

考纲列出了项目经理在管理项目时必须开展的 35 项工作任务和 133 项子任务。因为 PMP® 试卷会全面覆盖这些任务和子任务，所以考生务必切实理解每一项任务和子任务。这不仅有利于考生顺利通过 PMP® 考试，而且有利于其做好实际的项目管理工作。这些任务和子任务相当于项目经理的工作大纲。

本篇基于考纲构建项目管理知识地图，帮助考生掌握项目管理工作的大局，抓住各项工作任务之间的联系，以及从工作大局出发逐步深挖工作细节。本篇包括以下三章：

第 19 章：人员。
第 20 章：过程。
第 21 章：商业环境。

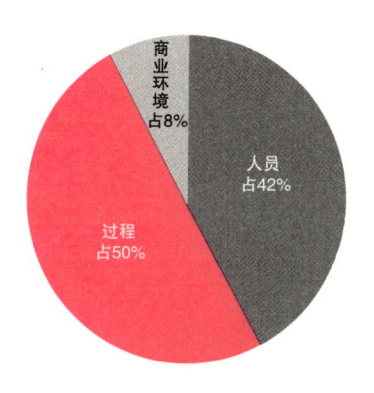

第19章 人员

19.1 概述

人员部分总共有14项任务，看不出它们在考纲中是按什么方法来排序的。这里就按我的理解把它们排成这样的顺序：组建团队、赋能团队、建设团队、管理冲突、提高绩效、广义团队。其中，

- 组建团队由任务6（建立团队）、任务8（谈判项目协议）和任务12（定义团队基本规则）构成。
- 赋能团队由任务4（赋能团队成员和相关方）和任务5（确保团队成员和相关方得到合适培训）构成。
- 建设团队由任务2（领导团队）、任务7（为团队处理和移除阻碍、障碍和阻挡）和任务10（建立共识）构成。
- 管理冲突就是考纲中的任务1（管理冲突）。
- 提高绩效由任务3（支持团队绩效）和任务14（利用情商提高团队绩效）构成。
- 广义团队由任务9（与相关方合作）、任务11（使用并支持虚拟团队）和任务13（辅导相关方）构成。

人员部分的知识地图如图19-1所示。

19.2 组建团队

19.2.1 建立团队

建立团队涉及通过获取人力资源来组建团队，也涉及一些团队建设活动。它包含四项子任务[1]。

---

[1] 本书后文对子任务的排序不一定与考纲中的顺序一致。

第19章 人员

- 任务9 与相关方合作
- 任务11 使用并支持虚拟团队
- 任务13 辅导相关方

- 任务6 建立团队
- 任务8 谈判项目协议
- 任务12 定义团队基本规则

① 组建团队
② 赋能团队
③ 建设团队
④ 管理冲突
⑤ 提高绩效
⑥ 广义团队

人员

- 任务4 赋能团队成员和相关方
- 任务5 确保团队成员和相关方得到合适培训

- 任务2 领导团队
- 任务7 为团队处理和移除阻碍、障碍和阻挡
- 任务10 建立共识

- 任务3 支持团队绩效
- 任务14 利用情商提高团队绩效

- 任务1 管理冲突

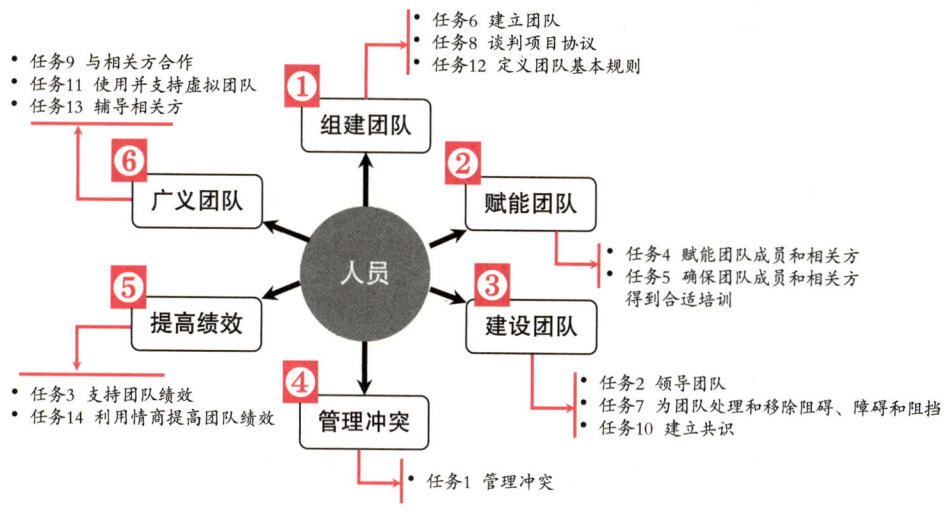

图 19-1 考纲人员部分知识地图

第一项子任务是评价相关方技能。应该评价相关机构有什么人员，以便从相关机构招聘团队成员；也应该评价相关个人有什么知识和技能，以便物色所需要的团队成员。

第二项子任务是推算项目对资源的需求。应该根据项目的目标计划来推算项目对人力资源的需求，也就是估算所需人力资源。推算项目所需人力资源，必须考虑团队成员之间的互补性。可以通过多标准决策分析来选择具有互补性的团队成员。

第三项子任务是持续评估和更新团队技能。它涉及建设团队、管理团队、估算资源和获取资源这些工作。在建设和管理团队的过程中，要不断评估团队技能能否满足项目需要。如果不能满足，就要适当更新，包括培训团队成员和招聘新成员。项目团队必须具有为确保项目成功所需的全部技能。如果通过评估发现项目团队缺少某个方面的技能，那就要进行更新。

第四项子任务是维护团队以及进行知识转移。维护团队是指通过建设和管理团队来自始至终确保项目团队是一个真正的团队。维护团队，也包括要在适当时候补充新成员。知识转移是指知识分享和传递，需要做好以下工作：

- 在项目团队中保持良好的工作记录，确保任何成员离职后，新来的人都很容易接上手。
- 及时总结经验教训。总结出来的经验教训，就是整理出来的新知识，就很容易分享和传递。
- 鼓励分享隐性知识。隐性知识是在人们脑袋里的，不太说得出来，只能通过非口头语言来分享。
- 开展相关培训。培训是进行知识分享和传递的重要途径。
- 使用项目管理信息系统。这个系统就是自动化软件，可以提高知识分享和传递的效率，也可以改进效果。

敏捷环境下的建立团队，有一个特别要求，那就是项目团队必须是小规模、全功能的。

小规模是指人数少，通常为5~9人，最多不超过12人；全功能是指团队能做几乎所有事情。在整个项目期间必须致力于维护项目团队的小规模、全功能性质。每日站会、回顾会议和协作式工作方式，都是用来维护敏捷团队的有效方法。

19.2.2 谈判项目协议

谈判项目协议是指项目经理要与团队成员谈判，达成对项目目标、工作岗位和工作权责等方面的一致意见，以便团队成员的个人目标与项目的目标保持协调。它包括五项子任务。

第一项子任务是分析协议谈判边界。这是指要确定跟团队成员应该谈什么、不应该谈什么、能够谈什么、不能够谈什么。例如，有四个内容是不能谈的：一是既成事实不能谈，例如，法律有明确规定的，就必须照规定执行；二是超出权限的不能谈，例如，两个人不能谈完全不相干的第三方的权力和责任；三是违反原则的不能谈，例如，任何违反项目章程的内容都不能谈；四是不相关的内容不能谈，例如，与工作不相干的私人事务不能谈。

第二项子任务是评估谈判优先级，确定谈判目标。在谈判之前，就要把需要谈判的全部条目都列出来并进行排序，以便分清主次和确定谈判目标。例如，要确定谈判底线，要确定什么是可以或不可以给团队成员的。底线就是最低的谈判目标。

第三项子任务是确定谈判策略。通常双赢策略是最好的。不过，在特殊情况下，也可以采取赢输策略。有一个专业术语"原则性谈判"，它规定了谈判要遵守的七大原则。这七大原则也可以说是七大策略：

- 利益决定立场。要首先关注对方的利益，不要首先关注对方的立场。
- 人和事分开。谈判不能带感情色彩。人是人，事是事，要把两者分开来，主要谈事而非谈人。
- 准备多个备选方案。不能只有一个方案。
- 对每个方案，都要有一些可选择的谈判事项。也就是要留出让步的余地。如果一点让步的余地都没有，那肯定是不行的。
- 坚持与客观标准比较。把自己的要求与客观标准比较，就容易让对方信服。双方以前的做法、相关法律规定和相关行业标准都是可用的客观标准。
- 做出自己能兑现的承诺。千万不要做出自己没能力兑现的承诺。
- 充分沟通。该说的都要说，该表达的都要表达。

第三项子任务是参与谈判。参与谈判，自己不一定就是主谈者。必须明确自己在谈判中的角色，发挥应有的作用。除了主谈者，还可以有提供支持的技术专家和行政专家，还可以有提供指导的高层管理者，还可以有旁听者。旁听者虽然在谈判进行中不发言，但是应该在谈判休会期给主谈者一些建议。

第四项子任务是验证协议目标的实现情况。跟团队成员谈判达成了关于项目工作的相关协议，其中包含相应的目标。随着项目工作的开展，一定要去验证这些目标的实现情况，也就是说，要跟进协议的落实情况。我必须兑现我的承诺，也要协助对方兑现他的承诺。

在敏捷环境下，更需要通过谈判来分配工作任务，更需要把客户代表也当作团队成员。在敏捷环境下，更要用工作的自主性和挑战性，以及对工作的认可度，作为跟团队成员谈判的砝码。

19.2.3 定义团队基本规则

定义团队基本规则是指组织项目团队讨论团队的基本规则，包括团队内部合作的基本规则以及与外部相关方打交道的基本规则。需要规定基本规则是什么，将用什么措施来保证基本规则的实施，将怎样考核基本规则的实施情况，以及相应的奖罚机制。它有三项子任务。

第一项子任务是沟通组织原则。组织原则是指项目执行组织的组织原则。制定团队基本规则，不能违反项目执行组织的组织原则。为了不违反组织原则，就一定要先让团队成员和其他相关方都了解这些组织原则。

第二项子任务是建立遵守基本规则的氛围。例如，团队目标、团队文化和奖罚安排，都是团队氛围的重要组成部分。团队有共同的目标，有相互了解、尊重和信任的文化，有共同认可的奖罚安排，大家就比较容易遵守基本规则。

第三项子任务是管理和纠正违反基本规则的情况。"管理"是指对可能的违规行为进行预警，以及及时发现已发生的违规行为。"纠正"是指对已发现的违规行为，及时进行处罚和纠正，以便预防人们再次违反基本规则。

在敏捷环境下，更强调团队中的跨专业合作，更强调引导客户频繁且深入地参与项目，更强调要在规定时间内交付成果和快速实现价值。所以，在制定基本规则时，必须确保基本规则有利于开展跨专业合作，有利于引导客户参与，有利于在规定时间内快速交付成果和实现价值。

19.3 赋能团队

19.3.1 赋能团队成员和相关方

这里的"赋能"包括但不限于授权，还包括要让团队成员和相关方具备相应的工作能力。如果他们没有这样的能力，那么你向他们授权也没有任何意义。赋能，跟变革型领导风格有密切关系。变革型领导风格要求设法提高团队成员的工作能力，以确保项目目标和愿景的实现。赋能，需要很强的人际关系技能。你要赋能团队成员和相关方，就必须很好地跟他们打交道。这项任务又有四项子任务。

第一项子任务是围绕团队的优势来组织工作的开展。例如，一支足球队必须围绕球队的优势来制定比赛战略和战术，每个人必须围绕自己的优势来规划职业发展，项目经理必须把工作授权给最擅长做该工作的人。有一种领导风格是"基于优势的领导风格"，跟短板理论相反。它要求人们关注自己的优势，关注别人的优势，要把相应的工作跟优势匹配起来。它也鼓励人们"显摆"自己的优势，以便大家相互了解各自的优势，从而能基于优势开展合作。

第二项子任务是决定授权级别，并且据此授予相关人员相应的决策权。项目上的所有权力都来自项目发起人。项目发起人会把某些权力授给项目治理委员会。项目治理委员会是项目重要决策的制定机构。哪些重要的决策要由项目治理委员会来做？这是由项目发起人规定的。项目治理委员会再把某些权力授给项目经理，然后项目经理又要在项目团队内部进行授权，规定项目团队内部的决策制定权限。项目团队内部的授权与"控制账户"这个概念有密切关系。控制账户是项目经理的管理控制点。针对控制账户的决策，一般要由项目经理来做；而比控制账户更低的层面的决策，就要由其他团队成员来做。在项目上需要考虑变更管理权限、风险管理权限，以及其他的重要审批权限。

第三项子任务是支持团队任务终责制。任务终责制就是指每项工作任务都必须且只能由一个人承担终责。终责是绝对没有办法转移给别人的且必须由一个人独自承担的对工作成败的最终责任。最终责任是指这个工作如果做失败了，那你是要挨板子的。这项子任务跟 RACI 矩阵有密切关系，其中 R 是职责（Responsibility），A 是终责（Accountability），C 是咨询（Consulting），I 是知情（Informing）。可以用 RACI 矩阵来分配每项工作任务的执行责任、最终责任、提意见责任和了解情况责任。

第四项子任务是评估任务终责制的落实情况。要经常评估工作终责制是不是真的落实下去了。评估可以从三个方面来做。第一，是否存在工作终责的真空地带，即无人管的地带？第二，是否存在工作终责的交叉甚至是重叠？如果存在，就必须解决。第三，是否每个人都有相应的终责点？不应该有任何成员是不对任何工作承担终责的。

在敏捷环境下，项目团队必须是自组织和自管理的，每一位成员能力都很强且自觉性很高。所以，在敏捷项目上，对团队成员的赋能当然是更重要的。要让每一位成员都既有权力又有能力开展相应的工作。在敏捷团队中，充分的授权是非常重要的。项目经理只是管团队的氛围，至于具体工作该怎么做，那就由团队成员自己决定。

19.3.2 确保团队成员和相关方得到合适培训

对团队成员的培训，人们一直比较重视。相对而言，对相关方的培训，就重视得不够。其实，项目团队外部的相关方也是需要培训的。培训可以提高相关方对项目的认知水平，从而减少因无知而导致的相关方对项目的抵制。这项任务又有四项子任务。

第一项子任务是确定对工作胜任力的要求以及相应的培训需求。应该分析特定的工作岗位需要什么特定的工作胜任力以及团队成员的胜任力差距，然后基于这种差距来确定所需的培训安排。

第二项子任务是根据前面确定的培训需求，制订可选的培训方案。培训方案可以是在岗培训、离岗培训、同事之间相互培训、从外面专门请老师来培训、网络在线培训、现场线下面授等。

第三项子任务是要为培训分配相应的资源，包括财务、实物和人力资源。它涉及估算、获取和分配培训所需的资源。

第四项子任务是考核培训的效果。应该定期或不定期地考核培训的效果。可以从这四个方面来考核：团队成员工作胜任力的提升情况；团队成员是否更善于开展合作了；团队成员是否更善于创造性地解决冲突了；项目绩效是否有了明显的提高。

在敏捷环境下，应该在开展项目执行之前，对团队成员和项目相关方（特别是客户），进行敏捷型方法和观念的培训。团队成员和项目相关方不一定熟悉敏捷型方法，不一定了解有关的敏捷理念，所以必须对他们进行培训。

19.4 建设团队

19.4.1 领导团队

领导团队是指启发和激励团队成员去做正确的事，去实现项目目标。考纲的明显特点之一，就是更加强调了项目经理作为领导者的角色，而弱化了项目经理作为管理者（约束和控制团队成员）的角色。这项任务又有七项子任务。

第一项子任务是设定清晰的愿景和使命。通常，项目发起人在启动项目时就会发布一份项目愿景。项目经理要组织大家讨论项目愿景，以便把其中的有些内容具体化，并且制定出相应的使命。愿景层次更高，使命是用来实现愿景的具体任务。愿景和使命对激励团队成员有重要作用。

第二项子任务是支持多样性和包容性。项目团队在本质上是多样性很高的团队，因此每个人都必须尊重和支持团队多样性，都必须包容不同的团队成员，包括包容不同的行为方式、不同的思维方式。

第三项子任务是重视仆人型领导风格。仆人型领导风格是指项目经理要通过给团队成员提供服务来启发和激励大家，项目经理要更多地关注全局，要更多地关注授权团队成员去开展相应的工作，要更多地关注赋能和发展团队成员，要更多地关注促进团队成员之间的合作，还要通过培训和辅导等手段来使团队成员习惯接受仆人型领导风格。仆人型领导风格的三个重要特点是：我愿意服务和领导，尽可能地促进被服务者的成长和发展，不要损害被服务者之外的弱势群体的利益。

第四项子任务是确定合适的领导风格。例如，应该采用命令式领导风格还是参与式领导风格？项目经理要针对不同的人、不同的事、不同的项目阶段、自己的偏好、不同的环境来采用最合适的领导风格。

第五项子任务是启发、激励和影响团队成员以及相关方。启发是指引导别人的内在愿望和需求，激励是指用一些外在的东西去促使别人做相应的事情，影响是指不用正式权力就能让别人服从自己。项目经理可以通过团队契约和社会契约（心理契约），以及相应的奖励制度来启发、激励和影响团队成员和相关方。团队契约有正式约束力，社会契约有道义约束力，奖励制度有正式的和非正式的。

第六项子任务是分析团队成员和相关方的影响。应该分析团队成员的态度、能力、胜任力和可用性等，分析相关方的权力、利益、影响、作用、知识、态度和跟项目的依赖关系等。相关方跟项目的依赖关系是指他们需要依靠这个项目来获得什么利益，以及项目又需要依靠他们来取得什么利益。

第七项子任务是区分不同的用来领导团队成员和相关方的方法。在分析团队成员和相关方的影响之后，就要根据分析的结果，针对团队成员和相关方采用最合适的领导方法。领导方法比领导风格更具体。在同样的领导风格之下，可以采用不同的更具体的领导方法。

这七项子任务存在这样的联系：第一，建立愿景和使命；第二，分析团队成员和相关方；第三，根据分析结果来决定该采用的领导风格；第四，根据所采用的领导风格来决定该采用的具体领导方法；第五，采用这些领导方法去启发、激励和影响团队成员。支持多样性和包容性，以及重视仆人型领导风格，这两条则要贯穿始终。

在敏捷环境下，更需要大家一起讨论项目愿景和使命。在敏捷环境下，项目经理其实不太像经理，而更像一个引导者。他主要采用仆人型领导风格，更加关注团队的能力和氛围，更加关注通过为团队成员提供服务来启发、激励和影响团队成员。敏捷项目团队有更高的多样性，就更需要支持多样性和包容性。在敏捷项目中，客户必须频繁且深入地参与项目。所以，要把客户看作团队成员，对其进行启发、激励和影响。

19.4.2 为团队处理和移除阻碍、障碍和阻挡

这项任务是敏捷项目管理的要求，是仆人型领导风格的体现。阻碍（impediment）是会让项目团队工作的速度变慢的，阻挡（blocker）是会让项目团队的工作彻底停下来的，障碍（obstacle）是介于这两者之间的。阻碍就是交通信号灯里的黄灯，阻挡就是红灯，而障碍就是不断闪着的黄灯。这项任务又有四项子任务。

第一项子任务是为团队判断关键的阻碍、障碍和阻挡。这是指识别出一些关键的阻碍、障碍和阻挡。例如，办公室的温度太低、网速太慢，都是所出现的阻碍，而客户不配合就可能是一个阻挡。无论是阻碍、障碍还是阻挡，都可能来自项目团队内部或外部。项目团队在每日站会上要交流所遇到的阻碍、障碍和阻挡。项目团队要有一份工作日志，

用来记录所遇到的阻碍、障碍和阻挡,以及相应的解决情况。

第二项子任务是对关键的阻碍、障碍和阻挡进行排序,分出主次。在任何时候,如果出现了一个新的阻碍、障碍或阻挡,都要记进日志,并且跟以前已有的那些阻碍、障碍或阻挡进行比较,重新确定优先级别。

第三项子任务是使用网络来实施解决方案,切实为团队移除阻碍、障碍和阻挡。应该优先解决排序靠前的阻碍、障碍和阻挡。"使用网络"是指通过一些人(团队内部或外部的人)的合作来移除阻碍、障碍和阻挡。

第四项子任务是持续重新评估阻碍、障碍和阻挡的移除情况。必须保证相应的阻碍、障碍和阻挡都得到有效处理,都被合理移除。

19.4.3 建立共识

建立共识是指在项目团队成员(项目相关方)之间,就项目目标、项目计划和相应的价值观等达成共识。建立共识其实就是让大家统一思想,以便大家朝同一个方向和目标努力。如果大家有相似的文化背景、教育背景和项目经历,就比较容易达成共识。也可以通过一些具体的办法来促进大家达成共识,例如,引导大家积极参与项目,引导大家充分分享信息。项目经理采用引导技术,就是为了引导大家达成共识。这项任务又有四项子任务。

第一项子任务是调查潜在的误解。应该及时了解可能发生的误解。例如,人跟人的背景差异、个性差异、情绪差异和认知差异,都意味着可能发生误解。例如,对一个新的表情符号,两个人的理解可能不一致,从而在沟通中发生误解。

第二项子任务是分析形势,搞清楚导致误解的根本原因。第一项子任务比较宏观,是要笼统地了解可能发生的误解。第二项子任务则比较具体,针对的是实际已经发生的误解。对已经发生的误解,必须分析形势,搞清楚导致这个误解的根本原因,以便消除误解并预防类似误解的发生。

第三项子任务是调查所有的必要方以达成共识。达成共识,不一定只需要两方,可能需要三方甚至更多方。例如,对项目目的、目标和成功标准,就需要众多项目相关方达成共识。为了达成共识,就必须对他们进行调查,包括调查他们的基本情况和相关需求等。

第四项子任务是支持多方共识的结果。这是指要让大家都知道多方达成共识到底有什么好处,然后采取行动去维护已达成的共识,支持相应好处的实现,最后要及时且充分地点赞已达成的共识和已实现的好处,例如,进行口头或书面表彰。

在敏捷环境下,更需要快速达成共识。敏捷项目的工期非常紧张,迭代期非常短。要在很短的时间内取得相应的成果,就需要创造和利用建设性冲突来达成共识,实现创新。

19.5　管理冲突

管理冲突是考纲中的第一项任务。过去，我们较多地讲"解决冲突"。现在扩展成了"管理冲突"，其中包括但又不限于"解决冲突"，而是还包括"预防冲突"，甚至"创造冲突"。学习这项任务，主要有三个方面的内容：
- 了解冲突的性质、背景、起因和类型。
- 了解冲突的发展阶段和解决方案。
- 了解哪些因素会对解决冲突有重要影响。

这项任务又有三项子任务。

第一项子任务是了解冲突的来源和阶段。项目经理一定要掌握冲突的来源和冲突的发展阶段。不仅要从理论上掌握，而且要能够在实际工作中针对一个具体的冲突去分析它的来源，去考察它所处的发展（演变）阶段。了解冲突的来源和发展阶段，有利于预防、分析和解决冲突。

关于冲突的来源，第6版讲到了导致冲突的三大常见原因：资源稀缺、对工作优先级的排序有不同看法，还有每个人所喜欢的工作风格不同。对冲突按来源分类，当然会有各种各样的分类方法。例如，可以分成经济冲突、价值观冲突、权力冲突、目标冲突、误解式冲突、个性冲突等类别。对不同类别的冲突，管理方法要有所不同。

冲突的发展阶段，可以划分成如下五个：
- 潜伏阶段。在特定背景中潜伏着一个冲突。
- 感知阶段。一方或双方意识到了有可能发生冲突。
- 感受阶段。一方或双方直接感受到了压力，感到很焦虑，想要采取行动来维护自己的利益。
- 呈现阶段。一方或双方实实在在地采取行动来维护自己的利益，冲突实实在在发生了。
- 结束阶段。冲突得以解决，或者虽未解决，但我已经不再关注它。

例如，在组织的工作岗位说明书中，两个岗位的权责有交叉，这就潜伏着一个冲突。我作为其中的一个岗位的从业者，看了以后，就感知到了冲突。等到我想要采取行动把某个职权归到我这个岗位时，冲突就到了感受阶段。接着，我会实实在在地采取行动，把这个职权争过来，那就到了冲突的呈现阶段。最后，我把这个职权争过来了，冲突就结束了。

在上述五个阶段中，感知和感受经常可以合并。冲突的呈现阶段，又可以细分为冲突出现、升级、僵持和缓和。

第二项子任务是分析冲突的背景。应该分析冲突产生的宏观、中观和微观背景，以便更好地了解和解决冲突。微观背景就是最直接的背景，是冲突的起因。例如，某个人跟我争夺食物，导致这个冲突的微观背景是他肚子饿，中观背景是他家里穷、买不起食物，宏观背景可能是现在整个经济不景气。越是要彻底解决冲突，就越是要从宏观背景入手。

第三项子任务是评估、建议并且协调适当的冲突解决方案。这是指设计并且分析可选的冲突解决方案，然后推荐最好的方案，并协调各方都同意采用这个方案。对拟采用的冲突解决方案，必须协调各方一致同意。否则，你采用这个方案本身又会引发新的冲突。例如，我想要采取"撤退"方案，如果你不同意，那我肯定是撤退不出来的。

冲突的解决方案主要有合作、面对、缓和、妥协、撤退和强迫。对这些方案的解释，详见本书第8章。那么，有哪些因素会影响解决冲突呢？冲突的严重性和紧迫性，冲突所处的阶段，冲突双方的权力大小，冲突双方对维持关系的考虑，还有双方对永久或暂时解决冲突的考虑，这些都是会影响冲突解决的主要因素。例如，对轻微的冲突，适合采取撤退方案；想要永久解决冲突，就要采取合作方案。

在敏捷环境下，应该适当创造冲突，有效利用冲突。创造和利用冲突的过程就是一个合作创新的过程。在敏捷团队内部，创新必然导致冲突，合作必然导致冲突，透明的工作氛围必然导致冲突。甚至可以说，无冲突就无敏捷。在敏捷环境下，冲突的数量通常要比传统项目更多一些，所以就要特别重视冲突转化理论的应用，设法把各种冲突都转化成建设性冲突。

在敏捷环境下，以下四个原因让冲突更多：
- 需要客户频繁且深入地参与项目。
- 客户的需求往往是不清晰的。
- 工期非常紧张且不可变。
- 技术很容易发生变化。

在敏捷环境下，应该更加强调在团队中建立相互信任和尊重的氛围，以便快速地建设性地解决冲突，从而通过冲突来创新。

19.6 提高绩效

19.6.1 支持团队绩效

支持团队绩效是指项目经理要为团队成员以及整个团队提供强有力的支持，以便团队成员以及整个团队取得良好的工作绩效，并且能够不断改进工作绩效。它跟仆人型领导风格有密切关系。这项任务又有四项子任务。

第一项子任务是用关键绩效指标评估团队成员绩效。关键绩效指标包括但不局限于项目目标方面的指标。项目目标方面的指标就是项目范围、进度、成本、质量和价值绩效指标。其他指标是关于做项目的过程的指标，例如，项目团队的离职率、团队成员的工作胜任力、项目团队的冲突情况、项目团队的决策制定情况。

第二项子任务是支持和认可团队成员的成长和发展。应该通过个人的发展来促进整个团队的发展，又要以整个团队的发展来带动成员个人的发展。"支持"是指项目经理要给团队成员的成长和发展创造必要的条件，提供必要的支持。例如，向团队成员提供培训和辅导，给团队成员分配挑战性任务，对团队成员进行横向换岗，鼓励团队成员加入相关专业协会。"认可"可以是正式或非正式的，是指承认团队成员的成长和发展。给予奖励、颁发证书、职务晋升、工资提升，都是正式认可。非正式认可则可以更加多样化，例如，以各种方式赞扬团队成员。"成长"是比较短期的，而"发展"是比较远期的。

第三项子任务是确定适当的反馈方式。"反馈"，既包括收集反馈，也包括提供反馈。它是指应该在适当时间以适当方式向适当对象收集反馈或提供反馈。例如，应该把绩效考核情况及时反馈给团队成员。反馈的方式可以多种多样。简单地讲，可以分成私下反馈和公开反馈。无论是收集反馈还是提供反馈，都必须以目标为导向。也就是说，必须明确你为什么要收集或提供反馈，防止做没有价值的收集或提供反馈。无论是收集还是提供反馈，都一定要及时、可行、友好，都一定要持续开展。

第四项子任务是验证绩效改进。这是指应该在合适时间用合适方法和合适指标去验证团队成员以及整个团队的绩效改进情况。合适时间可以是定期或不定期的。合适方法，例如，前后比较法、横向比较法、单项比较法、综合比较法。合适指标，例如，各种关键绩效指标。要验证绩效改进情况，就必须有用于比较的绩效基准。应该在项目计划中规定好相应的绩效基准。

在敏捷环境下，项目经理要确保整个团队有很好的工作能力和工作氛围，以便很好地支持团队成员改进绩效。引导客户积极参与项目，这也是给团队成员改进绩效提供的支持。也要通过快速收集和提供反馈，来给团队成员以及整个团队提供改进绩效的有力支持。每日站会就是收集和提供反馈的非常及时的方法。

19.6.2 利用情商提高团队绩效

情商是指认识和管理自己的情绪，认识和影响他人的情绪。情商的基本要素包括对自己的三个方面，以及对别人的三个方面。对自己的三个方面就是自我认知、自我管理、自我激励。对别人的三个方面就是对别人要有同理心（换位思考），要恰当地与别人打交道，还要做好跟别人的关系的管理。这项任务又有两项子任务。

第一项子任务是使用个性指数评估行为。可以用个性指数（如 MBTI 职业性格指数）测试每一个人的性格特征，以便更有针对性地招聘团队成员，分配工作任务，实现团队成员之间的角色互补。

第二项子任务是分析个性指数，适应关键相关方的情感需要。这是指分析每一位团队成员的性格指数，了解他们分别是什么性格的人（如内向或外向的），然后根据他们的性格以及关键相关方的情感需要来做出相应的角色安排或合作对象调整，例如，安排另一位团队成员与某重要相关方打交道。

在敏捷环境下，更强调包容不同专业和不同背景的成员，更强调以积极的心态面对冲突，更强调快速反应和利用变化。所以，在敏捷环境下，项目经理和团队成员都需要有更高的情商。

19.7 广义团队

19.7.1 与相关方合作

广义的项目团队，就是项目大团队，其中包括全部的主要相关方在内。与相关方合作，就是要把项目相关方看成大团队的成员，引导他们以合理的方式参与项目。这项任务又有三项子任务。

第一项子任务是评估对相关方参与的需求。应该评估一下，为了项目成功，我们需要相关方在什么时间以什么方式参与项目。相关方参与项目的程度可以分成：不知晓、抵制、中立、支持、领导。

第二项子任务是优化相关方的需要、期望和项目目标之间的一致性。应该让相关方的需要和期望跟项目目标保持协调，确保没有冲突。项目目标是从项目相关方的需要和期望细化出来的。在细化的过程中，要防止细化出来的内容偏离项目相关方的需要和期望。

第三项子任务是建立信任和影响相关方，以实现项目目标。这是指跟相关方建立相互信任的关系，并基于这种信任关系对项目相关方施加影响，来促进项目目标的实现。建立信任可以用各种各样的方法，例如：

- 开放式沟通解决问题。
- 及时向对方通知自己可能的爽约。
- 询问非假设性问题。不要先入为主地对对方做出某种负面假设，例如，把对方假设成是懒惰的。
- 直接清晰地表达要求。
- 乐意跟别人分享信息。
- 超越自身利益看问题。
- 真正关心他人。

应该通过对项目相关方施加影响力和领导力来促进项目相关方支持项目。施加影响力是指不用正式权力而让相关方自觉服从我。施加领导力是指启发和激励相关方，以便他们更好地支持项目。

在敏捷环境下，要引导客户积极、频繁且深入地参与项目工作。项目团队在整个项目生命周期中都要与客户保持密切的合作关系。客户当然是非常重要的项目相关方。在敏捷团队中，有一个非常重要的团队成员，就是产品负责人。他要代表客户跟项目团队的其他成员保持密切联系。例如，他要把客户的需求告诉项目团队的其他成员，他要代表客户评审项目团队开发出来的产品原型。在敏捷环境下，要引导客户平等对待项目团队，而不能够居高临下。

19.7.2 使用并支持虚拟团队

使用虚拟团队，就能够提高组建项目团队的灵活性，扩大项目团队的范围，例如，把分散在不同地点的人拉进同一个团队。支持虚拟团队是指为虚拟团队成员提供必要的硬件和软件支持，来引导他们积极有效地参与项目。例如，编制出很好的沟通计划，必要时进行临时集中办公，提供虚拟办公的网络设施，都是可用的支持措施。这个任务又有四项子任务。

第一项子任务是分析虚拟团队成员的需求。例如，他们对办公时间、会议时间、办公环境、网络设施、在线沟通和业绩考核的需求。

第二项子任务是调研虚拟团队成员参与项目的备选方案。应该搞清楚可以用什么备选方案来让虚拟团队成员参与项目，例如，可以采用的沟通工具、沟通技术，可以开会的时间，可以进行集中办公的地点。还要调研需要虚拟团队成员参与项目的程度和时间。有些成员需要全职参与项目，有些成员只需兼职参与；有些成员要在整个项目生命周期全程参与，有些成员只需在特定的某个时间段参与。还要调研虚拟团队成员应该参与哪些事项。有些人参与的事项比较多，有些人参与的事项比较少。

第三项子任务是实施所选定的虚拟团队成员参与项目的最佳方案。这是指从第二项子任务中选择一个最佳方案并付诸实施。这里的"实施"，也包括对方案进行必要的细化。细化以后，就更有利于实施。

第四项子任务是持续评估虚拟团队成员参与项目的有效性。随着项目工作的开展，要定期或不定期地对虚拟团队成员参与项目的有效性进行持续评估。如果有效性不理想，那就要进行相应变更。

在敏捷环境下，虚拟团队会有比较特别的地方。敏捷项目本来是不应该用虚拟团队来做的，因为敏捷项目非常需要面对面交流。只有面对面交流才能最大限度地进行创新。如果不得不用虚拟团队来做，那就会面临更大的挑战。在敏捷项目的虚拟团队中，就需要有更明确的目标，更明确的任务分工，更明确的合作规则。还要借助一些技术手段使虚拟环境下的办公看起来也像面对面的办公，例如，对远程办公进行视频直播。

19.7.3 辅导相关方

应该对项目相关方进行长期辅导，促进他们的发展，让他们更好地支持项目。这项任务又有两项子任务。

　　第一项子任务是分配辅导时间。不仅辅导者要分配辅导时间，而且被辅导的相关方也要安排时间来接受辅导。

　　第二项子任务是发现和利用辅导机会。无论是辅导者还是被辅导者，都要善于发现和利用辅导机会。

　　在敏捷环境下，要辅导客户接纳和熟悉敏捷型方法和敏捷观念。

第20章 过程

20.1 概述

过程也就是项目管理过程,是项目经理和项目管理团队在管理项目时要用到的一系列流程。"过程"总共有17项任务,可以归并成六个部分:确定方法、整合管理、目标管理、风险管理、相关方管理、采购管理。其中:

- 确定方法。由任务1(按交付商业价值的紧迫性执行项目)、任务13(确定适当的项目方法论、方法和做法)、任务14(建立项目治理结构)构成。
- 整合管理。由任务9(整合规划活动)、任务10(管理项目变更)、任务16(确保知识转移,保持项目持续)、任务17(规划和管理项目或阶段收尾)构成。
- 目标管理。由任务5(规划和管理预算及资源)、任务6(规划和管理进度)、任务7(规划和管理产品或可交付成果的质量)、任务8(规划和管理范围)构成。
- 风险管理。由任务3(评估和管理风险)、任务15(管理项目问题)构成。
- 相关方管理。由任务2(管理沟通)、任务4(引导相关方参与)、任务12(管理项目工件)构成。
- 采购管理。只有任务11(规划和管理采购)这一项任务。

过程部分知识地图如图20-1所示。

20.2 确定方法

这是指从较高的宏观层面确定究竟用什么方法去管理和开展项目。

20.2.1 按交付商业价值的紧迫性执行项目

究竟用什么方法执行项目?这需要考虑向相关方交付商业价值的紧迫性。相关方(特

第20章 过程

```
① 确定方法
   • 任务1  按交付商业价值的紧迫性执行项目
   • 任务13 确定适当的项目方法论、方法和做法
   • 任务14 建立项目治理结构

② 整合管理
   • 任务9  整合规划活动
   • 任务10 管理项目变更
   • 任务16 确保知识转移，保持项目持续
   • 任务17 规划和管理项目或阶段收尾

③ 目标管理
   • 任务5  规划和管理预算及资源
   • 任务6  规划和管理进度
   • 任务7  规划和管理产品或可交付成果的质量
   • 任务8  规划和管理范围

④ 风险管理
   • 任务3  评估和管理风险
   • 任务15 管理项目问题

⑤ 相关方管理
   • 任务2  管理沟通
   • 任务4  引导相关方参与
   • 任务12 管理项目工件

⑥ 采购管理
   • 任务11 规划和管理采购
```

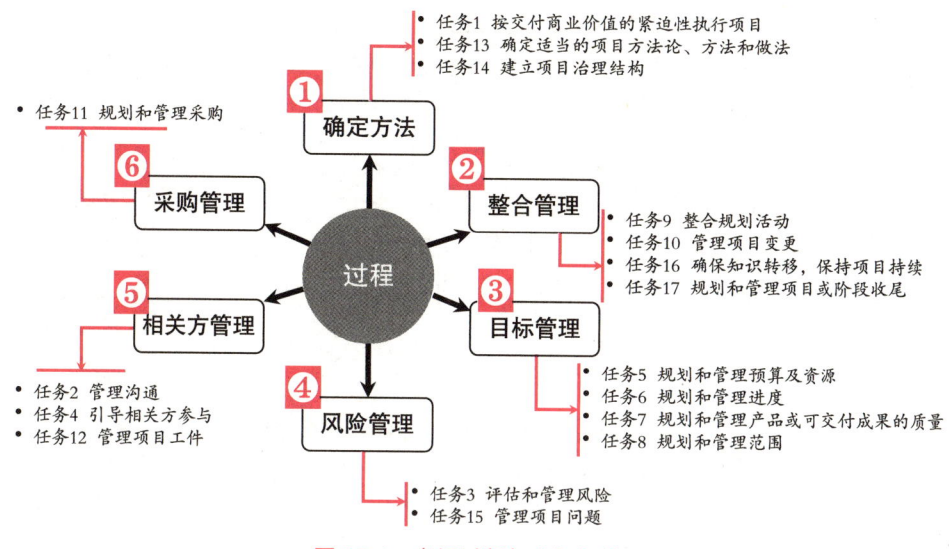

图 20-1 考纲过程部分知识地图

别是客户）可能等不及到项目完工再交付商业价值。越是要快速交付价值，就越是要用敏捷型方法去执行项目。敏捷型方法的核心就是分阶段或分模块快速交付价值，而不是到项目完工才一次性交付价值。这项任务又有三项子任务。

第一项子任务是评估增量交付的机会。增量交付是指先做出并交付一个产品功能，再做出并交付第二个产品功能……如同餐馆给客人一个菜一个菜地上，而不是等到所有菜都备齐再一次上齐。只有找出增量交付的机会，才能去做增量交付，快速实现价值。

第二项子任务是支持团队细分项目任务，找出最小可用产品。最小可用产品是可以使用的最简单的产品。只有把项目任务充分细分，才能尽快做出最小可用产品交付给客户使用，从而快速实现价值。这样做也可以减轻项目失败的风险。万一项目不得不中途取消，那项目也是部分成功的，因为最小可用产品已经做出来了。

第三项子任务是在整个项目期间持续检查商业价值的实现情况。持续检查可以是定期或不定期的。既包括在规划阶段预测将来何时应实现什么价值并做出适当安排，也包括在执行阶段和收尾阶段持续地检查预期价值是否已按期且足量实现。如果环境和市场的变化使预期价值无法按期或足量实现，那就要进行相应的项目变更。检查价值的实现情况，有可能导致不得不提前终止项目。

20.2.2 确定适当的项目方法论、方法和做法

方法论是一些相互关联的方法的集合，方法是用来做特定事情的体系，做法是方法中的具体做法。项目管理方法论可以是普遍通用、行业通用或组织通用的。为了管理和开展项目，需要借用通用方法论，并把它裁剪成最适合特定项目的，包括制定具体的方法和做法。这项任务又有四项子任务。

第一项子任务是评估项目需要、复杂性和规模。项目需要是多方面的，例如，要快

速交付成果和价值吗？要一次性交付还是分批交付？项目需求是清晰的还是模糊的？项目需要客户频繁参与吗？项目的工期是固定的还是可变的？项目复杂性是指项目技术上的复杂性和管理上的复杂性。项目规模是指项目的大小、重要性和可分性。项目需要、复杂性和规模会直接影响该采用什么方法开展项目。

第二项子任务是推荐项目执行策略。项目执行策略是高层次地开展项目的总体安排。它可以包括项目的融资策略、分包策略和管理策略等。例如，项目融资是一次性完成还是分阶段完成？从什么渠道融资？项目是全部自己做还是一部分外包出去？外包又该采用什么方法？

第三项子任务是推荐项目方法论和方法。应该基于前面两项子任务所取得的结果来开展本项子任务。是应该采用预测型、迭代型、增量型还是敏捷型方法？或者应该采用混合型方法？客户需求的清晰程度和项目技术的确定程度，都是决定该采用什么方法的重要因素。

第四项子任务是在整个项目生命周期使用迭代和增量的做法。迭代和增量的做法虽然是敏捷型方法中的，适用于敏捷项目，但也可被裁剪应用于传统项目。也就是说，即便用预测型方法来做的传统项目，也可以采用一些迭代和增量的做法，例如，总结经验教训、引导相关方参与以及开展风险管理，都可在一定程度上采用迭代和增量的做法。迭代的做法是指不断循环且每一次循环水平要更高，增量的做法是指内容要不断丰富。

20.2.3 建立项目治理结构

项目治理是重大项目决策的制定机制，是比项目经理级别更高的项目治理委员会对项目工作进行指导、支持、监督和控制。项目经理要在项目治理委员会所做出的重大项目决策之下开展项目管理工作。这项任务又有两项子任务。

第一项子任务是确定适当的项目治理结构。应该根据所在组织的组织治理的要求以及项目本身的需要来确定项目治理结构。项目治理结构是指项目治理委员会的构成、权责和办公方式等。

第二项子任务是定义上报路径和临界值。这是指项目上的问题或决策，如果要上报给项目治理委员会来解决或制定，那要经什么路径上报。还有，多么严重的问题或多么重要的决策，才应该上报给项目治理委员会。

20.3 整合管理

整合管理是项目管理的管理哲学，是项目管理有别于传统管理的根本之处。

20.3.1 整合规划活动

整合规划活动是指协调开展各种计划编制工作，把各种计划协调成一个整体。这项任务又有五项子任务。

第一项子任务是确定关键信息需求。这是指搞清楚为整合各种计划所需要的各种信息，例如，应该对哪些计划进行整合，各种计划之间应该是什么关系。

第二项子任务是收集并分析数据，以便做出关于怎样整合各种计划的明智的决策。这里主要是收集数据，外加初步分析。

第三项子任务是分析收集的数据。这里就是比较深入的分析，例如，分析各种计划之间的关系，分析各种计划之间有没有矛盾。

第四项子任务是合并项目计划或阶段计划。也就是把各种计划汇编在一起。阶段计划跟项目计划差不多，只是阶段计划可能比项目计划简单一些。也可以把一个阶段当作一个项目。首先，合并项目范围说明书、工作分解结构和 WBS 词典，形成项目范围计划。其次，合并里程碑进度计划、概括性进度计划和详细进度计划，形成项目进度计划。再次，合并活动成本估算、项目预算和项目资金需求，形成项目成本计划。也要合并与质量有关的各种计划，形成项目质量计划。最后，把项目范围计划、进度计划、成本计划和质量计划合并起来，形成项目目标计划。另外，还要把项目目标计划、项目资源计划和项目风险应对计划合并起来，形成完整的项目计划。

第五项子任务是评估合并后的计划的依赖关系、差距以及持续的商业价值。这是指评估合并后的计划中的各组成部分是否有合理可靠的依赖关系、是否衔接严密，以及合并后的计划是否有利于持续地实现商业价值。

在敏捷环境下，计划整合有它的特点。首先，先确定工期目标，而不是先确定范围目标，因为工期不可变而范围可变。其次，一次只能规划一个阶段，因此更适合说"整合阶段计划"。最后，计划文档要尽量少且实用。

20.3.2 管理项目变更

"管理项目变更"这项任务又有四项子任务。

第一项子任务是确定处理变更的策略。这是指确定变更管理的原则，例如，应该如何对待变更？应该如何处理变更？应该鼓励变更还是尽量防止变更？

第二项子任务是预测并且拥抱变更需要。这是指提前预测何时需要何种变更，并且在需要变更时拥抱变更而不是抵触变更。拥抱变更，首先是一种态度，其次是要采用成熟的变更管理做法，例如，从识别变更需求、提出变更请求、分析变更可能带来的影响，到审批变更请求、实施经批准的变更、追踪变更实施情况和总结变更经验教训。

第三项子任务是根据方法论来执行变更管理策略。这里的"方法论"是指用来做项目的不同的开发方法，例如，预测型、敏捷型或混合型方法。用不同的开发方法，变更管理的策略和做法会有很大不同。预测型方法要求尽量减少变更，而敏捷型方法就会鼓励变更。在预测型方法下，变更能否被批准取决于它对项目目标的影响的大小；而在敏捷型方法下，变更能否被批准取决于它能够创造的价值的大小。

第四项子任务是确定变更应对措施，推动项目前进。这是指根据已经确定的变更管理策略来制订和执行更具体的变更实施方案和措施。

在敏捷环境下，应该拥抱变更。敏捷宣言的四句话，最后一句话就是"响应变化优先于遵循计划"。在敏捷环境下，变更主要是需求变更，因为用户的需求一开始并不清晰，而是要随项目进展逐渐明确。

20.3.3 确保知识转移，保持项目持续

在考纲的"人员"部分也有"知识转移"。那里的知识转移，主要关注项目团队成员的成长和合作。这里的知识转移，是为了保持项目持续。"项目持续"是一个专业术语，是指在发生灾害、重要抵制、关键人员离职或其他严重干扰时，如何确保项目延续下去。为了确保项目持续，就需要有很好的知识转移（共享）。这个任务又有三项子任务。

第一项子任务是在团队内部讨论项目职责。这是指在团队内部讨论各种工作岗位应该承担的知识管理职责，包括记录和共享显性知识，以各种方式分享隐性知识，以及跟外界交流知识。

第二项子任务是概述对工作环境的期望。这是指明确并建立适合知识共享的工作环境。真诚、尊重、尽责、合作、开放和互利的工作环境，是有利于知识共享的。

第三项子任务是确定知识转移的方法。这是指分析并且选择最合适的知识转移方法。知识转移方法有很多，例如，室内培训、在岗培训、一对一教练、一对一辅导、工作陈述、文档共享、工作轮岗、非正式谈话、工作跟随等。

在敏捷环境下，更要鼓励实时的知识共享。例如，每天召开站立会议，就是一种实时共享知识的有效方法。在敏捷环境下，要开展更多的总结，所以每个迭代期结束时，都要召开回顾会议。

20.3.4 规划和管理项目或阶段收尾

这项任务就是第6版的结束项目或阶段过程。这项任务又有三项子任务。

第一项子任务是确定项目或阶段的关闭标准。在项目启动阶段，就要确定高层级的关闭标准，写入项目章程。在项目规划阶段，要细化这些关闭标准。关闭包括目标实现后的正常关闭，以及目标没有实现时的提前关闭。

第二项子任务是确认移交准备情况。在阶段结束时，要做好阶段工作和成果向下一个阶段移交的准备工作。在项目结束时，要把项目成果移交运营，也要做好移交的准备工作，包括移交方的准备工作和接收方的准备工作。

第三项子任务是开展收尾活动，关闭项目或阶段。这是指开展正式的活动来把项目或阶段正式关闭。这里的"活动"是指行政上的收尾工作，而不是技术上的收尾工作。技术上的收尾工作，例如，可交付成果的技术性验收，应该早就做完了。

在敏捷环境下，阶段收尾有两项主要的工作。一是在迭代期结束时召开迭代评审会，二是在迭代评审会之后召开迭代回顾会。敏捷环境下的整个项目收尾跟预测型方法下的整个项目收尾没有实质性区别。

20.4 目标管理

目标管理恰好对应第 6 版的项目成本管理、进度管理、质量管理和范围管理这四个知识领域，也涉及资源管理知识领域。

20.4.1 规划和管理预算及资源

这项任务跟第 6 版的项目成本管理和资源管理知识领域有密切关系。它又有四项子任务。

第一项子任务是基于项目范围和过去项目的经验来制定项目预算。首先，要根据项目范围基准来制定项目预算，因为范围基准中的每一项工作都要有相应的预算。其次，要根据历史资料来制定预算。这其实就是做类比估算，也可以是根据历史资料来验证已编制的预算。

第二项子任务是预测未来的预算挑战。这是指预测项目未来面临的风险，为未来要开展的项目工作留出合理的应急储备和管理储备。它涉及用挣值管理方法来计算完工尚需估算等预测性指标，以便基于预测来采取必要的预防措施，防止未来发生严重的成本绩效偏差。

第三项子任务是监控预算偏差并配合治理过程做必要调整。这项子任务跟第 6 版的控制成本过程密切相关。如果实际成本偏离预算太严重，那就要提出增加预算的变更请求。要增加预算，通常需要报给项目治理委员会审批。

第四项子任务是规划和管理资源。这项子任务跟第 6 版的规划资源管理、估算活动资源、获取资源和控制资源过程密切相关。当然，这里的"资源"仅指实物资源，因为对人力资源的规划和管理已归入考纲"人员"部分。

在敏捷环境下，因为需求和范围是不确定的，所以无法一开始就制定出较准确的预算。一开始，只能用轻量级估算方法（比较简单和粗略的方法）制定高层级预算。在敏捷环境下，要更加快速和准时地获取实物资源，所以就要用精益管理的做法，例如，实物资源供应准时制。因为需要不断地变，所以就无法事先储存实物资源，只能采用准时制。

20.4.2 规划和管理进度

这项任务跟第6版项目进度管理知识领域密切相关。它又有六项子任务。

第一项子任务是估算项目任务。这是指估算项目任务（活动）所需的时间以及项目任务（活动）之间的依赖关系。它对应于第6版的定义活动、排列活动顺序、估算活动持续时间这三个过程。考纲中提到的"故事点"，是敏捷型方法中用于估算完成一个产品功能（用户故事）所需的努力程度的相对最小单位。例如，可以用"芝麻"作为故事点，并估算完成一个"西瓜"需要多少个故事点。考纲中也提到了"里程碑"。在估算了每项任务所需的时间之后，也就可以相应地估算出项目在什么时候应该实现什么里程碑。

第二项子任务是利用标杆和历史数据。这项子任务是对第一项子任务的补充，说明在估算项目任务时要进行标杆对照，要参考历史数据。

第三项子任务是基于方法论来制订项目进度计划。这里的"方法论"就是项目所用的开发方法，例如，预测型或敏捷型方法。用不同的方法做项目，制订进度计划的方法会有很大的不同。

第四项子任务是基于方法论来测量项目的持续进展情况。这项子任务跟第6版的控制进度过程密切相关，也跟第6版的"挣值管理"和"挣得进度"密切相关。这里的"方法论"还是指项目所用的开发方法。用不同的方法做项目，测量项目进展情况的方法也会有很大的不同。

第五项子任务是基于方法论按需修改进度计划。这项子任务跟第6版的控制进度过程密切相关，也跟第6版的"挣值管理"和"挣得进度"密切相关。这里的"方法论"还是指项目所用的开发方法。在不同的方法下，修改进度计划的方法也是不同的。例如，在敏捷型方法下，要应用"时间盒"概念，而且进度计划的总工期是不能变的。

第六项子任务是与其他项目或运营协调。这是指把本项目的进度计划与其他项目的进度计划配合起来，以及与将要使用项目成果的运营部门的工作安排协调起来。

在敏捷环境下，所用的铁三角是"倒三角"，即固定的时间、估算的范围、合格的质量和估算的成本。它不同于预测型方法下的固定的范围、估算的时间、合格的质量和估算的成本。

20.4.3 规划和管理产品或可交付成果的质量

这项任务跟第6版的项目质量管理知识领域密切相关。它又有三项子任务。

第一项子任务是确定项目可交付成果的质量标准。既要确定高层级的质量标准，还要确定低层级的、具体的质量测量指标。质量标准可以是笼统的，但是质量测量指标一定是非常具体的。例如，作为一个学生，我必须考及格，这是质量标准；而且我必须考至少80分，这是质量测量指标。

第二项子任务是基于质量差距来推荐过程改进方案。质量差距包括质量缺陷，又不局限于质量缺陷。也就是说，有的质量差距并不构成质量缺陷。例如，客户想要的质量与所表达出来的质量要求之间的差距，就不是质量缺陷；我想要提供给客户的质量与我实际做出来的质量之间的差距，也不是质量缺陷。只有我做出来的质量与客户表达出来的质量要求之间的差距，才是质量缺陷。应该发现各种质量差距，并基于所发现的质量差距去做过程改进。

第三项子任务是持续调查项目可交付成果的质量。它跟第 6 版的控制质量过程和管理质量过程密切相关。

在敏捷环境下做质量管理，就要更频繁地开展质量检查。例如，采用结对编程的做法，即两位团队成员结成对子，一个人在实际编程，另一个人在旁边看着他编程，以便及时发现可能存在的质量错误。在敏捷环境下，要通过回顾会议来及时总结经验教训，引导质量改进。在敏捷环境下，更强调在项目生命周期的早期进行小批量试开发，以便发现和解决质量问题。

20.4.4 规划和管理范围

这项任务跟第 6 版的项目范围管理知识领域密切相关。它又有三项子任务。

第一项子任务是确定需求并排列需求优先级。它跟第 6 版的收集需求过程和定义范围过程密切相关。首先，在收集需求过程收集需求并排出优先级；其次，在定义范围过程确定哪些需求必须在项目上实现，哪些需求无须在项目上实现。

第二项子任务是进行项目范围分解。它跟第 6 版的定义范围过程和创建 WBS 过程密切相关。创建 WBS 过程，就是要把整个项目的范围分解成更小的、更便于管理的组成部分。

第三项子任务是监控和确认范围。它跟第 6 版的控制范围过程和确认范围过程密切相关。控制（Control）、核实（Verify）和确认（Validate）是不同的。项目团队首先要对项目范围进行控制，确保项目范围符合要求；其次，在可交付成果完成时，要在项目团队内部对可交付成果符合要求的情况进行核实；最后，邀请项目团队外部的发起人（客户）对符合要求的可交付成果进行确认（验收）。

在敏捷环境下，先确定项目工期，再根据固定工期来确定范围。也就是说，工期不变，而范围可变。在敏捷环境下，项目的需求和范围都是需要渐进明细的。在敏捷环境下，工作分解结构的第二层通常是迭代期或产品版本号，也可以用产品待办项代替工作分解结构。在敏捷型方法下，要在迭代期内控制项目范围，在迭代期结束时核实和确认项目范围。

20.5　风险管理

20.5.1　评估和管理风险

考纲对风险管理只列了这一项任务，过于简单。好在第 6 版对风险管理有详细讨论。只要很好地掌握了第 6 版项目风险管理知识领域的内容，那也就很好地掌握了考纲这一项任务。它又有两项子任务。

第一项子任务是确定风险管理方案。这项子任务就是第 6 版的规划风险管理过程。在这个过程制订风险管理计划，其中会规定项目的风险管理方案，例如，风险管理到底要严格到什么程度和包括哪些工作？

第二项子任务是迭代评估风险，迭代排列风险优先级。为什么要强调"迭代"？因为要经常评估风险，每一次评估都要基于过去的经验教训做得更好。重新评估风险，很可能导致调整风险的优先级排序。

在敏捷环境下，项目需求不明确，或者项目技术不明确，项目所面临的风险就会更大。需求在整个项目期间不断地变，那明天会变成什么样子，就存在很大的不确定性。项目技术不明确会导致采用技术方面的不确定性。需求和技术的不确定性都意味着存在风险。

20.5.2　管理项目问题

这里的"问题"，其英文是 issue，不是 problem。前者的范围更广，它包括却不局限于后者。后者是比前者更严重的、对项目目标有直接影响的"问题"。虽然并非所有的 issue 或 problem 都是项目风险导致的，但是负面风险发生的后果一定是 problem。我们把这项任务归入"风险管理"，是要重点关注负面风险导致的问题。这项任务又有三项子任务。

第一项子任务是识别风险何时变成问题。应该了解什么时候发生了负面风险，导致了实实在在的问题。正面风险发生的后果是"利益"，负面风险发生的后果是"问题"。负面风险导致的问题是必须解决的，因为它会直接影响项目目标的实现。

第二项子任务是用最优行动处理问题，以便取得项目成功。这里的"处理"，其英文是 attack（进攻）而不是 resolve（解决）。之所以用 attack，可能有两个原因：一是处理问题要更加主动，二是并非所有问题都要解决。非项目风险导致的较轻微问题，可能需要处理，但不一定要彻底解决。

第三项子任务是与有关的相关方合作解决问题。应该与有关的相关方一起寻求解决问题的最好方法。这项子任务跟第 6 版的"问题解决"技术密切相关。该技术要求用结构化方法去解决问题。

- 在敏捷环境下进行问题管理，就要求通过更频繁、更快速、更透明的沟通（如召开每日站会），来更快速地呈现、分析、处理和解决问题。在敏捷环境下，项目经理要为整个团队处理和解决问题提供引导、移除障碍，而把实际的处理和解决问题留给团队成员自己去办。

20.6 相关方管理

这里的相关方管理，跟"人员"部分的团队建设和相关方管理有一定的交叉。不过，在"人员"部分，是从人性化视角去管理；而这里是强调用规范的工作流程来跟相关方有效合作。

20.6.1 管理沟通

这项任务跟第 6 版的项目沟通管理和相关方管理这两个知识领域密切相关。它又有四项子任务。

第一项子任务是分析所有相关方的沟通需要。它跟第 6 版的规划沟通管理过程密切相关，要求我们搞清楚每一个相关方对沟通有什么具体需求。

第二项子任务是针对所有相关方确定合适的沟通方法、渠道、频率和详细程度。它跟第 6 版的规划沟通管理过程密切相关，要求根据相关方对沟通的需求，以及项目本身对沟通的需求，来确定跟每一个相关方应该如何沟通，以便他们合理参与项目。

第三项子任务是有效沟通项目信息及其更新。它跟第 6 版的管理沟通过程和管理相关方参与过程密切相关，要求及时有效地向相关方传递最新的项目信息。

第四项子任务是确认沟通被理解并且确认收到反馈。它跟第 6 版的监督沟通过程和监督相关方参与过程密切相关。信息发出方在信息发出后，必须确认对方是否收到并理解信息，还要收集对方的反馈。

在敏捷环境下做沟通管理，应该更频繁、更快速、更透明地跟相关方（特别是客户）进行沟通，以便引导他们频繁且深入地参与项目。在敏捷环境下，更需要团队集中办公，进行面对面沟通。在敏捷环境下，应该鼓励团队成员直接与相关方沟通，而不是在团队内部层层汇报后再由高层人员跟相关方沟通。

20.6.2 引导相关方参与

这项任务跟第 6 版的项目相关方管理知识领域密切相关。它又有四项子任务。

第一项子任务是分析相关方。它和第 6 版的识别相关方过程密切相关。首先要识别出相关方，然后要对相关方进行分析，分析相关方的权力、利益、影响、作用、态度和认知程度等。

第二项子任务是对相关方进行归类。它跟第 6 版的识别相关方过程和规划相关方参与过程密切相关。在相关方数量很多的情况下，要通过相关方归类来方便管理。归类的标准可以多种多样，例如，按相关方的基本信息来归类，按相关方参与项目的程度来归类。

第三项子任务是按类别引导相关方参与。对相关方进行归类之后，就要对不同类别的相关方采取不同的措施，引导他们合理参与项目。例如，对支持型相关方，要设法维持他们对项目的支持；对抵制型相关方则要设法转变他们对项目的态度。

第四项子任务是制定、执行和验证引导相关方参与的策略。应该根据不同的相关方类别，制定并执行不同的引导策略，还要不断地验证这些策略的有效性。例如，对利益大权力大的相关方，必须重点管理，这是一种策略；对利益大权力小的相关方，应该让他们动态了解项目进展情况，这也是一种策略。

在敏捷环境下做相关方管理，就更需要与相关方进行沟通和互动，就更需要引导相关方积极参与项目，就更需要对相关方进行相应的跟敏捷型方法有关的培训和辅导。

20.6.3 管理项目工件

工件（artifact）是任何人造物。在第 6 版有"项目工件"和"沟通工件"。把这项任务中的"工件"理解成"沟通工件"，这项任务就跟第 6 版的项目沟通管理和项目相关方管理知识领域密切相关。这项任务也跟项目整合管理知识领域密切相关，因为其中的实施整体变更控制过程有"配置管理"。配置管理又有"版本控制"。对沟通工件要做版本控制，防止搞错版本。它又有三项子任务。

第一项子任务是确定对管理工件的需求。应该确定需要由谁在何时生成何种工件，工件应该放置在何处，应该发给谁。

第二项子任务是确保项目信息最新且可被所有相关方访问。必须确保项目信息是最新的，而且是可以被需要知道的人访问的。例如，必须确保风险报告是最新的且发给高级管理人员、客户和其他主要相关方。还有，项目计划和各种项目资料也必须是最新的且可供相关人员查阅。

第三项子任务是持续评估工件管理的有效性。例如，对这些方面进行评估：某种工件是否确有必要？工件是否发给了相关人员？工件是否起到了应有的作用？

在敏捷环境下，要减少书面的沟通工件，要增加各种各样的沟通活动。也就是说，沟通工件要更少，沟通活动要更多。在敏捷环境下，要进行更透明、更快速、更频繁的信息共享。在敏捷环境下，要及时邀请项目相关方，特别是客户，在迭代结束时及时评审项目工件。

20.7 采购管理

采购管理，在考纲中只有一项任务，那就是"规划和管理采购"。它跟第6版的项目采购管理知识领域密切相关。它又有五项子任务。

第一项子任务是规划和管理采购策略。它跟第6版的规划采购管理过程密切相关。针对要做的每一次采购，都要编制和执行相应的采购策略。在采购策略中要写清楚：用什么采购方法，用什么合同类型，是一次性还是多次采购，以及用什么交付方法。

第二项子任务是定义资源需求和需要。这里的"需求"更具体，"需要"更笼统。例如，资源需求是一级木工2人、二级木工3人和三级木工5人，把这些需求合并起来，就得到资源需要是10个木工。搞清楚资源需求和需要，就便于对项目执行组织内部缺少的资源进行采购。

第三项子任务是沟通资源需求。这是指把具体的资源需求通知组织中的采购管理部门，以便由它去采购资源，或者直接通知资源供应商，以便从它那里采购资源。

第四项子任务是制订交付方案。这是指把第一项子任务所制定的采购策略中的交付方式进一步具体化。例如，在采购策略中写明了BOT（建设—运营—移交）交付方式，那么，就要进一步明确BOT交付要怎么操作。再举一个通俗例子，从网上购物，选择的交付方式是"送货上门"，到底要送到"哪个门"，就要进一步具体化。

第五项子任务是管理供应商和合同。它和第6版的规划采购管理、实施采购和控制采购过程都密切相关。在规划采购管理过程，要做市场调研，搞清楚潜在供应商的情况。在实施采购过程，要召开投标人会议，进行建议书评审，开展合同谈判，签订实实在在的合同。在控制采购过程，要做索赔管理，开展数据分析，对供应商的工作进行实地检查，还要总结相应的经验教训。

在敏捷环境下，客户合作优先于合同谈判。合同谈判固然重要，但是跟客户合作更重要。在敏捷环境下，需要买卖双方更好的合作和更合理的风险分担，例如，通过签订多层次合同来更合理地分担风险。多层次合同是指把基本不变的内容写入主体合同，把易变的内容写入一份或多份扩展合同。

第21章 商业环境

21.1 概述

跟第6版相比,考纲商业环境部分新增的内容比较多。第6版主要强调商业环境会对项目产生直接影响,而没有强调项目会对商业环境产生直接影响。考纲则强调了项目和商业环境会相互影响。项目会引发组织变革,会为项目相关方创造商业价值,这些都是项目对商业环境产生影响的例子。受影响的商业环境又会对项目的后续阶段和以后的项目产生影响。

商业环境部分总共有四项任务:

- 规划和管理项目合规。这项任务其实就是项目合规性管理。
- 评估和交付项目效益及价值。这项任务体现的是项目的价值导向性。
- 评估和处理外部商业环境变化对项目范围的影响。这项任务其实就是商业环境管理。
- 支持组织变革。这项任务体现的是项目的变革驱动性。

商业环境部分的知识地图如图 21-1 所示。

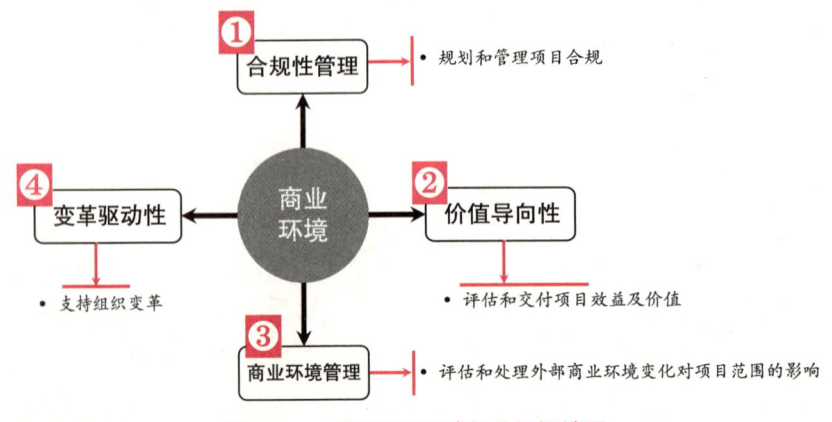

图 21-1 考纲商业环境部分知识地图

21.2 规划和管理项目合规

这项任务其实就是项目合规性管理，也就是确保项目符合相应的法律法规、标准、规则甚至文化习俗的要求。项目合规包括内部合规和外部合规。内部合规是指符合项目执行组织的内部规则。外部合规是指符合项目执行组织外部的法律法规、行业标准和其他规则。应该通过内部监控系统来确保内部合规，用内部合规来确保外部合规。

在组织或项目中可以设合规专员或合规部门，来统筹安排合规性管理工作。合规性管理对每一个项目都很重要，对越是大型、复杂和跨国的项目，当然就越重要。

项目的合规要求，可以是事业环境因素的一部分，也可以是组织过程资产的一部分，也可以直接列入项目的工作分解结构，作为项目工作的一部分。

项目合规性管理必须贯穿项目始终。在项目启动之前和启动之时，就要开展项目合规性管理。在项目结束时，则要总结项目合规性管理的经验教训。

公司的董事会、高级管理层必须对项目合规性管理承担起高层责任。项目执行组织中的PMO也要承担起相应的责任。还有，专门为某个项目组建的项目治理委员会也要承担起相应的责任。当然，项目经理和团队成员也都有项目合规性管理的相应责任。也就是说，项目合规性管理是跟项目有关的每一个层级的工作人员的事情。

这项任务又有七项子任务。第一项子任务是确认项目合规要求。这是指识别、分析并且确认项目必须在哪些方面合规。项目必须达到的合规要求肯定是多种多样的，例如，安全合规、安保合规、健康合规、法律合规、政治合规、文化合规。必须搞清楚项目必须在哪些方面合规，以便确保项目在所有这些方面都合规，不遗漏任何一个方面。

第二项子任务是归纳合规类别。因为项目要达到的合规要求非常多，所以为便于管理，就要对这些合规要求进行归类。可以用不同的标准来归类。例如，可以把合规要求归类为环保合规、健康安全合规、安保合规、社会责任合规、工作流程合规、质量合规；也可以按责任部门或责任人归类，以便每一个合规类别都有相应的部门或人员专门负责。

第三项子任务是确定对合规的潜在威胁。这是指识别并分析有哪些事情会构成对合规的威胁，导致项目不合规。例如，对专业会计师，下面这些都是对合规的潜在威胁：

- 自我利益考虑。专业会计师可能为保护自己的利益而违规。
- 文件自编自审。审查自己编制的文件，就可能有意无意地违规。
- 个人的偏向。先入为主，带有某种主观倾向。
- 特定亲密关系。跟相关人员的亲戚关系或朋友关系，可能导致违规。
- 心存恐惧。可能因害怕而违规。例如，会计师可能因害怕单位领导的压力而违反会计法规。
- 法规变化。会计师可能因未及时了解刚发生的法规变化而违规。

第四项子任务是采用方法支持合规。应该用各种各样的方法来支持项目合规。例如，高级管理层必须承担起合规性管理的责任，合规性管理必须全员参与，合规性管理的有关事项必须充分记录，必须开展合规性管理培训，必须开展合规性管理检查和审计，必须建立和执行合规性管理制度（包括认可、奖励和处罚制度），必须建立和维护合规文化。

第五项子任务是分析不合规的后果。应该认真分析不合规的后果（对项目目标和价值的负面影响），以便主动确保项目合规，取得项目成功。

第六项子任务是采取必要的方法和行动来应对项目合规需要。例如，进行跟合规有关的风险管理，聘请相应的法律顾问。

第七项子任务是考核项目合规的程度。应该定期或不定期地检查项目在各方面的合规程度，及时预防不合规，及时发现和纠正不合规，及时认可合规性管理的良好做法。项目的合规程度可以分成以下几种：完全合规、基本合规、基本不合规、完全不合规。

21.3 评估和交付项目效益及价值

这项任务，简单地说，就是项目效益管理或项目价值管理。它对应于项目的价值导向性，要求项目为所在组织和其他相关方创造出商业价值。

这项任务，分解一下，就包括两条：一是评估项目效益及价值，二是交付项目效益和价值。在项目正式启动之前的商业论证阶段就要评估项目将要实现的效益和价值。然后，在项目正式启动之后的整个项目期间都要评估项目将要或已经实现的效益和价值。

应该随着项目进展，按计划逐渐交付项目效益和价值。特别是在敏捷项目中，应该分阶段、分模块快速地交付项目效益和价值。

这项任务又有五项子任务。第一项子任务是调查效益是否已经被识别。应该切实了解该识别出来的效益是不是都识别出来了。虽然并不是每一个效益都能事先识别出来，但还是应该尽可能地在项目启动之前或之时就把能识别出来的效益都识别出来。效益识别，需要在商业论证阶段做，需要在项目启动过程组做，也需要在项目规划过程组做。识别出来的效益要写入项目效益管理计划和项目章程等文件。

第二项子任务是记录对持续实现效益的责任的协议。这是指对谁应该对持续实现效益负什么责任达成协议并加以记录。每一个效益的实现都要有规定的责任人来对该效益的实现发挥引导和协调作用。可以用效益登记册记录对持续实现效益的责任的协议。

第三项子任务是确认效益测量跟踪系统就位。在开始项目执行之前，以及在项目执行过程当中，必须确保用来跟踪效益实现情况的效益测量跟踪系统已经实实在在就位。例如，必须建立和使用效益跟踪矩阵，必须制定和使用效益测量指标，必须建立和使用效益测量方法。

第四项子任务是评估交付方案以展现价值。应该定期或不定期地对项目的交付方案进行评估，以确保交付方案是有利于分模块分阶段交付价值的。甚至需要设计出多种多样的项目开展方案，在经过对比分析后选择最有利于快速交付价值的方案。

第五项子任务是评估相关方的价值获取进展。这是指随着项目的开展，定期或不定期地考察项目相关方是不是都在规定时间获得了他们应该获得的规定的价值。这里也包括调查相关方的满意度。他们比较满意，就说明已经获得相应的价值；他们很不满意，那就很可能说明并没有获得相应的商业价值。随着项目进展不断评估相关方获取价值的情况，特别有利于持续引导项目相关方合理参与项目，特别有利于持续地让项目相关方保持对项目的满意。

在敏捷环境下做效益管理，就更强调快速实现效益，快速交付价值。在敏捷环境下，应该优先做出最重要的、最能满足客户需求的那个功能。这样一来，即便在这个功能做出来之后，项目不得不提前关闭，那项目在某种程度上也是成功的，因为已经做出最重要的功能。在敏捷环境下做效益管理，对项目团队和客户都有很高的要求。需要项目团队和客户密切配合，需要客户积极、频繁且深入地参与项目。

21.4 评估和处理外部商业环境变化对项目范围的影响

这项任务可以简称为"项目商业环境管理"。这里的"商业环境"同时包括项目执行组织内部和外部的商业环境。必须经常评估商业环境的变化及其对项目范围可能产生的影响；当然，也要评估这些变化对项目进度、成本、质量、风险等方面的可能影响。在评估之后，就要采取适当措施来应对商业环境的变化，以便最大化有利影响，最小化不利影响。这项任务跟第6版的"事业环境因素"密切相关。它又有四项子任务。

第一项子任务是调查外部商业环境的变化。在平时，必须每天持续关注商业环境的变化。还要在一定的时候，全面系统地调研商业环境的变化。项目治理委员会有责任为项目提供外部环境保障。所以，项目治理委员会要负责调查商业环境的较大变化。在项目治理委员会的指导下，项目经理及其团队要调查商业环境的较小变化。例如，合规要求的变化、新技术的出现、地域政治的变化和市场的变化等，都是需要调查的。

第二项子任务是评估外部商业环境变化对项目范围或项目待办项的影响，并进行相应的排序。这项子任务是紧接着第一项子任务开展的。在调查商业环境的变化之后，当然就要评估这些变化对项目的影响。在评估影响的时候，还要对这些影响进行排序，搞清楚哪个影响最大、哪个影响第二位、哪个影响最轻，以便分出处理各种影响的轻重缓急。在评估对项目范围或待办项的影响的同时，也要评估对项目进度、成本、质量、风险等方面的影响，并进行排序。

第三项子任务是推荐项目范围或待办项的变更方案。这项子任务是紧接着第二项子任务开展的。在评估商业环境变化对项目的影响之后，就要对项目范围或待办项进行必要的变更，以适应商业环境的变化。在项目范围或待办项变更的同时，也要对项目进度、成本、质量和风险做相应的变更。应该设计和分析多种变更方案，并选择一种最合适的

277

变更方案。

第四项子任务是持续审查外部商业环境的变化对项目范围或待办项的影响。这项子任务与第二项子任务类似，只不过这里强调了"持续"审查（评估）。

上述四项子任务的逻辑关系非常清晰。首先，调查外部商业环境的变化；其次，评估外部商业环境的变化对项目的影响；再次，根据外部商业环境的变化来设计对项目的变更方案；最后，在整个项目期间都要持续审查外部商业环境的变化。

在敏捷环境下，更加强调对商业环境进行动态调查和评估，并及时根据商业环境的变化对项目进行调整。与预测型方法假设商业环境基本不变不同，敏捷型方法假设商业环境不断变化。

21.5 支持组织变革

这项任务跟项目的变革驱动性密切相关。做项目，必须为项目执行组织实现应有的变革。变革是指主动采取措施，把组织从不太理想的状况带向比较理想的状况。这项任务又有三项子任务。

第一项子任务是评估组织文化。这是指用合适的方法（如专家访谈、观察、问卷调查）评估项目执行组织的组织文化。组织文化是项目所面临的事业环境因素的一部分。为什么要评估组织文化？一方面，组织文化对项目本身以及项目所引发的组织变革会有直接的影响。有的组织文化会推动组织变革，有的组织文化会阻碍组织变革。另一方面，项目也会对组织文化产生或大或小的影响。特别是，具有突破性的大型项目会对组织文化的变化产生重大影响。

第二项子任务是评估组织变革对项目的影响并确定所需的行动。项目执行组织是动态变化的，而这种变化又可能对项目产生实质性的影响，从而需要项目采取行动去适应组织变化。例如，组织战略、组织结构、组织治理、规章制度、资源状况等都可能发生对项目有实质性影响的变化。

第三项子任务是评估项目对组织的影响并确定所需的行动。这项子任务跟第二项子任务刚好相反。必须认真分析项目的实施过程和结果会引发怎样的组织变革，以及为了实现这个变革，项目团队应该如何跟组织中的部门和人员进行合作。还必须评估项目可能对组织产生的负面影响，例如，对组织日常工作的干扰，并考虑如何减轻负面影响。评估项目对组织的可能影响之后，就需要确定应该采取什么行动来把对组织的正面影响最大化、负面影响最小化。这里也包括评估项目成果交付运营之后可能对运营产生的影响，决定在什么时间把项目成果交付给哪个部门去运营。

在敏捷环境下做组织变革管理，非常特别的一点就是，要通过在项目上采用敏捷型方法来提高整个组织的敏捷性，使整个组织更加灵活。具有高度敏捷性的组织不会局限于采用某种或某些特定的工作方法，而是能够根据需要灵活地采用任何合适的工作方法。

第6篇 应试篇

掌握项目管理知识，具备应用项目管理知识的能力，能够根据特定的环境和项目场景做出合理的选择，这是顺利通过 PMP® 考试的基础。此外，考生也需要掌握一定的应试技巧。

在 PMP® 考试中，约一半题目考预测型方法，另一半题目考敏捷型和混合型方法。混合型方法是预测型和敏捷型的各种各样的混合。尽管敏捷项目管理方法的许多内容已在本书前文不同部分做了介绍，还是有必要再集中归纳一下，便于考生为回答敏捷题目做更好的准备。

PMP® 考试既难也易。难的是题目的覆盖面广且全是情景题。试题不仅覆盖各种项目管理知识（如范围管理、进度管理、成本管理等），而且覆盖各种项目管理方法（如预测型方法、敏捷型方法）。对情景题，考生既要掌握特定知识，又要能够根据特定情景来合理应用知识，有效做出行动决策。易的是题目的深度不大且全是选择题。选择题考试的性质决定了题目不可能有太大深度。了解 PMP® 考试的难易点，有助于顺利通过考试。

做一些适当数量的模拟题，找找做选择题的感觉，也有助于顺利通过考试。不要单纯从应试角度去死记硬背模拟题参考答案，而要从实际项目管理工作角度去考虑在实际工作中遇到题中问题该如何解决。做模拟题，也不是越多越好。如果对每一道题目都切实搞明白，那么做 1 000 道模拟题就已足够。

本篇由以下三章构成：

第 22 章：敏捷型方法精要。
第 23 章：PMP® 考试的难易点。
第 24 章：模拟题和参考解答。

敏捷型方法精要 → PMP®考试的难易点 → 模拟题和参考解答

第22章 敏捷型方法精要

22.1 基本概念

22.1.1 敏捷型开发方法

所谓"敏捷",就是主动且快速地应对甚至引领变化。敏捷型开发方法(也叫"适应型开发方法")是指采用迭代和增量的方式开发项目产品,适用于需求不明确或很容易变化且产品可以一部分一部分交付的项目(不是只能一次性完整交付)。随着智能互联世界的到来,敏捷型方法的应用已不再局限于IT软件开发项目,而是扩展到了大多数种类的项目。许多项目甚至不能单一地采用预测型或敏捷型方法,而必须采用混合型方法。

以预测型方法为一端,敏捷型方法为另一端,构成了项目开发方法的连续区间。中间则是迭代型方法、增量型方法和混合型方法。预测型方法,也叫"计划驱动型方法",是指先编制出完善的项目计划,再严格照计划执行(基本无须变更)去实现目标。预测型方法相当于"想好了再做",旨在严格按计划执行,打中静止的目标。

敏捷型方法,也叫"变更驱动型方法",是指先编制出简略的方向性计划,再按较短时间段逐一编制和执行阶段计划(便于及时变更)去实现目标。它是迭代型方法和增量型方法的综合。敏捷型方法相当于"一边做一边变",旨在通过不断调整,打中移动的目标。

"敏捷型方法"这个词,也可兼指迭代型方法或增量型方法。迭代型方法是指通过多次短期迭代(循环)来不断优化同一个或同一系列产品功能。增量型方法是指通过多次短期迭代来逐渐增加产品功能。在形成最终产品之前,每次迭代所得到的初级产品都叫"原型"。

混合型方法则是预测型方法和敏捷型方法的混合,例如,在项目的某个阶段或某个部分用预测型方法,而在另一阶段或另一部分用敏捷型方法;对整个项目用预测型方法,而对其中的产品开发用敏捷型方法。

22.1.2 项目生命周期类型

所用的项目开发方法决定了项目开发生命周期的类型，也就决定了项目生命周期的类型。开发生命周期只针对产品开发，而项目生命周期的覆盖面更宽，覆盖全部的项目工作。采用预测型开发方法的项目，其开发生命周期和项目生命周期也就都是预测型的。其他方法以此类推。

预测型生命周期，每个阶段的工作不同，阶段成果不供客户使用。项目阶段通常首尾相接，有时也可部分并行。图 22-1 是预测型生命周期示例。

立项 → 设计 → 建造 → 测试 → 交付

图 22-1 预测型生命周期示例

迭代型生命周期，每个阶段（迭代期）的工作相同，通过各阶段把同样的功能做得越来越精致，阶段成果（产品原型）通常不供客户使用，仅供客户和项目团队评审。增量型生命周期，每个阶段（迭代期）的工作不同，通过各阶段逐渐增加产品功能，阶段成果（产品原型）通常可供客户使用。敏捷型生命周期，是迭代型和增量型的综合，通过各阶段（迭代期）在优化同样功能的同时新增其他功能，阶段成果（产品原型）可供客户使用。图 22-2 是迭代型、增量型和敏捷型生命周期示例。

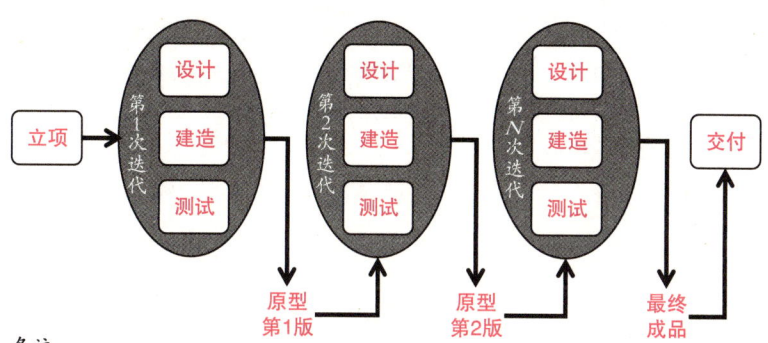

备注：
- 在迭代型方法下，每版产品具有越来越精细的相同功能。
- 在增量型方法下，每版产品具有越来越多的功能。
- 在敏捷型方法下，每版产品在优化已有功能的同时增加新功能。

图 22-2 迭代型、增量型和敏捷型生命周期示例

22.1.3 敏捷型方法总览

敏捷型方法的基本工作流程如下（见图 22-3）：
（1）客户提出大致的产品需求。

（2）客户代表（产品负责人）和项目经理通过待办项精炼会把客户的产品需求转化成产品待办项（待完成的产品功能清单）。

（3）产品负责人和开发团队召开迭代规划会，来确定迭代任务单（本迭代期要实现的产品功能）。

（4）开发团队根据迭代任务单开发产品。在开发过程中，开发团队召开每日站会，用看板展示任务开展情况，用信息发射源展示项目的主要信息，用"追逐太阳""鱼缸窗口""远程结对"等方法来加强团队合作。

（5）本迭代期结束时，开发团队交付产品原型，并由产品负责人和开发团队一起召开迭代评审会对产品原型进行评审，确定原型是否可接受，是否需调整。

（6）评审结束后，开发团队召开迭代回顾会，总结本迭代期的经验教训，以便下一个迭代期继续改进。

（7）重复上述第3步至第6步，直至交付和验收最终产品并完成最后的经验教训总结。

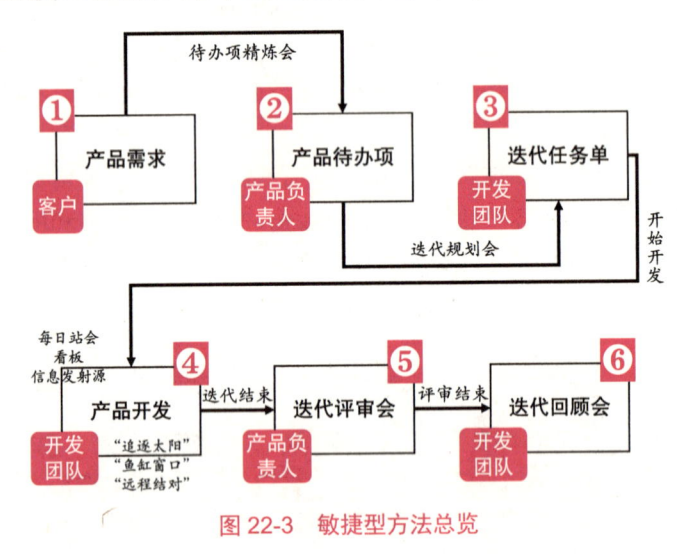

图 22-3 敏捷型方法总览

22.2 敏捷宣言和敏捷原则

22.2.1 敏捷宣言

敏捷型方法发源于20世纪90年代的IT软件开发行业。2001年2月，软件开发业的17位领导者在美国犹他州聚会，发布了《软件开发敏捷宣言》（简称《敏捷宣言》）。《敏捷宣言》所推崇的四大价值观是：

- 个人和互动优先于流程和工具。
- 可用的软件优先于详尽的文档。

- 客户合作优先于合同谈判。
- 响应变化优先于遵循计划。

《敏捷宣言》认为，虽然"流程和工具""详尽的文档""合同谈判""遵循计划"都是重要的，但是"个人和互动""可用的软件""客户合作""响应变化"更加重要。

22.2.2 敏捷原则

从《敏捷宣言》的四大价值观派生出的12条敏捷原则是：

（1）我们的最高目标是，以尽早和持续地交付有价值的软件来满足客户。

（2）欢迎对需求进行变更，即便在项目开发后期。我们利用需求变更来为客户建立竞争优势。

（3）频繁交付可用的软件，周期从几周到几个月不等，且越短越好。

（4）在整个项目期间，商务人员和开发人员必须每天都紧密合作。

（5）由被激励的个体去完成项目。为他们提供所需的环境和支持，并相信他们能够完成项目。

（6）无论是在开发团队内部还是向开发团队传递信息，最有效率和效果的沟通方式都是面对面交谈。

（7）可用的软件是衡量进度的主要指标。

（8）敏捷过程提倡可持续开发。发起人、开发者和用户应该始终保持稳定的步调。

（9）通过持续关注技术卓越和设计精良来提升敏捷性。

（10）追求简化，即尽量减少不必要的工作。

（11）最好的架构、需求和设计出自自组织团队。

（12）团队要定期反省如何更加有效率，并相应调整团队的行为。

22.2.3 两者的对应关系

为了便于理解和掌握，可以把四大敏捷价值观简化为团队建设、成果交付、客户合作和响应变更。可以用一句话概括它们之间的关系：通过团队合作交付项目成果，并以客户合作和响应变化确保交付的有效性。

认真研究一下，可以发现12条敏捷原则与四大敏捷价值观之间存在基本的对应关系，如图22-4所示。

充分理解敏捷价值观和敏捷原则，对掌握敏捷型方法是非常重要的。敏捷型方法中的各种观念和做法都源自敏捷价值观和敏捷原则。

```
          四大价值观              12条原则
                              ┌─ 提供环境和支持激励个体
                   ┌────────┐ ├─ 面对面沟通最有效
                   │ 团队建设 │─┼─ 自组织团队出最好成果
                   └────────┘ └─ 团队要定期总结和调整

                   ┌────────┐ ┌─ 尽早且持续交付可用软件
                   │ 成果交付 │─┼─ 频繁交付可用软件
                   └────────┘ └─ 以可用软件衡量项目进展

                   ┌────────┐ ┌─ 商务人员和开发人员密切合作
                   │ 客户合作 │─┴─ 各方保持稳定步调来可持续开发
                   └────────┘

                   ┌────────┐ ┌─ 欢迎需求变更以建立优势
                   │ 响应变化 │─┼─ 持续关注技术卓越和设计精良
                   └────────┘ └─ 追求简化，减少不必要工作
```

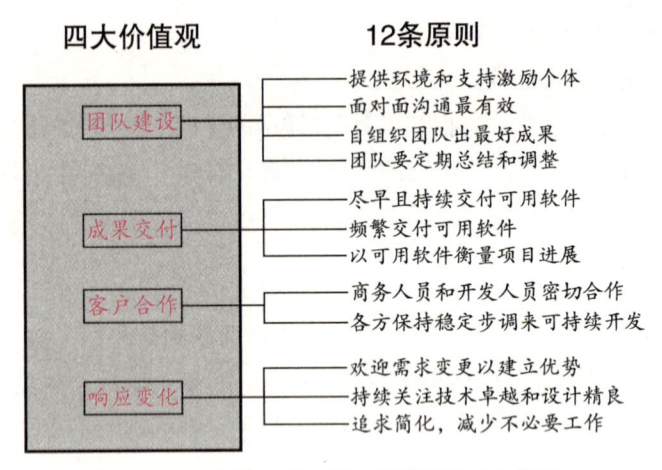

图 22-4　敏捷原则和敏捷价值观的对应关系

22.3　敏捷型方法下的人员管理

22.3.1　项目经理

在敏捷型方法下，项目经理往往不被称为"经理"，而是被称为"引导者"（Facilitator）、"教练"（Coach）、"Scrum 主管"（Scrum Master）。项目经理应该：

- 在更大程度上是一个领导者，而不是一个管理者。对于团队成员，他应该主要进行启发与激励，而不是约束与控制。
- 关注创建和维护合作式团队氛围，以及提升整个团队的工作能力，同时把具体的项目工作授权给自组织的项目团队去负责。
- 主要采用仆人型领导风格，通过服务团队成员来启发和激励他们，帮助他们进步和成长。
- 在项目执行之前，对项目团队和客户进行敏捷型方法培训，让他们了解和掌握敏捷型方法和观念。
- 与团队成员一起识别和分析团队障碍（impediment）或阻碍（blocker），进行优先级排序，采取措施加以缓解或消除，并评价和确认缓解或消除的效果。障碍会减慢团队的工作进程，阻碍则会使项目工作完全停滞不前。

22.3.2　项目团队

在敏捷型方法下，项目团队需要这三种基本角色：团队引导者（相当于项目经理）、产品负责人（充当客户代表）、跨职能团队成员。

在敏捷型方法下，项目团队应该具有自我组织、自我管理和自我决策的能力，团队成员合作解决问题。采用敏捷型方法，对团队成员的自觉性和工作能力都有很高的要求。

项目团队应该是小规模全功能的，即人数少（5~9人最为合适），能做所有事情。这就要求每一位成员都是多面手，即通用的专才，而不是只懂某一个领域的主题专家。

在每个项目阶段（迭代期）都需要全部工种人员，例如，分析人员、设计人员、建造人员和测试人员，而不是不同阶段需要不同工种人员。

团队成员在充分透明和合作的团队氛围中快速创造、利用和解决冲突，快速达成共识。可以说，无冲突就无敏捷、无创新。创造和利用冲突，是敏捷型方法的一大特点。

团队成员具有充分的包容性，采用协作式工作方式。每个成员都能充分包容不同专业、不同背景的成员，善于与他们协作。要防止歧视与自己不同的成员，防止各专业或小组各自为政，防止形成"组织孤岛"。

团队成员要开展及时且充分的沟通。敏捷团队会借助各种技术来辅助沟通，例如：

- 待办项精炼会。由产品负责人和项目团队部分成员定期或不定期地召开的会议，旨在把客户需求转化成产品待办项，以及评审产品待办项，对其进行细化和调整。
- 迭代规划会。也叫"冲刺规划会"，因为一次冲刺就是一次迭代。这是在每个迭代期开始之初的规划会议，会形成本迭代期的迭代任务单（记录要完成的任务）。
- 每日站会。在每天早上上班时召开，时间为10~15分钟，交流昨天做了什么、今天要做什么以及有什么困难。
- 看板。看板源自丰田生产方式（精益生产），是指在实体板或电子板上记录有待开始、正在进行和已经完成的工作等信息。
- 迭代评审会。在当前迭代期结束时向产品负责人（客户代表）展示成果，并收集反馈意见。
- 迭代回顾会。项目团队在迭代期结束或其他必要时间对开发过程进行总结回顾，以便后续改进。
- 产品待办项。按优先级罗列有待完成的产品功能（用户故事）。
- 迭代任务单。对产品待办项中的用户故事进行再分解，列出在当前迭代期要实现的用户故事，要完成的具体任务。
- 信息发射源。在任何人都可以看见的公共地方用简洁易懂的方式显示项目信息，例如，用于显示项目进展情况的迭代燃尽图或燃烧图。

在敏捷型方法下，项目团队尽量面对面集中办公，而不是以虚拟团队或分散式团队（成员在不同地点）远程办公，因为远程办公远不如面对面那样有创造性。如果不得不采用虚拟团队或分散式团队，则对团队建设会有更高的要求，例如，要有更完善的团队章程和沟通计划，要使用"追逐太阳""鱼缸窗口""远程结对"等远程协作技术使团队协作近似于面对面团队中的协作。

"追逐太阳"是指团队成员在每天下班时把工作移交给多个时区之外的成员，以便他们可以立即在太阳升起时接着工作，从而加快开发速度。"鱼缸窗口"是指分散在不同地点的成员每天从上班到下班都始终以视频直播方式保持联系，便于同步工作。"远程结对"是指分散在不同地点的两位成员共享电脑屏幕（带声音和视频），开展结对编程。

22.3.3 项目相关方

在敏捷型方法下，项目相关方（特别是客户）应该：

- 在整个项目期间频繁且深入地参与项目，包括及时提出需求、参与讨论、使用（评审）原型和提供反馈等。
- 派代表加入项目团队，作为团队的一员参与项目工作。该成员通常是产品负责人。
- 平等地对待项目团队及其成员。客户不能认为"项目是我出的钱，所以项目团队应该听我的"，否则，就会严重妨碍团队的创造力，使敏捷型方法完全失败。
- 接受和配合项目团队对自己的相关培训、教练和辅导，以便更加了解敏捷型方法和项目情况，更好地参与项目工作。

在敏捷型方法下，项目团队成员是自觉性高且能力很强的主人，项目经理是为成员提供服务的忠实仆人，客户则是团队成员和项目经理的有力支持者和配合者。

22.4 敏捷型方法下的五大过程组

无论采用什么项目开发方法，项目管理五大过程组都是适用的。在产品开发采用敏捷型方法的情况下，对整个项目的管理仍然要按项目管理五大过程组来启动、规划、执行、监控和收尾。没有任何一个项目可以不用项目管理五大过程组加以管理。

在敏捷型方法下，项目管理五大过程组的应用要比预测型方法下更加灵活，例如：

- 项目启动过程组和规划过程组都应更快速地迭代开展，而不是用较长时间一次就做到足够深入和详细的程度。
- 五大过程组的交叉和循环更加明显，界线更加模糊，特别是规划、执行和监控过程组之间。在时间很短的迭代期（如一周、两周、三周或一个月）内，各过程组之间的界线当然就更加模糊。从实质上讲，整个项目要经过五大过程组，每个迭代期也要经过五大过程组。
- 每个迭代期结束时都要通过收尾过程组来开展原型评审和回顾总结，为下一个迭代期做好准备。

严格地讲，任何应变都离不开一定的规矩。所以，任何项目在整个项目的层面上，都必须用预测型方法按五大过程组加以管理，没有任何项目能够百分之百地用敏捷型方法加以管理。

22.5 敏捷型方法下的项目目标管理

因为项目目标是用范围、进度、成本和质量来表示的，而风险是万一发生会对其中的至少一个产生影响的不确定性事件，所以下面将讨论敏捷型方法下的项目范围管理、进度管理、成本管理、质量管理和风险管理。因为目标往往并非一成不变的，所以还会讨论敏捷型方法下的项目变更管理。

22.5.1 项目范围管理

在预测型方法下，先确定项目范围目标，再确定项目进度、成本和质量；而在敏捷型方法下，则先确定项目进度目标（如新产品的上市日期），再确定范围、成本和质量。前者根据要做的事情来确定需要多长时间，后者根据固定的时间来确定能做多少事情。

在敏捷型方法下，项目需求和范围并非一开始就全部明确，而是随着项目进展，在每个迭代期逐渐明确。通常，项目需求和范围在一个迭代期内保持不变，但在两个迭代期之间有所变化。为了快速实现价值，在每个迭代期结束时，都要交付供评审且可使用的产品原型。在设计项目范围时，应该先找出最初的产品原型，即最小可用产品，然后考虑在后续的迭代开发中不断增加产品功能。

在敏捷型方法下，用"用户故事"表示产品功能，一个用户故事代表一个功能。用户故事通常由三部分组成：用户、想要什么、为何想要。一系列待完成的大型用户故事构成产品待办项，一系列待完成的小型用户故事构成迭代任务单。产品待办项中的用户故事有优先级排序，并且在每个迭代期开始时都要重新进行排序，以便优先开发排序靠前的重要产品功能。这样一来，即便第一个迭代期结束时项目就被迫终止，项目也在一定程度上是成功的，因为已经开发出最重要的功能。

在敏捷型方法中，以下概念与项目范围有密切关系：
- 主题（Theme）：一系列相关的产品功能所指向的更高层功能。
- 史诗（Epic）：无法在一个迭代期完成的大型产品功能，是有待再分解的大型用户故事。
- 特性（Feature）：由史诗分解出的产品功能，可再分解为小型用户故事。
- 用户故事（User Story）：能在一个迭代期内完成的产品功能（小型用户故事），是工作分解结构的底层要素，可再分解为"任务"交付团队执行。

可以把上述概念都理解成大小不等的用户故事。图 22-5 是培训公司为提高课程销量而做的从主题到用户故事的分解示例。

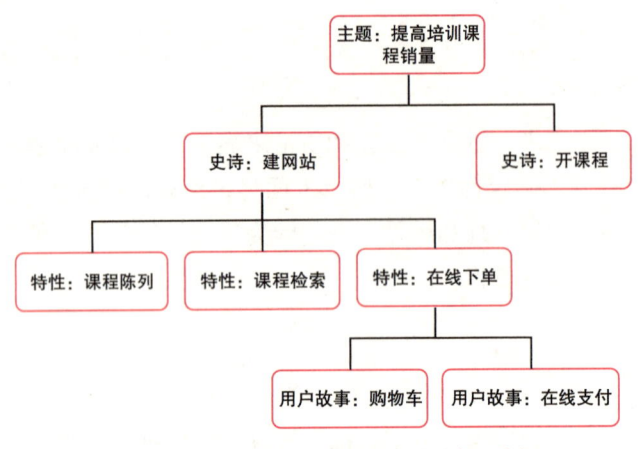

```
                    ┌──────────────┐
                    │主题：提高培训课│
                    │  程销量      │
                    └──────┬───────┘
                ┌──────────┴──────────┐
           ┌────┴─────┐          ┌────┴─────┐
           │史诗：建网站│          │史诗：开课程│
           └────┬─────┘          └──────────┘
    ┌──────────┼──────────┐
┌───┴────┐ ┌───┴────┐ ┌───┴────┐
│特性：课程│ │特性：课程│ │特性：在线│
│  陈列  │ │  检索  │ │  下单  │
└────────┘ └────────┘ └───┬────┘
                     ┌────┴────┐
                ┌────┴───┐ ┌───┴────┐
                │用户故事：│ │用户故事：│
                │ 购物车 │ │ 在线支付│
                └────────┘ └────────┘
```

图 22-5 从主题到用户故事的分解示例

在敏捷型方法下，工作分解结构的第二层也可以是开发迭代期或产品版本号。在最终产品交付之前，每一个产品版本都是精致或完善程度不同的产品原型。

在敏捷型方法下，在每个迭代期中，由项目团队自行开展第6版的控制范围过程；在每个迭代期结束时，项目团队与客户一起开展第6版的确认范围过程，对成果按照事先确定的"完成定义"进行实质性评审和验收。"完成定义"用于规定成果必须满足哪些条件才能供客户使用，才算是已经完成。

22.5.2 项目进度管理

如前所述，在敏捷型方法下，先确定进度目标。固定的项目工期，又要被划分为时间很短且通常长度相同的多个迭代期（短至几天，长至一个月）。每个迭代期都是一个固定的、绝不能突破的"时间盒"。之所以要规定时间盒，是为了促使人们集中精力于最重要的少数工作，按规定时间开发出既定的功能，即通过小批量工作快速交付原型。

在敏捷型方法下，用于估算所需努力程度（人力投入量）的相对最小单位是"故事点"。在同一个项目中，每个故事点所需的人力投入量（工时数）是相等的。在不同的项目上，则不一定相等。应该为每个用户故事估算所需的故事点，以此作为进度管理的依据。

在敏捷型方法下，项目进度计划通常包括产品路线图、发布计划和迭代计划，分别对应于预测型方法下的里程碑进度计划、汇总进度计划和详细进度计划。在产品路线图中，规定每个版本（原型）的发布时间。在发布计划中，规定每个版本的发布需要完成的迭代次数和时间。在迭代计划中，规定在一个迭代期内所需实现的用户故事及其时间要求。迭代计划在每个迭代期开始时编制。

敏捷型方法下的项目进度管理，应该始终贯彻"持续集成"和"持续交付"的理念。持续集成是指要经常对团队成员的工作成果进行整合（集成）和确认，持续交付是指以小步快跑的增量方式频繁地向客户交付可用的产品功能。

22.5.3 项目成本管理

在敏捷型方法下，因为项目需求和范围并非一开始就明确，所以无法一开始就制定较准确的项目预算。起初，只能采用轻量级估算方法来制定粗略的项目预算（留出较充分的余地），以后再随需求和范围的逐渐明确来编制详细的迭代期预算。

迭代期预算的编制通常采用增量预算的方法而非零基预算的方法，即以前一个迭代期的成本为基础，经过适当调整，编制出下一个迭代期的预算。零基预算则是完全不考虑过去的成本情况而编制全新的预算。

敏捷型方法其实是精益思想的一种应用。精益思想中的核心观念，例如，关注价值、小批量生产和消除浪费，也都体现在敏捷型方法中。因此，在敏捷型方法中，对资源供应就特别强调采用"准时制"，即需要时立即送来，以消除资源的库存成本和资源的过量储备。

22.5.4 项目质量管理

无论是用预测型还是用敏捷型方法，质量都必须合格。敏捷型方法下的项目质量管理有如下几个特点：
- 为了保证质量，可以在早期进行小批量试开发，以发现和解决质量问题，为后续大批量开发做好准备。
- 在开发过程中，由团队成员随同开发执行，自行进行更频繁的质量检查。
- 在每个迭代期结束时，都要通过迭代评审会向客户展示成果，由客户评审质量是否符合要求。
- 在每个迭代期结束后，都要通过迭代回顾会来总结经验教训，引导下一个迭代期的质量改进。因为迭代期的时间较短，迭代期的数量较多，所以在整个项目期间较易开展持续改进。

22.5.5 项目风险管理

敏捷项目的需求、范围和技术的不确定性更大，相应的风险（包括机会和威胁）也就更大。应该在每个迭代期内识别、分析和管理风险，确保开发出所需的原型。原型开发出来之后，要立即交付给客户进行使用和评审，客户要尽快提出相应的反馈意见，作为开展下一次迭代的依据。

应该通过迭代来探索正确的技术，降低项目的技术风险（威胁）。例如，要研发某种特定疾病的治疗药物，因为用于实现治疗功能的技术手段很难确定，所以只能通过迭代去探索。应该通过增量来引导客户的需求，降低项目的需求和范围风险（威胁）。例如，要开发综合性网站，因为究竟要有多少个、什么样的网页并非一开始就明确，所以只能先开发出几个基本网页，再问客户还需要什么网页。

敏捷型方法中的以下做法都有利于做好风险管理：
- 不断对需求重新排序。
- 快速和频繁交付原型供评审。
- 反馈路径快速和短周期。
- 随迭代的进行不断持续改进。

22.5.6 项目变更管理

在敏捷型方法下，因为一次只针对当前迭代期编制计划，以及文档尽可能量少而实用，所以针对既定计划进行的变更数量较少。不过，基于对前一个迭代期的经验教训总结，以及对所开发的原型的评审而提出的工作过程变更和需求变更数量较多。从这两类变更来讲，敏捷型方法要求人们拥抱变更，把变更看成提升项目价值的机会。正如《敏捷宣言》所说的"响应变化优先于遵循计划"，以及敏捷原则所说的"欢迎对需求进行变更，即便在项目开发后期"。

工作过程或需求变更都要尽可能地在两个迭代期之间进行，而不是在一个迭代期内进行。例如，在第一个迭代期结束后，客户提出了四项需求（功能）变更申请。经过评审，其中的两项被批准了。接着，就要把这两项变更与原有产品待办项中的全部用户故事放在一起，重新进行优先级排序，得到变更后的产品待办项，作为下一个迭代期的工作依据。

敏捷型方法要求基于价值来开展变更管理。一项变更能否被批准，取决于它能否为客户创造应有的价值。

22.6 敏捷型方法下的项目采购管理

在敏捷型方法下开展项目采购管理，应该遵守《敏捷宣言》所述的"客户合作优先于合同谈判"，即合同谈判固然重要，与客户的合作却更加重要。这就要求，买方与卖方之间有更好的合作，有更加合理的风险分担。

因为敏捷项目具有需求不明、需求易变和技术易变的特点，所以无法一开始就编制出详细且准确的采购工作说明书，而只能编制出轻量级（简略）的采购工作说明书。鉴于此，在敏捷型方法下，往往：

- 采用多层次合同。多层次合同由主体协议和扩展协议组成。把确定的内容放入主体协议，把不确定的、易变的内容放入扩展协议。起初，双方可以只签主体协议。随后，再签也许不止一份扩展协议。
- 实行固定价格增量采购。按每个用户故事来确定固定价格，每增加一个用户故事就相应增加合同价格。

第22章 敏捷型方法精要

- 买卖双方联合组建团队。按团队工作时间而不是工作内容付费。
- 允许取消后续工作。例如，某种病原计划治疗三个疗程，却两个疗程就治好了，那就允许买方（病人）在向卖方（医生）支付一定费用的情况下取消第三个疗程。买方支付的费用应确保卖方不因第三个疗程取消而遭受经济损失。
- 实行分阶段采购。一次只签一个阶段的合同。随着情况明朗，逐期签订后续阶段的合同。

简而言之，就是：越需要敏捷的项目，就越不能把合同"签死"，越不能采用固定总价合同。

第23章 PMP®考试的难易点

23.1 PMP®认证简介

23.1.1 PMP®认证和考试

PMP®认证是由总部设在美国宾夕法尼亚州的项目管理协会主办的国际权威的项目管理专业人士职业资格认证。它始于1984年，是真正原创的项目管理职业资格认证。具备所要求的项目管理实践经验和培训经历并遵守职业道德的人，可以报名参加PMP®认证考试，并在通过考试后获得PMP®证书。截至2023年1月31日，全世界有效PMP®证书持有者为131 2526人，分布在几乎每一个国家和地区，其中，中国（除港、澳、台外）的有效PMP®证书持有者已突破50万人。

PMP®考试有180道题目，考试时间为230分钟（3小时50分钟）。扣除5道不计分题后，考生做对一定数量的题目为及格。PMI从未公布及格线，只是规定了用心理统计学方法确定每次考试的及格线。为了确保各次考试的可比性，每次考试的及格线可能会根据试题的难易程度做适当调整。及格线的调整区间可能在答题正确率60%~70%。注意：这个调整区间并非PMI公布的，只是本书作者的估计，仅供考生备考参考。

PMP®考试的题目类型包括单选题、多选题、连线题、热点题和填空题。中国（除港、澳、台外）的PMP®考试为纸笔考试，目前只包括单选题和多选题。单选题为四选一，多选题可能是五选二或五选三且会明确指出该选几个答案。多选题漏选或错选都不能得分。中国（除港、澳、台外）的试卷为中英文对照。考试语言为英文，中文翻译仅为辅助。如果英文题目与中文翻译不一致，必须以英文题目为准。中国（除港、澳、台外）的考试时间和地点，由中国国际人才交流基金会与PMI协商确定后公布。

关于PMP®认证和考试的更多信息，请查阅PMI官网、PMI（中国）官网和中国国际人才交流基金会PMP®考试官网。

23.1.2 PMP®考试的出题依据

PMP®考试根据考纲出题，试卷会覆盖考纲所列的每一个部分、每一项任务和每一项子任务。其中，人员部分的题目占42%，过程部分占50%，商业环境部分占8%。不过，考纲本身写得非常简单，只能给出题提供纲领性指导，并不能提供切实的出题素材。PMP®考试出题并不是根据某一本书或某几本书，而是在考纲指导下参考很多书籍和资料。PMI在其官网举例了10本项目管理书，其中包括第7版。

根据PMI和中国国际人才交流基金会联合发布的通知，从2023年8月起，第7版将成为中国（除港、澳、台外）PMP®考试的重要参考资料，同时第6版的关键知识仍然有效。也就是说，第7版和第6版都是PMP®考试的出题依据。

遵守PMI的《道德规范与专业操守》是报名参加PMP®考试的前提条件之一。有些考题会直接或间接地包含职业道德方面的内容。这份文件可在PMI官网免费下载英文版或中文版。

PMP®考试是项目管理胜任力的考试，而不是单纯的项目管理知识的考试。也就是说，它不只是考你所掌握的项目管理知识的多少，更是考你有没有具备从事项目管理职业所需的胜任力。PMP®考试的题目日趋灵活和贴近实际工作。它通过情景题来综合考查考生的知识掌握情况、知识应用能力和个人素质。要答对考试题目，不仅需要掌握相应的知识，还需要具备应用知识的能力以及良好的个人素质。

23.1.3 PMP®考试的改版

经过40年的发展，PMP®考试已经具有一套科学且系统的管理制度，其中包括定期改版制度。PMP®考试的改版是随同《PMBOK®指南》的改版和《PMP®考试大纲》的改版而进行的。《PMBOK®指南》每4~5年改版一次，《PMP®考试大纲》每3~5年改版一次。因为这两个文件的改版是间隔进行的，所以PMP®考试每2~3年就要改版一次。这种改版是为了确保PMP®考试与时俱进，确保PMP®认证符合时代要求。

除了这两种定期改版，PMP®考试的题库随时都在动态更新。PMI会以多种方式征集来自项目管理业界的出题素材，并由相关专家整理成候选题目。每一道候选题目都要经过严格的实验室检验和真实考场检验，才能作为正式考题来使用。

23.2 PMP®考试的难点

23.2.1 涉及面广

从PMI在其官网举例的10本备考参考书，就可以看出PMP®考试所涉及的知识面很广。从考纲所列的项目管理任务和子任务，可以看出 PMP® 考试所涉及的能力面也很广。根据考纲，考试又不再局限于预测型方法，而是既考预测型方法，也考敏捷型方法和混合型方法。考敏捷型方法和混合型方法的题目会占 50%，这又进一步扩大了考试所涉及的知识面和能力面。

按照项目管理的要求，项目经理应该在更大程度上是"通才"而不是"专才"。项目管理对复合型人才和多学科知识的要求，是考生面临的一个难点。也许没有哪一个考生在学习 PMP® 课程之前，会对第 7 版和第 6 版的那么多内容都比较熟悉，会对预测型方法、敏捷型方法和混合型方法都比较熟悉。

23.2.2 既考知识又考应用

PMP® 考试与以往我们参加过的许多其他考试不同的是，它不仅考知识，而且考对知识的应用，还要考个人素质（包括情商）。现在的考试题目基本上都是从实际项目管理工作中提炼出来的情景题。情景题，其实就是简单的案例研究，即假设实际项目管理工作中的某一种场景，问你应该怎么处理。要答对这种题目，只掌握相关知识是远远不够的，还必须具备良好的个人素质和知识应用能力。PMP® 考试中已经基本没有仅靠记住《PMBOK® 指南》中的内容就可以答对的纯知识题。

情景题与纯知识题相比，难点在于往往有两个甚至更多的答案都是"正确"的。对于同一种情景，两个不同的项目经理可能做出不同的决定，即便他们都是项目管理的专家。针对情景题，就特别需要在理解和掌握项目管理理念的基础上，按项目管理的思维方式去回答，而不是仅按你记住的项目管理知识或你自己以往的项目管理经验。

23.2.3 误导信息

在 PMP® 考试题目中，可能有大量的误导信息，目的在于增加考试的难度，以便区分出"水平高"的考生与"水平低"的考生。水平高者被误导的可能性很小，而水平低者被误导的可能性就很大。

误导信息主要包括以下四类：

- 完全多余的信息。这类信息对答题没有任何意义，所起的作用仅仅是分散你的注意力，甚至引导你特别关注这些没有实际意义的信息。要答对题目，你必须区分出哪些是多余的信息，哪些是真正有用的信息，将精力放在有用的信息上。辨别多余的信息，有两条标准：一是这些信息好像在表达某种意思，但又没有说清楚，你不能从中得出有意义的结论；二是这些信息与题目所问的问题没有关联性，尽管你可以从这些信息中得出某种结论。
- 能起支持或补充作用却不能决定答案的信息。这些信息虽然并不完全是多余的，但是你不应过分关注，以免分散注意力甚至本末倒置。例如，"某公司的项目管理规章制度要求项目经理编写《经验教训总结报告》。下列哪个是《经验教训总结报告》的最好用途？"其中的第一句就是这种信息。

- 误导选项。PMP® 考试题目的备选答案中，经常有两个是明显错误的，而另两个好像都是正确的。其中的一个就是误导选项，如果没有扎实的知识或比较马虎，很容易就选这个误导选项。因此，一定要仔细阅读题目，仔细比较各个选项。如果真的是两个甚至更多选项都看似正确，你就要特别小心，要选择一个最好的答案。PMP® 考试是考答案的相对正确程度，而不是绝对正确程度。某选项是否正确，取决于与其他选项的比较。
- 误导数字。PMP® 考试中，可能有包含数字却完全无须计算的题目。这些数字的作用就是把你误导到计算中去。如果你真的去计算，就不仅要花费较长时间，而且不一定能算出正确的结果。注意：一个包含数字的题目，不一定就是计算题，也许是完全无须计算就可答对的题目。

23.2.4 项目管理的工作价值观

项目管理不仅是技术，而且是一系列的工作价值观。项目管理的工作价值观可能与考生已有的工作价值观有所不同。例如，项目管理强调依靠团队平等合作进行横向式管理，而非依靠上级对下级下命令进行纵向式管理；项目管理强调做而且只做必须要做的事，防止出现项目范围蔓延。除了第 7 版的项目管理原则和项目绩效域涉及一些重要的工作价值观，第 6 版的项目整合管理、范围管理、质量管理、资源管理、沟通管理、采购管理和相关方管理等知识领域也涉及一些重要的工作价值观。PMP® 考试中与敏捷有关的题目更是会涉及敏捷的工作价值观，对过去没用过敏捷型方法的考生是一个挑战。

考生需要特别注意自己的项目管理实际做法与项目管理职业倡导的项目管理做法之间可能存在的差异。例如，由项目规划部门编制计划，再交给项目团队去执行；这就不符合项目管理职业所要求的"项目执行者必须参与项目计划的编制"。例如，有些项目片面追求技术最优、片面追求某种第一，这就不符合项目管理职业追求综合最优的要求。

23.3　PMP® 考试的易点

23.3.1 许多知识的深度不深

PMP® 考试虽然涉及的知识面很宽，但许多知识的深度不深。从一定意义上说，项目经理是通才而不是专才。PMP® 考试体现了这一要求。对不少知识领域，考生只要掌握一些重要概念就可以了。例如：

- 概率统计。不需要掌握复杂的计算公式和很多推论统计的知识，需要掌握的只是概率、标准差、方差、统计分布、统计独立性、相互排斥性等基本概念。
- 财务会计。只需要掌握诸如折旧的定义与计算方法、会计科目的概念、各种成本的定义、评价项目的一些常用指标及其计算方法、成本估算的方法等。虽然实际项目工作中要用到的财务会计知识不会如此简单，但是考试不可能考到那个深度。
- 运筹学。项目进度管理中需要运用运筹学的知识。在比较复杂的项目上，网络计划是比较复杂的。但考试中所需要的网络计划（如编制网络图、优化网络计划等）知识通常都是非常简单的。虽然实际工作中，我们通常要借助计算机软件来编制网络计划和其他文件，考试中并不需要我们了解或掌握项目管理的任何一种计算机软件。

23.3.2 计算题简单

PMP® 考试中的计算题大多是很容易的，必须百分之百做对。你只要掌握相关的基本概念和基本道理，那么计算过程甚至就是小学生的算术。

常见的计算题包括：

- 项目进度管理中的关键路径、浮动时间、最早开始时间、最早结束时间、最晚开始时间、最晚结束时间。
- 项目进度管理中的工期压缩，主要是赶工，包括赶工的单位成本、可以压缩的工期、总成本最低时的最短工期。
- 项目或活动工期估算，主要是三点估算、标准差、方差、工期估算的区间、在某一工期内完成项目或活动的概率。也可能考到用"工作量 × 单位工作耗时"或"工作量 ÷ 单位时间产量"来计算工期。
- 项目成本管理中的现值、净现值、内部报酬率、投资回报率、投资回收期、效益成本比率。一般不会有复杂的计算，可能需要简单的计算，并由此来判断在几个备选项目中应该选择哪一个。
- 项目成本管理中的折旧，包括直线折旧法、加速折旧法。
- 挣值管理中的各种指标。
- 沟通渠道数量的计算。
- 风险管理中的概率、预期货币价值、决策树、风险敞口。
- 人力资源管理中的人员离职率。
- 采购管理中的合同价格，特别是总价加激励费用合同或成本加激励费用合同下的合同价格计算。还有，自制或外购分析、购买或租赁分析。

本章最后的项目进度管理和成本管理的计算练习题，有助于大家掌握相关计算方法。

23.3.3 试题紧扣考纲且很多知识点出自《PMBOK® 指南》

PMP® 考试的每一道题都是针对考纲中的任务或子任务来出的。从考纲的 133 项子任务和试卷的 180 道题目来看,考纲中的每一项子任务都至少有一道题目。参加考试时,考生可以设法把题目与考纲中的子任务对上号。即便记不住全部子任务,也可以设法与考纲中的 35 项任务对上号。

虽然 PMP® 考试不再像过去那样紧扣《PMBOK® 指南》出题,但是鉴于《PMBOK® 指南》是被普遍认可的项目管理国际标准,浓缩了项目管理的精华,所以 PMP® 考试的很多知识点仍然会直接或间接地出自《PMBOK® 指南》。当然,只是"知识点"出自《PMBOK® 指南》,并非"整题"出自《PMBOK® 指南》。在考试中,各种知识点会融入项目管理的实际工作场景中。

需要注意的是,随着涉及敏捷型方法的题目的增加,直接出自《PMBOK® 指南》的知识点会有所减少。毕竟,第 6 版的主要内容是基于预测型方法的,第 7 版的内容又过于概括性。为此,考生可以学习 PMI 的《敏捷实践指南》(电子工业出版社 2018 年出版)来补充敏捷知识。

23.3.4 考试时间充足

180 道题、230 分钟,平均每题有 1 分 27 秒,时间充足。对英语较好的考生来说,可以不看中文翻译,只看英文的题目和选项,还可以省下一些时间。考生可以按 180 分钟来安排,平均每题 1 分钟,另外 50 分钟留作机动时间。例如,用于文字较长的题目、需要画网络图的题目及计算过程稍复杂的题目。注意:这些需要多花一点时间的题目不一定是难题,只是题目的性质决定了需要多花一点时间。在考试中,你要动态监控做题进度,确保剩余时间的分钟数大于剩余题目的数量。

23.4 应试技巧

虽然单靠应试技巧是万万不行的,但是在打好项目管理的知识基础和能力基础之后,应试技巧的确有助于做对更多的题目。

23.4.1 原则性技巧

原则性应试技巧是针对 PMP® 考试的基本特点的,主要包括:

- 基于合适的思维方式和工作理念。注意从项目管理的思维方式和工作理念来答题,不要简单依据你自己的经验。特别是,与敏捷有关的题目更是会涉及敏捷思维方式和工作理念。

- 区分预测型方法和敏捷型方法。注意判断题目是考哪种开发方法。可以查看题目中有无明显的与敏捷型方法有关的关键词，例如，时间盒、迭代、每日站会。不同方法下，正确选项可能不同。例如，预测型方法不鼓励变更，敏捷型方法鼓励变更（哪怕是项目后期）。
- 对照考纲的任务或《PMBOK® 指南》的知识点。阅读题目时，一定要判断它考的是考纲中的哪一项任务或子任务，或者《PMBOK® 指南》中的哪一个知识点。如果判断对了所考的任务或知识点，那答对甚至猜对的可能性就比较大。从不同的知识点出发，答案可能不一样。
- 比较全部 4 个或 5 个选项。PMP® 考的是选项的相对正确程度，而不是绝对正确程度。有可能全部选项都是"正确"或"错误"的，一定要认真阅读每一个选项，选择相对最好的那个或那两个。千万不要看到某个选项是正确的，就不看其他选项。

23.4.2 操作性技巧

操作性应试技巧主要包括：

- 标杆对照。看到一个貌似正确的答案之后，把它作为标杆，看后面有无比它更好的答案。如有，再把后面的这个答案作为标杆，继续往下进行。还有一种情况，出题者可能故意不把最好的答案写出来。那么，你就要自己设想出最好的答案作为标杆，然后选择那个最接近该答案的选项。
- 答及所问。一定要问什么答什么，而且基于题目的内容来回答，不要自行添加不必要的假设前提条件。必须特别注意题目的最后一句话，明白真正要回答的是什么问题。正确的选项必须是真正回答所问的问题的。不要选那个看起来很正确，但与题目的问题不相关的选项。
- 难易兼顾。不要被难题吓倒，不要在难题上花太多时间。对难题，花 10 分钟思考与只花 1 分钟思考，不见得有多大区别。不要轻视看似容易的题目。对易题，必须百分之百做对，避免因疏忽而做错。
- 排除干扰。注意题目中的多余信息，例如，表达意思不清的信息、与所问的问题没有关系的信息、可起补充作用但不能决定题目答案的信息，防止把时间浪费在多余信息上。还要注意，试卷中术语的中文翻译，可能与你熟悉的译文不一致，对此一定要有足够的心理准备，防止被翻译问题干扰。
- 下一步该做。如果问你"该做什么"，一般就是问你"紧接着要做什么"。可能四个选项都是该做的事，那就要选择"紧接着要做的"。
- 时间掌控。必须控制做题进度，保证剩余的分钟数等于或大于剩余的题目数。一次做对（你自己认为是"对"的）每道题，无特殊情况，不要回过头来做第二遍；这也是一种节约做题时间的方法。还要注意，有的题目的情景可能存在重复。对重复的情景，要留意变化之处，不要为阅读重复内容而浪费时间。

23.4.3 猜题技巧

PMP® 考试不倒扣分数。所以，千万不要空着题目不做。拿不准的，要"猜"答案。主要的猜题技巧包括：

- 随机选择。首先排除明显错误的答案，如果对剩余的答案仍不知道怎么选，总是选择所剩答案中的第一个或最后一个，以保证选择的随机性。
- 选相对避绝对。注意那些表示绝对程度的修饰词，例如，"总是""所有""完全""从不""必须"。包含这类词的选项往往是错误的，因为它不留任何余地（太绝对）。包括"经常""可能""有时"等留有余地的词汇的选项，可能是正确的。
- 选全面避片面。在"全面"与"片面"的选项中，选择比较"全面"的。
- 选具体避抽象。在"具体"与"抽象"的选项中，选择比较"具体"的。
- 注意答案族。如果选项中有明显的"答案族"[结构上类似，如 x 增加 y 减少，y 增加 x 减少，或者性质相同，如猫、狗、猪（都属于动物）]，正确答案很可能是其中的一个。那个明显的"异类"（如"猫、狗、猪、鞋"中的"鞋"），很可能是错误的。
- 不选从未见过的。如果某个选项的词汇或说法是你从来没有见到过的，它很可能是杜撰出来的错误的选项。除非有把握排除另三个选项，否则不要选它。
- 依靠第一感觉。在做出选择之后，除非你能百分之百地肯定原来选错了，不要修改原来的答案。第一感觉往往是最可靠的。

23.4.4 常见的错误答案

错误的答案往往是：

- 与题目不相关或相关性很小。
- 有其他更具体、更直接或更全面的选项。
- 不是"首先"要做的事情。
- 杜撰出来的说法。
- 本身的说法不合逻辑（如前半句与后半句矛盾）。
- 不是项目管理中的主要知识点。
- 错误的计算结果。
- 违反职业道德与职业责任（如超出权限做决定）。
- 违反第 7 版的项目管理原则。
- 不符合第 6 版的项目管理过程的要求。

23.5 其他

23.5.1 常用的假设前提条件

PMP® 考试中有一些公认的基本前提条件，无须明说，大家都应该知道。例如：
- 如果没有明说是敏捷型方法，就是预测型方法。
- 敏捷观念适用于任何项目，即便项目用的是预测型方法。
- 如果没有明说是什么组织形式，就是矩阵式组织形式。
- 如果没有明说你是什么角色，就是项目经理。
- 关于采购管理的题目，如果没有明说你是买方或卖方，你就是买方。
- 关于各种组织形式的优缺点，如果没有明说是与什么组织形式比较，就是与职能式组织比较。
- 任何组织都应该有历史资料的积累，有组织过程资产。任何项目都必须有项目章程，有项目管理计划。

23.5.2 常用的经验式说法

经验式说法，也叫大拇指规则，虽然不一定准确，但是用起来很方便。一些常用的经验式说法包括：
- 工作分解结构的层次一般要控制在 4~6 层，太多就不便于管理了。
- 项目经理大多数时间（甚至高达 90% 的时间）花在沟通上。
- 在面对面的口头沟通中，有 55% 的信息是通过"非口头语言"传递的。
- 项目在完成了 15%~20% 以后，项目的累计成本绩效指数就比较稳定了。所以这之后的累计成本绩效指数就可以为预测项目完成时的项目总成本提供一个比较快捷的方法。如果在项目完成了 15% 时，项目的成本是超支的，那么项目的最终成本将超支。
- 大约 85% 的质量责任应该由管理层来承担，一线工人只承担 15% 的责任。
- 在质量控制的控制图中，如果连续有 7 个点落在目标值的同一边或呈同向变化，就可以判断为过程失控。因为由随机原因引起这种分布的可能性非常小。
- 帕累托规则，也叫"二八定律"，其含义为 20% 的原因引起了 80% 的问题。
- 如果没有具体的计算依据，项目的应急储备（资金）可按项目总成本的 10% 计算。
- 项目的质量成本至少应该占项目总成本的 3%~5%。

23.6 项目进度管理和成本管理计算练习题

考生需要认真完成下列练习。

23.6.1 三点工期估算

假设表 23-1 所列的活动都在同一条关键路径上，活动之间都是完成到开始关系，且没有时间提前量与滞后量，请完成该表格中的空白栏目。

表 23-1 三点工期估算

活动	乐观	一般	悲观	平均工期	标准差	方差
A	13	25	45			
B	15	20	30			
C	37	41	55			
D	23	34	50			
E	35	55	87			
整个项目						

23.6.2 工期压缩

某项目的浮动时间为 –3 周。项目进行中的间接费用为 1 600 元/周，完成项目各项活动所需的正常工期和赶工后工期、正常（直接）成本和赶工后（直接）成本如表 23-2 所示。

表 23-2 某项目的活动工期与直接成本信息

活动	紧前活动	正常工期（周）	赶工后工期（周）	正常成本（元）	赶工后成本（元）
A		12	9	10 000	15 000
B		8	6	16 000	23 000
C	A	3	2	18 000	21 000
D	A、B	8	5	13 000	16 000
E	B	10	7	25 000	29 000

（1）画出项目的网络图。
（2）找出关键路径与项目工期。
（3）为了解决负浮动时间的问题，应该缩短哪些活动的时间？
（4）解决负浮动时间的问题后，项目的总成本是多少？比原来是增加了还是节约了？

301

23.6.3 浮动时间

某项目的进度信息如表 23-3 所示。

表 23-3 某项目的进度信息

活动名称	A	B	C	D	E	F
工期（周）	12	10	5	7	6	4
紧前活动	—	A	A	B	B	C、D、E

（1）画出项目的网络图。

（2）找出关键路径与项目工期。

（3）计算出各项活动的最早时间、最晚时间以及浮动时间。

（4）如果活动 B 的资源被换成经验不足的资源，导致要 12 周才能完成，这对项目有什么影响？

（5）如果管理层决定要增加一个重要活动 G，活动 G 必须在活动 C 之后和活动 F 之前完成，历时 11 周。这对项目的进度会有什么影响？

23.6.4 挣值练习

请认真完成以下练习，确保掌握挣值法，能迅速、准确地进行相关计算。

假设你正在修建一座简单的房屋，包括 5 项工作（这些工作均按完成到开始关系逐项进行），即打基础、砌墙壁、安门窗、修屋顶和室内装修，计划的总工期为 10 天。这些工作的计划安排如表 23-4 所示。现在是第 7 天的下班时间，项目的状态如表 23-5 所示。

表 23-4 某项目的计划安排

	打基础	砌墙壁	安门窗	修屋顶	室内装修
计划工期	2 天	3 天	2 天	2 天	1 天
计划成本	1 000 元	5 000 元	1 000 元	2 000 元	1 000 元

表 23-5 某项目的实际进展状态

	打基础	砌墙壁	安门窗	修屋顶	室内装修
实际进度	已全部完成	已全部完成	已完成 70%	未开始	未开始
实际花费	1 100 元	5 100 元	900 元	未发生	未发生

请根据上述资料计算挣值及其他有关项目指标，完成表 23-6。

表 23-6 某项目的挣值管理计算

指标	计算过程	计算结果	对结果的解释
计划价值（PV）			
挣值（EV）			
实际成本（AC）			

续表

指　标	计算过程	计算结果	对结果的解释
成本偏差（CV）			
成本绩效指数（CPI）			
成本偏差百分比（PCV）			
进度偏差（SV）			
进度绩效指数（SPI）			
进度偏差百分比（PSV）			
完工尚需估算（ETC，按CPI）			
完工尚需估算（ETC，按CR）			
完工估算（EAC，按CPI）			
完工尚需绩效指数（TCPI，按BAC）			
完工偏差（VAC，按CPI）			

23.7　项目进度管理和成本管理计算题解答

23.7.1　三点工期估算

某项目的三点工期估算结果如表 23-7 所示。

表 23-7　某项目的三点工期估算结果

活　动	乐　观	一　般	悲　观	平均工期	标准差	方　差
A	13	25	45	26.3	5.3	28.09
B	15	20	30	20.8	2.5	6.25
C	37	41	55	42.7	3	9
D	23	34	50	34.8	4.5	20.25
E	35	55	87	57	8.7	75.69
整个项目	123	175	267	181.6	11.8	139.28

23.7.2　工期压缩

（1）网络图如图 23-1 所示。

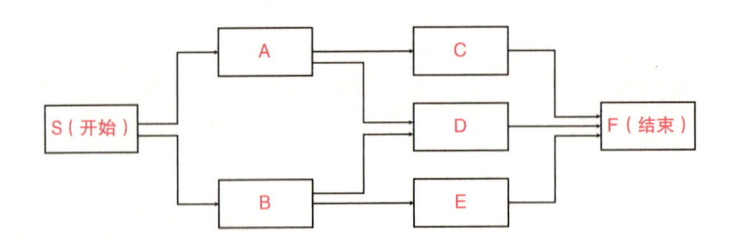

图 23-1 某项目的网络图之一

（2）网络图中共有四条路径：S-A-C-F，工期 15 周；S-A-D-F，工期 20 周；S-B-D-F，工期 16 周；S-B-E-F，工期 18 周。关键路径为 S-A-D-F。

（3）计算各活动的赶工费率，得到 A=5 000÷3=1 667；B=7 000÷2=3 500；C=3 000÷1=3 000；D=3 000÷3=1 000；E=4 000÷3=1 333。

为了解决负浮动，在考虑单位赶工费率与关键路径之后，确定可以赶工的活动为 D、E。注意：E 是在 D 赶工两周导致关键路径发生变化后才出现在关键路径上的。

（4）先对 D 进行赶工。由于次关键路径 S-B-E-F 比关键路径只少两周，所以对 D 只能先赶工 2 周。D 的赶工费用为 2 000 元。D 赶工之后，关键路径变为两条：S-B-E-F 和 S-A-D-F。为了再压缩一周的工期，需要 E 赶工，同时又对 D 赶工；赶工的费用为：1 333+1 000=2 333（元）（注意：如果不是为了解决负浮动时间问题，这次赶工从成本上讲是不划算的，因为赶工增加的直接费用大于节约的间接费用）。

解决负浮动时间后，项目的总费用为 113 533 元，其中包括活动 A 的直接成本 10 000 元，活动 B 的直接成本 16 000 元，活动 C 的直接成本 18 000 元，活动 D 赶工后的直接成本 16 000 元，活动 E 赶工后的直接成本 26 333 元，项目赶工后的总间接费用 27 200 元。

两次赶工增加的费用为 4 333 元，小于所节约的间接费用 4 800 元，所以总费用节约。

23.7.3 浮动时间

（1）网络图如图 23-2 所示。

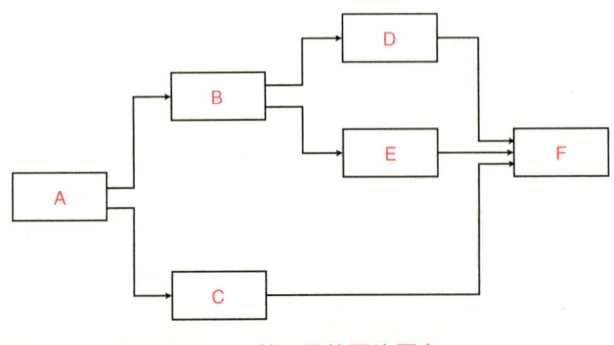

图 23-2 某项目的网络图之二

（2）关键路径为 A-B-D-F，工期为 33 周。

（3）各活动的最早开始与结束时间，最晚开始与结束时间，以及浮动时间，如表 23-8 所示。

表 23-8　某项目的最早与最晚时间计算结果

	最早开始	最早结束	最晚开始	最晚结束	浮动时间
A	1	12	1	12	0
B	13	22	13	22	0
C	13	17	25	29	12
D	23	29	23	29	0
E	23	28	24	29	1
F	30	33	30	33	0

（4）由于 B 在关键路径上，项目结束时间拖后 2 周。

（5）加上任务 G 后 A-C-G-F 工期为 32 周，不影响项目关键路径，所以对项目进度无影响。

23.7.4　挣值练习

计算结果如表 23-9 所示。

表 23-9　某项目挣值管理计算结果表

指　标	计算过程	结　果	对结果的解释
计划价值（PV）	1 000+5 000+1 000	7 000	截至考核时点，按计划应该要完成 7 000 元
挣值（EV）	1 000+5 000+1 000×70%	6 700	截至考核时点，实际已完工作的预算价值为 6 700 元
实际成本（AC）	1 100+5 100+900	7 100	截至考核时点，实际已经花费了 7 100 元
成本偏差（CV）	6 700–7 100	–400	截至考核时点，项目成本已经超支 400 元
成本绩效指数（CPI）	6 700÷7 100	0.94	截至考核时点，实际花费的每 1 元钱只做了 0.94 元的事（按预算价值）
成本偏差百分比（PCV）	–400÷6 700	–5.97%	截至考核时点，成本偏差占挣值的比重是 –5.97%
进度偏差（SV）	6 700–7 000	–300	截至考核时点，本来应该已经完成的价值 300 元的工作，还没有完成，进度落后
进度绩效指数（SPI）	6 700÷7 000	0.96	截至考核时点，实际进度只是计划进度的 96%
进度偏差百分比（PSV）	–300÷7 000	–4.29%	截至考核时点，项目进度偏差占计划进度的 –4.29%
完工尚需估算（ETC，按 CPI）	(10 000–6 700)÷0.94	3 510	在该考核时点，估计完成剩余工作还需要 3 510 元

续表

指 标	计算过程	结 果	对结果的解释
完工尚需估算（ETC，按 CR）	（10 000–6 700）÷（0.94×0.96）	3 657	在该考核时点，估计完成剩余工作还需要3 657元（如果必须按期完工）
完工估算（EAC，按 CPI）	10 000÷0.94	10 638	假定过去的成本绩效是典型的，则在该考核时点重新估算的完成整个项目所需的成本是10 638元
完工尚需绩效指数（TCPI，按 BAC）	（10 000–6 700）÷（10 000–7 100）	1.14	为了按规定的预算完成项目，以后的成本绩效指数必须达到1.14，即每花1元要做价值1.14元的事情
完工偏差（VAC，按 CPI）	10 000–10 638	–638	在该考核时点，估计项目全部完工时将要超支638元（假定照目前的形势继续发展）

第24章
模拟题和参考解答

24.1 注意事项

本章包括 90 道模拟题（相当于半份 PMP® 试卷）及其参考解答，供考生练习和思考之用。请注意：

- PMI 从未公布 PMP® 考试的任何真题，所以市面上没有真正的真题，只有模拟题。模拟题与考试真题会有一定的距离。
- 做模拟题，不要死记硬背答案，而要切实搞清楚所考的知识点或工作任务。只有这样，才能举一反三，事半功倍。
- PMP® 考试真题，无论出得多么灵活甚至有点离谱，都是围绕项目管理中的主要知识点或工作任务的，正所谓"万变不离其宗"。无论是阅读本书第 1 章至第 23 章，还是做本章的模拟题，都必须认真把握知识点或工作任务。切不可因盲目做题而忽视把握知识点或工作任务。
- 在参加 PMP® 考试之前，考生应该（通常也只需）做大约 1 000 道模拟题。你参加的 PMP® 考前培训班应该会给你提供相应的模拟题。本章的模拟题不能替代培训公司提供的模拟题。
- 与 PMP® 考试真题可能有很长的题干不同，本章模拟题的题干都不长。在参加真实考试时，对长题干，考生要善于简化题干信息，找出关键信息。如同英文句子，无论多么长，都可以简化为"主谓宾"的简单结构。

24.2 90道模拟题

24.2.1 多选题（选择两个答案）

1. 你作为项目经理，刚组建了一个小型团队来为客户做一个项目。该客户的表达能力有限，无法准确描述自己的需求，又想要快速使用项目成果。你很担心与客户的合作出现不愉快。为此，你应该怎么做？

  A. 花更多时间收集客户的需求　　B. 对客户进行表达能力的培训
  C. 采用最小可用产品的做法　　　D. 与客户签订补充合同以细化相关要求
  E. 分阶段交付商业价值

2. 一个自动化绩效考核和薪资管理系统开发项目，开发团队刚刚完成了第一次迭代，形成了第一代原型。在开始执行第二次迭代之前，项目团队应该做什么？

  A. 召开产品待办项精炼会　　　　B. 召开迭代回顾会
  C. 召开每日站会　　　　　　　　D. 召开迭代规划会
  E. 召开迭代启动会

3. 最近，一座城市在许多街道和公园修建了许多洗手台，极大地方便了民众，也有利于预防疾病。只是有的洗手台建在离公共卫生间仅 100 米至 200 米的位置，与公共卫生间的洗手台形成了不必要的重复建设。这些洗手台本可以建在其他更合适的位置。项目团队在确定建洗手台的位置时，很可能没有做好以下哪个方面？

  A. 清晰地理解项目的时间和资金限制
  B. 清晰地理解应该完成的可交付成果
  C. 清晰地理解所需的项目结果
  D. 清晰地理解城市发展的战略目标
  E. 清晰地理解需实现的项目效益

4. 公司计划启动一个办公自动化改革项目，把 90% 的办公业务都在网络上实现。这个项目预计需要 5 年时间才能全部完成。为了分阶段交付项目成果，就必须采用敏捷型开发方法和敏捷型项目生命周期。在确定项目阶段划分的数量和时间节点时，最应该考虑以下哪个因素？

  A. 项目相关方的数量和类型　　　B. 相关方对交付项目价值的需要
  C. 项目的工期和成本目标　　　　D. 项目团队的工作能力
  E. 项目各个可交付成果的性质

5. 一个大型 IT 开发项目已经完成前期准备工作，落实了项目的可行性，也落实了做项目所需的资金。因为项目所需的资金较大，所以由两家公司联合出资。现在，项目发起人正在物色项目经理编写用以正式启动项目的文件。项目发起人应该给项目经理提供什么文件作为编制依据？

  A. 项目范围说明书　　　　　　　B. 项目章程
  C. 工作分解结构　　　　　　　　D. 协议
  E. 商业论证

6. 一家大型出版社正在策划组编一本 100 万字的项目管理案例集。案例集需要有 100 个以上的案例，覆盖至少 10 个行业。他们计划招聘一位项目经理来负责组编工作，要求项目经理能联系到不同行业的项目管理专家，能够激励这些专家投入时间和精力来撰写案例。他们也会授权项目经理动用出版社内部资源来完成组编工作。这里提及了项目经理应该具有的哪两种权力？

A. 信息权力
B. 说服权力
C. 关系权力
D. 专家权力
E. 正式权力

7. 你在负责公司的工作手册开发项目，开发一本发给每一个员工使用的纸质笔记本式工作手册。在征集员工的需求的过程中，你发现大家都不太说得清楚手册究竟应该包括哪些内容。为此，你决定先设计出三个最基本的内容。在发给员工征集意见后，再根据员工的意见添加新内容。在所有内容都确定之后，再对每一个内容逐渐进行精炼，直至90%的员工都表示满意。这个项目采用了哪种开发方法？

A. 预测型
B. 增量型
C. 迭代型
D. 敏捷型
E. 适应型

24.2.2 单选题（四选一）

8. 从未在一起合作过的9个人，形成了一个团队来进行敏捷开发。第一个迭代期已经结束。团队成员之间对开发工作有太多争议，造成了第一个迭代期的进展不顺利，未能完全实现第一个迭代期的目标。在迭代回顾会上，发现团队成员的工作时间和工作习惯都存在较大不同。敏捷教练应该如何防止第二个迭代期再发生类似情况？

A. 对工作时间和工作习惯做出硬性规定
B. 请求高级管理层的支持
C. 任由团队自然发展
D. 引导团队成员之间形成社会契约

9. 某个软件开发项目，以4周为一个迭代期。在第一个迭代期进行到约一半时，客户就改变了主意，提出了需求变更，给项目团队带来了不必要的麻烦。项目经理应该如何处理这种情况？

A. 拒绝客户在迭代期内提出的任何变更
B. 与客户协商，把迭代期缩短至2周，以便在一个迭代期内无须变更
C. 立即执行客户提出的变更
D. 要求客户增加费用

10. H公司有一个战略目标，那就是要成为履行社会责任的模范。过去，公司一直在做慈善项目，例如，给灾区捐款捐物，帮助残疾人就业，资助贫困家庭孩子上学。现在，公司想要进一步扩大履行社会责任的范围，增加节能减排项目和商业模式变革项目。为了更好地实现履行社会责任的战略目标，公司应该通过以下哪个来把这三类项目加以协调管理？

A. 项目管理　　　　　　　　　　　B. 项目集管理

C. 战略管理　　　　　　　　　　　D. 项目组合管理

11. 一个开发运动智能穿戴设备的项目，项目经理正在组织项目团队成员讨论和细化项目目标。项目经理跟大家说，这个穿戴设备的用户多种多样，我们必须考虑各种不同类型用户的需求，以便获得尽可能大的潜在市场。这个项目对不同类型的用户可能会有不同的什么？

A. 可交付成果　　　　　　　　　　B. 项目生命周期

C. 项目管理过程　　　　　　　　　D. 商业价值

12. 你被任命为一个新项目的项目经理。虽然你已经从事过多年的项目管理工作，但还从来没有管理过这类项目。现在你需要编制项目计划，你应该依据下列哪项资料？

A. 类似项目的历史资料　　　　　　B. 你接受过的项目管理培训

C. 自己过去的经验　　　　　　　　D. 高级管理层的指示

13. 某地方用几年时间在城市郊区新建了一个住宅小区。因为学校、医院、商场等配套设施的建设没有跟上，导致小区建成以后一直没有达到较高的入住率。为了防止这个问题的出现，该地方本该加强以下哪一项？

A. 地区战略管理　　　　　　　　　B. 项目集管理

C. 楼盘销售管理　　　　　　　　　D. 项目管理

14. 客户提出对项目范围进行一个变更，稍微调整一下项目可交付成果的一个功能。项目管理团队正在对这个变更的可能影响进行分析。项目管理团队最应该查看哪个文件来开展这个分析工作？

A. 需求文件　　　　　　　　　　　B. 需求跟踪矩阵

C. 项目范围说明书　　　　　　　　D. 工作分解结构

15. 项目发起人计划下周五来项目现场检查项目进展情况。为此，项目团队需要准备一份关于项目进展情况的书面报告。等发起人到现场后，既要把书面报告呈报给发起人，又要向发起人进行相关的口头汇报。在书面报告中，除了包括项目的KPI指标，还必须有各种图表。为了让发起人了解项目的进度绩效，书面报告中应该包括以下哪个？

A. 详细进度计划　　　　　　　　　B. 概括性进度计划

C. 项目进度网络图　　　　　　　　D. 项目活动持续时间估算

16. W公司是一家电信设备制造商，已经应用项目管理方法很多年，积累了丰富的经验。他们决定整理出一套实用的项目管理标准，并基于这套标准向社会推出一个项目管理职业资格认证。他们确定了下列目标：一年后形成项目管理标准，两年后推出资格认证，五年后形成成熟的业务模式，为公司获得每年不低于5 000万元的标准和认证销售收入。他们的目标中包括了以下哪些内容？

A. 可交付成果（deliverable），效益（benefit）

B. 输出（output），可交付成果（deliverable）

C. 结果（outcome），价值（value）

D. 效益（benefit），价值（value）

17. 一个简易信息系统开发项目刚刚立项，项目工期为一个月。考虑到项目工期短，工作内容并不复杂，项目经理决定采用基于工作流的敏捷开发方法，以"待做""在做""做完"这三种状态在看板上直观地显示项目进展情况。在这种情况下，该项目应该被划分成几个阶段来开展？

　　A. 不分阶段　　　　　　　　B. 三个阶段
　　C. 四个阶段　　　　　　　　D. 五个阶段

18. 项目中的一项活动，有90%的可能性在30天完成，有50%的可能性在20天完成。为了防止工作人员在开展活动过程中拖拖拉拉，应该把该活动的持续时间定为哪个？

　　A. 30天　　　　　　　　　　B. 20天
　　C. 25天　　　　　　　　　　D. 37天

19. 一个项目，商业论证报告已经获得批准，并进入启动过程组。这时，一位产品经理对项目提出了反对意见。面对这个反对意见，项目经理该怎么办？

　　A. 召开引导式研讨会
　　B. 继续制定项目章程
　　C. 不理会产品经理的意见
　　D. 向高级管理层报告

20. 采用敏捷型方法开展的新产品研发项目已经接近尾声。三天前，团队突然得知，市场上刚出现了一款类似的竞争性产品。经过对该产品的研究，团队决定对正在研发的新产品的功能进行一项变更，即便该变更会让新产品的上市时间推迟一周。应该如何评价项目团队的这一做法？

　　A. 这个时候不应该再进行项目变更
　　B. 这个变更是范围蔓延，是不应该做的
　　C. 这个变更是完成漂移，是应该做的
　　D. 变更导致的工期延长会降低项目价值

21. 项目团队通过合同为某客户做项目。项目团队刚刚完成了一个重要的项目可交付成果，并自行对其质量进行了检查，发现完全符合质量要求。接下来项目团队应该怎么做？

　　A. 邀请客户来检查可交付成果的质量
　　B. 邀请客户对可交付成果做正式验收
　　C. 通知客户可交付成果已经完成，并要求在整个项目完工时再来验收
　　D. 要求客户支付进度款项

22. 公司计划采购项目管理培训服务。公司与当地的一家培训公司已经合作了10年。双方一直合作得很好。因此，公司计划向这家培训公司进行单一来源直接采购。为了顺利开展此项采购，公司应该怎么做？

　　A. 直接向培训公司发出采购函

311

B. 审查培训公司的当前情况

C. 向三家类似培训公司发出采购意向

D. 请前一次向培训公司采购的项目经理来负责此次采购

23. K公司决定做一个新产品研发项目，研发一款智能运动衫，能够根据天气变化自动调节透气性能。你刚被任命来负责这个新产品研发，你希望尽可能延长这个新产品从摇篮到坟墓的时间，让它为公司带来尽可能大的收益。为了达到这个目的，你最应该使用以下哪个领域的知识？

A. 项目生命周期	B. 产品生命周期
C. 公司战略管理	D. 公司营销管理

24. 公司办公室装修项目，正在进行装修方案设计。项目的工期和预算都十分紧张。项目必须在公司成立10周年庆祝日之前完成，必须在1 000万元预算内完成。为了确保项目在规定时间和预算内完成，你作为项目经理，决定采用更多大办公室的方案，而不是分隔出更多小办公室。这个方案会使某些人失去原有的独立办公室。在决定采用这个方案之前，你应该怎么做？

A. 协调项目进度目标和成本目标

B. 协调项目质量目标和范围目标

C. 咨询公司管理层和业务部门的想法

D. 咨询公司管理层和主题专家的想法

25. 你是一个大型跨国项目的项目经理。项目团队成员来自10个不同国家，讲4种不同的母语。你知道必须把所有成员结成一个高效的团队，才能取得项目成功。为了做好项目团队建设，你最应该关注以下哪个会妨碍团队建设的因素？

A. 团队成员之间的文化差异

B. 团队成员对项目愿景的理解差异

C. 团队成员之间的母语差异

D. 团队成员之间的行为习惯差异

26. 你正在带领一个5人写作团队编写一本项目管理图书。团队经过讨论确定了写作提纲，确定了必须经过收集素材、整理素材、写作草稿和形成终稿这些步骤，形成相应的可交付成果。以下哪个成果最能代表项目的产品范围？

A. 收集的原始素材	B. 整理后的素材
C. 写成的草稿	D. 形成的终稿

27. 在项目的前期准备阶段，必须从4个备选项目中选择一个。其中，项目A的投资回收期为2年，累计净现值为5万元；项目B的投资回收期为3年，累计净现值为9万元；项目C的投资回收期为7年，累计净现值为10万元；项目D的沉没成本是6万元，累计净现值为6万元。根据这些有限的信息，应该选择哪个项目？

A. 项目A	B. 项目B
C. 项目C	D. 项目D

第24章 模拟题和参考解答

28. 一个大型软件开发项目的实施已经接近尾声。项目经理发出通知，召集全体团队成员开一次项目风险识别会议。一位成员找到项目经理说，根据《PMBOK® 指南》第6版的规定，识别风险是规划过程组的过程，所以现在无须再开展此过程。对此，项目经理最好怎么回答这位成员？

　　A. 识别风险虽然是规划过程组的过程，但是在每个项目阶段都需要开展

　　B. 项目越接近尾声，面临的风险就越多

　　C. 以前的风险识别太片面，故现在需要继续识别风险

　　D. 你的说法是正确的，我们无须再识别风险

29. 在与客户的例行见面会上，客户提交了一份书面文件，要求你对项目范围做一个小的变更。这个客户是你的重要客户之一，你还指望以后从他那里获得更多的合同。你应该如何处理这个变更要求？

　　A. 同意免费进行这个变更

　　B. 给客户报一个进行该变更的价格

　　C. 拒绝这个变更要求

　　D. 告诉客户你需要评审这个变更对项目的影响，然后才能做出决定

30. 一个大型商业中心大楼建设项目，通过设计招标选定了设计师。已经完成设计工作。接着，通过施工招标选定了总承包商。在总承包商按期进入现场之后，业主方首先应该做什么？

　　A. 召开项目启动会　　　　　　　B. 召开项目开工会

　　C. 召开项目状态会　　　　　　　D. 召开项目执行会

31. 作为项目经理，你在完成了上一个项目后，又接手了一个新的 IT 开发项目。上一个项目的执行组织的文化偏向于集中式管理，项目团队成员习惯于由你分配工作任务并用奖金激励他们完成任务。这个新项目的执行组织的文化却有很大不同。在这种文化下，项目团队成员不习惯接受指派的任务，而是喜欢自主安排工作任务。他们也有能力按期保质完成任务。在这个新项目上，你应该采用什么领导风格？

　　A. 采用命令式领导风格，用高额奖金激励项目团队成员完成你指派给他们的任务

　　B. 询问项目团队成员喜欢什么样的领导风格，然后做出相应的安排

　　C. 采用仆人型领导风格，通过为项目团队成员提供服务来引导他们安排和完成工作任务

　　D. 采用异常管理式领导风格，只关注出现重大业绩偏离的项目团队成员的工作情况

32. 在项目例行的质量审计中，审计人员指出项目的质量管理过程过于繁杂，太耗费时间，建议项目团队用精益生产方法来优化质量管理过程。项目团队决定采纳审计人员的建议。接着项目团队应该怎么做？

　　A. 召开经验教训总结会

　　B. 考虑下一笔钱该用在什么地方

313

C. 召开项目状态评审会

D. 开展价值流分析

33. 即将开始的社区养老中心建设项目，由四部分内容构成：房屋建设，养老服务打造，中心网站建设，工作人员培训。项目预计在3年内分阶段逐渐建成。为了确保项目顺利推进，该项目最好采用哪种项目生命周期？

　　A. 预测型生命周期　　　　　　　　B. 迭代型生命周期

　　C. 增量型生命周期　　　　　　　　D. 混合型生命周期

34. 在项目执行过程中，项目经理遇到了一个超出自己权限的问题。他把这个问题报告给了公司高级管理层。公司高级管理层在征求了各个相关职能部门的意见后，虽然做出了关于如何解决问题的决策，却因拖延了时间而错过了解决问题的最佳时机，导致项目受到了不利影响。要避免以后再次出现这种情况，项目经理应该建议项目发起人做以下哪件事？

　　A. 授予项目经理管理项目的全部权力

　　B. 组建项目治理委员会

　　C. 由高级管理层直接做出决定，而无须征求各个职能部门的意见

　　D. 由项目发起人亲自做出相关决策

35. 一个IT开发项目的项目团队，在项目进行到一半时发生了一位重要成员离职。项目经理很快就招聘了一位新成员加入团队，承担离职成员的工作。由于团队的工作记录和知识管理做得很好，新成员能够比较顺利地接手离职成员的工作。从团队建设的角度来讲，这位新成员加入之后，团队应该进入以下哪个发展阶段？

　　A. 形成　　　　　　　　　　　　　B. 震荡

　　C. 规范　　　　　　　　　　　　　D. 成熟

36. 项目团队刚刚完成了对已经识别出来的每个风险的定性分析，确定了每个风险发生的概率和后果。因为风险的数量多达500个，所以项目团队决定对所有风险进行分级，以便重点管理被归为"严重"级别的风险。项目团队应该使用哪个技术进行风险分级？

　　A. 风险概率和影响定义

　　B. 风险类别矩阵

　　C. 风险概率和影响矩阵

　　D. 风险责任矩阵

37. 一所大学决定租用现有的成熟在线平台，采用敏捷方法开发和提供在线项目管理课程。课程预计18讲，每周开发和提供一讲。在本讲提供后会立即征求学生们的意见和建议，供下一讲开发借鉴。在这种情况下，项目采用的是哪种交付节奏？

　　A. 单一交付　　　　　　　　　　　B. 多次交付

　　C. 周期交付　　　　　　　　　　　D. 持续交付

38. 一个项目正处于规划阶段，项目经理因为突发的健康原因而被迫离职，你被任命为新项目经理。为了带领项目团队和主要相关方识别项目风险，你首先需要搞清楚本

项目的整体风险级别。你应该查看哪份文件来了解本项目的整体风险级别？

　　A. 商业论证　　　　　　　　B. 合作协议
　　C. 项目章程　　　　　　　　D. 风险登记册

39. 在项目启动阶段，项目团队有效开展了识别相关方过程，罗列出了多达 200 个项目相关方。在项目进展过半后，一位团队成员提醒项目经理，后面可能有新的个人出来干扰项目。面对这个提醒，项目经理应该怎么做？

　　A. 因为相关方识别已经完成，所以无须理会这个提醒
　　B. 因为项目很快就能完工，所以无须理会这个提醒
　　C. 因为项目相关方可能变化，所以要重新识别相关方
　　D. 因为该成员只是一名基层成员，所以无须理会他的提醒

40. 公司要求项目团队加快研发速度，确保 3 个月后交付完整产品。其中的两个产品组件将分别由不同的小组研发，并由两个小组共同决定该如何对这两个组件进行集成。在讨论集成方法时，两个小组分歧很大，无法协调。为此，项目经理决定把这两个组件改由同一个小组来研发。项目经理使用了哪种冲突解决方法？

　　A. 撤退　　　　　　　　　　B. 缓和
　　C. 妥协　　　　　　　　　　D. 强迫

41. 项目管理团队正在编制项目计划，包括编制项目预算。他们查看了项目章程中的相关内容，了解到项目发起人可供项目使用的资金限额为 5 000 万元。在编制项目预算时，既要考虑项目风险，防止预算金额不足，又要确保项目预算不突破 5 000 万元限额。团队成员对项目预算应该达到的准确程度有不同看法。为了协调这些不同看法，项目经理应该怎么做？

　　A. 要求团队继续讨论，达成一致意见
　　B. 自己确定准确度要求并告知团队成员
　　C. 要求团队查看项目章程
　　D. 要求团队查看项目管理计划

42. 项目经理正在负责一个中等规模的跨专业跨部门项目，大多数项目团队成员都是从公司的各职能部门临时借调来的，其中有一部分人还只是在项目上兼职。项目经理在向团队成员安排工作任务时，发现团队成员不太配合甚至有些抵触。导致这种情况的最可能的原因是什么？

　　A. 项目经理缺乏人际关系技能
　　B. 项目经理没有足够的正式权力
　　C. 团队成员不了解项目的重要性
　　D. 团队成员不愿意为项目工作

43. 公司尝试引进敏捷开发方法，以此提高项目的工作效率和公司的组织敏捷性。经过半年多的探索和研究，公司确定目前不适合全范围实施敏捷开发，但可以精选一些创新型产品开发项目实施。你正负责这样一个创新型产品开发项目，你应该挑选什么样

的员工加入项目团队?

  A.通用的专才   B.特定领域的专家

  C.独立工作能力强的人   D.具有丰富创新经验的人

44. 在例行召开的项目状态评审会议上,参会人员对一个关键专业术语的理解有分歧,并因此对该如何评价项目绩效发生了激烈争论。项目经理要求大家先统一对该专业术语的理解。为了统一对该专业术语的理解,大家应该查看哪个文件?

  A.项目管理计划   B.项目相关方参与计划

  C.项目沟通管理计划   D.项目章程

45. 一个大型信息系统开发项目,预计投资1亿元。项目发起人的资金实力不足以支持本项目,正在物色其他公司来合作出资。虽然项目的前景比较诱人,物色到合作出资方的可能性较大,但项目的资金供应在项目立项之后仍然存在较大的不确定性。面对这种情况,该项目最好采用哪种生命周期?

  A.预测型生命周期   B.敏捷型生命周期

  C.计划驱动型生命周期   D.不确定型生命周期

46. 受全球新冠疫情的影响,大批客户取消了原有的机械设备订单,促使公司不得不重新考虑战略目标和经营目标。公司计划转产新型医疗器械。这一改变会影响你正在负责的机械设备生产线改造项目。你的项目必须做出变更,以确保继续符合公司新的战略目标和经营目标。这个重大项目变更应该由谁来审批?

  A.项目发起人   B.公司高级管理层

  C.项目治理委员会   D.项目经理

47. 在建筑工程项目的执行过程中,项目团队遇到了当地居民的投诉。他们说建筑工程的噪声干扰了他们的正常工作和生活,要求你们严格控制施工时间和施工噪声。在接到居民的投诉后,项目团队应该怎么做?

  A.把投诉记录进问题日志   B.把投诉记录进风险登记册

  C.不理会这个投诉   D.向项目经理报告这个投诉

48. 公司决定开发一个自动办公系统,最小化纸张使用量,最大化办公效率。你作为项目经理正在征集公司各部门和员工对自动办公系统的需求。你发现有些部门和员工对这个项目的积极性不高,不太愿意配合你的需求征集工作。为了避免出现这个问题,你本应该做哪件事?

  A.尽量缩小征集需求的部门和员工范围

  B.只向愿意配合的部门和员工征集需求

  C.评估项目将引发的组织过程资产更新

  D.评估项目对组织的影响

49. 在一个需要高度创新的科技研发项目上,项目经理需要每一位团队成员都积极思考、相互启发、相互激励。他最有可能通过以下哪一条来达到这个目的?

  A.鼓励每一位成员遵守团队章程

B. 鼓励每一位成员服从上级

C. 鼓励每一位成员严格履行岗位权责

D. 鼓励每一位成员充分展现领导行为

50. 你将负责一个智能建筑设计项目。项目包括建筑物设计、信息应用系统设计、建筑设备管理系统设计和公共安全系统设计。一方面，客户对建筑物的功能需求还很不清晰，说不清楚究竟要有哪些功能；另一方面，智能控制系统的模型结构和参数也存在很大的不确定性。你应该建议本项目采用哪种生命周期类型？

　　A. 适应型生命周期　　　　　　　B. 混合型生命周期

　　C. 迭代型生命周期　　　　　　　D. 预测型生命周期

51. 一个酒店建设项目正在进行中。一个重要的相关方建议把项目成果的用途从酒店改成供出租用的办公楼，并说这个改变不会对项目的建设工期和成本造成太大影响。面对这一建议，项目经理应该如何行动？

　　A. 向项目发起人求助

　　B. 同意进行这项变更

　　C. 进一步分析该变更对项目工期和成本的影响

　　D. 与该相关方沟通变更对商业价值的影响

52. 约翰是一位基本没有经验的新项目经理，刚接手一个小型IT开发项目。项目团队总共有5名成员，他们过去没有合作过。他向一位资深项目经理请教应该如何防止项目进展不顺。他最有可能得到以下哪条建议？

　　A. 向公司请求把团队成员替换为相互之间曾经合作过的人

　　B. 请求公司给自己派一位有项目管理经验的助手

　　C. 向公司项目管理办公室求助，查看类似项目的经验教训

　　D. 请求公司对团队成员进行相关的培训

53. 一个重要的软件开发项目已经完成了80%。项目经理在对商业环境做例行调研时发现，市场上出现了一种新的突破性技术，很可能会使项目可交付成果完成之日就是过时之日。面对这种情况，项目经理应该怎么办？

　　A. 不理会新技术，继续按原定要求交付项目可交付成果

　　B. 与项目发起人协商项目变更，提高项目的适应性

　　C. 自行决定进行项目变更，并确保在原定工期和预算内完成

　　D. 在与项目团队成员讨论之后做出合理的变更决定

54. 你正负责一个敏捷项目，客户代表与团队频繁互动，产品一直符合要求和期望。由于工作调动，客户代表离开本项目，另一名新的客户代表加入本项目。这名新的客户代表虽然并没有接受过系统的敏捷开发方法培训，但是自认为比较了解敏捷开发方法。他对敏捷开发方法有一套自己的看法。你应该如何获取新客户代表的支持？

　　A. 邀请他参加团队的每日站会

　　B. 倾听他对敏捷的看法，并纠正他的观点

317

C. 在频繁互动中满足他的每个要求

D. 邀请他了解团队的敏捷培训计划

55. 你是公司年会举办项目的项目经理。在筹备年会的过程中，必须确定年会的召开日期。确定年会的召开日期，需要考虑各种限制条件，例如，公司领导能够出席会议的日期，会场可供租用的日期。因为公司领导工作繁忙，对外的不少应酬又免不了，所以特别容易出现确定日期之后又因领导的时间冲突而不得不修改日期。为了尽可能避免出现这种修改日期的情况，在确定会议日期时应该遵守以下哪一条？

    A. 延迟到最晚责任时点再做决策   B. 提前到最早可能时点来做决策

    C. 请相关领导尽早决定会议日期   D. 请相关领导商量决定会议日期

56. 一个科研项目，将要对相关组织和部门的关键人员进行面对面访谈。目前，这些关键人员都还不知道本科研项目的存在，参与项目的程度都属于"不知晓"。项目团队决定要在正式开展访谈之前尽早把他们转变为"支持型"相关方，以便他们做好被访谈的准备。为了实现这个转变，项目团队需要策划行动方案。这一行动方案应该记录在以下哪个文件中？

    A. 项目相关方参与计划   B. 相关方登记册

    C. 项目沟通管理计划   D. 相关方参与度评估矩阵

57. 项目管理办公室要求所有项目都采用公司统一的项目进展报告模板定期编制《项目进展报告》。你正在负责的一个项目刚刚启动，即将编制第一期《项目进展报告》。经过与团队讨论，你发现该模板是好几年之前制定的，有些内容已经明显过时。面对这种情况，你应该怎么办？

    A. 不理会这个模板，按自己的需求编制《项目进展报告》

    B. 更新这个模板，并把更新后的版本发给项目管理办公室

    C. 按这个现有的模板编制《项目进展报告》，以满足项目管理办公室的要求

    D. 建议项目管理办公室更新项目进展报告模板

58. 你带领一个12人团队研发一种高新技术产品，团队成员来自公司的不同部门，以往没有相互合作过。虽然大家都严格遵守公司和团队的规章制度，但是整个团队显得很不活跃，成员之间的非正式沟通太少。你担心这种团队氛围会妨碍团队创新，因此你计划重点关注以下哪个方面？

    A. 提高每位成员的责任心   B. 强化使用你自己的职位权力

    C. 把团队分成3个小组并设立小组长   D. 鼓励每位成员展现领导力

59. 一个IT开发项目，刚刚完成了第一次迭代，开发出了第一代原型。原型顺利地通过了用户评审和试用。为了总结经验教训，在第二个迭代期做得更好，项目团队现在应该做哪件事？

    A. 召开迭代规划会   B. 召开迭代评审会

    C. 召开迭代回顾会   D. 召开待办项精炼会

60. 项目团队在分配工作任务时使用了RACI矩阵。为了防止一项工作没有人真正

负责的情况出现，团队对每一项工作都安排了两位成员来承担 A 的责任。他们认为，如果其中一人无法承担起 A 的责任，另一人就可以自然地替补承担。以下哪个是对团队这种做法的合理评论？

A. 这种做法确实很好，值得推荐

B. 两个 A 的责任，必须要有两个 R 的责任来配合

C. 没有必要对每一项工作都安排两个 A

D. 这种做法是错误的，违反了 A 的唯一性

61. 一个大型建筑施工项目的执行阶段已经接近尾声。在召开项目状态评审会议的过程中，团队成员热烈地讨论了项目问题和项目风险。大家一致认为项目到目前为止的进展情况很好，几乎所有的实质性问题都得到了有效解决。也有些人担心尚未解决的几个小问题可能对后续的项目进展造成威胁。他们也担心在项目执行的最后阶段会发生意外事件。为了回应这些人的担心，在项目状态评审会议结束后，应该开展以下哪个项目管理过程？

A. 识别风险 　　　　　　　　B. 实施定性风险分析

C. 规划风险应对 　　　　　　D. 调整项目计划

62. 你是一个办公信息系统开发项目的项目经理。这个项目正处于收集需求过程中，你带领项目管理团队对关键相关方进行访谈。在访谈中，政府相关部门要求信息系统有向政府部门自动传递相关信息的功能，以满足其进行监控的需要；公司管理层要求信息系统要符合公司保护商业机密的规定；相关职能部门的员工则希望信息系统要使用便捷。为了更好地协调各关键相关方的项目需求，你本应该在项目启动阶段做以下哪件事？

A. 把反对项目的相关方排除在外，防止他们对项目施加不利影响

B. 只识别和分析一些关键相关方，防止跟太多的相关方打交道

C. 与关键相关方讨论确定项目愿景，防止他们对项目愿景的意见分歧

D. 一次性识别出全部的项目相关方，防止以后还有新相关方出现

63. 你的项目正在受到政治因素的影响。如果不及时妥善处理，就会导致项目违规。你认识的一位专家很有政治敏锐性，善于巧妙处理此类问题。他目前正在为别的项目工作，该项目很快就要收尾。面对当前的情况，你应该怎么办？

A. 与那位专家联系，请他尽快来你的项目工作

B. 与那位专家联系，请他在那个项目结束后来你的项目工作

C. 与那位专家联系，请他给你发一些经验教训文档

D. 与那位专家联系，通过视频会议讨论项目遇到的政治因素

64. 一个路跑跑团，有 500 名业余跑步爱好者。他们组建了一个 5 人工作团队，由工作团队采用自愿报名和风险自担的做法征集了 50 名成员参加上周六上午的半程马拉松约跑活动，活动地点选在当地的一个开放式环湖公园，绕湖跑一圈为 3 公里。跑步成员到达公园后，却发现公园有另一场同时的跑步活动，而且人数更多，构成了对本活动的干扰。他们不得不推迟起跑时间，避免与另一场活动的场地冲突。导致出现这个问题

319

的最主要原因是什么？

A. 没有做好团队绩效域的工作　　B. 没有做好相关方绩效域的工作

C. 没有做好不确定性绩效域的工作　　D. 没有做好项目工作绩效域的工作

65. 公司刚启动一个项目，来编制公司自己的项目管理标准。你被任命为项目经理。你知道要编制出高质量的项目管理标准，离不开公司各业务部门的支持。为此，你需要从几个关键业务部门征调几名人员加入项目团队。你应该怎么做？

A. 请公司管理层签发人员征调函　　B. 与业务部门协商征调人员

C. 与意向中的征调对象协商征调事宜　　D. 直接向业务部门发出征调函

66. 公司正在实施一个自动化办公软件开发项目。软件开发完成后，要交付公司各个层级和各个部门使用。作为项目经理，你担心公司员工因习惯于老的工作方式而不愿意使用这套自动化办公软件，从而实现不了期望的项目价值。因此，你决定在项目范围中增加一项培训工作，来帮助员工改变老的工作方式。以下哪个是该办公软件开发项目必须实现的商业价值？

A. 可以正常工作的办公软件　　B. 员工对新的工作方式的积极态度

C. 按期完成的办公软件　　D. 提高后的办公效率

67. 一个高度创新的敏捷开发项目，项目团队在估算活动持续时间的过程中争论不休，对各个活动究竟要花多少小时才能完成无法达成一致意见。如果继续争论下去，将会影响项目进度。为了尽快结束争论，让大家对估算达成一致意见，项目经理应该建议团队采用哪种估算方法？

A. 自下而上估算　　B. 类比估算

C. 参数估算　　D. T恤尺码估算法

68. 项目工期已经过了三分之一，项目进度落后。你发现项目团队花了太多时间编制和整理各种文档，因此耽误了一些项目活动的开展。你应该如何帮助项目团队集中精力开展项目活动？

A. 把整理文档的工作推迟到项目结束时

B. 指定一位团队成员专门负责编制和整理文档

C. 要求项目团队成员加班完成项目活动

D. 与团队一起审查和调整项目工件

69. 一个敏捷开发项目，项目发起人出现了财务困难，要求在保证项目工期不变的同时，减少20%的项目预算。这个项目的预算主要用于支付人工费。为了在预算减少的条件下交付尽可能大的商业价值，项目经理应该怎么做？

A. 减少项目人员数量，并相应调整项目范围

B. 保持项目人员数量不变，但降低人员工资标准

C. 与产品负责人召开产品待办项精炼会

D. 请项目发起人决定该如何缩减项目范围

70. 在项目执行阶段，公司的一个业务部门组织了一次焦点小组会议，对项目进行

专题审查。根据审查结果，该部门要求项目进行一项小的变更，并声称这项变更对项目的进度和成本没什么影响。项目经理应该怎么做？

  A. 记录要求的变更   B. 安排人员执行要求的变更

  C. 与项目相关方沟通变更的影响   D. 与团队一起评估变更的影响

71. 在监督项目进度时，项目经理发现项目第一阶段的里程碑将无法按期实现，从而导致第二阶段无法按期开始，并因此影响项目按期完成。为了确保按期实现第一阶段的里程碑，项目经理应该怎么做？

  A. 考虑对第一阶段工作进行快速跟进，虽然这会增加风险

  B. 重新确定第一阶段工作的关键路径

  C. 削减第一阶段的剩余工作数量

  D. 用头脑风暴识别和分析几个假设情景

72. 一个敏捷开发项目正在进行中。项目经理希望关键相关方在整个项目进程中都能及时了解项目进展情况，特别是商业价值的交付情况。项目经理应该怎么做？

  A. 使用信息发射源

  B. 邀请关键相关方参加迭代规划会

  C. 邀请关键相关方参加迭代回顾会

  D. 在项目结束时一并展示商业价值交付情况

73. 在项目执行阶段，项目团队采用加密电子邮件与关键相关方沟通项目的重要信息。一位关键相关方经常延误对电子邮件的回复。项目经理应该怎么做？

  A. 把问题报告给项目发起人

  B. 把问题记进风险登记册

  C. 查看沟通管理计划，采取替代沟通方式

  D. 把该关键相关方从电子邮件发送对象名单中删去

74. 一个大型智能建筑工程正在进行中。一位重要相关方提出用一种性能更好、价格更低的材料替换原来计划的材料，以便既节约成本又提高质量。项目经理应该怎么做？

  A. 提出变更请求   B. 批准变更请求

  C. 拒绝变更请求   D. 开展风险评估

75. 在当天的站立会议上，多位团队成员反映办公室的温度太低、光线太暗，不利于高效工作。项目经理应该如何处理？

  A. 要求他们以后不要在站立会议上说这种小问题

  B. 要求他们自己克服一下

  C. 立即把所反映的问题当作团队障碍物（impediment）加以解决

  D. 立即把所反映的问题当作团队阻碍物（blocker）加以解决

76. 项目团队刚刚完成了一次迭代，开发出了相应的原型。在把原型交给客户评审时，客户却以目前工作太忙为由，既拒绝评审，又让项目团队确保原型符合要求。为了避免这种情况出现，项目经理应该怎么做？

A. 更好地让客户了解敏捷型方法的基本要求

B. 采用预测型项目管理方法

C. 推迟到客户有时间评审时再开发出这个原型

D. 在与客户的合同中增加一个拒绝评审的赔偿条款

77. 某施工合同规定，承包商可以免费使用 A 场地堆放施工材料。但是，当承包商运送施工材料进入该场地时，却遭到了业主方保安人员的阻止，未能顺利进入。作为项目经理，你应该怎么做？

A. 告诉承包商不要使用这个场地

B. 预计将收到承包商的索赔

C. 签发变更令变更合同

D. 用另一个场地来代替 A 场地

78. 某土建施工项目的承包商需要从 A 城市的一个工厂采购某些重要材料。不巧，A 城市该工厂所在行业的工人举行为期一周的大罢工，使这些材料不能按时交付并运到项目现场。这些材料的延误会引起整个项目的延误。作为业主的项目经理，你应该怎么做？

A. 允许承包商延长项目的完工时间，但不给予承包商经济补偿

B. 要求承包商按原定时间完工，并且不给予任何费用补偿

C. 允许承包商延长项目的完工时间，并且给予承包商相应的经济补偿

D. 告诉承包商他已经严重违约了

79. 你们刚刚收到了供应商提供的一批材料，合同管理员告诉你这批材料的一个技术参数比合同要求的稍低。你根据自己的经验，相信这个技术参数稍低于合同要求并不会影响整个项目的功能和质量。你应该怎么办？

A. 告诉合同管理员不要计较这个小问题

B. 告诉合同管理员退回这批材料

C. 告诉合同管理员提出对技术参数的变更请求

D. 告诉合同管理员向卖方提出索赔

80. 一个 50 亿美元的大型土木工程，计划采用国际竞争性招标的方式来选择施工承包商。项目业主在招标文件中要求承包商必须组成联营体（至少有两家承包商参加）才有资格投标。满足业主的这种要求，意味着承包商采取了以下哪种风险管理策略？

A. 风险规避　　　　　　　　　　B. 风险转移

C. 风险减轻　　　　　　　　　　D. 风险接受

81. 因天气原因造成飞机航班延误，是航空公司必须面对的一个重要风险。某航空公司基于过去五年的历史资料，预估了明年因天气原因而延误的航班架次以及相应的损失。这种航班延误风险对航空公司来说是什么风险？

A. 未知未知风险　　　　　　　　B. 已知未知风险

C. 已知已知风险　　　　　　　　D. 未知已知风险

82. 你所管理的项目正处在实施的高峰时期，所在公司又启动了一个新项目。由于公司把新项目的优先级排在你的项目前面，以至于你的几个重要的团队成员向你提交辞职报告，打算到新项目上去工作。这几个成员的离开，将给你的项目带来很大的麻烦。你应该怎么做？

　　A. 不批准这几个成员的辞职报告

　　B. 向管理层求助

　　C. 向项目发起人求助

　　D. 要求新项目的经理不要接受这几个人员

83. 某客户在某银行办理了一笔较大金额款项的汇款业务。之后，再次检查汇款单据时，发现银行开出的汇款单上写错了汇入账号中的一个数字，虽然客户填写给银行的原始单据上的汇入账号是正确的。客户立即打电话给银行工作人员，被告知这个错误已在银行内部随后的审查程序中得到纠正。该银行：

　　A. 质量保证与控制工作做得不错，能够在最后关头发现并纠正缺陷

　　B. 应该改进内部审核程序，以便防止发生外部失败成本

　　C. 应该告诉客户不要为这样的小问题来麻烦自己

　　D. 应该认为这种错误是不可避免的，不必采取任何改进措施

84. 你刚刚被任命为一个全球性项目的项目经理。项目团队将包括来自五个国家、讲五种不同母语的成员。你预计以下哪项将会妨碍团队建设？

　　A. 团队成员之间的母语差异　　　　B. 团队成员之间的国家文化差异

　　C. 团队成员过去没有在一起合作过　D. 团队成员表现出极强的语言优越感

85. 某工程项目进行了施工承包商的招标，共有 10 家承包商投标。评标工作结束时，招标方决定不接受任何一家的投标。为此，投标价最低的三家承包商想要联名起诉招标方，要求招标方必须接受一家投标。作为一名建筑业律师，你可以给他们什么建议？

　　A. 应该起诉招标方，因为招标工作不严肃

　　B. 招标文件是要约，对招标方有法律约束力

　　C. 不要起诉招标方，因为它有不接受任何投标的权力

　　D. 如果起诉，自己的投标保证金会被业主没收

86. 根据天气预报，4 小时后将有一场大暴风雨。为了防止损坏，项目的一个关键部分必须加以保护。两名团队成员对如何保护这个部分争论不休，以至于很可能延误采取保护措施的时间。这种情况下，你应该如何解决他们之间的冲突？

　　A. 深入分析他们之间产生分歧的原因

　　B. 允许他们继续争论，直到达成一致意见

　　C. 命令他们停止争论，并按你的要求采取保护措施

　　D. 请管理层来裁决

87. 在进行项目质量检测过程中，你发现最近一次检测所显示的质量偏差略微超过了允许的控制上限，但还没有超过规格上限。接下来，你应该怎么做？

A. 调查原因，采取纠正措施　　　　　B. 不理会这个不严重的情况

C. 立即停工，采取纠正措施　　　　　D. 处罚导致这个质量偏差的相关人员

88. 一个 IT 开发项目，项目团队由分布在中国和美国的两个小组构成。项目的工期十分紧张。为了加快项目进度，项目团队应该采用哪种做法？

A. 鱼缸窗口　　　　　　　B. 远程结对

C. 追逐太阳　　　　　　　D. 集中办公

89. 霍恩第一次在一个敏捷开发项目上担任产品负责人。他不知道自己将要参加哪些项目会议。作为资深的敏捷专业人士，你建议他必须参加哪个会议？

A. 迭代规划会　　　　　　B. 每日站会

C. 迭代回顾会　　　　　　D. 待办项精炼会

90. 项目采用混合型开发方法。项目团队由两个小组构成，A 小组用预测型方法开发可交付成果，B 小组用 Scrum 方法开发可交付成果。A 小组的工作需要在一定程度上依赖于 B 小组的工作。因此，A 小组必须及时了解 B 小组的工作进展和成果，并向 B 小组反馈自己的了解。以下哪个最有利于达成这个目的？

A. 让 A 小组参加 B 小组的迭代回顾会

B. 让 A 小组参加 B 小组的每日站会

C. B 小组使用信息发射源

D. B 小组使用定期的客户反馈循环

24.3　参考解答

1. 正确答案 C 和 E。用最简单的可以使用的产品来引导客户逐渐表达需求。通过分阶段交付商业价值来满足客户想要快速使用项目成果的愿望。

2. 正确答案 B 和 D。迭代回顾会是第一次迭代结束之后召开的，迭代规划会是第二次迭代开始之初召开的。迭代规划会开完后，正式开始执行第二次迭代。

3. 正确答案 C 和 E。这种重复建设会影响所能实现的项目结果（outcome）和项目效益（benefit）。

4. 正确答案 B 和 E。项目阶段的划分必须考虑可交付成果的性质和交付商业价值的需要。

5. 正确答案 D 和 E。项目经理要主持编制项目章程，需要用项目发起人之间的合作协议以及前期所形成的商业论证报告作为依据。

6. 正确答案 C 和 E。联系行业专家需要关系权力，被授予资源使用权力属于正式权力。

7. 正确答案 B 和 C。添加新内容，属于增量型开发方法；精炼每一个内容，属于迭代型开发方法。

8. 正确答案 D。团队成员不能默契合作，很可能是相互之间没有形成很好的社会契约。考纲中有关于社会契约的要求。

9. 正确答案 B。在一个迭代期中就需要变更，这很可能是因为迭代期太长，所以需要缩短迭代期。

10. 正确答案 D。项目组合管理直接与履行社会责任的战略目标相连。

11. 正确答案 D。商业价值在很大程度上具有主观性，所以对不同类型的客户可能会很不同。

12. 正确答案 A。类似项目的历史资料属于组织过程资产，对编制项目计划最有参考价值。

13. 正确答案 B。各种配套设施的建设没有跟上，属于项目集管理没有做好。

14. 正确答案 B。查看需求跟踪矩阵，可以发现可交付成果功能的改变会影响哪个需求和哪个更高层目标。

15. 正确答案 B。应该向项目发起人呈报里程碑进度计划和概括性进度计划。另三个选项都不应该是项目发起人直接关心的。

16. 正确答案 A。形成的标准，推出的认证，都属于可交付成果；实现的销售收入属于效益。

17. 正确答案 A。基于工作流的敏捷方法不需要对项目划分阶段。

18. 正确答案 B。为了防止人员犯学生综合征或受帕金森定律影响，应该规定较为紧张的持续时间。

19. 正确答案 B。商业论证报告已经获得批准，项目经理也来了，那就是在编制项目章程了。不能因个别人的反对就停止编制项目章程。应该一边继续编制项目章程，一边引导产品经理支持项目。

20. 正确答案 C。敏捷项目，即便在项目后期也鼓励变更。一定程度的"完成漂移"是允许且必需的。

21. 正确答案 B。在项目团队自行进行质量检查之后，就应该邀请客户来对可交付成果进行正式验收。

22. 正确答案 B。对合作过多年的公司，再一次开展新的采购，也要重新审查其资格，因为情况可能发生变化。

23. 正确答案 B。新产品从摇篮到坟墓的整个期间是产品生命周期。

24. 正确答案 C。最有可能失去独立办公室的是业务部门的人，他们是装修项目的用户。

25. 正确答案 B。无论团队成员在其他方面有什么差异，都必须对项目愿景有一致的理解。

26. 正确答案 D。形成的终稿，是直接面向客户（读者）的，是产品范围。其他都是直接面向项目团队的，是狭义的项目范围。

27. 正确答案 C。哪个项目的累计净现值高就选哪个项目，无须考虑投资回收期。

计算累计净现值时已经考虑了时间。

28.正确答案A。规划过程组的项目管理过程不只是在规划阶段开展，也需要在项目的其他阶段开展。

29.正确答案D。即便小变更，也要综合评价其可能给项目带来的影响。

30.正确答案B。虽然开工会通常在规划阶段结束时召开，但也可以在执行阶段开始时召开。本题属于在执行阶段开始时召开。

31.正确答案C。应该根据新项目的执行组织的文化来调整自己的领导风格，采用仆人型领导风格。

32.正确答案D。开展价值流分析，发现增值环节和非增值环节，以便进行过程改进（简化）。

33.正确答案D。项目的四个部分应该采用不同的项目生命周期，所以从项目整体来讲，应该采用混合型生命周期。

34.正确答案B。有了项目治理委员会，就无须对项目决策进行逐层报批和部门轮签，而是直接由治理委员会做出决策，从而节约时间。

35.正确答案A。新人加入团队后，团队要退回形成阶段，老成员和新成员要相互认识。

36.正确答案C。用风险概率和影响矩阵把风险划分成严重、中等和轻微这三个级别。

37.正确答案C。按相同的间隔时间交付，属于周期交付。

38.正确答案C。项目章程中会规定项目的整体风险级别。风险登记册用来记录单个风险而不是整体风险。

39.正确答案C。在整个项目期间都需要关注可能发生的项目相关方的变化。

40.正确答案A。项目经理让一个小组从冲突中撤出。

41.正确答案D。项目管理计划中有成本管理计划，其中规定了项目预算应该达到的准确度。

42.正确答案A。项目经理必须用自己的人际关系技能去影响团队成员。

43.正确答案A。敏捷项目团队要求团队成员都是通用的专才，即多面手。

44.正确答案C。项目沟通管理计划中有对关键术语的定义。

45.正确答案B。万一资金供应跟不上，就可以在某个迭代期（项目阶段）结束时以最小的代价提前终止项目。

46.正确答案C。设立了项目治理委员会，它通常就是代表项目发起人和其他重要相关方的最高项目决策机构。项目发起人的主要职责是为项目提供资金，并授权项目治理委员会进行项目的重要决策制定。

47.正确答案A。这个投诉是一个问题，必须先记进问题日志。如果是已识别风险引起的问题，再记进风险登记册。

48.正确答案D。部门和员工不太愿意配合，很可能是因为他们不了解项目对组织的积极意义。你本应该评估项目对组织的积极意义并让各部门和员工尽可能了解这种意义。

49. 正确答案 D。领导行为就是启发和激励别人。每一位成员都应该有一定的领导能力。

50. 正确答案 A。需求不清晰，就应该用增量方法来逐步明确；不确定性很大，就应该用迭代来逐步摸索。所以,总体而言,应该采用同时包含增量和迭代的适应型生命周期。

51. 正确答案 D。改变项目成果的用途，就需要重新分析项目的商业价值。

52. 正确答案 C。经验教训是组织过程资产的组成部分。开展项目，必须利用组织过程资产。

53. 正确答案 B。项目进行重大变更，必须与项目发起人协商。项目范围重大变更，即便不会延长项目工期，不会超过项目预算，项目团队也不能自行决定。

54. 正确答案 D。必须对客户代表进行相关的敏捷方法培训。

55. 正确答案 A。为了防止确定会议日期之后还要再修改，那就应该在最晚责任时点再确定会议日期。

56. 正确答案 A。在相关方参与计划中列出该如何把不知晓型相关方转变为支持型相关方。

57. 正确答案 D。你虽然无权直接更新项目进展报告模板，但应该建议项目管理办公室更新该模板。

58. 正确答案 D。领导力是启发和激励别人的能力。应该鼓励每位成员都充分发挥自己的领导力。

59. 正确答案 C。应该在第一个迭代期结束后召开迭代回顾会总结经验教训，以便第二个迭代期做得更好。

60. 正确答案 D。对每一项工作都只能由一个人来承担 A 的责任。

61. 正确答案 A。即便到了项目收尾阶段，也可以再开展识别风险过程。

62. 正确答案 C。如果关键相关方对项目愿景的理解不一致，那就会严重影响收集需求工作的顺利开展。

63. 正确答案 D。应该用可行的视频会议方式取得那位专家对项目的支持。

64. 正确答案 B。工作团队没有在开展活动之前识别出可能要在同一时间使用同一场地的项目相关方。

65. 正确答案 B。业务部门是被征调人员的资源所有者。项目经理必须与业务部门协商人员征调事宜。

66. 正确答案 D。其他三个选项都属于项目要形成的可交付成果。

67. 正确答案 D。如果因活动细节不明而使大家无法准确估算活动持续时间，那就可以采用 T 恤尺码估算法进行粗略估算。

68. 正确答案 D。在敏捷开发方法中，要求尽量减少文档数量，以便团队更加集中精力于项目执行本身。"项目工件"和"项目文档"是近义词。

69. 正确答案 C。对产品待办项重新进行分解和排序，以便在允许的工期和预算内开发出最有价值的产品功能，实现尽可能大的商业价值。

70. 正确答案 A。先把要求的变更记进变更日志，再组织团队评估变更的影响，再与项目相关方沟通变更的影响，最后安排人员执行变更（如果被批准的话）。

71. 正确答案 D。进行假设情景分析，确定用来解决问题的最佳方案。假设情景分析中可以包括分析快速跟进的可能性。

72. 正确答案 A。应该动态更新信息发射源上的项目进展情况。

73. 正确答案 C。该关键相关方可能不习惯电子邮件沟通方式，所以可以根据沟通管理计划来使用替代沟通方式。

74. 正确答案 D。应该评估变更可能的影响，包括可能引发的项目风险。

75. 正确答案 C。办公室温度太低、光线太暗，是会导致工作效率降低的障碍。

76. 正确答案 A。习惯于预测型方法的客户很可能并不了解敏捷型方法对客户参与项目的基本要求。

77. 正确答案 B。业主方违约了，就会导致承包商提出索赔。

78. 正确答案 A。承包商和业主都没有过错的延误，属于可原谅但不可补偿延误，应该允许延长工期，但不给予经济补偿。

79. 正确答案 B。既然材料的技术参数不符合合同要求，就应该退回材料。

80. 正确答案 C。两家或更多承包商共同承担风险，这对每个承包商来说都是风险减轻。

81. 正确答案 C。航班延误的风险事件、发生可能性和发生后的影响，都是已知的，所以是已知已知风险。

82. 正确答案 B。成员辞职是因为公司启动新项目引起的，所以必须向管理层求助。管理层和发起人可能是同一批人。发起人主要为项目提供资金。

83. 正确答案 B。已经发生了外部失败成本，即银行信誉损失。

84. 正确答案 D。虽然每个人都会对自己的文化和母语有优越感，但是不应该过分地表现出来。其他三个选项都属于团队多样性。多样性，如果利用得好，会促进项目团队建设。

85. 正确答案 C。招标文件是要约邀请，不是要约，对招标方没有法律上的约束力。招标方可以不接受任何一家投标。

86. 正确答案 C。在紧急情况下，应该采用"强迫"方式来解决冲突。

87. 正确答案 A。生产过程失控了，但产品质量并没有不合格，所以要调查原因，采取纠正措施，并不需要停工。

88. 正确答案 C。中国和美国的时差让两地的上班时间刚好相反，所以可以采用追逐太阳的方式来加快项目进度。

89. 正确答案 D。产品负责人必须参加待办项精炼会。其他三个会不一定要参加。

90. 正确答案 D。D 其实是迭代评审会。在迭代评审会上，客户评审产品原型并提供反馈。应该把 A 小组当作 B 小组的客户来对待。

结束语

尽管每个人都喜欢用"我能做什么"来评价自己，别人却用"你做过什么"来评价你。走进考场之前，你一定知道"你能做什么"了，但是你还需要展示给别人"你做过什么"——走出考场之后，你才有这样的资格。

对于准备好的考生，上考场是从不紧张的。因为这次考试，既是你证明自己能力的机会，又是你收获的季节。

"你准备好了吗？"

"是的，我准备好了！"

"你是一个勤奋、聪明且勇敢的战士，我相信你！上场，瞄准目标，进攻！"

……胜利了，别忘了告诉我——你的重要项目相关方之一！万一失败了，也请告诉我，也许我能帮帮你！祝愿所有 PMP® 考生都能自豪地说：

"我考过了，而且真正学到了项目管理方法，提升了项目管理能力！"

致谢

在我的成长道路上，很多人给了我指导、鼓励、支持与关心！我永怀感恩的心，感谢所有以各种方式帮助过我的人！

感谢 PMI 自 1969 年成立以来对项目管理的卓越研究和高效推广，促进了世界项目管理事业的蓬勃发展！

感谢 PMI（中国）和中国国际人才交流基金会对项目管理与 PMP® 认证的大力推广，促进了中国项目管理事业的蓬勃发展！

感谢项目管理业界的同行们对项目管理事业的忠诚与投入，特别是大家对基于《PMBOK® 指南》的项目管理方法以及国际公认的 PMP® 认证的大力推广！

感谢云南大学工商管理与旅游管理学院给我提供了一个良好的项目管理学习与研究环境！

感谢使用《汪博士解读 PMP® 考试》（以下简称《解读》）第 1~6 版的全体 PMP® 考生，特别是那些给我反馈意见的考生！

感谢电子工业出版社世纪波公司傅豫波总经理一直以来对《解读》和本书出版的热情指导和大力支持！

感谢《解读》和本书历任责任编辑常淑茶老师、杨洪军老师、刘露明老师、刘淑丽老师和刘淑敏老师的专业指导和编辑！

感谢我的妻子刘燕对我工作上的支持和生活上的照顾，使我能全身心地投入项目管理事业中！

还有许多感谢，永记心中。

汪小金 哲学博士（项目管理），PMP®